Eine Art zu lesen
Eine Art zu fliegen

GOYA

Das Buch

Alles beginnt im Führerbunker. Der Krieg ist verloren, die Strippenzieher klammern sich an das letzte Fünkchen Hoffnung. Auch mit dabei: Werner Naumann, von dem Hitler sich unmittelbar vor seinem Selbstmord verabschiedet mit den Worten: »Ich setze auf Sie, dass Sie diesen Bunker verlassen und den nationalsozialistischen Geist nach draußen tragen. Sie müssen die Leute, die uns nicht verraten haben, zusammenbringen!« Der Krieg ist für die Deutschen endgültig verloren, Naumann gelingt als einem der wenigen die Flucht. Er taucht unter, lebt in der Illegalität, geschützt von alten Kameraden. Schon bald beginnt er, seine Fühler auszustrecken und nach Verbündeten zu suchen. Er plant, wieder in die Politik einzusteigen. In Hans-Peter de Lorents gründlich recherchiertem Tatsachenroman werden die Entwicklungen nach Kriegsende beleuchtet, im Vordergrund stehen Naumanns Untertauchen und seine neuen politischen Bestrebungen. Ein wichtiges und anschauliches Buch, das zum Hinterfragen auffordert.

Der Autor

Dr. phil. Hans-Peter de Lorent, 1949 in Neumünster geboren, war Abgeordneter der Grün-Alternativen Liste (GAL) in der Hamburgischen Bürgerschaft. Der ehemalige Oberschulrat ist Herausgeber und Autor mehrerer Publikationen und hat zahlreiche Aufsätze zu pädagogischen und schulreformerischen Themen geschrieben. 2016 bis 2019 erschienen drei Bände der Reihe *Täterprofile: Die Verantwortlichen im Hamburger Bildungswesen unterm Hakenkreuz*, worin de Lorent nach jahrzehntelanger Forschungsarbeit die Biografien der wichtigsten Personen im Hamburger Bildungswesen während der NS-Zeit aufarbeitet.

Das gleichnamige Hörbuch erscheint bei GOYALiT.
Dieses Buch ist auch als E-Book erhältlich.

Besuchen Sie uns im Internet: www.goyaverlag.de

Aus Verantwortung für die Umwelt hat sich der GOYA Verlag dazu entschlossen, auf Schutzumschläge zu verzichten und keine Plastikfolie zum Einschweißen der Bücher zu verwenden.

FSC
www.fsc.org
MIX
Papier | Fördert gute Waldnutzung
FSC® C014496

1. Auflage 2025
Originalausgabe
GOYA Verlag © 2025 JUMBO Neue Medien & Verlag GmbH,
Henriettenstraße 42 a, 20259 Hamburg, Deutschland

produktsicherheit@jumbo-medien.de
Covergestaltung: Johanna Kilian
Lektorat: Heiko Arntz, Joachim Szodrzynski
Satz: Uhl + Massopust GmbH, Aalen
Gesetzt aus der Minion Pro
Druck und Bindearbeiten: GGP Media GmbH, Pößneck
Printed in Germany
ISBN 978-3-8337-4901-8

Hans-Peter de Lorent

Goebbels' Schatten

Die Naumann-Verschwörung

Ein Tatsachenroman

GOYA

Berlin, 22. April 1945

Das ist das Ende. So haben die Generäle ihn noch nie gesehen, den Führer – graugesichtig, mit eingefallenen Wangen und unstetem Blick. Er bewegt sich unsicher. Beim Sitzen klemmt er sein linkes Knie zwischen Stuhl- und Tischbein, um das Zittern unter Kontrolle zu halten. Sie haben sich zur Lagebesprechung eingefunden, wie jeden Tag. Die Räumlichkeiten in der Neuen Reichskanzlei in der Wilhelmsstraße hat der Führer längst verlassen, nachdem sie bei einem Fliegerangriff zu großen Teilen zerstört wurden. Seither wohnt er in seinem privaten Bunker unter dem Garten der alten Reichskanzlei, einem Labyrinth von dreiundfünfzig Räumen. Mit dessen Bau hatte Hitler seinen Leibarchitekten Speer im Januar 1943 beauftragt, als die deutsche Wehrmacht die Lufthoheit in Berlin bereits eingebüßt hatte. In den Führerbunker gelangt man durch einen Vorbunker in zehn Metern Tiefe und eine von SS-Männern bewachte Eingangsschleuse. Die Mauern bestehen aus dreieinhalb Meter starkem Stahlbeton. Die Decke ist vier Meter dick. In den oberen Sälen der Reichskanzlei hat Adolf Hitler in Pracht und Herrlichkeit residiert. Sein jetziger Aufenthaltsort gleicht dagegen einem Betonverlies.

An diesem Tag, dem 22. April, hat sich die militärische Lage dramatisch verschlechtert. Berlin ist von der Roten Armee umzingelt. Sowjetische Soldaten stehen in den Randbezirken und sind im Osten Berlins bis an die Prenzlauer Allee vorgedrungen. Die Lagebesprechung findet um zwölf

Uhr statt. Sie ist die kürzeste des gesamten Krieges. Hitler ist aus seinem Privatraum im Bunker gekommen und hat sich im Lageraum sofort in seinen Sessel am Kartentisch gesetzt. Anwesend sind die Generäle Keitel, Jodl, Krebs und Burgdorf. Natürlich ist auch Martin Bormann dabei, ehemals Adjutant von Rudolf Heß, dem Stellvertreter Hitlers und Personalchef der NSDAP. Nach Heß' eigenmächtigem Englandflug 1941 war Bormann zum Mädchen für alles in Hitlers engster Umgebung avanciert. Er ist unbeliebt bei nahezu allen, doch beim Führer hat er sich unentbehrlich gemacht. Er antizipiert, was Hitler braucht und wünscht und reagiert stets zuverlässig. Was der Chef nicht begreift, ist, dass Bormann ihn immer stärker von der Außenwelt abschirmt, eine fast undurchlässige Mauer um ihn errichtet hat. Nur wenigen ist es möglich, noch zu ihm vorzudringen.

Wie so häufig in den letzten Tagen, hat Hitler auf eine Erfolgsmeldung gewartet, von der die Militärs wissen, dass sie nicht kommen wird. Die einzelnen Einheiten der Wehrmacht sind überfordert, personell dezimiert, in der Defensive und kämpfen ums nackte Überleben. Und jetzt ist auch die Offensive durch SS-General Felix Steiner, von Hitler am Vortag befohlen, offenbar nicht erfolgt. Darauf hatte der Führer alles gesetzt. Die Generäle wissen, dass Steiner den Befehl schon aus Mangel an zur Verfügung stehenden Kräften und Material nicht erfüllen kann. Hitler, der in all den Kriegsjahren stets ein Meister der Zahlen und Stellungen gewesen war, operiert nur noch mit Scheinstärken, mit Divisionen, hinter denen keine Soldaten mehr stehen. Er will es nicht wahrhaben und ist voller Misstrauen. Er wittert Verrat und wähnt Schwächlinge am Werk, die ihn zu täuschen versuchen. Und jetzt war das Maß auch für ihn offenbar voll. Der Oberbefehlshaber der deutschen Wehrmacht spürt, nein, er weiß, dass es aus ist. Er macht den Versuch, mit zitternden Händen auf der Karte etwas zu zeigen. Dann verliert er unvermittelt die Beherrschung. Zornesrot, schwer atmend, mit kippender Stimme, schreit er: »Unter diesen Umständen kann ich nicht mehr befehlen! Der Krieg ist verloren! Aber Sie irren sich, meine Herren, wenn Sie glauben, dass ich Berlin verlasse! Lieber schieße ich mir eine Kugel durch den Kopf!«

Selbst im Vorraum können die Anwesenden Hitler schreien hören: »Der Krieg ist verloren ... Ich mache nicht mehr mit ... Meine Generäle haben mich belogen und betrogen ... Es ist alles sinn- und zwecklos!«

Im Lageraum herrscht Entsetzen. Es ist es nicht das erste Mal, dass Hitler die Generäle, insbesondere die Adligen in der Wehrmacht, der Illoyalität und des Verrats bezichtigt. Aber niemals hat er offen erklärt, dass der Krieg verloren sei. Sowohl Martin Bormann als auch die Generäle setzen in ihrem eigenen Interesse alles darauf, dass das Führerhauptquartier von Berlin nach Bayern verlegt werden würde. Alles andere wäre der sichere Tod.

Hitler befiehlt seinem Adjutanten Otto Günsche, ihn telefonisch mit Goebbels zu verbinden, der sich nur wenige Meter entfernt im Propagandaministerium aufhält.

Joseph Goebbels trifft kurz darauf in den Katakomben ein und eilt direkt in Hitlers Arbeitszimmer. Schon am Telefon hat Hitler seinem Propagandaminister erklärt, dass alles verloren sei. Goebbels weiß auch so, dass die Situation aussichtslos ist, trotz der Durchhalteparolen, die er seit Wochen und Monaten ausgibt. Doch während Hermann Göring und Heinrich Himmler zwei Tage zuvor nach der kurzen Feier anlässlich des Geburtstags des Führers Berlin fast fluchtartig verlassen haben, sieht Goebbels die Chance gekommen, sein Schicksal mit dem des Führers aufs Engste zu verbinden. Er wird ein historisches Zeichen setzen und an der Seite des

Führers im Heldentod für die Bewegung unsterblich werden – zusammen mit seiner Frau Magda und den sechs Kindern, die er ebenfalls in den Führerbunker zu holen gedenkt.

Nach Verlassen des Arbeitszimmers wird Goebbels von den anwesenden Generälen und Martin Bormann bestürmt. Er erklärt ihnen nüchtern, Hitler halte die Lage für hoffnungslos, sehe keine Chance mehr, habe sich aber entschlossen, in Berlin zu bleiben und nicht feige zu fliehen. Die Generäle und Bormann reden aufgeregt durcheinander. Sie sind fassungslos und bedrängen Joseph Goebbels, den Führer um jeden Preis davon zu überzeugen, Berlin umgehend zu verlassen. Doch Goebbels äußert sich nicht dazu.

Das Gespräch mit seinem Propagandaminister hat Adolf Hitler neu belebt. Er befiehlt dem SS-Brigadeführer und Generalmajor der Waffen-SS Wilhelm Mohnke, alle in Berlin vorhandenen Kräfte der Waffen-SS zusammenzufassen mit dem Auftrag, das Zentrum Berlins und das Regierungsviertel mit allen Mitteln gegen die Rote Armee zu verteidigen.

Joseph Goebbels' Aktivitäten ist nicht anzumerken, welch gravierende innere Entscheidung er getroffen hat. Mit seinem Staatssekretär Werner Naumann und seinem Adjutanten Günther Schwägermann verbreitet er weiterhin Aufrufe und Durchhalteparolen. In einem Flugblatt heißt es, dass der Führer in Berlin bleiben wird und persönlich den Befehl über alle zur Verteidigung Berlins angetretenen Kräfte übernommen hat. Der Berliner Bevölkerung wird versichert: »Die Armee Wenck kommt und gibt euch Freiheit und Sieg!« Und in seiner Funktion als Reichsverteidigungskommissar appelliert Goebbels an alle Männer – gleich welchen Alters: »In dieser schicksalhaften Stunde des Kampfes um die Reichshauptstadt wende ich mich an alle nicht eingesetzten Soldaten und Männer Berlins, sich umgehend in die Verteidigungsfront der Hauptstadt einzureihen. Den gleichen Appell richte ich an alle Berliner Männer, die nicht im Volkssturm erfasst und für die Verteidigung eingesetzt sind. Ehrenhaft und männlich wollen wir unsere Pflicht tun, im ganzen Volk ein Vorbild der tapferen Gegenwehr sein. Ein Hundsfott, wer in dieser Stunde die schimpfliche Feigheit dem männlichen Kampfe vorzieht. Soldaten, Verwundete, Männer Berlins! Auf zu den Waffen!«

Einige Tage zuvor, nach einem langen Arbeitstag im Propagandaministerium, hatte Goebbels mit Werner Naumann, seinem Staatssekretär und Vertrauten, in seinem Büro gesessen, allein, abgespannt, fern von jeder Propaganda.

Unter vier Augen kann Klartext geredet werden. Goebbels stellte fest, was auch Naumann empfand: »Jemand, der den Führer zwei oder drei Jahre lang nicht gesehen hat, würde entsetzt sein, ihn heute wieder zu treffen. Nicht nur, dass er körperlich erschreckend gealtert und verfallen ist, dass er einen gebeugten Rücken wie ein Greis hat, dass er mühsam und zittrig geht, dass ihm die Hände flattern, selbst wenn er sie in den Taschen vergraben hat. Das Erstaunlichste ist seine psychische Wandlung in diesem Jahr!« Und er fügte hinzu: »Eigentlich ist es schon seit dem 20. Juli so, seit dem Attentat.«

Goebbels machte eine kurze Pause, um dann zu ergänzen: »Früher wurde er mit jedem Problem fertig, und war es noch so schwierig. Er ließ sich nicht verblüffen, er packte es sofort an. Blitzartig traf er seine Entscheidungen, denen die Tat mit intuitiver Sicherheit auf dem Fuße folgte. Das war seine große Stärke, die seine Überlegenheit gegenüber allen anderen Staatsmännern und Feldherren ausmachte. Und heute? Heute zaudert und zögert er. Heute wartet er ab. Heute schiebt er Entscheidungen, die ihm unangenehm sind, hinaus. Macht man einen Vorschlag, dann sagt er nicht Ja und nicht Nein, sondern bittet um Bedenkzeit. Dabei ist gerade heute schnelles Handeln das Allerwichtigste für uns, die wir keine Zeit mehr zu verlieren haben, wollen wir auch nur das nackte Leben retten. Wie viel wertvolle Zeit ist ungenutzt verstrichen? Unser gesamter Staatsapparat ist auf den Führer und die Klarheit und Richtigkeit seiner Entscheidungen abgestellt. Früher spielte es keine Rolle, dass unsere Führung unklar in ihren Kompetenzen und in den meisten Stellen mit Hohlköpfen besetzt war. Das war ein Luxus, den wir uns damals noch leisten konnten. Heute wirkt es sich in katastrophaler Weise aus. Unser Staat gleicht jetzt einer riesigen, komplizierten Maschine. Jeder einzelne Teil arbeitet noch, manchmal mit geradezu besessener Wut, aber es fehlt die Hand des Meisters, der sie reguliert, koordiniert und kontrolliert. Und statt einer sinnvollen Koordination entsteht so das Chaos. Ich glaube manchmal, der Führer hat selbst das Gefühl, augenblicklich unter einem Unstern zu stehen. Er scheint zu fürchten, dass alles, was er zurzeit unternimmt, doch nicht glückt. Darum schiebt er es hinaus.«

Berlin ist durch die Bombenangriffe zerstört. Die russische Armee nähert sich dem Regierungsviertel. Werner Naumann weiß das nur zu gut, weil er regelmäßig Ausfahrten macht, um bei der Lagebeurteilung nicht nur auf Meldungen anderer angewiesen zu sein. Das ist schwierig und gefährlich, aber notwendig, um den Überblick zu behalten. Dazu nutzt er immer wieder auch sein Motorrad.

Goebbels und Naumann haben mit Adolf Hitler gemeinsam, dass sie Abstinenzler sind. Sie trinken keinen Alkohol, Goebbels wegen seiner fragilen Gesundheit wenig und Werner Naumann aus Prinzip niemals. Im Gegensatz zu seinem Minister, der zuweilen exzessiv rauchte, ist Naumann auch überzeugter Nichtraucher. Wilfred von Oven, seit Mai 1943 Goebbels' persönlicher Pressereferent, der immer eifersüchtig auf die fast symbiotische Beziehung von Goebbels und Naumann blickt, hält die Nüchternheit des Staatssekretärs für ein menschliches Defizit. In seinen Augen ist Naumann »völlig humorlos und den Annehmlichkeiten des Lebens abgeneigt«. Er, von Oven, konnte von Anfang an keinen Draht zu ihm finden. Am 11. Juni 1943 – von Oven war noch recht neu im »Promi«, wie das Reichsministerium für Volksaufklärung und Propaganda kurz genannt wird – hatte er in seinem Tagebuch notiert: »Der meistbeschäftigte Mann im Ministerium scheint Dr. Naumann zu sein. Er ist zugleich der wichtigste. Ich habe mir berichten lassen, dass er in vieler Beziehung mehr zu sagen hat als der Minister selbst. Ich stehe diesem Mann nach meiner ersten Bekanntschaft mit sehr zwiespältigen Gefühlen gegenüber. Gewiss, er imponiert mir. Er ist groß, schlank, dynamisch. Auf seiner SS-Uniform trägt er all jene Auszeichnungen, die nur bei tapferer Bewährung an vorderster Front erworben werden können. Er ist gerade einmal vierunddreißig Jahre alt. Hat eine erstaunliche Karriere hinter sich. Als junger Student kam er erstmals mit dem damaligen Gauleiter von Berlin, Dr. Goebbels, zusammen. Studium in Berlin, Dr. phil., Kreisleiter, Unter-Gauleiter und Reichspropagandaamtsleiter in Schlesien. Alles noch im dritten Lebensjahrzehnt. Bei Kriegsausbruch Freiwilliger der SS-Leibstandarte. In Russland als Hauptsturmführer und Batteriechef schwer verwundet. Seit 1941 im Ministerium. In diesen zwei Jahren Aufstieg zum Ministerialdirektor und Chef des Ministeramtes. Er ist der engste Vertraute des Ministers, sein einziger Ratgeber, mit dem er alle Fragen bespricht und dem er alle Vollmachten übertragen hat. Die drei damaligen Staatssekretäre des Ministeriums – Gutterer, Esser und Dietrich – sind neben ihm nur Puppen. Es dürfte nur eine Frage der Zeit sein, bis ihm das Amt des geschäftsführenden Staatssekretärs auch de facto übertragen wird. Klugheit, Fleiß, Energie und Zielstrebigkeit sind seine hervorstechenden Eigenschaften. Dr. Naumann sieht gut aus. Die Sekretärinnen schwärmen für ihn. Über den energischen Gesichtszügen trägt er leicht gewelltes, militärisch kurz geschnittenes Haar. Die dunklen Augen treten etwas zu stark hervor. Unter einem schmalen Mund ein wenig entwickeltes Kinn.«

Was von Oven aufstößt, ist der Arbeitseifer und die damit verbundene fast einschüchternde Effizienz Naumanns.

»Die Unterhaltung mit ihm beschränkt sich allein auf das Wesentliche. Er spricht schnell, deutlich, scharf und abgehackt wie auf dem Kasernenhof. Ihm fehlt alles Verbindliche. Er verbreitet eine Atmosphäre kalter Nüchternheit. Besprechungen mit ihm dauern selten länger als wenige Minuten. Wer ihn kennt, bereitet sich darauf vor und trägt das Wesentliche in knappster Form vor. Sein Vorzimmer ist stets mit Wartenden gefüllt, die sich in Abständen weniger Minuten die Klinke in die Hand geben. Die roten und grünen Lämpchen auf der Telefonschalttafel neben seinem Schreibtisch flackern unaufhörlich. Ein Gespräch folgt dem anderen. Im Verkehr mit Untergebenen hat er sich eine Art Telegrammstil angewöhnt. Drei Sekretärinnen sind in fliegender Hast für ihn tätig. Er bevorzugt das Diktafon, das allein seine rasanten Diktate aufzunehmen in der Lage ist. So erledigt er in einem sechzehn- bis achtzehnstündigen Arbeitstag ein unheimliches Pensum. Mir wurde bereits von der Viertelstunde schwindlig, die ich an seinem Schreibtisch saß. Die meisten Besprechungen mit ihm vollziehen sich bezeichnenderweise im Stehen – nicht aus Unhöflichkeit, sondern zwecks Zeitersparnis. Ein Roboter der Geistesarbeit, ein Übermensch, den ich wohl bewundern, aber auch nicht beneiden kann.«

Und auch das Gespräch zur Einführung von Ovens in seine Arbeit bei Staatssekretär Naumann war kurz, effizient und unpersönlich: »Seine vorstehenden Augen sehen mich scharf und nicht angenehm an, während er mich sehr kurz in meine Aufgaben einführt: ›Sie werden zur ständigen Begleitung des Ministers gehören. Der Adjutant und Sie leben in seinem Haus, essen mit ihm, begleiten ihn überallhin. Durch Sie wird er über alle Pressenachrichten und -angelegenheiten unterrichtet. Sehr wichtiger, sehr verantwortungsvoller Posten. Klar? Gut! Bei Fragen wenden Sie sich an mich.‹ Handschlag, kurzes Kopfnicken. Ich bin entlassen. Er hat schon wieder den Hörer in der Hand. Mir ist nicht sehr behaglich zumute.«

Aber es tobte auch ein unerbittlicher Krieg, der von den Nationalsozialisten angezettelt worden war und der trotz aller aus diesem Haus ausgehender Propaganda am Tag von von Ovens Notizen kaum erfolgreich zu beenden sein würde.

Über ein Jahr später sah es noch schlimmer aus. Die Durchhalteparolen sollten Armee und Bevölkerung vor der Aufgabe, der Kapitulation bewahren. Nur aus einer Position der Stärke wäre es überhaupt denkbar, Verhandlungen zur Beendigung des Krieges zu führen. Für die Zukunft Deutschlands und natürlich auch der führenden Personen hing davon vieles ab.

In dieser Zeit gehören Joseph Goebbels und Werner Naumann noch zu den Aktivposten unter den Verantwortlichen des Dritten Reiches. Goebbels nutzt die gemeinsame Zeit mit seinem Staatssekretär und Vertrauten immer wieder dazu, über falsche Personalentscheidungen Hitlers zu sprechen. Er wäre 1933 anstelle von Ribbentrop gerne Außenminister geworden. Zumindest aber hätte er neben der Volksaufklärung auch das gesamte Bildungswesen übernommen, alles in einer Hand. Und seine Konkurrenz zu Göring, dessen Unfähigkeit bei Luftwaffe und Verteidigung immer offensichtlicher geworden war. Aber ebenso Himmler, der von Hitler ab 1943 auch zum Reichsinnenminister und Befehlshaber des

Entsatzheeres berufen worden war, hatte versagt. Goebbels weiß, dass Naumann als Mitglied des Freundeskreises Reichsführer SS und beförderter SS-Brigadeführer zu Himmler einen guten Kontakt hat und von diesem sehr geschätzt und für eine Benennung zum NSDAP-Gauleiter vorgeschlagen worden ist. Darum richtete er seine Philippika lieber gegen die Person, die bei allen gleichermaßen unbeliebt war: »Über Bormann gibt es gar keine Diskussion. Er ist ein subalterner Streber und Intrigant. Wie hat er es verstanden, die Tatsache, dass er ständig zur engsten Umgebung des Führers gehört, auszunutzen! Wie anders hätte alles werden können, wenn ich mich gleichfalls hinter die Stacheldrähte des Führerhauptquartiers gesetzt hätte. Ich habe diesen Gedanken oft erwogen, ihn aber immer wieder verworfen. Ich glaube es unserer Sache schuldig zu sein, dass wenigstens einer die Fühlung mit dem Volk, mit der Wirklichkeit hält. Ich glaube, den Führer besser beraten zu können. Und ich zweifle nicht, dass alles anders gekommen wäre, hätte er diesen Rat nur angenommen. Aber das verhinderte ja gerade jener geistige Stacheldraht, mit dem er sich in Gestalt der Bormann und Konsorten umgeben hatte.«

Goebbels hatte nur einen Zuhörer, aber er redete sich dennoch weiter in Rage: »Manchmal verstehe ich den Führer nicht. Gewiss ist es begreiflich, dass er die Garde seiner alten Kämpfer um sich schart. Dass er sie mit Ehren, Macht und Geld überhäufte, hat zwar einige sehr bedenkliche Folgen gehabt, mag aber noch hingenommen werden. Unbegreiflich aber ist der Einfluss, den er ihnen auf seine Person eingeräumt hat. Man muss sich doch einmal das Gros dieser alten Kämpfer, und namentlich den inneren Kreis der Münchener alten Garde, ansehen. Das ist doch im besten Fall menschlicher Durchschnitt. Kein Einziger hat die Qualitäten eines mittelmäßigen Politikers, geschweige denn das Format eines

Staatsmannes. Sie sind doch alle die Schreier aus dem Bürgerbräu-Keller geblieben, die sie immer waren. Und viele von ihnen haben noch das bisschen Verstand, das sie einst zur Bewegung führte, in zwölf Jahren Wohlleben versoffen.«

Werner Naumann, im Büro des Ministers, ahnte, dass die Ausführungen bei dem Hoffotografen Heinrich Hoffmann und Hitlers langjährigem Leibarzt Dr. Theodor Morell enden würden, die Naumann gleichermaßen unappetitlich fand. Aber Ausführungen über sie würden noch eine halbe Stunde der Nacht kosten, und so hatte er vorgeschlagen, die Kräfte für den nächsten Tag zu schonen.

Das war vor vierzehn Tagen gewesen.

Heute nun, am 22. April, wird Joseph Goebbels also den großen Trumpf ziehen: seine Frau Magda und die sechs gemeinsamen Kinder.

Und noch etwas nie Dagewesenes geschieht.

Bereits in der ersten Märzhälfte war Eva Braun aus Bayern zu Hitler nach Berlin gekommen. Es war ihre Entscheidung. Sie wusste, dass die Reichshauptstadt durch die Rote Armee gefährdet ist und welches Schicksal hier in Berlin droht. Die jetzt Dreiunddreißigjährige war siebzehn Jahre alt gewesen, als Hitler sie 1930 als Angestellte im Geschäft seines Leibfotografen Heinrich Hoffmann kennengelernt hatte. Für Hitlers Gefolgsleute fungiert sie offiziell als Privatsekretärin. So steht es auch in ihrem Pass, der am 3. April 1942 ausgestellt wurde. Hitler will vor der Außenwelt den Mythos aufrechterhalten, dass er ausschließlich für Deutschland lebt und sich für den Dienst am Vaterland ein Familienleben versagt hat. Alle führenden Nationalsozialisten wissen aber, welche Rolle Eva Braun tatsächlich spielt. Sein Stab, die Adjutanten und Sekretärinnen haben sie schon lange als Gastgeberin und Frau an der Seite des Führers auf dem Berghof in Berchtesgaden erlebt, wo sie sich nur zurückgezogen hatte, wenn parteiferne Prominenz, insbesondere aus dem Ausland, zu Gast war.

Nach dem großen Eklat in der Lagebesprechung, nach dem Tobsuchtsanfall des Führers, versuchen alle, ihn wieder zu beruhigen und aufzurichten. Hitler führt Einzelgespräche mit den anwesenden Generälen und erklärt allen, jetzt in der »Hauptstadt des Kampfes gegen den Bolschewismus« zu verbleiben und die Verteidigung dieser Hauptstadt selbst zu übernehmen.

Dann setzte Hitler sich in den kleinen Vorraum zu seinem Wohn- und Arbeitszimmer. Sein Gesicht ist bleich und ausdruckslos wie eine Totenmaske. Im Bunker hat sich Endzeitstimmung breitgemacht. Seinen Sekretärinnen Gerda Christian und Traudl Junge, seine Diätköchin Constanze Manziarly sowie Eva Braun sind anwesend. An die Damen gewandt sagt er: »Ziehen Sie sich sofort um. In einer Stunde geht ein Flugzeug, das Sie nach Süden bringt. Es ist alles verloren. Hoffnungslos verloren.«

Eine Weile sind alle wie benommen. Als Erste löst sich Eva Braun aus der Erstarrung. Sie nimmt Hitlers Hände und sagt lächelnd: »Aber du weißt doch, dass ich bei dir bleibe. Ich lasse mich nicht wegschicken.« Worauf das Unglaubliche geschieht. Hitler, in seiner Rührung, nachdem er das Gefühl hatte, von allen betrogen und verlassen zu werden, küsst Eva Braun auf den Mund.

Kurz darauf geht er mit schweren Schritten in den Lagevorraum und sagt erneut zu seinen Offizieren: »Meine Herren, es ist zu Ende. Ich werde hier in Berlin bleiben und mich erschießen, wenn es so weit ist. Wer gehen will, kann gehen, es steht jedem frei.«

Zur gleichen Zeit beauftragt Goebbels in seinem Arbeitszimmer im Propagandaministerium Wilfred von Oven damit, zwei Wagen in die nahe gelegene Villa am Brandenburger

Tor zu schicken, um seine Frau Magda und die sechs Kinder abzuholen und alle in den Führerbunker zu bringen. Magda Goebbels weiß, was das bedeutet, sie ist darauf eingestellt. Sie entlässt das Kindermädchen und das übrige Personal und fordert diese auf, ihre wichtigsten Sachen mitzunehmen. Das Kindermädchen soll nur noch die Kinder für die Fahrt in die Reichskanzlei fertig machen. Die Anweisung, nur das Nötigste mitzunehmen – für jedes Kind ein Spielzeug –, macht deutlich, dass man sich nicht für lange Zeit einzurichten gedenkt.

Magda Goebbels und ihre sechs Kinder treffen abends um neunzehn Uhr im Führerbunker ein. Aufgeregt steigen die Kinder die Treppe hinab und werden von Hitlers jüngster Sekretärin Traudl Junge in Empfang genommen und in den Raum geführt, wo noch Hitlers Geburtstagsgeschenke aufgestapelt liegen, darunter auch Kleidungsstücke und Spielsachen. Traudl Junge lässt jedes Kind sich etwas aussuchen. Die Kinder Helga, Hildegard, Helmut, Hedwig, Holdine und Heidrun – die älteste zwölf, die jüngste erst vier Jahre alt –, deren Namen zu Ehren des von Magda vergötterten Führers alle mit einem »H« beginnen, ahnen nichts von dem ihnen bevorstehenden Schicksal. Sie freuen sich, »Onkel Führer«, wie sie ihn zu nennen pflegen, besuchen zu dürfen. Traudl Junge kümmert sich um sie, während Magda Goebbels sofort zu Hitler geführt wird, dessen Stimmung sich durch ihren Besuch aufhellt.

Kurz zuvor hatte Hans Fritzsche, im Propagandaministerium für die Rundfunkansprachen zuständig, vergeblich versucht, den Minister und seinen Staatssekretär zu erreichen. Beide waren offensichtlich nicht im Haus. Fritzsche hört das Grollen der Artillerie, das die Luft jenseits des Regierungsviertels erschüttert. Die von Ruinen umsäumten Straßen im Zentrum Berlins liegen tot und verlassen da. Die Menschen scheinen in ihren Kellern untergetaucht. Entweder sind sie aus ihren Wohnbezirken nicht mehr in die Büros und Arbeitsstätten des Stadtinneren gefahren, oder sie befinden sich irgendwo im Kampfgebiet oder sind aus Berlin geflüchtet. Fritzsche fährt zum Goebbel'schen Haus beim Brandenburger Tor. Als er dort eintrifft, verlassen gerade zwei große Limousinen den Hof. Beide sind voll besetzt. Erst auf den zweiten Blick sieht Fritzsche, dass im hinteren Wagen Frau Goebbels mit ihren Kindern sitzt. Beide Fahrzeuge biegen in die Voßstraße ein und fahren in Richtung Reichskanzlei.

Fritzsche betritt ein Haus, das sich in Auflösung befindet. Das Personal, Telefonistin, Sekretärinnen und einige SS-Wachen umringen ihn. Man hört Weinen, Flüche. Im Haus herrscht ein wildes Durcheinander. Es ist offenbar in großer Hast verlassen worden. Die Zimmertüren stehen offen, ebenso Schreibtische und Schränke. Koffer liegen umher. Fritzsche findet den Leiter des Ministeramtes, Hamel, der erklärt, Goebbels habe das Haus für immer verlassen. Er habe ihn herbestellt und kurz und bündig erklärt: »Es ist aus. Ich habe keine Befehle mehr für Sie. Die Russen stehen bereits am Alexanderplatz. Ich fahre in den Führerbunker und nehme meine ganze Familie mit.«

Hamels Konsequenz: »Die Straße nach Hamburg ist noch frei. Ich werde jetzt mit meinem Personal nach Hamburg fahren, bevor Berlin völlig umzingelt ist. Nach meiner Begegnung mit dem Doktor gehe ich davon aus, dass es zu keinem Kampf um Berlin-Mitte kommen wird. Ich hätte für Sie noch einen Platz in meinem Wagen.«

Fritzsche lehnt dankend ab. »Ich kann die Mitarbeiter im Keller des Propagandaministeriums nicht einfach im Stich lassen.«

So fährt er zurück durch leere Straßen. Im Osten Gefechtslärm. Im Stadtzentrum schlagen sowjetische Granaten ein.

Werner Naumann ist noch immer nicht aufgetaucht. So entlässt Fritzsche seine Mitarbeiter. Er gibt ihnen etwas Geld, Lebensmittel und sagt ihnen, dass sie versuchen sollten, sich irgendwie durchzuschlagen. Dann fährt er ins Funkhaus. Auch hier bietet sich ein Bild der Hoffnungslosigkeit.

Auf seinem Schreibtisch findet er eine Anweisung von Dr. Goebbels vor, sich sofort nach Hamburg zu begeben und dort die Leitung des Rundfunks zu übernehmen. Wenig später erreicht ihn eine zweite Botschaft. Staatssekretär Naumann, den er so lange gesucht hat, meldet sich am Telefon. Naumann ist ungewohnt erregt. Er weist Fritzsche an, ihn sofort im Keller des Propagandaministeriums aufzusuchen. Fritzsche vermutet, dass man sich entschlossen habe, weiteres Blutvergießen der Truppen und der Bevölkerung und sinnlose Kämpfe durch Kapitulation zu vermeiden.

Beim Eintreffen kann er an Naumanns Gesicht erkennen, dass er sich geirrt hat. Dieser scheint damit beschäftigt zu sein, Aufrufe an die Berliner Bevölkerung zu entwerfen oder weiterzugeben. Die anwesenden Mitarbeiter sind von einer Betriebsamkeit erfüllt, die im deutlichen Kontrast zu der lähmenden Tatenlosigkeit des vergangenen Tages steht.

Naumann erklärt, der Führer habe vor, den Kampf im Westen vollständig einzustellen. Dadurch seien Verhandlungen mit den Westmächten entscheidend gefördert worden. Außenminister Ribbentrop sei zu ihrem formellen Abschluss abgereist. Das Ziel sei es, die Oder zur Grenze zwischen der Besatzung durch Ost und West zu machen. Die Russen seien nur in einem schmalen Abschnitt vor Berlin durchgebrochen. Im Norden wie im Süden halte dagegen die Oderfront. Und vom Westen her seien kampfkräftige deutsche Truppen im Anmarsch, die Berlin schon in Kürze Entlastung bringen würden. Unterstützt durch deutsche Jagdflieger und eine Panzergruppe von Generalfeldmarschall Schörner.

»Fritzsche, Sie halten hier die Stellung! Wir müssen aus einer Situation der Stärke in Verhandlungen gehen können. Ganz Berlin muss jetzt zum Widerstand aufgerufen werden. Wir brauchen nur noch wenige Tage zu überbrücken. Es geht jetzt darum, für die Nacht zu morgen den Befehl des Reichsverteidigungskommissars Dr. Goebbels zu verkünden.«

Er nimmt ein Blatt Papier zur Hand und liest vor, was er offenbar soeben geschrieben hat:

»Die Stadt Berlin wird bis zum Letzten verteidigt! Kämpft mit fanatischer Verbissenheit um eure Frauen, Kinder und Mütter! Wir werden bestehen!

Die Großoffensive der Bolschewisten auf die Reichshauptstadt ist in vollem Gange. Trotz schwerster Verluste, die ihnen unsere heldenhaften Divisionen und Volkssturmbataillone an der Oder zugefügt hatten, trotz des aufopferungsvollen Einsatzes in den Kämpfen konnte nicht verhindert werden, dass der Feind weiter vordrang und an verschiedenen Punkten die Verteidigungslinien der Reichshauptstadt erreichte. Unsere Heimatstadt Berlin ist verunstaltet worden. Alle zur Verteidigung der Reichshauptstadt eingesetzten Soldaten und Volkssturmmänner haben die ihnen befohlenen Plätze zu besetzen und nehmen, sobald sowjetische Truppen oder Panzer sich zeigen, sofort den Kampf auf.

Der Werkschutz sorgt für die innere und äußere Sicherheit der Betriebe. Provokateure oder aufsässige Ausländer sind sofort festzunehmen oder noch besser unschädlich zu machen. Sollten Provokateure oder verbrecherische Elemente versuchen, durch das Hissen von weißen Fahnen oder sonstiges feiges Verhalten in die zur Verteidigung der Stadt entschlossene Bevölkerung Unruhe zu tragen und ihren Widerstand zu lähmen, so ist dagegen mit allen Mitteln einzugreifen.«

Es ist ein Aufruf zur fanatischen Gegenwehr. Goebbels'

Propagandalinie bleibt unverändert, und Werner Naumann hat sie noch einmal in Worte gefasst. Man nährt die Hoffnung und Erwartung, dass es zwischen Ost und West zu einem Bruch kommen werde – dass man im Westen endlich die Bedeutung Deutschlands und des Nationalsozialismus als Verteidiger Europas gegen den Bolschewismus erkennen werde.

»Ein guter Redner werden Sie nie«

Das rednerische und demagogische Talent ist Joseph Goebbels nicht in die Wiege gelegt. Wohl aber hat sich schon früh der Wunsch entwickelt, es allen anderen zu zeigen.

Geboren wird er am 29. Oktober 1897 in Rheydt im Rheinland. Der Vater Friedrich ist Angestellter in einer örtlichen Dochtfabrik. Die von Goebbels zeitlebens verehrte Mutter Katharina Maria kam aus der Gegend um Aachen. Im Alter von vier Jahren erkrankt Joseph Goebbels an einer Knochenmarkentzündung. Sein rechter Unterschenkel verkümmert, ein Klumpfuß entsteht. Er wird nicht sehr groß. Bei der offiziellen Angabe von 165 Zentimeter Körpergröße dürfte es sich um eine Übertreibung handeln. Und da er auch sonst nicht den arischen Idealvorstellungen entspricht, wird er im Volksmund und im Ausland gern karikiert und als »Schrumpfgermane« und »Humpelstilzchen« verspottet. Goebbels deutet die Krankheit rückblickend als »Zeichnung« durch eine höhere Gewalt und sucht sie zeit seines Lebens zu kompensieren. Die Behinderung und seine im Schulumfeld als nicht standesgemäß empfundene Herkunft stacheln seinen Ehrgeiz an. Er besucht die städtische Oberrealschule mit Reformgymnasium und später das Augustinerseminar im niederländischen Kerkrade. Das Leben in seiner Kindheit ist karg und dürftig und seine Erziehung geprägt von der Enge des katholischen Kleinbürgertums jener Gegend.

Kinder können grausam sein. Wenn ein Kind beim Wettlauf, beim Schwimmen und oder später beim Tanzen nicht mithalten kann, verspotten es die Jungen, und die Mädchen wollen nichts von ihm wissen. Josephs Spitzname lautet »Ulex«, abgeleitet vom Pulex irritans, dem Menschenfloh, einem blutsaugenden Insekt.

Seine Kompensation ist das Lesen. Die Bücher verhöhnen ihn nicht.

Seit dem Studium seiner beiden älteren Brüder hat Joseph das Zimmer im Oberstock des kleinen väterlichen Hauses für sich allein. Um die sehr viel jüngere Schwester kümmert er sich wenig. Dem strenggläubigen Vater war es gelungen, die Söhne so zu erziehen, dass man sie eines Stipendiums für würdig hielt. Dazu muss man aber um vieles fleißiger sein als diejenigen, die aus betuchteren Verhältnissen kommen. Goebbels liest nicht nur. Er rüstet sich schon früh zum Schreiben. In seinen Schulaufsätzen zeigt es sich von Jahr zu Jahr mehr, dass er die Sonntagnachmittage nicht nutzlos am Schreibtisch verbringt, wenn die anderen mit den Mädchen zum Tanz gehen. Er entwickelt seine schriftlichen Fertigkeiten.

Einmal im Jahr ist Abiturientenfeier. Da ist der Saal mit armseliger Würde geschmückt. März 1917. Wer von den Abiturienten wird diesmal die Abgangsrede halten? Es ist immer der, der im vergangenen Examen den besten Deutschaufsatz geschrieben hat. Als es so weit ist, erhebt sich auf ein Zeichen des Klassenlehrers der Primaner Paul Joseph Goebbels. Sein Manuskript krampfhaft unter den Arm geklemmt, hinkt er befangen auf das Podium zu und beginnt zu lesen. Wort für Wort, wie er es aufgeschrieben hat. Er blickt dabei kaum zum Auditorium, seine Stimme ist dünn und ohne Mut, nur manchmal unterbricht er einen Satz mit einer vagen, unsicheren Geste. Als er fertig ist und blass und aufgeregt das Vortragspult verlässt, kommt der Direktor auf ihn zu. Er lächelt mitleidig. »Gut«, sagt er, »sehr gut, Goebbels, inhaltlich sogar ausgezeichnet.« Er schüttelt ihm kräftig die Hand. »Aber glauben Sie mir eins: Ein guter Redner werden Sie nie.« Nicht immer haben Pädagogen prophetische Gaben. Der Mann sollte sich täuschen.

Goebbels wird Bester in Latein, Geografie, Deutsch und Mathematik. Stolz ist er auf das alte Klavier, das ihm sein Vater geschenkt hat. Für das Schauspiel entwickelt er eine besondere Begabung. Im Abiturzeugnis werden seine Leistungen in fast allen Fächern mit »sehr gut« benotet.

Er lernt das Reden, indem er das Schreiben lernt. Geschriebene Aufsätze, da hat der Direktor gewiss recht gehabt, erzeugen keine Wirkung beim Reden. Besser sollte man Aufsätze gleich so schreiben, dass man die Wirkung des gesprochenen Wortes dabei mit einbezieht. Goebbels liest daraufhin die Parteizeitungen. Die Leitartikel der führenden sozialdemokratischen Blätter beeindrucken ihn am stärksten. Er findet, sie sind geschrieben wie kleine Reden. Dies also ist die Vorbereitung für den Redner: Schreiben als Notbehelf, solange sich keine Gelegenheit zu großen Reden bietet. Aber schreiben so, dass das Geschriebene jeden Augenblick als Rede vorgetragen werden und Wirkung auf die Menschen haben könnte. Bei allem, was Goebbels schreibt – auch später bei seinen Leitartikeln im *Reich* –, ist das gesprochene Wort das Ziel. Um diese Art zu schreiben zu lernen, geht Goebbels zu den Rednern und hört sie sich an. Der Geistliche auf der Kanzel liest nicht einen Aufsatz vor. Er verwendet Mittel, die der nur Schreibende nicht zu beachten pflegt: die alten Mittel der Psalmisten, die Wiederholung, den Parallelismus der Phrasen. Das Rhetorische ist das Zweckdienliche. Es soll dazu dienen, Erkanntes verständlich und wirksam zu machen.

Nach dem Abitur will Goebbels als Soldat am Krieg teilnehmen, wird jedoch wegen seiner Behinderung als für den Militärdienst dauerhaft ungeeignet eingestuft.

Zur Enttäuschung seiner Eltern studiert Goebbels, trotz früherer Absichten, nicht katholische Theologie. Er entscheidet sich für Germanistik und Geschichte und studiert bis 1921 ziemlich unstet in Heidelberg, Bonn, Würzburg, Freiburg und München.

Sein Studium lässt er sich von dem katholischen Albertus-Magnus-Verein fördern, der Rückzahlung dieses Darlehens kommt er nur schleppend nach.

Sein späterer Antisemitismus ist zu diesem Zeitpunkt noch nicht ausgeprägt. Goebbels wollte ursprünglich eine Dissertation bei dem von ihm verehrten jüdischen Literaturwissenschaftler Friedrich Gundolf schreiben. Der verwies ihn jedoch an den ebenfalls jüdischen Max Freiherrn von Waldberg.

Am 21. April 1922 wird Goebbels in Heidelberg mit der Gesamtnote »rite superato« (einem guten Ausreichend) zum Dr. phil. promoviert. Das Thema seiner Dissertation lautete: *Wilhelm von Schütz als Dramatiker. Ein Beitrag zur Geschichte des Dramas der Romantischen Schule.*

Sein Leben lang verwendet er seitdem bei Unterschriften den erworbenen Doktorgrad. Er schreibt »Dr. Goebbels« oder »Dr. G.« und lässt sich mit dem akademischen Grad anreden. In der NSDAP ist er später »der Doktor«. Auch Adolf Hitler spricht ihn so an: »Was meinen Sie, Doktor?«

Goebbels hat nach Studienabschluss und Promotion 1922 eine Anstellung als Volontär beim Feuilleton der *Westdeutschen Landeszeitung* bekommen, die aber nach wenigen Wochen bereits wieder endet. Danach arbeitet er, widerwillig, bei der Dresdner Bank in Köln. Abgewiesen werden seine Bewerbungen von der *Vossischen Zeitung* und vom *Berliner Tageblatt.*

Die erhoffte feste Anstellung nach der Doktorwürde bleibt also aus, sodass Goebbels aus Geldmangel längere Zeit wieder in sein Elternhaus ziehen muss.

1924 kommt Goebbels mit der seinerzeit verbotenen nationalsozialistischen Bewegung in Kontakt und gründet in Mönchengladbach eine Ortsgruppe der »nationalsozialistischen Freiheitsbewegung Deutschlands«.

Im Juni 1924 findet im Schützenhaus der Stadt Rheydt eine Veranstaltung der Kommunisten zu den Landtagswahlen statt. Mit seinem Studienfreund Fritz Prang beschließt Goebbels, sich das anzusehen. Drei weitere Mitstreiter begleiten sie. Er will etwas von der kommunistischen Wahlpropaganda erleben. Hauptredner ist ein Reichstagsabgeordneter der KPD. Zu diesem Zeitpunkt werden politische Gegner noch aufgefordert, sich an den anschließenden »freien Aussprachen« zu beteiligen. Im Saal sitzen fast ausschließlich Arbeiter aus den Braunkohlegruben und Textilfabriken, Menschen, die schwer unter den Inflationszeiten zu leiden haben. Der KPD-Abgeordnete spricht von der Versklavung des deutschen Proletariats und geißelt das Monopolkapital. Bei der anschließenden Aussprache klagen ein paar Arbeiter über ihre finanziellen Sorgen, und dann meldet sich ein Priester im Ornat für die Zentrumspartei zu Wort. Der Weg zum Podium wird ihm durch wildes Gejohle schwer gemacht. Er weiß vielleicht, wie man von der Kanzel herab spricht, aber nicht in einem solch aufgewühlten Saal. Sein Beitrag geht in Lärm und Zwischenrufen unter. Fritz Prang versucht seinen Freund dazu zu bewegen, sich auch zu Wort zu melden. Er weiß von den Treffen der Studentengruppe, wie gut Goebbels reden kann. Aber der sträubt sich. Er sei nicht darauf vorbereitet. Doch Prang hat kein Einsehen. Kurzerhand schreibt er den Namen Goebbels auf einen Zettel und bringt ihn zum Vorstandstisch. Der Vorsitzende schwingt die Glocke und ruft:

»Ein gewisser Goebbels vom völkisch-sozialen Block hat sich zu Wort gemeldet. Ich fordere ihn hiermit auf, nach vorn zu kommen, und bitte die Genossen ruhig anzuhören, was er zu sagen hat.«

Ein ohrenbetäubendes Pfeifkonzert erhebt sich, vermengt mit Rufen wie: »Schmeißt ihn raus, den Lump!«

Goebbels ist totenblass. Er muss sich zwischen den Tischen hindurch zum Podium zwängen. Niemand zeigt Bereitschaft, ihm Platz zu machen. Als er schließlich die schmale hölzerne Treppe auf das Podium hochhinkt, schlagen die Proteste in Gelächter um. Was will diese Witzfigur, die sich sogar eine Krawatte umgebunden hat? Was kann der ihnen schon bieten?

Goebbels steht schließlich ruhig auf dem Podium, die Hände in die Hüften gestützt und wartet, bis der Vorsitzende für Ruhe gesorgt hat. Dann sagt er: »Meine lieben deutschen Volksgenossen.«

Weiter kommt er nicht, weil sich wieder ein Sturm der Entrüstung erhebt. Der Vorsitzende muss erneut eingreifen. Schon nach dem ersten Satz, den Goebbels sprechen kann, unterbricht ihn ein Zwischenruf: »Kapitalistenschwein!«

Daraufhin wendet sich Goebbels dem Zwischenrufer zu und sagt:

»Den sauberen Genossen, der hier eben Kapitalistenschwein gerufen hat, fordere ich auf, sofort zu mir auf die Bühne zu kommen. Hier ist mein Portemonnaie. Ich werde es ihm zeigen, und er soll mir seines zeigen. Wo mehr drin ist, der ist das Kapitalistenschwein!«

Joseph Goebbels konnte sehr schlagfertig sein. Die Arbeiter in Rheydt sind nicht humorlos, sie lassen den unbekannten jungen Mann zu Ende sprechen, ohne seinen Worten größere Beachtung zu schenken.

20. April 1945

Seinen fünfzigsten Geburtstag hatte Adolf Hitler 1939 noch in Friedenszeiten gefeiert. Am Vorabend saß er im engsten Kreis der alten Getreuen zusammen und redete bis spät nach Mitternacht über glorreiche Zeiten. Die Nacht war daher kurz, denn früh am nächsten Morgen begannen die öffentlichen Feierlichkeiten auf dem Wilhelmplatz in Berlin. Tausende Berliner und Besucher der Stadt drängten sich auf den weiträumig abgesperrten Straßen im Regierungsviertel und jubelten ihrem Führer zu. In der Neuen Reichskanzlei überbrachten die ausländischen Diplomaten ihre Glückwünsche. Als Erstes wurden um 9.20 Uhr die Grüße des erst seit sechs Wochen amtierenden Papstes Pius XII. vorgetragen. Die Mitglieder des längst bedeutungslosen Reichskabinetts, das zum letzten Mal vor mehr als einem Jahr getagt hatte, sowie die Oberbefehlshaber der Wehrmacht gratulierten.

Mehrere Hunderttausend Menschen säumten die Charlottenburger Chaussee. Fast fünf Stunden dauerte die Parade, an der vierzigtausend Soldaten und tausendfünfhundert Offiziere teilnahmen, untermalt von sechshundert Panzern, vierzig schweren Geschützen und zahllosen anderen Waffen. Die Sicherheit garantierten neben der regulären Polizei fünfundzwanzigtausend SA-Männer und mehr als fünfzehntausend Mitglieder des Nationalsozialistischen Kraftfahrerkorps. Die SS, die Elite der uniformierten Nazis, war mit sechshundert Mann rund um Hitler präsent. Goebbels notierte in seinem Tagebuch: »Ein glänzendes Bild deutscher Macht und Stärke.« Er registrierte »Stürme des Beifalls« und freute sich: »Der Führer wird vom Volk gefeiert, wie nie sonst ein sterblicher Mensch gefeiert worden ist. So also stehen wir da. Im gleißenden Sonnenlicht leuchtet die Siegesgöttin. Ein wunderbares Vorzeichen.«

Sechs Jahre später warten nach Mitternacht im Vorzimmer von Hitlers Privaträumen im Bunker, in den Katakomben, die ersten Gratulanten. Hitler hatte seinem persönlichen Diener im Rang eines SS-Sturmbannführers, Heinz Linge, zuvor schon gesagt: »Linge, ich werde heute auf keinen Fall Gratulanten empfangen. Bringen Sie das den herkommenden Herren bei. Es gibt nichts, wozu man mir noch gratulieren kann.«

Es haben sich bereits einige Adjutanten versammelt sowie Botschafter Walther Hewel, Ribbentrops Vertreter im Führerhauptquartier.

Erst SS-Obergruppenführer Hermann Fegelein, dem Verbindungsoffizier zum Reichsführer-SS Heinrich Himmler im Führerhauptquartier, gelingt es, Eva Braun anzusprechen und zu bewegen, Hitler die wartenden Gratulanten empfangen zu lassen. Fegelein ist seit einem Jahr mit der Schwester von Eva Braun, Gretl, verheiratet und hat deshalb einen gewissen Einfluss. Den meisten gilt er allerdings als Wichtigtuer, ein Mann von grotesker Selbstüberschätzung und unangenehmer Eitelkeit. Aber die verwandtschaftliche Beziehung, die Vertretung des SS-Reichsführers im Bunker und auch die Vertrautheit mit Martin Bormann, mit dem er gern ein Schlückchen trinkt, fördern seine Respektlosigkeit.

Widerwillig kommt Adolf Hitler in den Vorraum, gebeugt und schleifenden Schrittes, und nimmt mürrisch die Gratulationen entgegen. Dann findet die spätabendliche Lagebesprechung statt. Danach gibt es die ritualisierte Teerunde in Hitlers kleinem Wohnraum – in der Regel mit seinen Sekretärinnen, heute nimmt auch Eva Braun daran teil. Hitler sitzt auf seinem blau-weiß gemusterten Sofa und hält, wie immer, Monologe. Meist geht es dabei um Ernährungsfragen und immer wieder um seine Schäferhündin Blondi. Diese Teerunden dauern häufig bis in die Morgenstunden.

Um neun Uhr morgens an diesem Geburtstag – Eva Braun und Adolf Hitler haben sich gerade erst schlafen gelegt – ruft General Wilhelm Burgdorf, Hitlers Wehrmachtsadjutant, bei Diener Linge an mit der Bitte, unbedingt den Führer zu wecken. Er müsse eine wichtige Frontmeldung vortragen. Hitler kommt zur Tür im Schlafanzug und fragt: »Was gibt's, Burgdorf?« Der meldet durch die geschlossene Tür, dass Einheiten der Roten Armee in der Nähe von Cottbus die Oder überquert und die deutsche Abwehrfront durchbrochen hätten. Damit sei der Weg nach Berlin frei und die Hauptstadt nicht nur vom Osten, sondern jetzt auch vom Süden her unmittelbar bedroht. Hitler nimmt dies zur Kenntnis und weist Linge an, ihn um vierzehn Uhr zu wecken, denn er habe noch nicht geschlafen.

Während russische Panzer Zossen einnehmen und sich bis auf dreißig Kilometer Berlin nähern, gelingt es dem sowjetischen Marschall Schukow an diesem 20. April, sogar noch näher an den Berliner Stadtkern heranzukommen. Seine 2. Garde-Panzerarmee erobert das gut fünfzehn Kilometer nordöstlich von Berlin gelegene Bernau und rückt von dort nach Oranienburg, dreißig Kilometer nördlich der Hauptstadt, vor. Die alliierte Luftwaffe hatte vom frühen Morgen bis gegen zwei Uhr nachts im rollenden Angriff mit über tausend Bombern ganze Stadtteile Berlins in Schutt und Asche gelegt. Auch die sowjetische Artillerie schoss erstmalig mit einem weit tragenden Geschütz in das Zentrum von Berlin hinein.

Der Zeitablauf im Bunker ist schon seit Langem auf den

Kopf gestellt. Das Frühstück findet heute um vierzehn Uhr statt. Wie jeden Morgen nimmt Hitler ein Birchermüsli zu sich. Und wie so häufig in letzter Zeit tröpfelt Kammerdiener Heinz Linge Hitler ein paar Kokaintropfen ins rechte Auge. »Bringt mir mal den Wolf«, sagt er. Seine Schäferhündin Blondi hat vor Kurzem Welpen zur Welt gebracht, und der kleine Rüde Wolf ist sein Liebling, mit dem er abgekapselt von den heutigen Geschehnissen bis zum Mittagessen spielt.

Es ist noch nicht lange her, dass das Mittagessen der Höhepunkt im Tagesablauf im Bunker war. Männer mag Hitler beim Essen nicht mehr um sich haben. Jeden Tag kocht seine Diätköchin Constanze Manziarly ein jeweils nur für ihn bestimmtes Gericht. Hitler, als Vegetarier, liebt einfache Speisen, Kartoffelbrei mit Spiegeleiern, dazu ein Knäckebrot oder einen Tomatensalat. Als Antialkoholiker trinkt er ein Glas Fachinger. Leidenschaftlich gern isst er gebackene Kartoffeln mit Quark und Leinöl, Nudeln mit Tomatensoße und Käse oder »Hoppelpoppel« – Bratkartoffeln mit verquirltem Ei –, frisches Gemüse und Obst.

Während früher Waschkörbe voll Gratulationsschreiben eintrafen, kistenweise Geschenke, Pakete, Päckchen, Glückwünsche und Spenden, gibt es heute nicht viel zu feiern. Der Empfang der nationalsozialistischen Prominenz erfolgt im Rahmen der Lagebesprechung. Er hat allerdings eher den Charakter eines Kondolenzbesuchs. Zum letzten Mal haben sich die Repräsentanten des Dritten Reiches zusammengefunden. Die Führung des Militärs, Generalfeldmarschall Wilhelm Keitel, Generaloberst Alfred Jodl, General Hans Krebs, General Wilhelm Burgdorf, Großadmiral Dönitz. Dazu Reichsmarschall Hermann Göring, Reichsführer der SS Heinrich Himmler, Propagandaminister Joseph Goebbels, Außenminister Joachim von Ribbentrop, Rüstungsminister Albert Speer, Reichsjugendführer Arthur Axmann und

Martin Bormann, Leiter der Parteikanzlei der NSDAP und zudem Hitlers Privatsekretär. Die wichtigste Frage ist zu diesem Zeitpunkt für fast alle, wann und wohin man sich aus Berlin wird zurückziehen können. Albert Speer wird später notieren: »Niemand wusste so recht, was er sagen sollte. Hitler nahm die Glückwünsche den Umständen entsprechend kühl und fast abwehrend entgegen.« Alle Anwesenden gehen davon aus, dass Hitler sich in dieser zugespitzten militärischen Situation auf den Berghof nach Berchtesgaden zurückziehen würde, um von dort aus den Krieg weiterzuführen. Einige Partei- beziehungsweise Regierungsstellen sind bereits dorthin evakuiert worden. Auch Martin Bormann, der die größte Nähe zu Hitler hat und gewöhnlich über dessen Pläne gut informiert ist, glaubt an diesem Morgen des zwanzigsten April noch an einen baldigen Aufbruch nach Berchtesgaden.

Am Abend teilt Martin Bormann Staatssekretär Kritzinger mit, innerhalb von zwei Stunden müssten die obersten Reichsbehörden Berlin verlassen haben, sonst sei die letzte Straße nach Süden blockiert. Die Lagebesprechung widmet sich an diesem Tag vor allem der Frage, wie die einheitliche politische und militärische Führung gewährleistet werden könne, wenn sowjetische und amerikanische Truppen Nord- und Süddeutschland voneinander trennen sollten. Bereits am 15. April hatte Hitler befohlen, dass für diesen Fall ein Führungsstab Nord und ein Führungsstab Süd zu bilden sei. Den Befehl im Nordraum sollte Großadmiral Karl Dönitz übernehmen, falls sich Hitler im Süden befände. Im umgekehrten Fall sollte Generalfeldmarschall Albrecht Kesselring den Führungsstab Süd übernehmen.

An diesem Tag, seinem Geburtstag, erteilt Hitler folgende Weisung: »Ich beauftrage den Oberbefehlshaber der Kriegsmarine mit der sofortigen Vorbereitung zur restlosen Ausschöpfung aller personellen und materiellen Möglichkeiten für die Verteidigung des Nordraumes im Falle einer Unterbrechung der Landverbindung in Mitteldeutschland. Ich erteile ihm die Vollmacht, die für diesen Zweck erforderlichen Befehle an allen Stellen von Staat, Partei und Wehrmacht in diesem Raum zu erteilen.«

Zu diesem Zeitpunkt scheint klar, dass Hitler nach Süden gehen und sich dort den Oberbefehl vorbehalten wolle.

Hermann Göring gibt Hitler die Hand und sagt, er müsse zum Führungsstab Süd im Raum Berchtesgaden. Wobei ihn Hitler geistesabwesend ansieht und mit ein paar belanglosen Worten abfertigt. Albert Speer notiert: »Ich stand wenige Schritte von beiden entfernt und hatte das Gefühl eines historischen Augenblicks: die Führung des Reiches ging auseinander.« Und das am sechsundfünfzigsten Geburtstag des Führers. Hitlers Adjutant Julius Schaub registriert dies sensibler: »Hitler war von dem Wunsch seiner Paladine, ihn jetzt zu verlassen, tief enttäuscht, ja erschüttert. Er hat lediglich mit dem Kopf genickt und verabschiedete sich wortlos von den Männern, die er einst mächtig gemacht hatte.«

Bemerkenswert ist auch, dass Hermann Göring, der eitle und prunksüchtige Reichsmarschall, der auf sein Äußeres immer größten Wert legte und prachtvolle und zum Teil selbst entworfene Fantasieuniformen zu tragen pflegte, sich an diesem Tag in eine einfache braun-graue Uniform gekleidet hat. Er, den Joseph Goebbels in kleiner Runde ironisch »Hermann den Prächtigen« zu nennen pflegte, hatte sich, wie es schien, auf den Übergang vorbereitet. Auf Lastwagen der Luftwaffe hatte Göring aus seinem Jagdschloss – fünfundsechzig Kilometer von Berlin entfernt und nach seiner verstorbenen Frau »Carinhall« benannt – in einem Konvoi die über Jahre in ganz Europa geraubten und in Carinhall gehorteten Kunstschätze geladen, um sie nach Berchtesgaden zu transportieren.

Auch der zweite wichtige Minister Heinrich Himmler, der »treue Heinrich«, Reichsführer SS und Chef der Deutschen Polizei, ab 1943 auch Reichsinnenminister und kurzzeitig Befehlshaber des Entsatzheeres verschwindet im Anschluss an die Lagebesprechung sofort nach Hohenlychen in Mecklenburg.

Am Ende der Lagebesprechung verlässt Hitler zum letzten Mal für einen offiziellen Anlass den Bunker, steigt mühsam die anderthalb Meter breite Wendeltreppe mit ihren achtunddreißig Stufen hoch zu einem Notausgang, der in den Garten der Reichskanzlei führt, um eine Abordnung der Kurland-Armee und der SS-Division »Berlin« zu empfangen sowie zwanzig Hitlerjungen, die wegen besonderer Tapferkeit bei der Abwehr von Truppen der Roten Armee geehrt werden sollen. Die Szenerie ist gespenstisch.

Draußen steht auch Artur Axmann, Reichsjugendführer und Leiter der HJ-Delegation, ein besessener Nationalsozialist und ergebener Gefolgsmann. Er erstattet Meldung und muss bei seiner kurzen pathetischen Ansprache den linken Arm erheben, weil er den rechten Arm an der Ostfront verloren hat: »Mein Führer! Für den Endkampf steht Ihre Jugend bereit. Im Namen der Hitlerjugend gratuliere ich Ihnen zum Geburtstag. Ich bin stolz, Ihnen wieder eine Abordnung der tapfersten Jungen vorzustellen, deren Mut und Treue typisch sind für die Einsatzbereitschaft der deutschen Jugend. Alle haben großen Mut und Opferbereitschaft bewiesen und gehören zu den Jüngsten, die mit dem Eisernen Kreuz ausgezeichnet wurden. Sie sind mit eisernem Willen dazu entschlossen, den Endsieg zu erringen!«

»Danke, danke Axmann«, antwortet Hitler. »Wenn im Kampf nur alle so tapfer wären wie diese Jungen!«

Dann geht Adolf Hitler auf den sechzehnjährigen Hitlerjungen Armin Lehmann zu, der ihn schon die ganze Zeit mustert, obwohl der HJ-Führer allen eingeschärft hatte, den Kopf nicht zu bewegen. Lehmann ist erschrocken über das Aussehen des »von der Vorsehung auserkorenen Führers der Nation«. Er wirkt viel älter als sechsundfünfzig – älter als seine Großväter, die beide schon über siebzig sind. In diesem Moment tritt Hitler auf ihn zu, packt seinen linken Oberarm mit der rechten Hand. Dann lässt er den Arm los, um die ausgestreckte Rechte des Jungen mit beiden Händen zu umschließen. Er steht nur dreißig oder vierzig Zentimeter vor ihm. Hitlers kalte Augen sind feucht und glänzen.

»Wo hast du gekämpft«, fragt er ziemlich leise.

»In Schlesien, südöstlich von Breslau, mein Führer«, antwortet Armin.

Hitler will die genaue Position der Kämpfe wissen. »Und mutig warst du und hast dir das Eiserne Kreuz verdient?«

»Ich war verwundet, habe andere verwundete Kameraden in eine Schneemulde in Deckung gebracht, dann weitergekämpft und …«

Hitler unterbricht ihn: »Was für eine Verwundung?«

»Oberschenkelschuss, mein Führer.«

Noch einmal packt Hitler den linken Oberarm des Jungen und sagt zu Reichsjugendführer Axmann: »Wieder ein mutiger Junge!« Hitler schüttelt den anderen Jungen die Hand und begrüßt danach die Delegation der hochdekorierten Offiziere der SS-Division und die Abordnung der Kurland-Armee.

Dann hält Hitler eine kleine Rede, seine letzte Rede in der Öffentlichkeit: »An allen Fronten sind schwere Kämpfe in vollem Gange. Hier in Berlin stehen wir jetzt vor der großen Entscheidungsschlacht. Das Schicksal des Deutschen Reiches hängt vom Schicksal des deutschen Soldaten ab, seiner vorbildlichen Standhaftigkeit und seinem unbeugsamen Kampfeswillen. Ihr seid Zeugen dafür, dass der Feind mit hartnäckigem Widerstand trotz großer Übermacht zurückgeschlagen werden kann. Die Lage lässt sich mit der eines todkranken Patienten vergleichen. Er muss nicht sterben, denn er kann mit einem Medikament gerettet werden, das noch rechtzeitig erfunden worden ist. Es wird jetzt hergestellt. Nun müssen wir bereit sein, bis zur Anwendung dieses Medikaments durchzuhalten, um den Endsieg zu erzwingen. Unser Glaube, dass die Schlacht in Berlin gewonnen werden kann, muss ungebrochen bleiben! Heil euch!«

Sekunden lang herrscht Totenstille. Obwohl Amtschef Memminger die Jungen angewiesen hatte, Hitlers Abschiedsgruß mit »Heil unserem Führer« zu beantworten, sagt keiner ein Wort. Niemand von der Delegation der Hitlerjugend. Niemand von den Offizieren. Niemand aus seinem Gefolge. Alle scheinen den Worten des Führers nachzusinnen. Hat er mit dem neuen Medikament die Wunderwaffen gemeint? Und sie selbst sind dann wohl der »todkranke Patient«.

Am späten Abend versammeln sich die engsten Mitarbeiter und die Sekretärinnen in Hitlers Wohnraum zu einem Geburtstagsumtrunk. Auf elf Quadratmetern sitzen sie beieinander. Es ist so eng, dass man Hocker und Sessel zur Seite schieben muss, wenn jemand das Zimmer verlassen will. Vorher hat Hitler schon Einzelgespräche mit den beiden Sekretärinnen Johanna Wolf und Christa Schroeder geführt. Müde und blass hat er ihnen gesagt: »Die Lage hat sich in den letzten Tagen so verändert, dass ich mich gezwungen sehe, meinen Stab aufzulockern. Da Sie die Älteren sind, machen Sie den Anfang. In einer Stunde geht ein Wagen in Richtung München. Zwei Koffer können Sie mitnehmen, das weitere sagt Ihnen Reichsleiter Bormann«. Und er fügt hinzu: »Ich werde in den nächsten Tagen nachkommen.«

In den nächsten Tagen werden von den Flughäfen Gatow und Staaken noch drei bis vier Flugzeuge der Führer- und

Kurier-Staffel nacheinander in etwa zwanzig Einzelflügen von Berlin nach München, Salzburg und Ainring fliegen. Eva Braun hat die Koffer gepackt, und Adjutant Julius Schaub bekommt den Auftrag, eine Kiste mit Akten und Schriftstücken Hitlers mit auf den Weg zu schicken.

Die Stimmung in der Runde bleibt trostlos. Die meiste Zeit starrt Adolf Hitler schweigend vor sich hin. Alle beschäftigt der Gedanke, wann Hitler Berlin endlich verlassen werde, da auch ihr Schicksal davon abhängt. Als Gerda Christian, eine der jüngeren couragierten Sekretärinnen, schließlich die Frage stellt, antwortet der Führer: »Nein, das kann ich nicht. Ich muss hier in Berlin die Entscheidung herbeiführen – oder untergehen!« Diese Aussage verbreitet Entsetzen. Niemand hat damit gerechnet, dass der Führer in Erwägung ziehen könnte, in diesem Bunker auszuharren.

Goebbels' Annäherung

Vom 1. Oktober 1924 an erhält Goebbels eine besoldete Anstellung als Schriftleiter der Völkischen Freiheit in Elberfeld. Gleichzeitig beginnt seine Funktionärskarriere in der NS-Bewegung. Als Hitler im Frühjahr 1925 die NSDAP neu gründet, tritt Goebbels sofort bei und erhält die Mitgliedsnummer 8762.

1924 beschreibt er in seinem halb autobiografischen Romanversuch *Michael*, wie sein Protagonist in einer Parteiveranstaltung in München ein Erweckungserlebnis hat. Ein Redner – in dem unschwer Adolf Hitler zu erkennen ist – löst eine Massenhysterie aus, wie man sie sonst nur von religiösen Sekten kennt:

> Ich gehe wie durch eine fremde Stadt, lasse mich tragen von einem Menschenstrom, bei dem ich nicht weiß, woher er kommt und wohin er geht. Ich denke nichts, gehe nur weiter und weiter, einem Ziel entgegen, das ich nicht kenne.
>
> Ich sitze in einem Saal, in dem ich noch nicht war. Mitten unter Menschen, die mir fremd sind. Arme, verhärmte Menschen. Arbeiter, Soldaten, Offiziere, Studenten. Das ist das deutsche Volk nach dem Kriege. Man sieht alte, zerschlissene Uniformen, auf den Waffenröcken, schmutzig und zerfetzt, trauern die Zeichen des großen Krieges. Das alles schaue ich fast wie im Traum.

Ich merke kaum, wie plötzlich einer oben steht und zu reden beginnt. Stockend und schüchtern zuerst, als suchte er Worte für Dinge, die zu groß sind, als dass man sie in enge Formen presse.

Da, mit einem Male beginnt der Fluss der Rede sich zu entfesseln. Ich werde gefangen, ich horche auf. Der da oben gewinnt Tempo. Wie ein Licht leuchtet es über ihm.

Ehre? Arbeit? Fahne? Was höre ich? Gibt es das noch in diesem Volk, von dem Gott seine segnende Hand gezogen?

Die Menschen beginnen zu glühen. Auf den zerfetzten, grauen Gesichtern leuchten Hoffnungsstrahlen. Da steht einer und hebt die geballte Faust hoch. Dem daneben wird der graue Kragen zu eng. Schweiß steht ihm auf der Stirne; er wischt ihn mit dem Rockärmel ab.

Am zweiten Platz links von mir sitzt ein alter Offizier und weint wie ein Kind.

Mir wird heiß und kalt.

Ich weiß nicht, was mit mir vorgeht. Mir ist mit einem Mal, als hörte ich Kanonen donnern. Wie im Nebel sehe ich, dass da ein paar Soldaten plötzlich aufstehen und Hurra schreien. Nicht einer nimmt Notiz davon.

Der da oben spricht. Wälzt Quader auf Quader zu einem Dom der Zukunft. Was in mir seit Jahren lebte, hier wird es Gestalt und nimmt greifbare Form an.

Offenbarung! Offenbarung!

Mitten unter den Trümmern steht einer und reißt die Fahne hoch.

Um mich herum sitzen mit einem Mal keine fremden Menschen mehr. Das sind ja alles Brüder. Der da, grau und zerschlissen, im offenen Soldatenrock, lacht mir zu. Kamerad!, sagt er ganz unmotiviert.

Mir ist es, als müsste ich aufspringen und schreien: »Wir sind ja alle Kameraden. Wir müssen zusammenstehen!«

Ich halte kaum noch an mich.

Ich gehe, nein, ich werde getrieben bis an die Tribüne. Da stehe ich lange und schaue diesem einen ins Gesicht.

Das ist kein Redner. Das ist ein Prophet!

Schweiß läuft ihm in Strömen von der Stirne. In diesem grauen, bleichen Gesicht wettern zwei glühende Augensterne. Die Fäuste ballen sich ihm.

Wie das Jüngste Gericht donnert Wort um Wort und Satz um Satz.

Ich weiß nicht mehr, was ich tue.

Ich bin wie von Sinnen.

Ich schreie Hurra! Keiner wundert sich darüber.

Der da oben schaut mich einen Augenblick an. Diese blauen Augensterne treffen mich wie Flammenstrahlen. Das ist Befehl!

Von diesem Augenblick an bin ich neu geboren. Es fällt wie Schlacken von mir herab.

Ich weiß, wohin mein Weg geht. Der Weg der Reife.

Nun höre ich nichts mehr. Ich bin wie berauscht.

Mit einem Male stehe ich hoch; auf einem Stuhl stehe ich über diesen Menschen und schreie: »Kameraden! Freiheit!«

Ich kann nicht sagen, was danach geschah.

Ich weiß nur noch: Ich legte meine Hand in eine klopfende Männerhand. Das war ein Gelöbnis fürs Leben. Und meine Augen versanken in zwei großen, blauen Sternen.

Im März 1925 wird Joseph Goebbels Vorstandsmitglied des Gaus der NSDAP Rheinland-Nord. Im September 1925 Gaugeschäftsführer und Schriftleiter der Nationalsozialistischen Briefe, die als Organ des antikapitalistischen NS-Flügels um die Brüder Georg und Otto Strasser gelten. Als siebenundzwanzigjähriger Gaugeschäftsführer in Elberfeld gerät Goebbels in Konflikt mit dem dortigen Gauleiter, den er für einen »verkappten Bürgerlichen« hält, mit dem keine Revolution zu machen sei. Er setzt sich durch, und Hitler löst den Gauleiter Ripke im Juli 1925 ab und setzt den späteren Hamburger Gauleiter Karl Kaufmann ein, zu dem Goebbels ein gutes Verhältnis hat.

Goebbels predigt auf Versammlungen vor ärmlichem Publikum von der »Befreiung des Proletariats« und plädiert gemeinsam mit den Strasser-Brüdern für eine Bündnisoption mit Russland. Er hofft, dass die Sowjets sich zu einem national-bolschewistischen Russland wandeln würden. Auch die Ausrichtung der Münchener NSDAP-Spitze sieht Goebbels kritisch. Er hält sie für verkalkte Bonzen von gut situierten Kleinbürgern, die sich mehr für die Rassendoktrin als für die soziale Frage interessieren. Auf einer NSDAP-Führertagung in Bamberg am 14. Februar 1926 setzt sich allerdings der Hitlerflügel sowohl in der Programmdebatte als auch in der Außenpolitik gegen die NS-Linken um Strasser und Goebbels durch. Goebbels notiert in seinem Tagebuch, dass Hitler in der russischen Frage vollkommen danebenliege mit seiner Vorstellung, man müsse Russland beerben.

Hitler ist aber durchaus angetan von der kämpferischen Haltung des Gaugeschäftsführers aus dem Ruhrgebiet und versucht ihn für sich zu gewinnen. Er schickt ihm zu Weihnachten sein Buch *Mein Kampf* mit der Widmung »für die vorbildliche Art Ihres Kampfes« und lädt ihn Mitte April 1926 zu einem Abendessen nach München ein. Goebbels vermerkt in seinem Tagebuch, es sei ein schöner Abend gewesen. Besonders gut habe ihm gefallen, dass Hitler eine »liebliche junge Dame« am Tisch platziert habe. Eindruck hatte auf Goebbels auch gemacht, dass der »Führer« ihm seinen Mercedes mit Chauffeur für einen Ausflug an den Starnberger See zur Verfügung gestellt hatte. Und Goebbels bekommt eine erneute Einladung zu Hitlers siebenunddreißigsten Geburtstag nach München. An einem Tisch mit siebenunddreißig von Blumen umsäumten brennenden Kerzen habe Hitler vom gescheiterten Putsch am 9. November 1923 erzählt, und Goebbels beginnt zu glauben, Adolf Hitler habe ihn wie keinen ins Herz geschlossen. »Hitler umarmt mich, als er mich sieht. Er sagt mir viel Lob. Adolf Hitler, ich liebe dich, weil du groß und einfach zugleich bist. Das, was man Genie nennt.« Goebbels notiert, er »beuge sich dem größeren, dem politischen Genie«. Und: Hitler habe »alles, um König zu sein«, er sei der »geborene Volkstribun« und »der kommende Diktator«.

»Der kommende Diktator« wiederum erkannte die propagandistische Kraft von Goebbels, insbesondere bei den Menschen, die den Kommunisten zugeneigt waren. Goebbels war in der Lage, wie die radikalen Linken zu sprechen, ohne ihre Ideologie zu teilen.

Inzwischen tritt auch Goebbels Antisemitismus offen zutage. Die Juden seien von »Händlerinstinkten« geprägt und wollen »alle Völker fressen«, tönt Goebbels schon 1926. Die Juden betrachtet er als »Inkarnation des Kapitalismus«. In der »Lösung der Judenfrage« sieht er den »ersten Schritt zur Lösung der sozialen Frage«.

1922, kurz nach seiner Promotion, hatte Goebbels die Lehrerin Else Janke, Tochter einer jüdischen Mutter und eines christlichen Vaters, kennen- und lieben gelernt. Goebbels hätte sie geheiratet, wenn sie nicht in seiner antisemitischen Sicht »Halbblüter« gewesen wäre. Nach vier Jahren, 1926, beendete er die Verbindung, als er Gauleiter von Berlin wurde.

»Berlin kann man nicht anders bezeichnen als einen aufgeblähten Wasserkopf, eine widerliche Anhäufung von Blaubärten, Päderasten, Gangstern und dergleichen, eine Stadt, die am zweckmäßigsten vom Erdboden Deutschlands verschwinden muss.« Das ist Goebbels Ansicht im September 1926. Sein Kampffeld ist die Ruhr, hier fühlt er sich zu Haus. Einen Monat später, am 28. Oktober, beruft ihn Hitler zum Gauleiter von Berlin. Kurze Zeit darauf ist Berlin für ihn »die Stadt aller Städte«, ein »glitzerndes Millionenungeheuer«, »das starke, ruhelose Herz des Reiches«, seine zweite Heimat, die er »niemals missen möchte«. Goebbels erweist sich als wandlungsfähig.

Am 7. November beginnt der neunundzwanzigjährige Goebbels seine Tätigkeit als Gauleiter von Berlin. Die NSDAP in Berlin, die Goebbels vorfindet, ist eine zerstrittene Politsekte von, nach seinen Angaben, nicht mehr als dreihundert Mann. Ein verlorener Haufen zwischen Agonie und Zerfall. Die Geschäftsstelle in der Potsdamerstraße 109 entspricht diesem Befund: ein fensterloser Kellerraum in einem Hinterhof, den die Parteigenossen spöttisch »Opiumhöhle« nennen. In wenigen Wochenenden entrümpelt Goebbels die Parteiorganisation von »Karteileichen«, droht den vermeintlichen Querulanten mit Parteiausschluss und mietet Ende Dezember ein neues, modernes Büro in der Lützowstraße 44.

Zu Beginn gibt es innerparteiliche Auseinandersetzungen. Die Hälfte der SA-Leute wird hinausgeworfen. Goebbels' Strategie ist es, Aufsehen zu erregen. Als Redner tritt er auf Lastwagen auf – wie ein armer Prolet in glänzender schwarzer Lüsterjacke, die er auch im Winter trägt und die ihm feucht an den Gliedern klebt, wenn er leidenschaftlich ins Reden kommt.

Kaum eine Woche im Amt, organisiert er einen provokativen Aufmarsch im Arbeiterviertel Neukölln, einer KPD-Hochburg, was prompt zu einer Straßenschlacht führt. Von da an folgt Aktion auf Aktion. Im Stadtteil Wedding, in den Pharus-Sälen, einem traditionellen Veranstaltungslokal der KPD, organisiert der neue Gauleiter am 11. Februar 1927 eine Kundgebung. Das Versammlungsthema »Der Zusammenbruch des bürgerlichen Klassenstaates« hätte auch von der KPD stammen können. Die Kommunisten handeln, wie Goebbels es von ihnen erwarten durfte: Während Goebbels redet, liefern die Kommunisten den Nazis eine Saalschlacht. Da Schlagringe und Eisenstangen zum Einsatz kommen, fließt Blut. Umgeben von stöhnenden Schwerverletzten, setzt Goebbels seine Rede fort. Goebbels prägt den bald schon mythischen Begriff vom »unbekannten SA-Mann«, der sich für die Idee des Nationalsozialismus schlage.

Im mittleren und Kleinbürgertum besteht eine latente Bereitschaft, nationalsozialistische und antisemitische Parolen aufzunehmen. Es ist eine Zeit der sozialen Ressentiments – eine Folge auch der Inflation, die den größten Teil des Mittelstandes besitzlos gemacht hat. Dass die junge Republik die Geldentwertung nicht zu verhindern gewusst hat, rächt sich jetzt. Versailler Frieden und Inflation oder – in Goebbels' Sprache – »Schandvertrag« und »Volksausplünderung durch Juden und Kapitalisten« sind die ersten Agitationsschlager des jungen Gauleiters. Zunächst besucht er mit ein paar Dutzend Anhängern die Säle des Nordens und Ostens, damit es möglichst viel Spektakel gibt. Das ist für ihn persönlich nicht immer ungefährlich. Insbesondere die Kommunisten verstehen keinen Spaß, wenn sie sich in ihren Hochburgen angegriffen sehen, und er selbst kann zwar schimpfen, aber nicht boxen. Und schnell laufen auch nicht. Er braucht also eine kampfkräftige Leibgarde. Jedenfalls hat er Spaß an diesem Klamauk. »Radau ist ein wirksames Mittel der Opposition«, schreibt er. Auf diese Weise kommen langsam die Unzufriedenen herbei und die, die Sensationen suchen.

In der Broschüre *Die zweite Revolution* hatte Goebbels 1926 geschrieben: »Wir erreichen alles, wenn wir Hunger, Verzweiflung und Opfer für unsere Ziele in Marsch setzen. Freilich: nicht der Masse gehört dann die Zukunft, sondern dem Herrscher, dem König der Masse. Es ist unser Wille, dass wir die Fanale anstecken in unserem Volk zu einem einzigen großen Feuer der Verzweiflung.«

Zudem erregt er mit einer eigenen Zeitung Aufmerksamkeit. Er nennt das Kampfblatt *Der Angriff* mit dem Untertitel: »Für die Unterdrückten – gegen die Ausbeuter«.

Bei den Reichstagswahlen im Mai 1928 sind erste Erfolge der Propaganda spürbar, wenn auch nur im bescheidenen Umfang. Rund 39 000 Berliner, knapp 1 Prozent der Wähler, haben in der Reichshauptstadt für die NSDAP gestimmt. Goebbels wird Reichstagsabgeordneter.

Im Juni 1928 bezieht Goebbels eine neue, größere Geschäftsstelle in der Hegemannstraße mit fünfzehn hauptamtlichen Funktionären. Im Juni 1928 organisiert er die erste nationalsozialistische Massenkundgebung in Berlin mit mehreren Tausend Teilnehmern im Sportpalast, und im November 1928 zieht er mit 5,8 Prozent der Stimmen als einer von dreizehn Stadtverordneten in das Berliner Rote Rathaus ein. Sein Gegenüber als KPD-Fraktionschef heißt Wilhelm Pieck.

Zu diesem Zeitpunkt ist Joseph Goebbels einunddreißig Jahre alt, Adolf Hitler neununddreißig Jahre.

21. April 1945

Am Tag nach seinem Geburtstag versucht Hitler die strategischen und militärischen Kräfte noch einmal neu zu organisieren. Gegenüber General Alfred Jodl, dem Chef des Wehrmachtsführungsstabs im Oberkommando der Wehrmacht, stellt er bei der täglichen Lagebesprechung fest: »Ich kann Ihnen nur eins sagen: Ich werde so lange kämpfen, solange ich noch einen Soldaten habe. Wenn mich der letzte Soldat verlässt, werde ich mich erschießen. Ich erwarte, dass der Süden länger Widerstand leisten werde als der Norden, und deshalb schicke ich den größten Teil des Stabes nach Süden.«

Diese Entscheidung hat sich bei ihm gefestigt, seit man ihm vorsichtig deutlich machen konnte, dass seine Überlegungen, die Rote Armee in Berlin zurückzuschlagen, von falschen Voraussetzungen ausgehen. Die Armeen der Generäle Wenck, Schörner und Steiner verfügen nicht über die personellen Stärken und schon gar nicht über die Panzer, die Hitler vermutet hat. Das hat die vergangenen Lagebesprechungen so schwierig gemacht. Die Generäle Keitel und Jodl besitzen nicht den Mut, den allmächtigen Adolf Hitler mit der ungeschminkten Realität zu konfrontieren. General Heinz Guderian, der es gewagt hat, dem Führer mehrfach vehement zu widersprechen, war am 28. März 1945 »aus Gesundheitsgründen« beurlaubt worden.

In der Nacht hat Hitler seine Entscheidung verkündet, die Südfront zu stärken. An diesem Vormittag führt er mit den Generälen Keitel und Jodl sowie seinem Vertrauten Martin

Bormann ein Gespräch und befielt seinen beiden wichtigsten Militärführern, sich nach Berchtesgaden abzusetzen. Dort soll Keitel zusammen mit Hermann Göring als Hitlers offiziellem Stellvertreter die Führung im Süden übernehmen. Alle drei weigern sich. Keitel, der nur selten widersprach, erklärt: »Ich habe Ihnen in den sieben Jahren niemals den Befehl verweigert. Diesen Befehl aber führe ich auf keinen Fall aus. Sie können und dürfen die Wehrmacht nicht im Stich lassen, in dieser Lage erst recht nicht.«

Hitler entgegnet: »Ich bleibe hier, das steht fest. Ich habe mich absichtlich ohne Ihr Wissen durch öffentliche Bekanntgabe gebunden. Es muss jetzt ja auch mit den Feinden verhandelt werden, und das kann Göring sowieso besser als ich. Entweder ich gewinne die Schlacht um Berlin, oder ich falle in Berlin. Das ist mein unabänderlicher Beschluss.«

Daraufhin versuchen Keitel und Jodl noch einmal, die militärischen Kräfte der 12. und der 9. Armee zu bündeln, mit dem Auftrag, von Süden nach Berlin zu marschieren.

Die Anspannung im Bunker ist immens hoch und entlädt sich immer wieder an überraschender Stelle. Heute trifft es den bei vielen NS-Führern unbeliebten Leibarzt Hitlers, Theodor Morell. Morell war über den Freundeskreis des Fotografen Heinrich Hoffmann bei Hitler eingeführt worden. Unbeliebt ist er bei den anderen nicht zuletzt wegen seiner mangelnden Körperhygiene. Eva Braun hat sich darüber bei Hitler mehrfach beschwert. Worauf dieser feststellte: »Morell ist nicht zum Beriechen da, sondern um mich gesund zu erhalten.« Und damit war Morell bislang sehr erfolgreich, zum Beispiel mit einem Mittel gegen Hitlers chronische Verdauungsprobleme und Darmbeschwerden. Andere Begleitärzte vermuten, dass das von Morell gemixte Medikament geringe Dosen des Nervengifts Strychnin enthält. Eva Braun hat Hitler gewarnt: »Morell vergiftet dich.

Nimm seine Medikamente nicht mehr.« Noch als sie in den Bunker einzog, hat sie so gesprochen. Doch Hitler vertraute Morell. Ohne dessen tägliche Spritzen wäre er nicht arbeitsfähig. Der selbst morphiumsüchtige Hermann Göring bezeichnete Morell abfällig als »Reichsspritzenmeister«. Nach den von Theodor Morell gefertigten Aufzeichnungen gab dieser dem Führer an achthundertfünfundachtzig Tagen in den Jahren 1941 bis 45 eintausendneunhundert Arzneimittel, je etwa zur Hälfte intravenös und intramuskulär. Sieben- bis achthundert Injektionen hat er notiert. Vor wichtigen Reden Hitlers, bei wenig Schlaf und nächtlichen Lagebesprechungen, muss Morell stets vorher spritzen. Kammerdiener Heinz Linge vermerkt, dass »dem Führer von Morell regelmäßig eine zehnprozentige Kokainlösung für die Nase und die Augen verabreicht wurde. Das habe ich dann später selbst bei ihm regelmäßig vorgenommen. Insbesondere, wenn er müde war und Konzentrationsschwierigkeiten hatte.«

Seit 1936 betreut Theodor Morell Adolf Hitler medizinisch. Am 21. April besucht Morell gemeinsam mit dem seit Oktober 1944 hinzugezogenen zweiten Arzt Dr. Ludwig Stumpfegger Hitler in seinem Arbeitszimmer. Der »Patient A.«, wie Morell ihn in seinen Unterlagen nennt, ist müde und erschöpft. Morell schlägt vor, ihm eine Koffeinspritze zu geben, worauf Hitler explodiert und schreit: »Denken Sie, ich bin verrückt? Sie wollen mir wahrscheinlich Morphium geben. Ich weiß genau, dass die Generäle mich einschläfern lassen wollen, um mich nach Berchtesgaden zu schaffen.«

Morell wehrt das ab, er wisse von keinem Komplott und wolle wie immer nur helfen.

»Halten Sie mich für einen Wahnsinnigen?«, tobt Hitler und fährt fort, den Arzt zu beschimpfen. Am Ende befiehlt er, Morell solle nach Hause gehen und seine Uniform ausziehen. »Verhalten Sie sich so, als hätten Sie mich nie gesehen.«

Morell nimmt die Entlassung mit Bestürzung auf. Dabei kann er sich eigentlich nicht beklagen. Er hat von seinem Patienten einen Professorentitel und das Ritterkreuz erhalten. Er hat ein Jahresgehalt von 60 000 Reichsmark bezogen und sich ein pharmazeutisches Imperium aufgebaut. Morell besitzt in Hamburg und im mährischen Olmütz Fabriken, in denen er unter anderem Hormonpräparate, Vitaminkonzentrate und ein Läusepulver namens »Russla« produziert. 1939 hatte er sich für 300 000 Reichsmark am Rande von Berlin in der Nähe des Anwesens von Joseph Goebbels eine Villa auf einem über zehntausend Quadratmeter großen Seegrundstück gekauft, auf der am Ausgang des Großen Wannsees in der Havel liegenden Insel Schwanenwerder. Diese Villa gehörte zuvor einem wohlhabenden Juden, der zum Verkauf gezwungen worden war. Morell ist mehrfacher Millionär, aber seine Zeit an der Seite des Führers ist beendet. Die von ihm verlassenen Räume in den Katakomben werden am nächsten Tag Joseph und Magda Goebbels und die sechs Kinder beziehen.

Der Propagandaminister

Goebbels' Strategie ist es nicht nur, Aufsehen zu erregen und zu provozieren. Es soll auch darüber berichtet werden. Darum gründet er den *Angriff*. Bis 1933 fungiert er als ihr Herausgeber. Finanziert wird er zu großen Teilen von der NSDAP. Das Blatt, das ursprünglich eine Wochenzeitung (*Das deutsche Montagsblatt*) war, erscheint später zweimal wöchentlich, seit November 1930 als Tageszeitung und ab Oktober 1932 zweimal täglich. Es betreibt vor allem nationalsozialistische Propaganda gegen die Weimarer Republik mit antisemitischen und rassistischen Hetzartikeln. Die Auflage der Zeitung ist von zweitausend Exemplaren im Jahr 1927 über 146 694 Exemplare im Jahr 1939 auf 306 000 Exemplare im Jahr 1944 angewachsen.

Als Goebbels nach den Reichstagswahlen vom 20. Mai 1928 als einer von zwölf Abgeordneten der NSDAP in den Reichstag einzieht, spottet er im *Angriff* über diese Institution, die er längst reif zum Untergang fand: »Wir haben nichts mit dem Parlament zu tun. Wir lehnen es innerlich ab und stehen auch nicht an, dem nach außen hin kräftig Ausdruck zu verleihen … Ich bin kein Mitglied des Reichstages. Ich bin ein IdI. Ein IdF. Ein Inhaber der Immunität, ein Inhaber der Freifahrtkarte. Ein IdI beschimpft das ›System‹ und empfängt dafür den Dank der Republik in Gestalt von siebenhundertfünfzig Mark Monatsgehalt.«

Goebbels führt sich am 10. Juli 1928 mit einer Schmährede ein. Er erhält einen Verweis des Reichstags-Vizepräsidenten und das gewünschte Presseecho. Sonst kümmert er sich wenig um das Parlament. Erst nach fast neun Monaten ergreift er wieder das Wort.

Die Auswirkungen der Weltwirtschaftskrise, die Massenarbeitslosigkeit und die Inflation werden von Goebbels geschickt instrumentalisiert. Die Massenarbeitslosigkeit, die sich in sämtlichen Staaten der Erde ausbreitete, brandmarkt Goebbels als eine Folge der »Schikanen, die das internationale Judentum über Deutschland verhängt hatte« – ein Resultat des Young-Plans, der gerade den Dawes-Plan abgelöst hat. Goebbels hält unzählige Reden gegen den letzten der Reparationspläne, die die Zahlungsverpflichtungen des Deutschen Reichs auf Grundlage des Versailler Vertrags regelten. Später, nach 1933, kann er sich im kleinen vertrauten Kreis nicht genug darüber amüsieren, dass er vom Young-Plan nie mehr gelesen habe als die Überschriften in den Zeitungen. »Mein Wissen hat sich als völlig ausreichend erwiesen. Denn die Millionen meiner Zuhörer hatten ja auch nicht mehr davon verstanden als ich. So bildeten wir denn die Abwehrfront gegen den Versklavungsplan«, fügte er breit lächelnd hinzu.

Der für die Partei so wichtige Wahlsieg vom 14. September 1930 ist Goebbels' Erfolg. Ohne sein Wirken, seine Einfälle, seine Mache nicht zu denken. Aber auch nicht ohne seine Kunst des Organisierens. Es ist der Beleg, dass Hitler in erster Linie über die Propaganda zur Macht gelangen kann. Die NSDAP hat 107 Sitze errungen, die SPD 143, die KPD 77, das Zentrum 68.

Der Wahlkampf der NSDAP ist von Goebbels erstmals zentral organisiert worden. Die NSDAP hat den Zerfall Deutschlands unter dem »System von Weimar« angeprangert und die »Systemparteien« für ihn verantwortlich gemacht. Auf offene antisemitische Propaganda ist weitgehend verzichtet worden. Stattdessen haben nationale, antikommunistische und antikapitalistische Parolen vorgeherrscht. Hinzugekommen ist ein gezielter Aktionismus, der die Partei als jung, unverbraucht und tatkräftig erscheinen lässt. Goebbels ist zu diesem Zeitpunkt knapp dreiunddreißig Jahre alt, Hitler einundvierzig, Göring siebenunddreißig und Himmler dreißig. Auch die anderen Repräsentanten der NSDAP verdanken die Erfolge bei den Wahlen der aufmüpfigen Propaganda von Joseph Goebbels.

Adolf Hitler tritt zwischen dem 3. August und dem 13. September 1930 in mehr als zwanzig Großkundgebungen als Hauptredner auf. In einem Manifest Hitlers vom 10. September im Berliner Sportpalast vor mindestens sechzehntausend Zuhörern heißt es: »Der Nationalsozialismus kämpft für den deutschen Arbeiter, indem er ihn aus den Händen seiner Betrüger nimmt.« Hitler sagt: »Was wir versprechen, ist nicht materielle Besserung für einen einzelnen Stand, sondern die Mehrung der Kraft der Nation, weil nur diese den Weg zur Macht und damit zur Befreiung des ganzen Volkes weist.«

Einer von Goebbels Leitsätzen lautet: »Wenn man eine Lüge oft genug erzählt, wird daraus Wahrheit.« Mit seiner antisemitischen Kampagne gegen Bernhard Weiß wird er dies deutlich demonstrieren. Seit März 1927 ist der 1880 in Berlin geborene Bernhard Weiß – Verwaltungsjurist, Sozialdemokrat, Jude – stellvertretender Polizeipräsident Berlins. In den Dreißigerjahren fährt Goebbels giftige Attacken im Angriff gegen Weiß. Dabei nennt er ihn mit Vornamen konsequent »Isidor«. 1932 schreibt er höhnisch: »Dr. Weiß bringt zu seinem Amt vieles mit, was nicht dazugehört, und wenig, was nach normalen Begriffen dazugehören müsste. Er ist weder aktiver Polizeimann noch ausgesprochener Politiker, er ist Angehöriger der jüdischen Rasse, und das musste ihn in unseren Augen von vornherein verdächtig machen. Der Himmel mag wissen, wie er an den Vornamen Isidor gekommen ist. Wir haben uns später davon überzeugen müssen, dass ihm dieser Name angehängt worden war, und dass er in Wirklichkeit den unverfänglicheren Bernhard trägt.« Einer von Goebbels' Bekannten, der auch Bernhard Weiß kannte, habe zu Goebbels gesagt, er treffe den Falschen, denn Weiß sei ein anständiger Kerl und im Krieg ein tapferer Offizier gewesen. Doch er habe darauf geantwortet: »Der Mann interessiert mich gar nicht. Aber wir wollen uns in drei Monaten wieder sprechen. Dann sollen Sie einmal sehen, was ich aus Weiß gemacht habe.«

Und dennoch: Propaganda soll für Goebbels, wenn möglich, immer auf belegbaren Fakten, auf der Wahrheit aufbauen und einen starken Realitätsbezug behalten. Ja, sie soll die Adressaten geradezu auf härteste Realitäten – und deren mögliche Überwindung – verpflichten.

Gegenüber seinem Vertrauten Werner Naumann wird Goebbels später seine ehrliche Bewunderung für Churchills Parole »Blut, Schweiß und Tränen« bekunden. (Auch wenn er Churchill öffentlich gern als »fettes Schwein und Whiskysäufer« bezeichnet.) Goebbels fühlt sich dem Typus des Kriegsherrn verwandt, der sein Volk in schwierigen Zeiten zum Durchhalten anstachelt. Erfolgsmeldungen zu verkünden ist für ihn keine Herausforderung. Ihm behagen Krisen und ihre Bewältigung und die Formulierung pathetischer Durchhalteparolen. »Kampf ist für mich, was für den Fisch das Wasser«, hat Goebbels schon im August 1926 in sein Tagebuch geschrieben.

Er kann aber auch anders. Bis zum Schluss lässt Goebbels die Soldaten in dem Glauben, dass eine »Wunderwaffe« kurz vor ihrer Fertigstellung stehe, eine Rakete mit enormer Reichweite, die für den großen Umschwung sorgen werde, und dass der Zusammenprall zwischen West und Ost das Deutsche Reich in der Mitte Europas alsbald zu einem begehrten Bundesgenossen für die Alliierten machen werde.

Im Grunde genommen ist die Methode der nationalsozialistischen Propaganda nicht von Goebbels, sondern von Hitler selbst entwickelt worden. *Mein Kampf*, zähflüssig im Stil, unklar und schwülstig in vielen Gedanken, wird immer dann griffig, wenn propagandistische Fragen behandelt werden. Hitler schreibt: »1.) Die Propaganda muss primitiv sein und sich nach der Aufnahmefähigkeit der wenigst Gebildeten unter denen richten, an die sie sich wendet. Propaganda ist die Kunst der ewigen Wiederholung. Bei Befolgung dieser Methoden wird sie wahrhaft zur fürchterlichen Waffe in der Hand des Kundigen.«

Der Propagandaminister – als gelehriger Schüler – hat sich diese Gedanken zu eigen gemacht und weiterentwickelt: »Geschickte Propaganda macht Gewaltmaßnahmen weitestgehend überflüssig. Versteht der Agitator sein Geschäft, dann ist oft kein Befehl mehr notwendig.«

Als Werner Naumann 1937 zu Goebbels' persönlichem Referenten ernannt wird, verrät der Minister ihm einen weiteren seiner Leitsätze: »In der Propaganda wie in der Liebe ist alles erlaubt, was zum Erfolg führt.« Im Laufe der Jahre kann Werner Naumann beobachten, dass Goebbels dies tatsächlich so meint – nicht nur im metaphorischen Sinn. In der Liebe wie in der Propaganda ist Goebbels skrupellos. Er kennt keinen Gott und keine Moral.

»Wir nehmen das Leben, wie es ist.« Das hört Naumann häufiger, wenn sie abends noch in Goebbels' Büro sitzen oder in den exquisit und behaglich eingerichteten Häusern, die sich der Minister und Magda Goebbels angeschafft haben. Die Lüsterjacke, in der Joseph Goebbels zu Beginn seiner Gauleitertätigkeit in Berlin auf kleine Lastwagen geklettert ist, um agitatorische Reden zu halten, hat er längst abgelegt.

Jetzt benötigt er die ständige Assistenz eines erstklassigen Schneiders, der die Mängel des Fußes, die arge Missbildung des Beines zu verdecken vermag. Goebbels sieht nun stets aus wie aus dem Ei gepellt. Seine Anzüge sind von Stoff und Schnitt ungemein elegant. Er weiß, was er sich schuldig ist. 1931 hat er eine reiche und schöne Frau geheiratet. Seitdem macht Goebbels sich lustig, wenn biedere Parteigenossen verkünden: »Eine deutsche Frau schminkt sich nicht.« Er pflegt dann zu kontern: »Nun sagen Sie nur noch: Die deutsche Frau raucht nicht.«

Perfide sind Goebbels' Polemiken gegen die »Luxusvillen« der sozialdemokratischen Führer. Später, nach 1933, verhöhnt er seine nächsten Mitarbeiter in der Münchner Propagandaleitung, weil sie auf diese Lügen hereingefallen sind. Er legt Wert darauf, festzustellen, dass er nicht so dumm sei. Er habe immer gewusst, dass die von ihm angegriffenen Severing und Grzesinski nur bescheidene Siedlungshäuser ihr Eigen nannten.

Schon vor 1933 besitzt Goebbels eine prächtige Wohnung im besten Viertel von Berlin. Aber das genügt ihm nicht. Geld haben auch andere. Er will mehr. Das Dienstgebäude, das ihm bei der Gründung des Propagandaministeriums zufällt, erfüllt ihn mit Stolz. Das alte Palais am Berliner Wilhelmplatz stammt aus der Zeit Friedrichs des Großen und wurde nach einem Entwurf von Preußens größtem Baumeister Schinkel im 19. Jahrhundert klassizistisch umgestaltet. Bis 1918 war es im Besitz der Hohenzollernfamilie. Prinz Friedrich Leopold, der Protektor der deutschen Freimaurer, hatte hier seine prunkvollen Empfänge gegeben. Goebbels liebt dieses Haus, das in seinen Dimensionen einem Staatspalast gleicht, da es eine Geschichte hat. Er will es erhalten, wie es ist. Gleichwohl rühmt er sich in seinem Tagebuch: »Ich habe gegen den Willen der Hausverwaltung den Stuck von den Wänden schlagen lassen, um Klarheit, Sauberkeit, übersichtliche Linien zu haben. Zwielicht ist mir zuwider.« So entsteht das Arbeits- und Empfangszimmer, das dreimal so groß ist wie das eines Ministers der Republik. Doch an den Repräsentationsräumen wird nichts geändert. Nun sind es also Goebbels' Gäste, die bei Empfängen die schön geschwungene Marmortreppe mit dem goldenen Geländer hinaufsteigen, auf halber Höhe noch einmal einen raschen Blick in die dort aufgestellten riesigen Spiegel werfen, um dann, an der Tür des Chorraums, der liebenswürdigen Gattin des Ministers die Fingerspitzen zu küssen und mit dem lächelnden Minister einen festen Händedruck zu wechseln.

Im Hochsommer 1933 hat Goebbels außerdem ein kleines Palais am Brandenburger Tor als Dienstwohnung erworben. Es liegt im Zentrum Berlins, und man sieht doch ins Grüne, auf die Bäume des Tiergartens. Es ist hundert Jahre zuvor für die Hofmarschälle des königlichen Hauses errichtet worden und hat nach Gründung der deutschen Republik den Reichsernährungsministern als Wohnsitz gedient, die mehr als alle anderen Politiker und Beamten auf den gesellschaftlichen Verkehr mit dem preußischen Adel und der Schicht der Großgrundbesitzer angewiesen waren. Zuletzt hat Hugenberg, der Führer der Deutschnationalen, dort residiert. Als er zurücktreten musste, reklamierte Goebbels das Haus in aller Eile für sich. Darré, zum Nachfolger Hugenbergs ernannt, fand den Propagandaminister schon in seiner Dienstwohnung vor und musste sich eine andere Unterkunft suchen. Goebbels, nun ein Mann von weitreichendem Einfluss und hohem Einkommen, will die Macht genießen.

Aber Goebbels will mehr. Er braucht zu den Festräumen des Ministeriums, zu der staatlichen Dienstwohnung noch eine Villa in Schwanenwerder. Die erhebliche Abfindungssumme, die Günther Quandt, der erste Gatte von Frau Magda, aus seinem großen Gewinn bei den Akkumulatorenwerken nach der Scheidung ausgezahlt hat, reicht zur Finanzierung dieses Kaufs. Beiden genügt aber auch dies nicht mehr. Ein »bescheidenes Blockhaus« in Lanke, weit außerhalb von Berlin, kommt hinzu. Die Ländereien hatten jüdischen Kohlenbaronen gehört, die das Schlossgut aus altpreußischem Adelsbesitz erworben hatten. Von ihnen hat es die Reichshauptstadt gekauft, und zum zehnten Jubiläum des Gauleiters, 1936, werden Wald und Wiesen am See dem »Eroberer von Berlin« auf Lebenszeit übereignet.

Aber wie kann Goebbels diesen Luxus finanzieren? Zwar ist sein Einkommen hoch, als Abgeordneter, Minister, Schriftsteller braucht er sich gewiss keine Einschränkungen aufzuerlegen. Gleichwohl lebt er über seine Verhältnisse. Lanke übersteigt Goebbels' finanzielle Möglichkeiten. Zunächst springen die Filmgesellschaften ein und strecken Hunderttausende vor. Doch es reichte nicht aus. 1938 schreibt Goebbels ein umfangreiches Werk über den Führer, das zum fünfzigsten Geburtstag am 20. April 1939 erscheinen soll. Das würde eine riesenhafte Auflage und einen schönen finanziellen Ertrag für den Verfasser ergeben. Indessen: Hitler beanstandet das Buch ohne nähere Begründung. Er mag es nicht, dass über sein Privatleben, seine Vergangenheit, seine weit gesteckten Ziele geschrieben wird, wie es bei einem solchen Anlass unvermeidlich ist. Goebbels' blamables Schuldverhältnis bleibt bis in die erste Kriegszeit hinein bestehen. Erst als die Wochenzeitung *Das Reich* gegründet wird, können die Vorschüsse endlich abgetragen werden. Der Propagandaminister muss – aber das fällt ihm nicht schwer – wöchentlich einen Artikel schreiben. Das ergibt allein mehr als 100 000 Reichsmark an jährlichen

Einnahmen. Und zu Weihnachten erscheinen die Aufsätze regelmäßig in Buchausgaben gesammelt. Sie werden vom riesigen Vertriebsapparat der Partei unters Volk gebracht, gelangen in Dutzenden von Exemplaren an jede Bücherei, werden von Zehntausenden von Parteigenossen gekauft und allen, die sich als wohlgesinnt erweisen wollen oder müssen. Es ist lange her, dass Joseph, der Jüngling, von sich bekannt hat: »Ich hasse den Mammon. Ich will mich an den Überfluss meiner Seele verschwenden!« Das Sein bestimmt ganz offensichtlich doch das Bewusstsein.

Erstaunlich ist, dass Goebbels trotz allem die Fähigkeit besitzt, Kontakt mit dem »kleinen Mann« zu halten. Er denkt gern an die Zeit, »als wir schrien und randalierten, mit Balladen und mit vergifteten Pfeilen schossen – so kamen wir nach oben«. Im Verkehr mit »kleinen Leuten« kann er sich gehen lassen, kann er sein, wie er ist. Aber auch gegenüber den vielen Menschen, die sich aus Politik, Wirtschaft und Kulturleben jetzt an ihn herandrängen, ist er von einer gleichmäßig liebenswürdigen Freundlichkeit, die angenehm wirkt, selbst wenn sie gar keine Verpflichtungen auferlegt.

23. April 1945

Werner Naumann richtet sich in einer Rundfunkansprache an die Berliner Bevölkerung. Der Text erscheint ein paar Tage später in der vierseitigen Flugschrift *Der Panzerbär – Kampfblatt für die Verteidiger Berlins.* Naumann, Goebbels' Schatten, beschwört seine Leser: »An der Spitze der Verteidigung Berlins steht der Führer. Diese Tatsache allein schon gibt dem Kampf um Berlin ein einmaliges und entscheidendes Gesicht. Der zum 20. April vorgesehene Sieg der Bolschewisten ist verhindert worden. Das Wort des Führers wird bestehen: Berlin bleibt deutsch, und Europa wird nicht russisch. Schon sind in verschiedenen Räumen die Kräfte aufmarschiert und bereitgestellt, die Berlin dabei unterstützen werden, den Bolschewisten eine entscheidende Niederlage beizubringen und damit die Lage Deutschlands grundlegend zu ändern. Die Verteidiger der Reichshauptstadt haben bei der Nachricht von dem schnellen Aufmarsch bewährter Verbände neuen Mut gefasst und kämpfen mit Trotz und Verbissenheit in der festen Hoffnung, bald das Donnern der Geschütze der angreifenden Reserven zu hören.«

Welch ein Kontrast zu dem, was sich am Tag zuvor im Führerbunker abgespielt hat. Rochus Misch – wie alle Adjutanten Hitlers Angehöriger der Leibstandarte SS Adolf Hitler – ist seit 1940 im Führerbegleitkommando im jeweiligen Führerhauptquartier tätig. Im Bunker besteht seine Aufgabe darin, als Telefonist für die Außenkontakte zu sorgen. Die Bombardements der Alliierten und zuletzt die gezielten

Angriffe auf das Führerhauptquartier haben dazu beigetragen, die telegrafischen Verbindungen nach außen zu stören oder lahmzulegen.

Generalfeldmarschall Keitel muss nach den Lagebesprechungen im Führerbunker jeweils den Kontakt zu den kommandierenden Generälen herstellen. In der Nacht auf den 23. April fährt er in größter Eile die fast hundert Kilometer bis zu General Wenck, von dem sich Hitler den »Entsatz« Berlins, also das Zurückdrängen der Einheiten der Roten Armee, versprochen hat.

Wenck ist ein Mann von Entschlusskraft, aber auch Realist. Während Keitel ihm die Ideen und Befehle des Führers vorträgt, sind seine Gedanken damit beschäftigt, abzuwägen, wie sich die Befehle zur Wirklichkeit verhalten, die er genau kennt. Er ist sich darüber im Klaren, dass die Unterstützung Berlins mit den ihm zur Verfügung stehenden schwachen Divisionen, ohne Panzer und ohne Artillerie, aussichtslos ist. Er weiß, dass er niemals mehr den Ring gewaltiger Übermacht, der sich bereits um Berlin geschlossen hat, durchbrechen kann. Allein der Versuch würde nur mit der restlosen Opferung der jungen Menschen erkauft werden können, die seinem Befehl und seiner Verantwortung unterstellt waren. Darunter befanden sich viele mit echtem patriotischem Kampfwillen erfüllte Offiziersschüler und junge Männer aus dem Reichsarbeitsdienst.

Dennoch: Als Keitel sich morgens um drei Uhr von Wenck verabschiedet, nimmt er dessen Versprechen mit, alles Mögliche zu versuchen, die noch vorhandenen kampffähigen Divisionen nach Osten zu verlegen und Berlin anzugreifen.

Joseph Goebbels nutzt diese Überlegung propagandistisch. Er macht daraus eine vollendete Tatsache. Er spricht von einem Vormarsch der »Entsatzarmee« Wencks auf Berlin und fügt noch hinzu, dass hierbei Hitler persönlich den Kampf führe. Eine groteske Verdrehung der Tatsachen. Kombiniert wird dies mit dem Befehl, die Brücken der Stadt zu sprengen. Damit schränkt man auch für die Berliner die Zugangsmöglichkeiten von einem Teil der Stadt zum anderen außerordentlich ein. Gleichzeitig zerstören die Sprengungen der Brücken die letzten verbliebenen Hauptleitungen der städtischen Wasserversorgung. In einer Zeit, in der die Luft ständig mit Staub und Rauch zerbombter Gebäude erfüllt ist, gibt es kaum noch Trinkwasser.

Mit Unterstützung von Schwägermann und Naumann richtete Joseph Goebbels einen Aufruf nach dem anderen an die »Männer Berlins«. In seiner Funktion als »Reichsverteidigungskommissar« appelliert er an die nicht als Soldaten eingesetzten Kräfte, »ehrenhaft und männlich ihre Pflicht zu tun. Soldaten, Verwundete, Männer Berlins! Auf zu den Waffen!«

Kurz nach sechzehn Uhr kommt Albert Speer in den Bunker, gemeinsam mit seinem Verbindungsoffizier im Generalstab, Oberstleutnant Manfred von Poser. Kein ganz ungefährliches Unterfangen. Speer und Poser haben die Berliner Innenstadt mit dem einmotorigen Aufklärer vom Typ Fieseler »Storch« im Tiefflug erreicht. Hitler schätzt Albert Speer über alles. Er ist es, der nicht nur die Reichskanzlei unter weitgehender Berücksichtigung der Pläne von Adolf Hitler bauen ließ. Er ist auch verantwortlich für die Baulichkeiten zur Inszenierung der Nürnberger Parteitage. Er hat am Ende als Rüstungsminister alles dafür getan, die äußeren Voraussetzungen für eine erfolgreiche Kriegsführung zu schaffen. Die Umrüstung der Fabrikproduktion für den totalen Krieg. Bei den deprimierenden Feierlichkeiten zu seinem sechsundfünfzigsten Geburtstag drei Tage zuvor hatte Hitler beim Defilieren der Gratulanten noch leise die Bemerkung gemacht: »Speer ist noch der Beste von allen.«

Speer will sich von Hitler persönlich verabschieden. Wobei er nicht sicher sein kann, ob dieser ihm nachsieht, dass er als Rüstungsminister die vom Führer angeordnete Zerstörung von Produktionsstätten verhindert hat. Er hat im Gegenteil Maßnahmen zum Schutz aller lebenswichtigen Anlagen und zur Ankurbelung der Wirtschaft angeordnet. Auf der Treppe in den Bunker trifft Speer ausgerechnet Martin Bormann, der lange Zeit schäbige Intrigen gegen ihn geführt hatte. Jetzt erlebt er ihn als servilen Bittsteller, der ihn geradezu anfleht: »Wenn Sie gleich mit dem Führer sprechen, wird es sicher um die Fragen gehen, ob wir hier in Berlin bleiben oder nach Berchtesgaden fliegen sollen. Sie werden ihm doch sicher zureden abzufliegen!«

Als er Hitler gegenübersteht, wirkt dieser apathisch, zeigt kaum innere Regungen. Er fragt: »Wie ist ihr Urteil über Dönitz?« Und dann, kurz darauf: »Soll ich Ihrer Meinung nach in Berlin bleiben oder auf den Obersalzberg fliegen?«

Speer antwortet ehrlich: «Es ist doch sinnlos, noch nach Berchtesgaden auszuweichen. Mit der Eroberung Berlins ist der Krieg auf jeden Fall beendet. Es ist besser, der Führer des besiegten Reiches beschließt sein Leben in der Hauptstadt statt in seinem Wochenendhaus.« Es entspricht dem, was Adolf Hitler selbst gedacht und schon verkündet hatte. Kurz darauf wird Speer ein letztes Mal Zeuge einer unglaublichen Verwandlung.

Hitlers Adjutant kündigt für eine kurze Lagebesprechung den amtierenden Generalstabschef Krebs und einige Offiziere an. Hatte der körperlich und seelisch gebrochene Adolf Hitler eben noch lethargisch über sein Ende und den Befehl zur Verbrennung seiner und der Leiche Eva Brauns gesprochen, so wechselt er jetzt in die Rolle des Schauspielers – eine Metamorphose, in der er ostentativ bestrebt ist, Zuversicht zu verbreiten. Er entwickelt noch einmal einen

Operationsplan zum Entsatz der Reichshauptstadt und entwirft ein optimistisches Bild von der Kampfkraft der einzelnen Divisionen. Speer, der weiß, dass die Einzeichnungen auf den vorgelegten Karten Groß-Berlins durch den schnellen Vormarsch der Roten Armee schon wieder überholt sind, schweigt betroffen. Auch General Krebs und seine Offiziere schweigen.

Als die Offiziere gegangen sind, bleibt Speer noch im Bunker, um sich von Eva Braun und Magda Goebbels zu verabschieden, mit denen er in den Jahren zuvor viele persönliche Gespräche geführt hat. Insbesondere mit Magda Goebbels hatte er engen Kontakt in den Zeiten, als diese an den permanenten Seitensprüngen ihres Mannes zu verzweifeln drohte.

Noch während sich Speer mit Hitler unterhält, kommt bei Rochus Misch ein Telegramm von Reichsmarschall Hermann Göring an. Dieser hatte mit Hilfe des Chefs der Reichskanzlei Hans-Heinrich Lammers ein Telegramm aufgesetzt, das ihn jetzt rechtskräftig als Nachfolger Hitlers bestätigen soll. Darin heißt es:

> Mein Führer,
>
> General Koller hat mir heute aufgrund von Mitteilungen, die ihm Generaloberst Jodl und General Christian gemacht hatten, eine Darstellung gegeben, wonach Sie in gewissen Entscheidungen auf mich verwiesen hätten und dabei betonten, dass ich, falls Verhandlungen notwendig würden, dazu leichter in der Lage wäre als Sie in Berlin. Die Äußerungen waren für mich derart überraschend und ernst, dass ich mich verpflichtet fühlte; falls bis 22 Uhr keine Antwort erfolgt, nehme ich an, dass Sie Ihrer Handlungsfreiheit beraubt sind. Ich werde dann

die Voraussetzungen Ihres Erlasses als gegeben ansehen und zum Wohle von Volk und Vaterland handeln. Was ich in diesen schwersten Stunden meines Lebens für Sie empfinde, das wissen Sie und kann ich durch Worte nicht ausdrücken. Gott schütze Sie und lasse Sie trotz alledem baldmöglichst hierherkommen.

Ihr getreuer Hermann Göring

Ein weiterer führender Nationalsozialist, der sich absetzt. So jedenfalls sieht es Martin Bormann, der in Treue zu Adolf Hitler im Bunker während des Vordringens der Roten Armee steht. Aber es ist ihm nur recht, dass der prunksüchtige Dickwanst nicht versucht, näher an den Führer heranzurücken. Ausgerechnet Hermann Göring! Zu Beginn des Dritten Reiches war er eine mächtige Figur, doch sein Stern ist erloschen. Sein aufwendiger Lebensstil und das Versagen der Luftwaffe haben ihn völlig diskreditiert.

Hitler reagiert auf das Telegramm zuerst lethargisch. Bormann versucht, deutlich zu machen, dass Göring ihm ein Ultimatum bis zehn Uhr abends gesetzt hat. Erst als ein anderes Telegramm von Göring an Außenminister Ribbentrop im Bunker eintrifft, fühlt Hitler den Verrat. Ribbentrop, von dem er argwöhnt, schon länger Verhandlungen vorzubereiten, war von Göring kontaktiert worden: »Ich habe den Führer gebeten, mich mit Weisungen bis zum 23. April, 22 Uhr zu versehen. Falls bis zu dieser Zeit ersichtlich ist, dass der Führer seiner Handlungsfreiheit für die Führung des Reiches beraubt ist, tritt sein Erlass vom 29.6.1941 in Kraft, in welchem ich als Stellvertreter in all seine Ämter eintrete. Wenn Sie bis 24 Uhr, 23.4.1945, keinen anderen Bescheid vom Führer direkt oder von mir erhalten, bitte ich Sie, unverzüglich auf dem Luftwege zu mir zu kommen.«

Dieses Telegramm versetzt Hitler in unbändige Wut. Umgehend unterschreibt er den von Bormann vorgelegten Entwurf eines Funktelegramms an Göring. Hitler teilt Göring darin mit, dass er dessen Vorgehen als Hochverrat am Nationalsozialismus betrachte, auf den die Todesstrafe stehe. Man sehe aber davon ab, falls er sofort von allen seinen Ämtern zurücktrete.

Gleichzeitig schickt Bormann im Namen Hitlers an den Kommandanten der SS auf dem Obersalzberg, den SS-Obersturmbannführer Dr. Bernhard Frank, den telegrafischen Auftrag, Göring und seinen Stab umgehend zu verhaften. Das geschieht. Göring wird zunächst in die SS-Kaserne nach Salzburg gebracht und anschließend auf seinem Schloss Mauterndorf festgesetzt.

Damit wird praktisch der Exodus der führenden Nationalsozialisten eingeleitet. Parallel dazu meldet sich um 18 Uhr der kommandierende General Helmuth Weidling in der Reichskanzlei. Er ist gekommen, um sich zu rechtfertigen. Adolf Hitler hatte wütend angekündigt, ihn erschießen zu lassen, weil er, Weidling, angeblich ohne Befehl des Führers den Gefechtsstand seines Panzerkorps westlich von Berlin verlegt habe. Weidling fühlt sich zu Unrecht beschuldigt und kommt, um dies zu klären.

Er geht durch den langen unterirdischen Gang zum Führerbunker, passiert eine Kontrolle nach der anderen. Bei einem der letzten Posten werden ihm Pistole und Koppel abgenommen. Durch die Küche gelangt er in eine Art von Casino, in dem viele SS-Führer zu Abend essen. Eine Treppe tiefer kommt er in das Vorzimmer des Führers. Dort warten einige Männer, unter ihnen Reichsaußenminister von Ribbentrop.

Offenbar muss sich auch Ribbentrop rechtfertigen, was die Verbindungen zu Göring betrifft. Weidling wird von

Krebs und Burgdorf rasch in das Zimmer von Hitler geleitet. Hinter einem Tisch mit Landkarten sitzt der Führer des Deutschen Reiches. Weidling erzählt später seinem Adjutanten: »Bei meinem Eintritt wandte er mir den Kopf mit den Augen eines Fieberkranken zu. Der Führer versuchte aufzustehen. Dabei bemerkte ich zu meinem Entsetzen, dass seine Hand und eines seiner Beine unaufhörlich zitterten. Mit großer Mühe gelang es ihm, sich zu erheben. Mit verzerrtem Lächeln gab er mir die Hand, sein Gesicht glich einer lächelnden Maske. Hierauf setzte sich der Führer mit Mühe wieder in den Sessel. Sogar beim Sitzen war sein linkes Bein in unaufhörlicher Bewegung. Das Knie bewegte sich wie ein Uhrpendel, nur etwas schneller.«

Weidling, der an den Besprechungen im Bunker bisher nicht teilgenommen hatte, sieht zum ersten Mal die Symptome der Schüttellähmung, an der der Führer seit einigen Jahren leidet.

Es gelingt ihm, die Missverständnisse zu klären. Hitler erteilt ihm den Auftrag zur Verteidigung des Ost- und Südost-Abschnitts von Berlin.

»Ich konnte gehen. Wieder versuchte der Führer, sich zu erheben, aber es gelang ihm nicht. Sitzend gab er mir die Hand. Ich verließ das Zimmer, tief erschüttert über den körperlichen Zustand des Führers.«

Goebbels' bester Mann

Werner Naumann wird am 16. Juni 1909 im schlesischen Guhrau als Sohn des Gutsbesitzers und Amtsgerichtsrats Max Naumann geboren. Seine Vorfahren mütterlicher- und väterlicherseits gehörten zur feudalen Oberschicht Schlesiens, verwurzelt im Landkreis Görlitz. Sein Großvater Robert Naumann verfügte über städtischen Grundbesitz und ein Gut in Königshain. Zugleich gehörte er dem Stadtrat in Görlitz an. Auch auf der mütterlichen Seite waren Rittergutspächter beziehungsweise Gutsbesitzer im Landkreis Görlitz. Naumann marginalisiert später seine Herkunft. Er spricht selbst davon, aus einer »Bauern- und Handwerkerfamilie« zu stammen.

Max Naumann stirbt, als der Sohn elf Jahre alt ist. Die Mutter, Margarete Naumann, geborene Schuberth, zieht mit Werner und seinen zwei Schwestern nach Görlitz, wo Werner das Gymnasium besucht.

Der Grenzcharakter des Kreises Guhrau ist durch deutsch-polnische Volkstumskämpfe geprägt. Teile des Kreises mussten nach dem verlorenen Krieg 1920 an Polen abgetreten werden. In der politisch erhitzten Atmosphäre, in der sich viele Deutsche nicht nur in dieser Region als Opfer der Völkerbundpolitik empfinden, verstärken sich nationalistische Tendenzen, werden Freikorps gebildet. Diese treten auf als »Verteidiger der Nation«, der »bedrohten nationalen Freiheit«. Männer wie Freikorpsführer Peter von Heydebreck, 1924 einziger völkischer Reichstagsabgeordneter, werden zu politischen Leitfiguren, die auch auf Werner Naumann faszinierend wirken. Eine besondere Bedeutung hatte auch das Freikorps Roßbach, dem unter anderem Martin Bormann und der spätere Kommandeur von Auschwitz Rudolf Höß angehörten. Dieses Freikorps war in viele Fememorde und sogenannte »Grenzschutzkämpfe« verwickelt und nahm 1923 am Hitlerputsch teil.

Werner Naumanns Onkel Hans Naumann, 1886 in Görlitz geboren, war ein renommierter Altgermanist und Volkskundler der Zwanziger- und Dreißigerjahre. Er sollte einer der Hauptakteure bei der Bücherverbrennung am 10. Mai 1933 auf dem Bonner Markt werden. Er hält eine Rede, die mit den Worten endet: »Wir rufen nach dem neuen deutschen Schrifttum! Heil dem obersten Führer! Heil Deutschland!«

Werner Naumann ist ein unangepasster, rebellischer Junge. Er ist politisch interessiert, tendiert zum Sozialismus. Er ist entschlossen, eine Lösung »für die Gerechtigkeit im sozialen Klassenkampf« zu finden. Als Schüler der zehnten Klasse lädt ihn ein junger Arbeiter zu einem NS-Vortragsabend ein. Hier fand er den Geist der Kameradschaft, nach dem es ihn verlangt: »Ich war sofort dabei.« Fortan propagiert er unter seinen Mitschülern nationalsozialistisches Gedankengut. Sehr zum Leidwesen seiner Lehrer. Einer von ihnen wird später äußern, es sei »eine Schande, dass Leute wie er aus dieser Schule hervorgingen«. Der Polizeidirektor beklagt sich über Naumanns »dumme Jungenstreiche«. Naumann sei ein »Schrecken der Lehrer«, der »einen Kreis von radaulustigen angehenden Hitlerjungen« um sich versammelt habe, die unter seiner Führung die Eingangstüren und Zäune der höheren Schule mit Farbe und dummen Sprüchen bemalten. Auch seine Familie zeigt sich über den »Taugenichts äußerster Sorte« offenbar nicht sehr erbaut, sodass ein

Schulwechsel vom traditionsreichen humanistischen Gymnasium auf das Reform-Gymnasium fällig ist.

Seit dem Frühjahr 1926 gehört er dem SA-Sturm 18 in Görlitz an. Am 1. September 1928 tritt er der NSDAP bei, Mitgliedsnummer 101399. Immer noch zieht ihn weniger das nationale Element des Programms der NSDAP an als vielmehr das soziale.

Trotz aller Probleme in der Schule besteht Werner Naumann das Abitur 1929 mit Auszeichnung. Ein Jugendfreund erinnert sich später, dass er Naumann in diesen Tagen oft sprechen gehört habe, privat und bei politischen Anlässen. Naumann habe ein großes Talent gehabt, sich schriftlich auszudrücken, und sei ein mitreißender Redner gewesen.

Der Eintritt in die SA bietet dem ebenso intelligenten wie politisch gläubigen und kampfbereiten jungen Mann Familienersatz und die Identifikation mit der gemeinsamen Sache – dem Kampf gegen das »Versailler Diktat« und »das System von Weimar«.

Naumann zieht nach dem Abitur nach Berlin und beginnt 1929 ein Studium der Rechts- und Staatswissenschaften. Am 23. Februar 1930 nimmt er an der Beisetzung von Horst Wessel teil, mit dem er befreundet war, und berichtete am Abend darüber auf einer Parteiveranstaltung im hundertsiebzig Kilometer entfernten Görlitz. Seiner Familie missfällt Werners politische Betätigung, da sie ihn vom Studium abhält. Im Sommer geht er für ein Studiensemester nach Genf, wo er aber seine politischen Aktivitäten fortsetzt und als Journalist für nationalsozialistische Kampfblätter berichtete, so für Goebbels' Berliner Organ *Angriff* und die Schleswig-Holsteinische Tageszeitung.

Mit einundzwanzig wird Werner zum NSDAP-Bezirksleiter Oberlausitz und zum Untergauleiter in Zentralschlesien ernannt. Als Bezirksleiter hält er Reden mit Titeln wie:

»Stürzt Rot-Preußen!« 1931 unterbricht er sein Studium, weil die Partei ihn voll und ganz beansprucht.

In Berlin lernt er den Medizinstudenten Heinrich Haselmayer kennen sowie Kurt Georg Kiesinger, der in Berlin Jura studiert. Weitere spätere NS-Größen, auf die Naumann in Berlin trifft, sind Horst Huisgen und Artur Axmann. Beide studieren mehr oder weniger engagiert Jura. Außerdem Wolfgang Diewerge. Menschen, die in Naumanns Leben noch wichtig werden sollen.

Seit dem 25. März 1933 ist Naumann SA-Sturmbannführer für Politische Schulung im Stab des berüchtigten Röhm-Stellvertreters Edmund Heines. Zwei Monate später kommandiert er als SA-Standartenführer die SA-Brigade 9 in Pommern und ab Juni 1934 die SA-Standarte 9 in Stettin. Edmund Heines ist die extreme Ausprägung eines brutalen SA-Führer-Typus, der die »revolutionäre SA« verkörpert.

Auch Werner Naumann zeigt sich als SA-Sturmbannführer gewaltbereit und zynisch. In einer nächtlichen Massenversammlung in der Görlitzer Stadthalle ruft er am 12. März 1933 dem politischen Gegner auf der Linken unmissverständlich zu: »Auf den Straßen wird jetzt Ruhe und Ordnung um jeden Preis herrschen. Wir kennen die Härte, die die Todesstrafe mit sich bringt. Aber nichts ist jetzt schlimmer am Platze als Weichheit. Wir sind brutal gegen SPD und KPD.«

Naumann verfolgt die Strategie der Krawalle und Provokationen, wie er sie in Berlin gelernt hat. Der SPD-Reichstagsabgeordnete Otto Buchwitz, der nach 1919 stellvertretender Landrat für den Kreis Görlitz war, beschrieb, wie das konkret aussah: »Den ersten schweren Zusammenstoß hatte ich mit den Nazis am 2. Dezember 1931 in Weigsdorf, einem Bauerndorf mit wenig Arbeiterbevölkerung. Die Nazis hatten etwa dreihundert SA-Leute aus der gesamten Gegend zusammengezogen. Ich hatte nur zehn Reichsbannerleute mit. Die Bande sang ihre SA-Lieder, und zwischendurch schrie sie: ›Buchwitz, verrecke, Buchwitz, du Lump!‹ Den Weg zu meinem Wagen konnte ich mir nur mühsam bahnen. Am 7. Dezember hatte ich eine Versammlung in Königshain bei Görlitz, einem Dorf mit vielen Steinarbeitern. Als ich um zwanzig Uhr eintraf, war der Saal von SA besetzt, und zwar unter persönlicher Leitung von Heines' Stellvertreter, einem verkommenen Studenten. Als – wie auf dem Dorf üblich – unsere Anhänger etwas nach zwanzig Uhr zur Versammlung kamen, war die gesamte Mitte des Saales bereits von SA-Rüpeln besetzt. Nachdem ich zwanzig Minuten geredet hatte, schrie Heines' Stellvertreter in den Saal: ›Es ist ein Skandal, dass ihr den Kerl noch reden lasst.‹ In demselben Moment sprang in der Mitte des Saales ein SA-Mann auf seinen Stuhl und schoss auf mich, ohne zu treffen. Im Augenblick war der Saal in ein Schlachtfeld verwandelt. Ganze Salven wurden abgefeuert. Frauen sprangen schreiend aus den Fenstern. Obwohl wir in lächerlicher Minderheit waren, trieben wir zweimal die Nazis aus dem Saal und behaupteten ihn. Als von Görlitz die Polizei kam, konnte sie nur noch feststellen, dass im Lokal weder Tische noch Stühle, Spiegel oder Fenster heil geblieben waren. Zwei Krankenwagen transportierten die Verwundeten beider Seiten ins Krankenhaus. Fotos vom Kampfplatz mit entsprechenden Artikeln gingen durch die Presse aller Parteien. Die Nazi-Presse ließ keinen guten Faden an mir. Wohl hatten die Nazis einige siebzig Verwundete, aber keinen Toten, was sie jedoch nicht hinderte, in ihrer Presse und ihren Versammlungsplakaten vom Arbeitermörder Buchwitz zu schreiben. Eine tolle Hetze gegen mich setzte ein. Mitten in Görlitz richteten die Faschisten ein Büro ein, welches meine Tagestätigkeit registrierte, und darauf bauten sie ihren individuellen Terror gegen mich auf.

Jetzt spielte sich täglich Folgendes ab: Ging ich morgens um drei Viertel acht nach dem Sekretariat, so standen vor der Haustür etwa acht bis zehn SA-Leute, die vor und hinter mir hergingen. Mittags, wenn ich zu Tisch ging, waren es zwanzig, desgleichen, wenn ich am Nachmittag ins Büro ging, am Abend auf dem Heimweg waren es manchmal hundert bis zweihundert. So versuchte man, mich einzuschüchtern. Dazu hatten die Burschen ein Hasslied gegen mich anfertigen lassen, in dem es am Schluss jeder Strophe hieß: ›Wenn die Revolver knallen, muss Buchwitz als Erster fallen.‹«

SA-Terror und Einschüchterung im Kreis Görlitz. Und in der Mitte der »verkommene Student«: Werner Naumann.

Ende Juni bis Anfang Juli 1934 überschlagen sich die Ereignisse in dem von den Nationalsozialisten sogenannten »Röhm-Putsch«. Um NS-interne ideologische Differenzen und die machtpolitischen Spannungen zwischen der SA und Teilen der NSDAP zu bereinigen, beseitigt die SS mithilfe von Gestapo und Reichswehr unliebsame Gegner der SA, an deren Spitze Stabschef Ernst Röhm steht. Im Zuge dieser Maßnahmen erfolgt am 30. Juni 1934 auch die Verhaftung Werner Naumanns. Dessen Stabschef Heines, als Stellvertreter Röhms, überlebte den Putsch nicht. Naumann wird diskreditiert und angeblicher Günstlings- und finanzieller Misswirtschaft bezichtigt. Zwei Monate sitzt er in Haft. Es folgt der dauernde Ausschluss aus der SA und die Aberkennung seines SA-Ranges. Die Rettung vor der drohenden Liquidierung verdankt er der schützenden Hand Heinrich Himmlers.

Ende 1934 nimmt Naumann das 1931 abgebrochene Studium wieder auf. In einer Rekordzeit von fünf Studiensemestern erlangt er am 26. November 1935 sein Diplom mit Auszeichnung und widmet sich anschießend, ab Mai 1936, als wissenschaftlicher Assistent bei Professor Robert Nöll von der Nahmer seiner Dissertation. Bereits Weihnachten 1936 legt er seine mündliche Doktorprüfung ab. Die Arbeit über Probleme der Einkommenspolitik war von den Gutachtern Albert Hesse und Günther Schmölders, den Naumann schon in Berlin kennengelernt hatte, mit »sehr gut« bewertet worden.

Zur politischen Einordnung hatte Naumann im Vorwort seiner Doktorarbeit geschrieben: »Auf dem Nürnberger Parteitag 1936 der NSDAP ist vom Führer und Reichskanzler darauf hingewiesen worden, dass eine an sich wünschenswerte Lohnerhöhung zurzeit nicht durchgeführt werden könne, weil eine gleichzeitige Steigerung der deutschen Produktion sich nicht auf allen Gebieten wegen Fehlens wichtiger Rohstoffe verwirklichen lasse. Eine Lohnerhöhung würde eine Kaufkraftstärkung gerade auf den Marktgebieten zur Folge haben, auf denen wegen Rohstoffmangels eine gesteigerte Nachfrage nicht befriedigt werden könne. ›Der deutsche Lebensmittelmarkt kann durch die nun einmal gegebene Begrenzung unseres Bodens nur ganz unwesentlich gebessert werden.‹ Damit ist von berufenster Seite auf den Zusammenhang von Einkommensbildung und nationaler Produktionsmöglichkeit hingewiesen worden.«

Nun, die »berufenste Seite« wird schon bald mit einer Lösung aufwarten, wie der »gegebenen Begrenzung des Bodens« zu wehren sei.

Mit der Promotion und der Assistentenstelle bei Nöll von der Nahmer scheint für Naumann seit 1936 alles auf eine wissenschaftliche Laufbahn hinauszulaufen. Doch es kommt anders. Politische Verlockungen erweisen sich einmal mehr als stärker. Am 18. Mai 1937 wird Naumann zum Leiter des Reichspropagandaamtes Schlesien in Breslau und gleichzeitig zum Gaupropagandaleiter berufen. Einflussreiche nationalsozialistische Kreise in Schlesien geben

Naumann zu verstehen, dass es für ihn in seiner Heimat nach wie vor politische Aufgaben gebe, dass man ihn als Massenredner brauche. Außerdem hat sich Goebbels des jungen Mannes aus Berliner Tagen entsonnen und sorgt – trotz der Verstrickung Naumanns in den 30. Juni 1934 – im Zusammenspiel mit der schlesischen NS-Führung für dessen Rehabilitierung.

Er fällt als besonders fähiger Organisator des »Sängerfestes« in Breslau auf, wo er Adolf Hitler eine perfekte Bühne für einen großen Auftritt bereitet. Im Dezember 1937 beruft ihn der Reichspropagandaminister zu seinem persönlichen Referenten und holte ihn nach Berlin. Wenige Wochen später heiratet der 28-jährige Naumann die vier Jahre jüngere Ursula Becker aus Breslau, die ebenfalls der Promotionsgruppe bei Professor Nöll von der Nahmer angehört hat.

Im Januar 1938 tritt Naumann als Oberführer in die SS ein. Im April wird er Ministerialrat und erster persönlicher Referent des Propagandaministers. Parallel beginnt er eine Ausbildung bei der Luftwaffe in Breslau im Flakregiment 20 und von März bis Mai 1939 beim Flakregiment 12 in Berlin. Bei Kriegsausbruch ist er bis Mitte 1940 Unteroffizier und Wachtmeister in der Luftverteidigung Berlins, wo er im Mai 1940 schließlich zum Leutnant der Reserve befördert wird. Ab April 1941 nimmt er als Obersturmführer der Waffen-SS an den Feldzügen auf dem Balkan und in der Sowjetunion teil.

Am 11. April 1941, Karfreitag, findet sich Naumann in der Schlacht am Klidi-Pass wieder, in der die Leibstandarte der SS Adolf Hitler heftige Kämpfe gegen britische, australische und neuseeländische Truppen führte. Der Klidi-Pass an der Grenze zwischen Griechenland und Jugoslawien ist strategisch von entscheidender Bedeutung. Dort sind schon im Balkankrieg 1912 und im Ersten Weltkrieg schwere Kämpfe ausgetragen worden. Einer von Naumanns Mitoffizieren, der SS-Hauptsturmführer Richard Schulze, versucht, seine Kompanie durch die britischen Stellungen zu zwingen, um die Straße zum Pass zu öffnen. Als die Nacht hereinbricht, sind Schulze und seine Männer von den gegnerischen Truppen eingekreist.

Schulze befiehlt seinen achtzig Männern, einen Verteidigungsring zu bilden, in dem sich auch etwa fünfzig australische und neuseeländische Gefangene befinden. Bei Tagesanbruch greifen die Briten mit Panzern an. Die Lage scheint hoffnungslos. Richard Schulze schildert den weiteren Verlauf: »Unsere Vernichtung schien unvermeidlich, da das Aufbringen schwerer Artillerie- oder Panzerabwehrgeschütze nicht möglich war. Dann gelang es SS-Untersturmführer Naumann im letzten Moment durch übermenschliche Anstrengungen und bei schwerstem feindlichem Beschuss eine 8,8-cm-Flak unter seinem Kommando zum Einsatz zu bringen und die Fliegerabwehr anzugreifen. Trotz seiner ungünstigen Position fand die Waffe bald die Reichweite und setzte eine Reihe englischer Panzer außer Gefecht, sodass die Engländer gezwungen waren, ihren Angriff abzubrechen und den Rest zurückzuziehen. Es war dann für uns möglich, die Offensive wieder aufzunehmen und eine günstige Position herzustellen. Erst am Ende der Schlacht erfuhr ich, dass es Naumann war, der uns durch sein unerschrockenes Eingreifen vor der Zerstörung bewahrt hatte.«

Die Erzählung über Naumanns mutiges Handeln, bei dem er sein eigenes Leben nicht geschützt hat, trägt ihm die höchste Anerkennung bei Adolf Hitler, Joseph Goebbels und Heinrich Himmler ein.

»Von Hans Schwarz van Berk höre ich nur gute Berichte über Naumann«, schreibt Goebbels in sein Tagebuch. »Er führt die beste Batterie in der Leibstandarte an und ist bei seinen Vorgesetzten und seinen Untergebenen gleichermaßen beliebt.«

Kurz nach ihrer Beteiligung an der Balkanoffensive wird die Leibstandarte der SS mit Werner Naumann im August an die neu gebildete Ostfront geschickt. Die Brigade nimmt an einer Offensive auf der Krim teil, bei der es im September zu heftigen Kämpfen auf der Landenge von Perekop kommt, die das Schwarze Meer vom Asowschen Meer trennt.

Naumann wird schwer verwundet. Splitter treffen ihn an Schulter, Leiste und Bein, und es besteht die Gefahr, dass er einen Fuß verlieren könnte. Als Goebbels die Nachricht hört, ist er äußerst besorgt und entsendet einen Untergebenen vor Ort, um sicherzustellen, dass Naumann die bestmögliche Behandlung erhält. Naumann wird in einem Feldkrankenhaus in Cherson in der Südukraine gefunden, wo die Ärzte zuversichtlich sind, dass der Patient nicht nur durchkommt, sondern auch vollständig wieder »geflickt« wird. Auf Geheiß von Goebbels wird Naumann in ein Krankenhaus in Breslau verlegt, in das sein erleichterter Minister Blumen und Früchte sendet. Die Verletzungen sind so schwer, dass Naumann vom Oktober bis Dezember in Breslau bleiben muss, und doch plant Naumann, nach seiner Genesung an die Front zurückzukehren.

Am 4. Februar 1942 schreibt ihm der Reichsführer SS Heinrich Himmler in einem Brief:

> Lieber Naumann!
>
> Ich habe Ende Januar mit Reichsminister Dr. Goebbels eingehend über Sie gesprochen. Ich habe mit ihm abgemacht, dass Sie bis auf Weiteres im Propagandaministerium bleiben.
>
> Bei allem Verständnis, das ich für Ihren Wunsch,

wieder an die Front zu kommen, habe, müssen Sie aber auch andererseits verstehen, dass ich das Entgegenkommen des Reichsministers Dr. Goebbels nicht missbrauchen kann. Er hat Sie wirklich für eine sehr, sehr lange Zeit freigegeben. Wenn er Sie jetzt wieder braucht, müssen Sie unbedingt zurück. Letzten Endes ist es auch besser, wenn Sie ihre Verwundung in der Heimat ausheilen. Dass Ihre Arbeit im Propagandaministerium nicht unwesentlich ist, wissen Sie selbst am besten.

Zu gegebener Zeit will ich dann, je nach Lage der Dinge, gern wieder mit mir reden lassen.

Heil Hitler!
Ihr Heinrich Himmler

Für seinen Mut wird Naumann am 20. Mai 1942 zum Hauptsturmführer der Waffen-SS befördert. In der Begründung heißt es: »SS-Obersturmführer Naumann hat als Führer einer 8,8-cm-Flak-Batterie in zwei Feldzügen durch große Umsicht, hervorragend schneidigen Einsatz und tadelfreie Führung hinlänglich bewiesen, dass er zum Führer von Einheiten der Flakwaffe ausgezeichnet geeignet ist. SS-Obersturmführer Naumann besitzt einen starken Glauben an die Erfüllung seines Soldatenberufs. Er gibt seinen Untergebenen und seinen Kameraden ein hohes Beispiel von Pflichtbewusstsein und persönlicher Einsatzfreude. Die Erfolge seiner Batterie sind auf das große Können, seine Fähigkeit als Erzieher und sein persönliches Vorbild zurückzuführen.«

Ein paar Monate später wendet sich Heinrich Himmler an Hitlers Sekretär Martin Bormann im Führerhauptquartier:

Lieber Martin!

Ich nehme Bezug auf den Führerbefehl, fähige Leute zu benennen, und möchte Dich hier auf den SS-Oberführer Ministerialdirektor Dr. Naumann vom Propagandaministerium hinweisen. Naumann ist am 16.6.1909 geboren, verheiratet, hat drei Kinder und ist SS-Hauptsturmführer der Reserve der Waffen-SS.

Ich halte ihn für die Stellung eines Gauleiters für geeignet.

Heil Hitler!
Dein Heinrich Himmler

Die Wertschätzung, die Naumann in der Führung der NSDAP genießt, ist erheblich. Joseph Goebbels befördert ihn gegen den Widerstand von, wie er sie nennt, »lächerlichen Bürokraten«, die monierten, dass Naumann für diese Beförderungen zu jung sei. Wobei er, Goebbels, durchaus kritisch sieht, wie eng das Verhältnis von Naumann zur SS und zu Heinrich Himmler war, zu dem Goebbels sich wie auch zu anderen Führern der NSDAP in deutlicher Konkurrenz befand.

Naumann ist Goebbels' bester Mann. Natürlich braucht er ihn für sein Ministerium.

24. April 1945

Am Morgen erhält General Helmuth Weidling einen Anruf. Es ist General Krebs, der ihm mitteilt: »Bei Ihrem Bericht gestern haben Sie auf den Führer einen guten Eindruck gemacht. Er ernennt Sie zum Kommandanten der Verteidigung von Berlin.« Weidling soll mit zusammengewürfelten Einheiten von etwa 44 600 Soldaten, 42 500 Männern des Volkssturms, 3500 Hitlerjungen sowie Männern des Arbeitsdienstes und Angehörigen der Organisation Todt gegen zweieinhalb Millionen gut bewaffnete Rotarmisten die Stadt verteidigen. Ein Himmelfahrtskommando. Weidling bemerkt zu seinem Adjutanten: »Erschießen wäre besser gewesen.«

Während auf dem Obersalzberg Reichsmarschall Göring und Reichsminister Lammers von der SS verhaftet und unter Arrest gestellt werden, hat sich der Ring der Roten Armee um Berlin weiter geschlossen. In Zehlendorf, Tempelhof und Neukölln werden erbitterte Straßenkämpfe geführt. Ebenso in Friedrichshain, in der Frankfurter Allee und am Schlesischen Bahnhof. Gegen Mittag wird in den Bunker berichtet, dass der Flugplatz Tempelhof unter russischem Artilleriefeuer liegt. Der Flugplatz Gatow steht ebenfalls unter Beschuss.

Hitler ordnet an, eine neue Landebahn an der Ost-West-Achse im Tiergarten zwischen der Siegessäule und dem Brandenburger Tor zu schaffen. Bormann hoffte, dass es auf diese Weise doch noch möglich ist, Flüge aus Berlin zu organisieren. Der Bunker und das Regierungsviertel stehen unter Beschuss.

Doch Hitler leugnet nach wie vor die Realität. Während der Lagebesprechung sagt er: »In Berlin sieht es schlimmer aus, als es ist. Der Berliner Raum muss ausgeschöpft werden von Menschen, soweit es irgendwie möglich ist. Die in Berlin stehenden Divisionen müssen auf jede nur mögliche Weise aus der Bevölkerung aufgefüllt werden. Erfassungskolonnen müssen ausgebildet werden, um alles herauszuholen.«

Und er begründet noch einmal, warum er sich nicht nach Süden zurückgezogen hat: »Südwestdeutschland ist brüchig. Es ist völlig zwecklos, im Süden zu sitzen, weil ich dort keinen Einfluss und keine Armee habe. Ich wäre dort nur mit meinem Stabe. Deshalb sehe ich eine Möglichkeit, die Geschichte zu reparieren, nur, indem ich an einer Stelle einen Erfolg erringe. Und den kann ich nur hier allein erringen. Erringe ich hier einen Erfolg, und wenn es nur ein moralischer sein sollte, so ist das zumindest die Möglichkeit, das Gesicht zu wahren und Zeit zu gewinnen.«

Angesichts der beunruhigenden Meldungen, über die von allen Seiten zum Angriff auf das Zentrum vorrückenden sowjetischen Truppen, hat Adolf Hitler den SS-Brigadeführer Wilhelm Mohnke, der seit 1933 zur Leibstandarte gehörte, zum Kampfkommandanten des innersten Verteidigungsbezirks, der »Zitadelle«, ernannt. Mohnke war seit Beginn des Krieges an fast allen Kriegshandlungen beteiligt gewesen. Er hat allerdings beim Fliegerangriff am 6. Februar 1945 eine Kopfverletzung erlitten, sodass er erst Mitte April 1945 in die Reichskanzlei abkommandiert werden konnte. Der »Kampfgruppe Mohnke« stehen viertausend Mann der Waffen-SS zur Verfügung, außerdem kleine Einheiten und Gruppen von Heer und Luftwaffe sowie Formationen der Hitlerjugend.

Durch die Berufung von Helmuth Weidling zum Stadtkommandanten zur Verteidigung Berlins und des ihm unterstellten Wilhelm Mohnke zur Verteidigung des Regierungsviertels und des Bunkers hat sich Hitlers Stimmung kurzzeitig verbessert. Dennoch sieht er sich von allen treuen Gefährten verlassen. Sein uneingeschränktes Vertrauen genießen neben Bormann nur noch Joseph Goebbels und dessen Staatssekretär Werner Naumann. Naumann hat Hitler schon beeindruckt, als er zu Beginn des Krieges das Propagandaministerium verließ, um sich als SS-Mann der Leibstandarte Adolf Hitler freiwillig in den Kampf zu stürzen. Die Rückmeldungen in der Reichskanzlei bescheinigten ihm großen Mut, unerschrockenes, geradezu tollkühnes Verhalten. 1943 wurde Naumann SS-Brigadeführer der Waffen-SS und befehligt auch jetzt noch das Volkssturmbataillon »Wilhelmplatz«. Es ist Naumann, der Goebbels darin bestärkt, unerschütterliche Durchhaltereden zu halten, Siegesoptimismus zu verbreiten.

In der Tat ist Werner Naumann viel mit dem Motorrad in Berlin unterwegs gewesen, um sich ein eigenes Bild von der Lage zu machen. Dabei kann er außerdem wichtige Kontakte knüpfen und Vorsorge treffen für den Fall, dass es notwendig wird, ein Leben nach dem Krieg zu führen.

Werner Naumann und Joseph Goebbels pendeln seit Tagen zwischen den zerbombten Räumen des Propagandaministeriums und dem Bunker hin und her. Goebbels gibt eine zweite Ausgabe des *Panzerbären* heraus: »Der Feind ist in einige Außenbezirke der Reichshauptstadt eingedrungen. Er wird mit äußerster Entschlossenheit und Einsatz aller Mittel bekämpft, und zwar unter dem Befehl des Führers, der in Berlin weilt. Berlin kämpft! Wenn anders lautende Parolen auftauchen, wenn insbesondere von irgendeiner Kapitulation die Rede ist, so sind dies Gerüchte, die von feindlichen Agenten, die sogar in deutscher Uniform auftauchen, ausgegeben werden. Ihnen ist mit aller Schärfe entgegenzutreten. Männer Berlins, Soldaten der Wehrmacht und Kämpfer des Volkssturms! In unserer Hand liegt das Schicksal der Reichshauptstadt. Wir haben in unseren Mauern die Waffen, die notwendig sind, und wir haben auch den Wunsch, diese Waffen anzuwenden und einzusetzen. Wir kämpfen für unsere Frauen und Kinder. Wir kämpfen in den Trümmern unserer Stadt, die wir einmal wieder aufbauen wollen, schöner, als sie war.«

Goebbels deutet hier an, dass einige Nationalsozialisten durchaus an Kapitulation denken. Was er zu diesem Zeitpunkt noch nicht weiß: Kein Geringerer als Heinrich Himmler hat Kontakte geknüpft, um Kapitulationsverhandlungen zu führen.

Magda Goebbels

Magda Behrend wird am 11. November 1901 als Tochter des zwanzigjährigen ledigen Dienstmädchens Auguste Behrend in Berlin-Kreuzberg geboren. Der Ingenieur Oskar Ritschel, den Auguste Behrend kurz darauf heiratet, erkennt Magda zwar nicht als sein Kind an, kümmert sich aber um ihre Erziehung. Die Ehe wird 1904 geschieden. Da Ritschel beruflich häufig in Belgien zu tun hat, kann er Auguste überreden, die fünfjährige Magda in die Klosterschule der Ursulinen in Vilvoorde bei Brüssel zu geben, einem Institut, in dem Gehorsam und Disziplin höchste Tugenden sind. Auguste Behrend geht eine zweite Ehe ein und heiratet den freigeistig-jüdischen Kaufmann Richard Friedländer, der einer gut situierten Berliner Kaufmannsfamilie entstammt. Sie zieht mit ihrem neuen Ehemann nach Brüssel. Friedländer adoptiert Magda, die fortan seinen Nachnamen führt.

Nach Ausbruch des Krieges und der Verletzung der belgischen Neutralität werden die Deutschen 1914 aus Belgien ausgewiesen. Die Friedländers lassen sich in Berlin nieder, wo Magda ein Lyzeum besucht. Sie ist intelligent, wissbegierig und sprachbegabt. Französisch spricht sie wie ihre Muttersprache.

Mit siebzehn verliebt sich Magda Friedländer in Viktor Chaim Arlosoroff, den Magda über eine Schulfreundin kennengelernt hat. Seine Familie stammt aus der Ukraine. Der Großvater war dort Rabbiner. In einer Zeit der Pogrome floh die Familie nach Königsberg, dann nach Berlin. Viktor ist überzeugter Pazifist und glühender Zionist und leitet die Jugendgruppe »Tikwat Zion«. Magda nimmt an den Treffen der Jugendgruppe teil und trägt bald den Davidstern an einer Halskette.

Im Herbst 1919 macht Magda Abitur. Sie ist ehrgeizig, aber ihr Ehrgeiz ist auf kein bestimmtes Ziel gerichtet. Ritschel will ihr ein Studium finanzieren, doch sie kann sich für keine Fachrichtung entscheiden. Stattdessen tritt sie in ein teures, vornehmes Mädchenpensionat ein. In dem Institut in Goslar ist sie an Bildung, Reife und Weltgewandtheit den anderen »höheren Töchtern« weit überlegen. Als Magda Friedländer 1920 aus den Ferien in das Pensionat zurückkehrt, lernt sie im Eisenbahnabteil den Berliner Industriellen und Multimillionär Günther Quandt kennen. Er ist ein Konzernlenker, ein Patriarch, ein Mann, der gewohnt ist, zu schalten und zu walten. Der Achtunddreißigjährige lebt seit einem Jahr als Witwer allein mit seinem zwölfjährigen Sohn Hellmut und dem neunjährigen Herbert. Magda Friedländer führt ein anregendes Gespräch mit Quandt, der darüber seine Geschäftskorrespondenz zur Seite legt. Sie fühlt sich geschmeichelt von der Aufmerksamkeit, die sie erfährt. Quandt verliebt sich in Magda und verlobt sich nach einigen Monaten mit ihr. Magda willigt ein, vom katholischen zum evangelischen Glauben überzutreten. Außerdem tauscht sie den jüdisch klingenden Namen Friedländer gegen den Namen Ritschel ein. Magda erweist sich als anpassungsfähig. Sie heiratet Quandt am 4. Januar 1921.

Aber die Ehe lässt sich nicht gut an. Eben war sie noch auf einem Mädchenpensionat, jetzt muss sie einen großen Haushalt mit zahlreichem Personal führen. Am 1. November 1921 wird der gemeinsame Sohn Harald geboren. Magda ist nicht glücklich. Sie hatte davon geträumt, an der Seite eines Millionärs rauschende Feste und repräsentative Abendgesellschaft zu geben. Doch die Realität sieht anders aus. Günther Quandt ist längst nicht so unterhaltsam, wie er sich bei der ersten Bahnfahrt präsentiert hat. Er ist konservativ und humorlos, mit wenig kultureller Neigung und noch weniger Bereitschaft, dafür Zeit aufzubringen. Mit Quandts Söhnen versteht sich Magda dafür bestens. Und sie genießt es, wenn sie ihren Mann auf Geschäftsreisen begleiten kann – mal nach Paris, mal nach London, nach Italien und Griechenland, in die USA und nach Mexiko. Doch das eigentliche Eheleben hat Magda sich anders vorgestellt. Günther Quandt geht von frühmorgens bis spätabends seinen Geschäften nach. Er ist sparsam bis zum Geiz (Magda muss penibel ein Haushaltsbuch führen) und er hat keinerlei Interesse an gesellschaftlichen Aktivitäten.

1928 will Magda die Scheidung. Quandt lehnt ab, und seine Frau geht eine Affäre mit einem Studenten ein, auch Viktor Arlosoroff taucht wieder auf. Mit dem Studenten genießt sie die Geselligkeit, die sie lange vermisst hat. Als Günther Quandt hinter das Verhältnis kommt, ist er außer sich vor Wut. Er besteht auf der Scheidung. Magdas Lage ist nicht günstig, da sie wegen des Ehebruchs zweifellos schuld ist am Scheitern der Ehe.

Aber Magda Quandt hat schon vor längerer Zeit im Schreibtisch der Babelsberger Villa ihres Mannes ein Bündel mit alten Liebesbriefen aus seiner Jugend entdeckt und weiß diese jetzt zu nutzen. Die Existenz dieser kompromittierenden Briefe in ihren Händen führen zu einer großzügigen Regelung: Nach der Scheidung im Juli 1929 bekommt sie unter anderem das Sorgerecht für Harald bis zu dessem vierzehnten Lebensjahr, 50 000 Reichsmark für eine großbürgerliche Wohnung am Reichskanzlerplatz in Charlottenburg sowie eine monatliche Zahlung von 4000 Reichsmark. 20 000 Reichsmark stehen für etwaige Krankheitsfälle zu ihrer Verfügung. Diese Regelung soll bis zu einer möglichen Wiederverheiratung Magdas gelten.

Magda Quandt ist achtundzwanzig und ab sofort eine unabhängige, wohlhabende Frau, die das Leben in vollen Zügen genießen kann. Als Spielzeug kauft sie sich einen schnittigen kleinen Sportwagen, ein Wanderer-Cabriolet. Damit fährt sie nun begeistert durch die Gegend. Allerdings meist ohne Ziel. Wie ihr überhaupt eine Aufgabe fehlt in ihrem Leben.

Sie verkehrt in einem exklusiven Club in Berlin, dem »Nordischen Ring«, der für die »Wieder-Vernordung« auf allen Gebieten eintritt. Im Mittelpunkt seiner völkischen und rassistischen Ideologie steht der Gedanke, in der »nordischen Rasse« manifestiere sich die germanisch-deutsche Kulturüberlegenheit. Im Club lernt Magda unter anderen August Wilhelm von Preußen kennen, in der Szene nur »Auwi« genannt. Er ist der vierte Sohn von Kaiser Wilhelm II., der seit 1930 Mitglied der NSDAP ist. Von Adolf Hitler erhält er »ehrenhalber« die niedrige Mitgliedsnummer 24. Wilhelm II. teilt seinem Enkel Louis Ferdinand in einem Brief mit, dass er August Wilhelm ausnahmsweise die Betätigung in der NSDAP gestattet habe, weil Hitler »der Führer einer starken, nationalen Bewegung« sei, »gleichgültig, ob uns diese Bewegung in allen Einzelheiten gefällt oder nicht. Das, was er führt, verkörpert nationale Energie«, und nur diese könne »uns Deutsche wieder aufwärtsführen. Besondere Zeiten und Umstände erheischen besondere Maßnahmen.«

Magda Quandt fühlt sich geschmeichelt, mit einem echten Hohenzollern in engem Kontakt zu stehen. Der Prinz spricht gern und reichlich dem Alkohol zu, und Magda hält tapfer mit. Eines Abends schlägt er ihr vor, doch einmal an einer der Wahlversammlungen der NSDAP im Sportpalast teilzunehmen. Es werde ihr gefallen.

Die grellen roten Plakate mit den Hakenkreuzen und den aufreizenden Parolen, die Sprechchöre und die laute Musikkapelle entsprechen eigentlich nicht ihrem Geschmack. Doch die Tausende von SA-Männern mit Fackeln, die die Szene gespenstisch vor den Eingängen beleuchten, üben durchaus eine Faszination auf sie aus. Und dann sieht sie ihn: Hitlers Agitator in schwarzer Lederjacke durch ein Spalier von blonden Hünen in braunen Hemden schreitend und auf das Podium steigend. Die Menge erhebt sich von den Sitzen und schreit und jubelt vor Begeisterung. Sie erlebt zum ersten Mal, wie es dem kleinen Mann mit bebender Stimme gelingt, die Menschen in seinen Bann zu schlagen. Seine Rede ist eine einzige Anklage. Er steigert sich in seine Anschuldigungen gegen die November-Verbrecher, die Feinde des Volkes, die jüdischen Kapitalisten und Bonzen, die die aufrechten Deutschen im Würgegriff der Erfüllungspolitik halten. Magda sieht die funkelnden Augen, die großen, schlanken Hände, wie sie gestenreich die pointierten Botschaften unterstreichen. Er reißt auch sie mit. Und dann wird Goebbels' Stimme plötzlich ganz warm und versöhnlich. Denn er spricht von Adolf Hitler, »dem Erretter des deutschen Volkes aus seiner Not und dem Führer in das künftige Reich deutscher Herrlichkeit«.

Magda verfolgt die Rede des stimmgewaltigen, wenn auch schlecht angezogenen Mannes wie in Trance. Noch auf dem Nachhauseweg ist sie ganz benommen. Am nächsten Tag kauft sie Hitlers *Mein Kampf* und liest das Buch von der ersten bis zur letzten Seite. Wenige Tage später meldet sie ihre Mitgliedschaft in der NSDAP an und beginnt in der zuständigen Ortsgruppe mitzuarbeiten. Dort erregt die elegante Erscheinung große Skepsis. Die offenbar reiche Frau ist ein Fremdkörper im Kreis der Braunhemden.

Bei der Reichstagswahl am 14. September 1930 ist die

NSDAP überraschend erfolgreich: 103 Mandate. Das ist eine Steigerung auf 18,3 Prozent. Magda Quandt beschließt, sich auf politischer Ebene zu engagieren. Sie geht zur Gauleitung der NSDAP in die Hedemannstraße, um ihre Mitarbeit anzubieten. Dort residiert er, der Eroberer von Berlin. Man begegnet ihr offen und mit Wohlwollen, notiert ihre Sprachkenntnisse und bietet ihr drei Tage später an, als Sekretärin des stellvertretenden Gauleiters zu beginnen.

Anfang November trifft sie Goebbels zum ersten Mal im Büro. Er ist sofort völlig überwältigt von dem Anblick dieser Frau. Am nächsten Vormittag bittet er sie in sein Büro: »Ich brauche eine Vertrauensperson von unbedingter Zuverlässigkeit. Sie müssen mir ein Geheimarchiv aufbauen.« Kein weiteres Wort. Keine persönliche Bemerkung. Aber sie kann seine Blicke deuten.

Magda Quandt ist wie verwandelt. Sie hat eine Aufgabe gefunden. Und sie verfolgt aus nächster Nähe, wie Joseph Goebbels die Propaganda für seine Partei entwickelt. Schon bald beteiligt sie sich an den Inszenierungen. Am 5. Dezember soll am Nollendorfplatz der Antikriegsfilm *Im Westen nichts Neues* nach dem Roman von Erich Maria Remarque aufgeführt werden. Goebbels will dafür sorgen, dass die Vorstellung abgeblasen wird. Am fraglichen Tag sitzen überall im Saal verteilt seine Leute. Kurz vor Aufführungsbeginn schmeißen sie Stinkbomben und lassen weiße Mäuse frei, um das Publikum zu erschrecken. Wie erwartet, bricht das Chaos aus. Die Veranstaltung wird abgebrochen. Auch Magda Quandt hat weiße Mäuse laufen lassen und ihren Spaß daran gehabt.

Die Liebesbeziehung zwischen beiden beginnt im Februar 1931. In seinem Tagebuch notiert Goebbels am 15. Februar: »Abends kommt Magda Quandt. Und bleibt sehr lange. Und blüht auf in einer berückenden blonden Süßigkeit. Wie bist du, meine Königin? (1) Eine schöne, schöne Frau! Die ich wohl sehr lieben werde. Heute gehe ich fast wie im Traum. Zu voll von gesättigtem Glück. Es ist doch herrlich, eine schöne Frau zu lieben und von ihr geliebt zu sein.«

Der kleine, große Volksverführer, der Massen zu betören weiß, muss in seinem Tagebuch die persönlichen sexuellen Erfolge notieren und in Klammern quantifizieren. Und Magda Quandt weiß sich zu inszenieren. Einige Wochen nach dem Selbstmord von Hitlers Nichte Geli Raubal, um den sich mysteriöse Geschichten ranken, trinkt Magda nachmittags im Hotel Kaiserhof ihren Tee. Der zehnjährige Harald Quandt ist bei ihr. Von seiner Mutter in eine selbst geschneiderte HJ-Uniform gesteckt. Hitler hat sein Hauptquartier von der Münchner Parteizentrale inzwischen nach Berlin verlegt, in das elegante Hotel Kaiserhof. Als sie hört, dass Hitler sich im oberen Stock befindet, schickt sie ihren Sohn Harald dorthin. Der Junge schafft es, bei aller Aufregung, bis zu Hitler vorzudringen, der ihn wohlwollend begrüßt. Magda Quandt hat diese Begegnung vorher mit ihm einstudiert. Der Junge sagt: »Heil Hitler, ich bin der jüngste Hitlerjunge Deutschlands.«

»Wie heißt du?«, fragt Hitler erfreut, ihm die Hand gebend.

»Harald Quandt.«

»Wie alt bist du?«

»Zehn Jahre.«

»Wer hat dir denn diese schöne Uniform gemacht?«

»Meine Mutter.«

»Und wie fühlst du dich in dieser Uniform?«

Der Junge nimmt eine stramme Haltung an: »Doppelt so stark!«

»Ich finde es nett, dass du zu mir kommst. Woher wusstest du denn, dass ich hier bin?«

»Von meiner Mutter.«

»Und wo ist deine Mutter?«

»Unten in der Halle, beim Tee.«

»Dann grüße deine Mutter schön, und lass dich gelegentlich wiedersehen.«

Kurz darauf kommt Goebbels vorbei und bittet Hitler darum, mit in die Hotelhalle zu kommen, wo er einen Ecktisch zum Fünf-Uhr-Tee reserviert habe. Hier trifft er zum ersten Mal auf Magda Quandt. Er ist von ihr nicht minder fasziniert als Goebbels. Als dieser wenig später überlegt, Magda einen Heiratsantrag zu machen, bestärkt Hitler ihn darin. Von der Ehe der beiden öffentlichkeitswirksamen und treuen Nationalsozialisten verspricht er sich einen propagandistischen Nutzen. Und er rechnet sich gleichzeitig aus, über seinen engen Kontakt mit dem ihm völlig ergebenen Goebbels Magda ebenfalls näherkommen zu können.

Als Goebbels Magda bittet, ihn zu heiraten, willigt sie ein, obwohl sie damit die großzügigen Zuwendungen ihres Ex-Mannes verliert. Magda ist ernsthaft verliebt. Ihr Leben hat endlich einen Sinn gefunden. Die mahnenden Worte ihres Ex-Mannes ebenso wie die ihrer Mutter, die Goebbels nicht besonders leiden können, ignoriert sie. Die Hochzeit findet im Dezember 1931 statt. Hitler ist Trauzeuge.

Auch im Streit um das Sorgerecht für Harald Quandt versichert Goebbels sich des Rückhalts von Adolf Hitler. Es kommt zu erregten Auseinandersetzungen. Nachdem Harald die Osterferien 1934 entsprechend der Regelung im Scheidungsvertrag im Hause Goebbels verbracht hat, kehrt er nicht zum leiblichen Vater zurück. Dieser sucht Goebbels im Propagandaministerium auf und erklärt aufgebracht, er werde sein Recht beim Vormundschaftsgericht einklagen. Goebbels antwortet darauf: »Das bleibt Ihnen unbenommen. Aber dann werden Sie ein ruinierter Mann sein.«

»So weiche ich der Gewalt«, konstatiert Günther Quandt nach kurzer Überlegung und erhebt sich.

»Nein«, entgegnet Goebbels und steht ebenfalls auf: »Nein, Sie weichen Ihrer Klugheit.«

Für Goebbels bedeutet die Ehe mit Magda nicht nur privates Glück, sondern sie befördert auch seine politische Karriere. Wenn Hitler in Berlin ist, hält er sich im Hause Goebbels auf und lässt sich von Magda vegetarisch bekochen. Goebbels, der keine eigene Hausmacht in der Partei hat, erkennt schnell, dass er Hitler über Magda enger an sich binden kann.

Nach der Ernennung Goebbels' zum Propagandaminister wird auch Magda zunehmend für repräsentative Aufgaben eingespannt. Da Hitler keine Frau an seiner Seite hat, nimmt Magda öffentlich bald die Rolle der »ersten Dame« im Deutschen Reich ein. Magda Goebbels ist auch international präsentabel, charmant, elegant, mit vorzüglichen Manieren und Sprachkenntnissen. Dabei repräsentiert sie durchaus nicht das nationalsozialistische Ideal der »deutschen Frau«: Zwar ist sie groß, schlank, blond und vielfache Mutter, aber sie raucht und trinkt Alkohol, ist immer auffällig frisiert, manikürt und geschminkt und lässt sich ihre Kleidung in den besten Berliner Modeateliers schneidern.

Magda Goebbels genießt es, mit den Kindern für Propagandazwecke zur Verfügung zu stehen: Immer wieder präsentiert man sie als Mustergattin und Vorzeigemutter auf Zeitschriftenfotos oder in der Wochenschau. Allein 1942 werden die Goebbels-Kinder vierunddreißigmal in der Wochenschau gezeigt. Und auch bei Staatsbesuchen im verbündeten faschistischen Italien glänzt sie anmutig und eloquent.

Doch das propagandistische Bild vom vollkommenen Glück bekommt bald Risse. Joseph Goebbels, als Leiter der

Reichskulturkammer auch Herr über den deutschen Film, sucht im Laufe der Zeit und der Macht immer unverhohlener Liebschaften und Affären mit den Stars und Sternchen des deutschen Kinos und Theaters. Er erwirbt sich den Spitznamen »Bock von Babelsberg«. Streitereien und leidenschaftliche Versöhnungen werden im Hause Goebbels beinahe alltäglich.

Zu einer ernsthaften Krise kommt es 1938. Joseph Goebbels hatte seit zwei Jahren eine auch öffentlich gelebte Affäre mit der vierundzwanzigjährigen tschechischen Schauspielerin Lída Baarová. Nachdem Goebbels seiner Frau eine Dreierbeziehung anbietet, verlangt sie die Scheidung.

Als Hitler davon erfährt, tobt er. Zum Zeitpunkt des Anschlusses des Sudetenlandes an das Deutsche Reich ist es im höchsten Maße unpassend, dass sein Propagandaminister eine Liebelei mit einer Tschechin unterhält. Er braucht sein Muster-Ehepaar und seinen Propagandaminister mehr denn je, denn dieser soll die Bevölkerung auf einen neuen Krieg einstimmen. Als problematisch erweist sich zudem, dass Goebbels' langjähriger Staatssekretär Karl Hanke sich in Magda verliebt hat und versucht, sie zur Scheidung zu bewegen. Er händigt ihr eine Liste mit sämtlichen Liebschaften ihres Mannes aus. Auch hier muss Adolf Hitler eine Lösung finden. Hanke meldete sich im Sommer 1939 freiwillig zur Wehrmacht und wird am 9. Februar 1941 von Hitler zum Gauleiter und Oberpräsidenten von Niederschlesien ernannt. Lída Baarová erhält in Deutschland Spielverbot und wird nach Prag abgeschoben.

Ein Problem stellte zudem die Existenz von Magda Goebbels' jüdischem Stiefvater Richard Friedländer dar. Dieser ist am 15. Juni 1938 ins KZ Buchenwald deportiert worden. Dort muss der ohnehin nicht gesunde Mann im Steinbruch arbeiten, was am 18. Februar 1939 zu seinem Tod führt. Von

Magda Goebbels' Seite wurde kein Versuch unternommen, ihren Stiefvater, in dessen Haushalt sie gelebt hatte, zu retten.

Mit Fortdauer des Krieges erkrankt Magda Goebbels an Depressionen. Sie leidet außerdem unter Herzbeschwerden und einer Lähmung der rechten Gesichtshälfte. Sie lässt sich in mehreren Klinik- und Kuraufenthalten im Sanatorium »Weißer Hirsch« in Dresden behandeln. Auffällig ist auch ihr zunehmender Zigaretten- und Alkoholkonsum.

Nach der Baarová-Affäre verläuft die Ehe vermeintlich wieder harmonisch, doch Goebbels hält sich immer häufiger von seiner Familie fern. Wegen der Luftangriffe auf Berlin zieht Magda mit den Kindern im August 1943 von Schwanenwerder in das Landhaus Bogensee bei Lanke. Das bietet Joseph Goebbels Gelegenheit, sich nach Lust und Laune in seinen Berliner Häusern mit den von ihm abhängigen Schauspielerinnen zu vergnügen. Die Kinder gehen im nahe bei Lanke gelegenen Wandlitz zur Schule. Als Magda Goebbels am 20. Juli 1944 vom Attentat auf Hitler erfährt, erleidet sie einen Nervenzusammenbruch. Am Telefon schwört sie ihrem Führer ewige Treue und erklärt sich bereit, für ihn zu sterben, »wenn in Berlin die Russen stehen«. Dafür sei sie zum Äußersten entschlossen.

25. April 1945

Am Morgen um Punkt 5.30 Uhr setzt das bisher schwerste Artilleriefeuer auf das Zentrum Berlins ein. Der Boden bebt unter dem Donnern der Geschütze. Die Granaten zerstören ganze Häuserreihen. Barrikaden, die der Roten Armee den Weg versperren sollen, fliegen in die Luft. Bis zum Abend stoßen Schukows Truppen im Süden bis nach Charlottenburg und im Norden bis zum Lehrter Bahnhof vor. Auch die Reichskanzlei liegt unter Dauerbeschuss. Der Bunker erzittert. Rauch und Schwefel dringen ein. Die Zwischengänge von der Neuen Reichskanzlei und dem alten Gebäude werden massiv beschädigt. In den Kellern verharren gefechtsbereite Mitglieder der Waffen-SS.

An diesem Tag beginnt auch ein massives Bombardement feindlicher Flugzeuge auf den Obersalzberg, wo neben Hitler auch Göring, Speer und Bormann ihre Urlaubsdomizile haben. Die Alliierten können sich nicht sicher sein, wo die Naziführer sich in diesem Moment aufhalten. Aber auch hier sind Bunkeranlagen gebaut worden, in denen sich jetzt Hermann Göring mit seiner Frau Emmy und der Tochter Edda unter SS-Bewachung aufhält.

Die Lagebesprechung am Morgen im Führerbunker ist trostloser denn je. Hitler und Goebbels halten Monologe. Goebbels bleibt bei Durchhalteparolen. Aber man denkt auch an die Nachwelt.

Hitler: »Wenn ich diese Schlacht gewinne, dann verspreche ich mir davon nichts für meinen persönlichen Namen.

Aber dann bin ich rehabilitiert. Dann kann ich eine Anzahl von Generälen und Unterführern auch in der SS beseitigen, die in den entscheidenden Punkten versagt haben.«

Goebbels: »Geht die Sache gut, ist es sowieso gut. Geht es nicht gut und würde der Führer in Berlin einen ehrenvollen Tod finden und Europa bolschewistisch werden – dann wäre der Führer spätestens in fünf Jahren eine legendäre Persönlichkeit und der Nationalsozialismus ein Mythos, weil er durch den letzten großen Einsatz geheiligt wäre und alles Menschliche, was man heute an ihm kritisiert, mit einem Schlage abgewischt wäre.«

Hitler: »Das ist die Entscheidung: Hier und nur hier alles zu retten, den letzten Mann einzusetzen, das ist unsere Pflicht.«

In Berlin hat der Häuserkampf begonnen, Straße um Straße, Haus um Haus. Die Sowjets verfolgen offensichtlich das Ziel, den Reichstag zu erobern. Er ist für sie Ausdruck der politischen Macht der Nationalsozialisten, Symbol der Naziherrschaft. Das Regierungsviertel natürlich ebenso. Wobei die Bedeutung des Führerbunkers offenbar noch nicht völlig erkannt worden ist. In den Kellerräumen der neuen Reichskanzlei halten sich unzählige Personen auf. Erschöpfte und verwundete Soldaten der Wehrmacht und des Volkssturms. Eine Feldküche versorgt alle mit heißen Suppen und Getränken. Überall liegen schlafende Gestalten auf dem Boden. Hilfsbereite Frauen und Mädchen, Krankenschwestern, Flüchtlinge und Mitarbeiter der Reichskanzlei kümmern sich um sie. Einer der größeren Räume ist notdürftig als Operationssaal hergerichtet worden. Hier operiert der Chirurg Werner Haase, ehemaliger Begleitarzt Adolf Hitlers im Rang eines SS-Obersturmbannführers. Von der Charité, an der er als Oberarzt tätig ist, war er Mitte April in den Bunker übergesiedelt. Unterstützt wird er von Ernst-Günther

Schenck, ebenfalls SS-Arzt und Internist. Auch Ludwig Stumpfegger hält sich hier auf. Zumeist ist er in diesen Tagen in den Katakomben als Assistent von Hitlers Leibarzt Morell tätig. Wie jeden Tag findet auch heute eine Lagebesprechung statt. Der Kreis ist noch einmal kleiner geworden. Nur noch die Generäle Krebs und Burgdorf sind anwesend, deren Adjutanten und Verbindungsoffiziere, Joseph Goebbels, der in den Bunker gezogen ist, Werner Naumann, Martin Bormann, der HJ-Führer Axmann und General Weidling sowie Verteidigungs-Kommandeur Mohnke. Helmuth Weidling beschreibt die Lage. Er hat eine große Skizze angefertigt, auf der die Stoßrichtungen der sowjetischen Armee eingezeichnet sind. Er beziffert die angreifenden russischen Divisionen und den kümmerlichen Status der Verteidigung. Damit müsste die Aussichtslosigkeit des Kampfes jedem deutlich werden. Doch Adolf Hitler und Joseph Goebbels sind nach wie vor nicht bereit, sich den Realitäten zu stellen. Hitler monologisiert über seine Gründe, in Berlin zu bleiben. Wenn er ins Stocken gerät, operiert Goebbels wie ein Souffleur. Und Hitler agiert wie ein Schauspieler, der seinen Text vergessen hat und sich dankbar einhelfen lässt. Wenn beide schweigen, fühlen sich Naumann und Bormann veranlasst, die Stille zu überspielen. Zur desaströsen militärischen Lage fällt kein Wort. Weidling ist entsetzt. Aber in diesem Kreis traut auch er sich nicht, Klartext zu reden. Er sieht, dass es aussichtslos ist. Hier und auch da draußen.

Eva Braun, Martin Bormann und der Berghof auf dem Obersalzberg

Joseph Goebbels hat eine Legende in die Welt gesetzt: Der Führer hat kein Privatleben. Tag und Nacht widmet er sich dem deutschen Volk.

Der innere Zirkel, der Hofstaat, der auf dem Obersalzberg arbeitet oder gesellschaftlich verkehrt, die Parteiführer, dieser Kreis weiß von dem Verhältnis des Führers zu der blonden Frau, Eva Braun, die man anfangs als Privatsekretärin zum Personal des Berghofes auf dem Obersalzberg zählte. Unter dieser Bezeichnung ist sie auch den Behörden gemeldet und bezog ihr Gehalt aus der Parteikasse.

Eva Braun wird am 7. Februar 1912 als Tochter des Lehrers Friedrich Braun und seiner Frau Franziska, einer Schneiderin, in München geboren. Die Schulbildung von Eva und ihren zwei älteren Schwestern ist auf eine künftige Berufstätigkeit ausgerichtet. Eva Braun besucht zuerst die Klostervolksschule im ländlichen Beilngries und danach ein Lyzeum in München. Sie ist als Schülerin unternehmungslustig. Ihre Lehrer klagen häufig über das »wilde, ungebärdige und faule Kind«, wobei ihre Leistungen durchaus gut sind. Ihre größte Leidenschaft ist der Sport – Skilaufen, Leichtathletik und Turnen. Leidenschaft entwickelt sie auch für das Fotografieren und Filmen. Und sie liest gerne, wobei ihre Lieblingslektüre die Romane von Karl May sind, eine Vorliebe, die Adolf Hitler teilt. Musikalisch interessiert sie sich für amerikanischen Jazz und Musicals. Nach dem Lyzeum besucht

Eva Braun das »Institut der Englischen Frauen« in Simbach an der bayerisch-österreichischen Grenze. Dort lernt sie bis Juli 1929 Maschineschreiben, Buchhaltung und Haushaltsführung, aber auch Französisch. Danach begibt sie sich auf Arbeitssuche.

Durch Zufall hat sie davon gehört, dass ein Fotogeschäft in der Schellingstraße 50 in der Maxvorstadt in München Gehilfen sucht, da dort große Aufträge von der NSDAP vorlägen. Eva Braun bewirbt sich im September 1929 im Atelier von Heinrich Hoffmann und wird als Fotolehrling, Verkäuferin und Mädchen für alles eingestellt.

Im Oktober 1929 begegnet sie dort im Atelier Adolf Hitler. Sie schildert dieses Zusammentreffen, wobei sie nicht sofort weiß, mit wem sie es zu tun hat: »Ich war nach Feierabend im Geschäft geblieben, um einige Papiere einzuordnen, und stieg gerade auf eine Leiter, weil die Ordner oben auf dem Schrank standen. Da kommt der Chef herein und mit ihm ein Herr von gewissem Alter mit einem komischen Bart und einem hellen englischen Mantel, einem großen Filzhut in der Hand. Die beiden setzen sich in die andere Ecke des Zimmers, mir gegenüber. Ich schiele zu ihnen hinüber, ohne mich umzudrehen, und merke, dass der Mann auf meine Beine schaut. Ich hatte gerade an dem Tag meinen Rock kürzer gemacht und fühlte mich nicht ganz wohl, weil ich nicht sicher war, ob ich den Saum richtig hingekriegt hatte. Ich steige hinunter, und Hoffmann stellt vor: ›Herr Wolf – unser braves, kleines Fräulein Braun, und hol uns aus der Gastwirtschaft an der Ecke Bier und Leberkäs‹.«

»Herr Wolf« war Hitlers Pseudonym. Und sein »gewisses Alter« zu diesem Zeitpunkt vierzig Jahre. Das »kleine Fräulein Braun« war siebzehn. Bei der Rückkehr aus der Gastwirtschaft macht ihr »Herr Wolf« Komplimente und beide plaudern über Musik und die letzte Aufführung im Münchener Staatstheater. Fortan sehen sie sich häufiger im Laden. Wenn Hitler jetzt zu Hoffmann geht, bringt er der jungen Frau stets Blumen mit, gelegentlich eine Bonbonniere. Wenn er sie begrüßt, küsst er ihr die Hand. Zu Weihnachten 1929 schenkt er ihr ein Foto von sich mit persönlicher Widmung.

Die NSDAP ist Heinrich Hoffmanns wichtigster Kunde. Der 1885 in Fürth geborene Hoffmann ist schon im April 1920 in die Partei eingetreten und hat ihren Aufstieg als Fotograf begleitet. Adolf Hitler und die anderen Parteiführer werden immer aufs Neue von ihm porträtiert. Er dokumentiert mit seinen Fotos Parteitage und Großveranstaltungen in Bildbänden, produziert Fotos und Bildkarten, die bald millionenfach gedruckt werden und Heinrich Hoffmann zu einem reichen Mann machen. Hoffmann ist ein leutseliger Mensch, der unterhaltsam erzählen kann. An geselligen Abenden mit NSDAP-Größen konsumiert er stets erhebliche Mengen von Alkohol, was seine Erzählungen noch beflügelt. Als Hoffmanns Tochter Henriette 1932 den Führer des Nationalsozialistischen Deutschen Studentenbundes und späteren Reichsjugendführer der NSDAP Baldur von Schirach heiratet, findet die Hochzeitsfeier des Paares in Hitlers Wohnung statt, am Prinzregentenplatz 16 in München. Seither hat Heinrich Hoffmann eine starke Stellung innerhalb der Partei, ohne zu deren Führungspersonal zu gehören.

Eva Braun genießt die Aufmerksamkeit, die ihr Hitler widmet. Dieser lädt sie in die Oper, ins Kino, in die »Osteria Bavaria« ein, und er fährt mit ihr zum Picknick in die schöne Umgebung Münchens. Dies findet alles sehr diskret statt – was 1930 noch möglich ist. Henriette von Schirach, geborene Hoffmann, registriert den österreichischen Charme, mit dem sich Hitler um die junge Frau bemüht: »Darf ich Sie in die Oper einladen, Fräulein Eva? Sehen Sie, ich bin immer von Männern umgeben, da weiß ich das Glück zu schätzen, mit einer Frau zusammen zu sein.« Das Verhältnis der beiden ist zu diesem Zeitpunkt immer noch platonisch. Sie schreibt kleine Briefe und deponiert diese in den Taschen seines Trenchcoats im Atelier Hoffmann.

Hitlers Haushälterin in der Wohnung am Prinzregentenplatz, Anni Winter, hat mitbekommen, dass die Liebesbeziehung Anfang 1932 ernsthafter wurde. Im Jahr zuvor hatte sich die Nichte von Adolf Hitler, Angela »Geli« Rauball, in dieser Wohnung am 18. September 1931 erschossen.

Für Eva Braun ist die Beziehung nicht einfach. Hitler befindet sich unablässig in Wahlkämpfen und kann nur wenig Zeit für gemeinsame Treffen erübrigen. Welch bittere Parallele – auch Eva Braun versucht sich in diesen Zeiten das Leben zu nehmen. 1932 gleich zweimal mit einer Schusswaffe und im Jahr 1935 erneut mit Schlaftabletten. Es ist der verzweifelte Versuch, Hitler enger an sich zu binden. Der mietet ihr eine Wohnung in seiner Nähe in München. Die Beziehung wird immer noch vor der Öffentlichkeit verborgen. Das Bild von dem Führer, der sich für sein Volk und seine Partei aufopfert, musste intakt bleiben.

Immerhin darf Eva Braun am siebten Parteitag der NSDAP 1935 in Nürnberg teilnehmen. Ihr Platz befindet sich auf der Ehrentribüne, und auch an den Olympischen Spielen 1936 in Berlin kann sie als unbekannter Ehrengast dabei sein. Bereits 1935 hat Hitler ihr ein Haus in Bogenhausen geschenkt, ein Statussymbol, das ihre Lebensfreude und ihr Selbstbewusstsein stärken soll. Für Hitler ein diskreter Rückzugsort. Später schenkt er ihr einen der ersten Fernsehapparate, womit sie die Übertragungen der Olympiade verfolgen kann, und zwei Scotchterrier, Stasi und Negus. Auch der Prototyp des Volkswagens, den der Konstrukteur Ferdinand Porsche Hitler zu seinem Geburtstag im Jahre 1938 übergibt, geht in ihren Besitz über.

Das alles findet außerhalb der öffentlichen Wahrnehmung statt. Selbst die Parteimitglieder wissen nichts von dieser Beziehung. Kenntnis hat nur der allerengste Kreis um Hitler. Natürlich auch der Hofstaat, der in den Berghof eingeladen wird, auf den Obersalzberg. Die Familien von Rudolf Heß, Albert Speer, Hermann Göring sowie Martin Bormann haben selbst Häuser auf dem Obersalzberg bauen lassen oder gekauft. Nach dem Einmarsch in Österreich diktiert Adolf Hitler am 2. Mai 1938 ein Testament, in dem sein gesamter Besitz der Partei übereignet werden soll. Danach benennt er weitere persönliche Erben, unter anderem seine Schwester Paula und die Halbschwester Angela. Aber an erster Stelle steht Eva Braun, der aus der Parteikasse der NSDAP eine monatliche Pension von 1000 Reichsmark auszuzahlen sei. Sie kann demnach zu diesem Zeitpunkt als fester, wenn auch nicht öffentlicher Bestandteil seines Lebens bezeichnet werden.

Adolf Hitler ist mittlerweile ein reicher Mann. Nach der Machtübertragung an die Nationalsozialisten gab es auf Anregung von Gustav Krupp von Bohlen und Halbach gemeinsam mit Hjalmar Schacht am 1. Juni 1933 von der Deutschen Industrie eine »Adolf-Hitler-Spende der deutschen Wirtschaft« zugunsten der NSDAP. Sie ist dazu bestimmt, den nationalen Wiederaufbau zu unterstützen. Faktisch stehen die Geldmittel Adolf Hitler zur persönlichen Verfügung. Die Unternehmen »spenden« fünf Promille der gesamten Lohnkosten ihres Betriebes. Bis 1945 ergibt das eine Summe von 700 Millionen Reichsmark. Dieses Geld wird zuerst von Rudolf Heß und dann von Martin Bormann verwaltet. Unter anderem finanziert Hitler damit den Kauf des Hauses Wachenfeld auf dem Obersalzberg bei Berchtesgaden. Daraus wird nach einem kostspieligen Um- und Ausbau der Berghof, Hitlers Land- und Ferienhaus, das sich im Laufe der

Zeit immer mehr zu einem Führerhauptquartier entwickelt, in dem auch internationale Gäste empfangen werden. Der Berghof besteht nach dem Umbau aus über dreißig Räumen mit einem Konferenzzimmer, in dem versenkbare Panoramafenster und große Terrassen einen grandiosen Blick über die Bergwelt der Alpen ermöglichen. Auch der Berghof verfügt über ein eigenes Bunkersystem.

Eva Braun verbringt dort zwei Drittel ihrer Zeit zwischen 1936 und 1945. Für das Personal und den Hofstaat gilt sie als Hausherrin des Berghofes. Zumindest übernimmt sie nach 1936 im privaten Kreis immer häufiger die Rolle der Gastgeberin. Sie ist die Einzige außer Hitler, die selbst Freunde und deren Kinder oder Familienmitglieder auf den Obersalzberg einladen kann. Sie hat dort ein eigenes Schlafzimmer neben dem Hitlers. Zwischen den Räumen liegt ein großes Badezimmer mit einem Becken aus Marmor und vergoldeten Wasserhähnen, das von beiden Schlafräumen erreichbar ist.

Da der Obersalzberg schon bald zu einer Art Wallfahrtsort wird – viele »Volksgenossen« erhoffen, einen Blick auf Hitler und sein Haus erhaschen zu können –, muss der Komplex 1935 mit einem bewachten zwei Meter hohen Sicherheitszaun abgeriegelt werden. SS-Männer des Reichssicherheitsdienstes bewachen ihn, und nur Inhaber eines Sonderausweises dürfen das Gelände betreten.

Eva Braun ist somit nach Ankunft auf dem Berghof abgeschirmt. Ihre Anreise erfolgt stets getrennt von Adolf Hitler. In der Regel fährt sie in einem geschlossenen Mercedes gemeinsam mit den beiden Sekretärinnen Christa Schroeder und Johanna Wolf, um nach außen den Schein zu wahren.

Auch die Rolle, die Martin Bormann für Hitler spielt, bleibt in der Partei und in der Öffentlichkeit weitgehend unbekannt. Der am 17. Juni 1900 geborene Bormann absolviert nach dem Ersten Weltkrieg eine landwirtschaftliche Lehre auf einem Gutshof in Mecklenburg. Der Gutsbesitzer beherbergt Mitglieder des Freikorps Roßbach, dem auch Martin Bormann beigetreten war. Bormann beteiligt sich am sogenannten Parchimer Fememord und wird 1924 zu einem Jahr Gefängnis verurteilt. 1927 tritt er der NSDAP bei. Schon seit 1920 war er Mitglied im »Verband gegen Überhebung des Judentums«, wie er in einem parteiinternen Lebenslauf vermerkt. Als Mann mit Organisationsgeschick, der zudem ein Meister der Zahlen ist, arbeitete Bormann in der Geschäftsstelle der NSDAP in München. Der oberste SA-Führer Franz Pfeffer von Salomon betraut ihn mit der Verwaltung der SA-Versicherung. Bormann gelingt es, diese Versicherung in eine »Hilfskasse der NSDAP« umzuwandeln. Er imponiert Adolf Hitler mit seiner Geschäftstüchtigkeit. Karrierefördernd ist sicherlich auch die Heirat mit Gerda Buch 1929 in München. Sie ist die Tochter des Reichstagsabgeordneten Walter Buch, des obersten Parteirichters der NSDAP. Der Schwiegervater und Adolf Hitler fungieren als Trauzeugen. Gerda Bormann ist eine zwanzigjährige Kindergärtnerin, die in ihrem Elternhaus streng völkisch und antisemitisch erzogen worden ist. Einen Kopf größer als ihr Ehemann, bringt sie in den nächsten zwölf Jahren zehn Kinder zur Welt. Das erste Kind wird zu Ehren des Führers Adolf Martin genannt.

Hitlers Vertrauen in Bormann ist so groß, dass dieser nicht nur die Millionen der »Adolf-Hitler-Spende der deutschen Wirtschaft«, sondern auch dessen Privatvermögen verwaltet. Bormann kümmert sich um alle finanziellen Belange, tätigt für Hitler Einkäufe und bezahlt sämtliche Rechnungen. Für Hitler ist Bormann der ideale Gehilfe – ergeben, gläubig, pflichtversessen. Ein Kleinbürger, der sich zu Großem berufen fühlt. Er übernimmt zunehmend die Aufgaben von Rudolf Heß. Aber Bormann ist nicht nur diensteifrig, es ist auch skrupellos und brutal und bekommt durch seine Vertrauensstellung bei Hitler so viel Macht und Einfluss, dass es lebensgefährlich wird, ihn zum Feind zu haben.

Bormann ist es zu verdanken, dass die Rolle von Eva Braun auf dem Berghof nicht bekannt wird. Und auch Eva Braun, die ihn anfänglich mit schnippischem Hochmut behandelt hat, lernt seine Funktion zu schätzen. Wenn es ihr etwa an Bargeld mangelt, wendet sie sich vertrauensvoll an Bormann. Wenn Hitler ein Geschenk für sie sucht, ist es Bormann, der sie bei einem Goldschmied etwas auswählen lässt, ohne auf das Preisschild zu schauen. Nur gelegentlich, wenn Bormann nicht in der Nähe ist, macht sie sich noch über ihn lustig, über seine linkischen Bücklinge, die hektische Geschäftigkeit, mit der er seine Aufträge ausführt, aber auch über seine Penetranz, mit der er Sekretärinnen nachstellt.

Bei der Tafelrunde auf dem Berghof ist Eva Braun Bormanns Tischdame. Er muss sie nicht unterhalten, weil gewöhnlich die ganze Tafelrunde schweigt, solange Hitler redet. Und der neigt zu Monologen, manchmal stundenlangen. Später, in der Wohnhalle, in der es üblich war, Filme zu zeigen, kann sich Bormann in eine Ecke zurückziehen, um dort im Sitzen einzuschlafen. Ansonsten ist er hellwach. Wenn Hitler Monologe hält, macht Bormann sich Notizen, Merkzettel für seine Akten. Bormann weiß um die Bedeutung Eva Brauns für seinen Führer. Auch die Zuwendungen an Eva Braun durch Bormann sind mit Hitler vereinbart. Gibt es doch so die Möglichkeit, den Lebensstil der jungen Frau zu kontrollieren.

»Fragen Sie Bormann« ist eine immer wiederkehrende Aussage Hitlers, wenn es um Themen geht, mit denen er sich nicht beschäftigen will. Bormann sei der Einzige, der nichts vergesse, stellt Hitler einmal fest. Er schätzt dessen Ergebenheit und Verschwiegenheit. Deshalb vertraut er ihm auch seine persönlichen und privaten Angelegenheiten an. Über ihn, den Führer, darf nur bekannt werden, was der Heroisierung der Führergestalt dienlich ist. Von daher ist das Privatleben Hitlers für die Öffentlichkeit, insbesondere alles, was mit Frauen und seiner Familie zusammenhängt, tabu.

Adolf Hitler sucht in Eva Braun keine politische Mitstreiterin. Und sie akzeptiert dies. Sie nimmt es auch hin, wenn er an den Abenden auf dem Berghof doziert: »Intelligente Männer sollten sich eine primitive und dumme Frau nehmen. Sehen Sie, wenn ich nun noch eine Frau hätte, die mir in meine Arbeit hereinredet! In meiner freien Zeit will ich meine Ruhe haben. Heiraten könnte ich nie.« Und auch Bemerkungen Hitlers wie »Je bedeutender der Mann, desto unbedeutender die Frau« lösen keine Empörung bei ihr aus.

Als sich im Laufe der Zeit ihre Position gefestigt hat, erlischt Eva Brauns Interesse an Hitlers Äußerungen auf dem Berghof ohnehin. Gegenüber ihrer Schwester und ihren Freundinnen kann sie offen bekennen, dass sie sich bei seinen Reden furchtbar langweilt. Sie habe Mühe, ihren Abscheu vor jeder politischen Diskussion zu verbergen.

Trotz des Tabus, was das Privatleben des Führers angeht, wird doch bekannt, dass Eva Braun erzählt habe, Adolf Hitler würde auf dem Berghof nach dem Aufstehen bei offenem Fenster mit dem Expander seine Armmuskulatur trainieren und stärken. Nur so könne er bei Aufmärschen und Parteitagen, aber auch vor defilierenden Massen im vorbeifahrenden offenen Mercedes so lange den rechten Arm gestreckt halten.

26. April 1945

In den letzten Tagen haben britische und amerikanische Bomber den Obersalzberg überflogen. Seit gestern wird gezielt bombardiert. Insbesondere die Häuser der führenden Nationalsozialisten werden ins Visier genommen. Während der internierte Hermann Göring mit Frau und Kind aus dem tief gelegenen Bunker ihres Hauses in der Nacht in Görings Schloss Mauterndorf bei Salzburg verlegt wird, ist Hitlers Adjutant Julius Schaub mit vielen persönlichen Unterlagen aus dem Führerbunker auf dem Berghof angekommen. Von Hitler beauftragt, beginnt er, den Panzerschrank in Hitlers Arbeitszimmer auszuräumen. Auf der Terrasse des halb zerstörten Berghofs verbrennt er Briefe, Akten, Strategiepapiere und viele Bücher. Alles Persönliche von Adolf Hitler. Sein Führer hat in Berlin eine Entscheidung getroffen, Schaub führt sie am Obersalzberg aus. Der Nachlass wird organisiert.

Nach dem Befehl zur Verhaftung Hermann Görings fordert Adolf Hitler den kommandierenden Luftwaffen-General Robert Greim auf, sofort nach Berlin zu kommen. Greim war wegen seiner Verdienste im Ersten Weltkrieg im Oktober 1918 in den persönlichen Adelsstand mit dem Titel »Ritter von« gestellt worden. Obwohl auch er als Luftwaffengeneral zu Beginn der sowjetischen Offensive im Juni 1944 mit seiner Flugzeugflotte zurückgedrängt und fast geschlagen worden war, genoss er Hitlers Anerkennung. Noch im Januar hat er ein Bekenntnis zu Adolf Hitler abgelegt: »Der ich an den Führer geglaubt habe – und verdammt noch mal, noch immer an ihn glaube. Ich kann nicht zum Verräter werden. Ich nicht!«

Ritter von Greim weiß nicht, welche Botschaften ihn im Führerbunker erwarten. Und er weiß auch nicht, wie er in das von der Roten Armee erstürmte Berlin kommen soll. Die Flugplätze Tempelhof und Gatow sind von den Sowjets besetzt, aber von Greim ist ein passionierter Flieger und furchtlos, und so macht er sich auf den Weg. Aber er fliegt nicht allein. Bei ihm ist als Copilotin die mit ihm eng befreundete Hanna Reitsch, die als waghalsige und begnadete Fliegerin in Deutschland bekannt ist. Sie müssen verschiedene Etappen absolvieren. Auf dem Militärflugplatz Rechlin wollen sie die letzten hundertfünfzig Kilometer mit dem Hubschrauber fliegen. Der ist allerdings beim Bombenangriff zerstört worden. Daher satteln sie um auf einen Fieseler »Storch«. Auf Veranlassung von Hitlers Flugkapitän Hans Baur waren mittlerweile rechts und links der Ost-West-Achse im Tiergarten die Bäume gefällt worden. Das Rollfeld vor dem Brandenburger Tor konnte so auf hundertzwanzig Meter verbreitert werden. Wobei dieses durch die sowjetische Artillerie schon löchrig geworden war, mit vielen provisorischen Ausbesserungen. Doch es gibt keine Alternative. Von Greim steuert die Maschine, Reitsch sitzt hinter ihm. Sie müssen tief über den Wannsee und den Grunewald fliegen, um von den sowjetischen Jagdfliegern nicht abgefangen zu werden. Aber auch am Boden wimmelt es von Panzern und Scharfschützen der Roten Armee. Sie werden von allen Seiten attackiert.

Plötzlich gibt es einen mächtigen Durchschuss, direkt neben dem Motor. Von Greim schreit auf. Ein Panzer-Sprenggeschoss hat seinen rechten Fuß durchschlagen. Er wird ohnmächtig und bricht am Steuerknüppel zusammen.

Aus beiden Tanks in den Tragflächen entweicht Benzin, da weitere Geschosse den »Storch« treffen.

Hanna Reitsch muss blitzschnell über von Greims Schultern hinweg nach dem Gashebel und Steuerknüppel greifen. Sie kann die Maschine auffangen und trotz des Beschusses kurz vor dem Brandenburger Tor landen. Mit größter Mühe zerrt sie von Greim aus der Maschine und an den Straßenrand. Der Tiergarten ist wie ausgestorben. Falls doch ein Auto vorbeikommen sollte, kann sie nicht sicher sein, dass es nicht eines der Roten Armee ist, die schon bis hierher vordringen konnte. Nach einiger Zeit kommt ein Fahrzeug mit deutschen Soldaten vorbei, das sie wenig später zur Reichskanzlei bringt.

Zwei SS-Soldaten führen von Greim sofort in das provisorisch eingerichtete Lazarett unter der Reichskanzlei. Dort wird der Fuß des Fliegergenerals behandelt und bandagiert. Anschließend tragen die SS-Männer von Greim wieder in den Führerbunker. Hanna Reitsch steckt in einer viel zu großen Lederjacke ohne jegliche Abzeichen. Sie ist von den Strapazen des Flugs gezeichnet, ihr schwarzer Rollkragenpullover ist schlammverschmiert und eingerissen. Eine knapp ein Meter fünfzig große, zarte Person, die aber Stärke und Persönlichkeit ausstrahlt.

Auf der Treppe vom Vorbunker in den tiefer liegenden Führerbunker begegnet ihnen Magda Goebbels. Sie starrt die kleine Gruppe überrascht an, ungläubig, dass es noch freiwilligen Besuch hier unten gibt. Dann erkennt sie die berühmte Fliegerin und schließt sie gerührt und weinend in die Arme. Im Korridor des Führerbunkers treffen sie auf Adolf Hitler. Dieser lässt sich von dem auf der Trage liegenden Generaloberst Bericht erstatten. Dann dankt er ihm bewegt, beide Hände ergreifend. An Hanna Reitsch gerichtet: »Sie tapfere Frau! Es gibt noch Treue und Mut auf der Welt.«

Jetzt erklärt Adolf Hitler, warum er von Greim unter diesen lebensgefährlichen Bedingungen in die Reichskanzlei beordert hat. Er zeigt ihm den Funkspruch von Hermann Göring, klagt über den Verrat seines langjährigen Weggefährten. Er befördert von Greim zum Generalfeldmarschall und ernennt ihn zu Görings Nachfolger. Für einen Moment herrscht Schweigen im Raum. Von Greim hat reglos zugehört. Doch Hanna Reitsch sieht ihm seine Fassungslosigkeit an. Er ist gerade zum Oberbefehlshaber einer nicht mehr existierenden Luftwaffe ernannt worden. Mit seiner Verwundung, die ihn fast bewegungsunfähig macht, befindet er sich in den Katakomben der zerstörten Reichskanzlei im von der Roten Armee eingeschlossenen Berlin. Ohne realistische Möglichkeit, diesen Ort wieder verlassen zu können. Das war ihm auf ihrem Flug klar geworden. Das Ausmaß der Zerstörung der Hauptstadt ist erschütternd. Auch Hanna Reitsch, von Natur aus eine Optimistin, ist davon überzeugt, dass auf alle Anwesenden in diesem Raum draußen der sichere Tod wartet.

Doch Adolf Hitler ficht all dies nicht an. Im Deutschen Rundfunk lässt er kurz darauf bekannt geben: »Reichsmarschall Hermann Göring ist an einem seit längerer Zeit bestehenden chronischen Herzleiden, das in ein akutes Stadium getreten ist, erkrankt. Er hat selbst gebeten, in dieser Zeit, die den Einsatz aller Kräfte erfordert, von der Führung der Luftwaffe und den damit zusammenhängenden Aufgaben entbunden zu werden. Der Führer hat der Bitte entsprochen und zum neuen Oberbefehlshaber der Luftwaffe den Generaloberst Ritter von Greim unter gleichzeitiger Beförderung zum Generalfeldmarschall ernannt.«

Das also war der Grund des Besuches. Am selben Tag kommt es noch zu einer anderen Begebenheit. Viktor Bojew, ein gut Deutsch sprechender Leutnant in der Roten Armee, lässt sich von zwei sowjetischen Kriegsberichterstattern dazu überreden, den deutschen Propagandaminister anzurufen. Und er erreicht es tatsächlich, eine Verbindung herzustellen.

»Hier spricht ein russischer Offizier. Ich möchte ein paar Fragen an Sie stellen.«

Goebbels: »Bitte.«

»Wie lange sind Sie imstande und willens, um Berlin zu kämpfen?«

»Mehrere ...« Der Rest ist unverständlich.

Bojew fragt nach: »Was mehrere? Wochen?«

»O nein, Monate. Warum nicht Monate? Ihr habt Sewastopol neun Monate verteidigen können. Warum wir nicht unsere Hauptstadt?«

»Noch eine Frage: Wann und in welche Richtung wollen Sie aus Berlin fliehen?«

»Diese Frage ist viel zu unverschämt, um beantwortet zu werden.«

»Sie müssen im Auge haben, wir werden Sie ausfindig machen, und sei es auch am Ende der Welt. Und einen Galgen für Sie halten wir schon bereit.« Dann, nach einer Pause: »Möchten Sie mich auch etwas fragen?«

»Nein«, antwortet der Propagandaminister und legt auf.

Goebbels und die Frauen

Joseph Goebbels kann Frauen gegenüber charmant sein. Wenn er will, ist er ein witziger Plauderer. Er kann Klavier spielen und singen. Gleichzeitig ist er ein fesselnder Redner. Wenn er spricht und seine apodiktischen Urteile mit starken Gesten fast im Stile Hitlers unterstreicht, verkörpert er den gnadenlosen Machtmenschen. Ohne Zweifel ist es diese Mischung, die viele Frauen anspricht. Wenn Goebbels eine Frau erobern will, ist er in der Lage, sich jedes Detail, das er über sie erfährt, einzuprägen. Bald kennt er ihre Lieblingsfarbe, ihre Lieblingsblumen, ihr Lieblingsspeise, und kann sie jederzeit mit maßgeschneiderten Präsenten und Aufmerksamkeiten überraschen. Meistens hat er damit Erfolg. Wenn nicht, lässt er die Frauen seine ganze Verachtung spüren.

Bei der Filmemacherin Leni Riefenstahl blieb ihm der Erfolg verwehrt. Hitler und Goebbels waren gemeinsam auf Riefenstahl aufmerksam geworden und hatten sie für die Inszenierung der monströsen Aufmärsche der SA und SS, der Reichsparteitage und der Olympischen Spiele 1936 engagiert. Doch gegen Hitler hat Goebbels bei dieser Frau keine Chance. Die passionierte Sportlerin, die als professionelle Tänzerin gearbeitet hatte, bevor sie sich ganz der Fotografie und dem Film verschrieb, zelebriert ein Körperideal, dem Joseph Goebbels so ganz und gar nicht entspricht. In ihrem Film *Olympia*, der die olympischen Spiele in Berlin dokumentiert, inszeniert sie die Athleten wie antike Skulpturen und heroische Archetypen, indem sie die Kameras in Zeitlupe über die halb nackten, gestählten Körper fahren lässt. Aber auch die Darstellung der von ihr begleiteten drei Reichsparteitage sind nicht nur Inszenierungen eines extremen Führerkults, sondern zugleich auch eines ganz bestimmten Körperkults. Bei allem Selbstbewusstsein ist Goebbels sehr bewusst, was nicht nur seine Gegner, sondern auch so manche »Volksgenossen« denken: Dieser Zwerg mit seiner eingesunkenen Brust und seinem Klumpfuß will das große Wort führen in einer Partei, die mit Muskelkraft und Gesundheit prahlt und nordisches Herrenmenschentum propagiert? Ist dieser Mann nicht die lebende Verhöhnung der von der NSDAP vertretenen arischen Rassentheorie?

Die für ihn unerreichbare Leni Riefenstahl erweist sich aber nicht nur als Konkurrentin im Kampf um die Gunst des Führers, sondern in ihrer Art der Selbstinszenierung bei den Aufnahmen der Parteitage auch als persönliches Gräuel. Dabei fungiert Goebbels als Mitinitiator der stundenlangen Aufmärsche. Von mittags um zwölf bis in den Abend steht Hitler in seinem Mercedes aufrecht und grüßt die vorbeidefilierenden Formationen. Rechts und links von seinem Wagen müssen sämtliche Reichsleiter Aufstellung nehmen. Darunter auch der nervöse und angespannte Joseph Goebbels. Leni Riefenstahl läuft, bewaffnet mit einer Handkamera, unentwegt vor Hitlers Wagen und vor den Reichsleitern auf und ab, sucht Motive, knipst mal auf Zehenspitzen, mal in der Hocke und gibt ihren an verschiedenen Stellen postierten Kameraleuten fortwährend geheimnisvolle Zeichen. Als sie Goebbels wieder einmal die Aussicht versperrt, verliert dieser die Geduld, und sehr uncharmant schreit er: »Ich lasse Sie verhaften, wenn Sie nicht auf der Stelle hier verschwinden!«

Als nach ein paar Monaten endlich der Parteitagsfilm *Triumph des Willens* geschnitten ist, ruft Riefenstahl einen Tag vor der Premiere im Propagandaministerium an.

Goebbels lehnt es ab, mit ihr zu sprechen. Aber sie lässt sich nicht abweisen. Sie fordert von Goebbels' Adjutanten: »Bitte bestellen Sie dem Minister, dass ich mich um den Film genug verdient gemacht habe und daher erwarte, zur Uraufführung einen Platz in der Loge des Führers zu bekommen.«

Zu seinem Adjutanten sagt Goebbels: »Rufen Sie bei ihr an, und sagen Sie ihr, wenn meine Frau in einer Seitenloge sitzt, dann kann man das wohl auch ihr zumuten. Wenn ihr das nicht passt, soll sie zu Hause bleiben!«

Der Adjutant nickt stumm, und Goebbels bekräftigt noch einmal: »Lassen Sie sich auf nichts ein. Brüllen Sie sie an, meinetwegen! Das fehlt uns noch, dass wir uns von einer hergelaufenen Filmziege unsere Plätze anweisen lassen.«

Bei Leni Riefenstahl versagt der Frauenheld Goebbels auf ganzer Linie.

Mehr Erfolg hat er bei jungen Nachwuchsschauspielerinnen, aber auch da nicht immer. Es läuft fast immer nach dem gleichen Schema ab. Goebbels lässt einer Schauspielerin die Nachricht zukommen, der Minister bitte sie ins Ministerium. Sie hat keine Ahnung, worum es dabei gehen könne. Kollegen vermuten, sie ist dem Minister vielleicht in einer Nebenrolle positiv aufgefallen. Wenn die junge Frau eintrifft, wird sie in Goebbels' Arbeitszimmer empfangen. Er ist charmant und liebenswürdig und lobt den kleinen Film, in dem er sie gesehen hat. Er spricht mit ihr über ihre Aussichten als Schauspielerin, über ihre persönlichen Umstände und ihre Pläne. Dann fragte er sie, ob sie etwas dabei fände, einmal mit ihm eine Theateraufführung oder einen Film zu besuchen. Unsicher verspricht sie, sich gelegentlich bei ihm zu melden. Sie weiß um den Ruf des Frauenhelden, den der Minister hat. Zum Abschied drückt er ihr einen Zettel in die Hand. Vor dem Ministerium wartet ihr Verlobter auf sie, dem sie aufgeregt Bericht erstattet. Dann sehen sie sich den

Zettel genauer an. Es handelt sich um einen Scheck über einige Tausend Mark.

Es verstreichen einige Tage, bis sie wieder etwas von dem Minister hört. Telefonisch lässt er bei ihr anfragen, ob sie sich an einem konkreten Abend mit ihm treffen möchte. Sie sagt zu, und ein Adjutant teilt ihr mit, dass Goebbels sie nach Einbruch der Dunkelheit an einer bestimmten Ecke in der Nähe der Krolloper am Tiergarten erwarten wird.

Zum verabredeten Zeitpunkt fährt ihr Verlobter sie mit seinem Wagen bis dicht an den Treffpunkt. Die letzten Meter geht sie zu Fuß, und sie braucht nicht lange zu warten. Ein Herr tritt auf sie zu: »Fräulein B.?« Sie nickt. Es ist Günther Rach, Goebbels' Fahrer, der sie zu dem unauffällig in der Nähe parkenden Wagen führt, in dem der Minister auf sie wartet. Kurz darauf fährt der schwere Mercedes durch das nächtliche Berlin. Dahinter versucht der Verlobte mit seinem kleinen Wagen den Abstand zu halten. Goebbels fällt auf, dass die junge Schauspielerin mehrmals durch das Rückfenster blickt. Und er sieht, dass Scheinwerfer immer wieder seinen Mercedes von hinten beleuchten. »Nehmen Sie die Autobahn«, befiehlt er Rach, und kurze Zeit später brausen sie davon.

Die Unterhaltung im Wagen verläuft von ihrer Seite befangen und für Goebbels mühsam. Nach einer halben Stunde biegt der Wagen von der Autobahn ab und fährt in ein Waldgebiet hinein. Nach einigen Windungen halten sie an einer kleinen Lichtung vor einer Art Jagdhaus. Sofort öffnet ein hinzugekommener Mann den Schlag, und Fräulein B. wird auf einem schmalen Weg zu einem Haus geführt. Der Raum, in den sie Goebbels folgt, ist mit Geschmack eingerichtet, hell und groß. Die Gemälde an der Wand sind wertvoll, und die schweren Teppiche dämpfen den Klang der Schritte. Das vorbereitete Büfett ist vorzüglich.

Goebbels geleitet seinen Gast zu einer gemütlichen Polsterecke, bedient liebenswürdig und spricht dabei über Kunst. Stück für Stück vermindert er dabei den Raum zwischen sich und ihr. Sie rückt von ihm ab. Er beherrscht sich und nimmt das Gespräch wieder auf. Dann macht er sie auf den kostbaren Flügel aufmerksam, und als sie ihm erzählt, dass sie selbst Klavier spiele, fordert er sie auf, mit ihm vierhändig zu spielen. Sie ist einverstanden, und er sucht Noten heraus, die ihr zusagen. Sie beginnen zu spielen. Auf einmal bricht er ab und erklärt, er müsse kurz telefonieren. Sie bleibt ahnungslos sitzen. Als er sie plötzlich gewaltsam von hinten umfasst, wehrt sie sich und stößt ihn so kräftig von sich, dass er beinahe stürzt. Aber er findet noch das Gleichgewicht, richtet sich wieder auf und schreit sie an: »Was glauben Sie eigentlich, wer Sie sind? Wissen Sie, wen Sie vor sich haben? Ich gehöre zu den zwölf bedeutendsten Männern Europas! Sie sind sich hoffentlich darüber im Klaren, dass ich Sie erledigen kann, wenn ich will!«

Goebbels ruft nach seinen Begleitern und befiehlt, den Wagen vorzufahren. Schweigend geht die Fahrt zurück nach Berlin. Am Ende der Autobahn, vor der Einfahrt in die Stadt, lässt er plötzlich halten. »Die Dame möchte aussteigen«, sagt er kalt.

Ohne dass noch ein Wort gesprochen wird, öffnet sie die Tür und sucht lange in der Dunkelheit nach einem Gasthaus. Von dort ruft sie ihren Verlobten an.

In seinem Tagebuch notierte Joseph Goebbels 1924: »Mein Eros ist krank. Jedes Weib reizt mich bis aufs Blut. Wie ein hungriger Wolf rase ich umher. Und dabei bin ich schüchtern wie ein Kind. Ich verstehe mich manchmal selbst kaum. Ich müsste heiraten und ein Spießer sein! Und mich dann nach acht Tagen aufhängen.«

Nach der Baarová-Affäre hatte Hitler die tschechische

Schauspielerin ausweisen lassen – dem Ehepaar Goebbels war eine Probezeit der Wiederannäherung verordnet. Daran hat sich der Propagandaminister eine Zeit lang gehalten. Aber es dauert nicht lang, bis er wieder den Frauen nachstellt. Mit Beginn des Krieges wird es besonders schlimm – begünstigt durch längere Abwesenheiten von Magda Goebbels, die immer wieder genötigt ist, Sanatorien aufzusuchen.

Als über die erotischen Abenteuer des Propagandaministers sogar in der ausländischen Presse berichtet wird, stellt Magda ihren Mann zur Rede. Der reagiert völlig anders, als sie erwartet hat. »Kleine, harmlose Flirts«, erklärt er, »wie man sie bekannten Männern immer andichtet. Es steckt nichts Ernsthaftes dahinter.« Ein paar Wochen später kontert er auf ihre Vorhaltungen, dass dies schließlich die Bedingung war, unter der sie geheiratet haben. Sie habe ihm damals völlige Freiheit in der Ehe zugestanden. Dann fügt er in maßloser Überheblichkeit hinzu: »Ludwig XIV., Karl II., Napoleon – sie alle nahmen sich so viele Frauen, wie sie wollten, und das Volk hat sie dennoch vergöttert.«

Die Geschichte hat ein überraschendes Nachspiel. Werner Naumann ist nicht nur der engste Vertraute des Propagandaministers, er regelt auch persönliche Angelegenheiten für die Familie Goebbels. So ist er behilflich, als Magda Goebbels eine weitere Kinderfrau und Erzieherin für ihre älteren Kinder braucht. Als sich eine junge Frau um die Stelle bewirbt, ist es Naumann, der in der Berliner Wohnung der Familie Goebbels das erste Gespräch mit ihr führt.

Naumann ist oft bei den Goebbels zu Hause. Er bewundert Magda Goebbels als weltgewandte Frau und auch in ihrer Rolle der Vorzeige-Ehefrau und Mutter, die sie für die Partei spielt. Er begegnet ihr mit Wertschätzung und mit einer Wärme, die ungewöhnlich ist bei diesem sonst so spröden Mann. Magda verliebt sich im Laufe der Zeit in den neun Jahre jüngeren Naumann. Sie spricht darüber mit ihrer Freundin Ello Quandt und verfasst romantische Gedichte, die sie Naumann anonym zuspielt.

Als Goebbels dies entdeckt, stellt er Werner Naumann zur Rede: »Was soll das jetzt noch?«, herrscht er ihn an. »Denken Sie an Hanke. Für eine solche Affäre ist jetzt wahrhaftig nicht die Zeit.« Naumann rechtfertigt sich nicht. Er ist zu keiner Zeit in Magda Goebbels verliebt gewesen. Er verbeugt sich nur knapp und reduziert sofort den außerdienstlichen Kontakt zu Magda Goebbels.

27. April 1945

Ritter von Greim ist im Bunker geblieben und wird von Dr. Stumpfegger medizinisch versorgt. Magda Goebbels hat Hanna Reitsch angeboten, sich in ihrem Raum zu waschen und die Kleidung zu wechseln. Die sechs Goebbels-Kinder beobachten dies aus den Doppelstockbetten. Eine Frau als Flugkapitänin macht bei ihnen großen Eindruck. Und kurz darauf kann Hitlers jüngste Sekretärin, Traudl Junge, sehen, wie Hanna Reitsch, mitsingend, einen mehrstimmigen Kinderchor dirigiert.

Während die Anwesenden darauf warten, dass General Wenck mit seinen Divisionen der Durchbruch gelingt, kommt es vor der zweiten Lagebesprechung des Tages zu einigen bemerkenswerten Rückblicken. Eine kleine Runde um Hitler und Goebbels sitzt im Lageraum und wartet auf die Generäle Keitel und Jodl mit ihren aktuellen Berichten. Goebbels stellt fest: »Die Sowjets sind wirklich das motorisierte Robotertum. Eine tödliche Gefahr! Wenn der Westhafen verloren ist, haben wir noch einzelne Vorräte an Versorgung in U-Bahn-Tunnels. Der Westhafen war die letzte große Reserve. Aus dem Westhafen haben wir in den letzten Tagen noch unter Artilleriebeschuss Material herausgeholt. Aber es lagern dort eben vierundzwanzig Tonnen Getreide.« Hitler bemerkt darauf: »Mit der Berennung der Viereinhalb-Millionen-Stadt hat sich der Russe eine kolossale Last aufgeladen. Wie viele Verwundete haben wir jeden Tag?« Goebbels: »Wir haben neuntausend Verwundete in den Lazaretten liegen. Jeden Tag also vielleicht tausendfünfhundert Verwundete. Wenn Berlin tatsächlich entsetzt wird, dann wird uns die Versorgung nicht so große Schwierigkeiten machen. Denn auch der Russe ist jetzt in den wenigen Tagen nicht in der Lage, solche Riesenmengen abzutransportieren. Die Versorgung in Berlin reicht aus für zehn Wochen. Der Russe kann nicht in vier Tagen auffressen, was drei Millionen in zehn Wochen essen sollten.«

Hitler: »Wenn ich jemals noch mal in die Position kommen sollte, Regierungsgebäude zu bauen, dann werde ich sie mit entsprechenden Vorkehrungen ausstatten.«

Darauf Goebbels: »Ich glaube, jeder von uns hat sich einiges vorgenommen für sein Leben.«

General Mohnke meldet sich zu Wort: »Was wir 1933 wollten, haben wir nicht ganz geschafft, mein Führer!«

Der Kreis ist offensichtlich klein genug, denn der Führer erlaubt sich einen Anflug von Selbstkritik: »Wissen Sie, ich habe neulich gesagt: Wäre es nicht doch besser gewesen, ich hätte noch ein bis eineinhalb Jahre gewartet.«

»1932 wollten Sie nur an die Macht als Reichspräsident«, stellt Goebbels fest.

»Ich habe damals gesagt, die Zeit ist noch nicht gekommen, weil ich die Überzeugung hatte, wenn ein solch völliger Umschwung kommt, muss alles andere gänzlich abgewirtschaftet haben. Wenn noch einer da ist, steht immer noch einer im Hintergrund, zum Beispiel Hugenberg oder Schleicher. Wenn ich noch länger gewartet hätte, wäre der Tod des Reichspräsidenten Hindenburg eingetroffen. Er wäre ein halbes Jahr früher gestorben, weil ich ihn in der Opposition so geärgert hätte. Wenn jemand dazu berufen war, deutscher Reichspräsident zu werden, so war ich es. Ich hätte dann, ohne irgendwie gehemmt zu sein, eingreifen können. Wenn man derartige Rechnungen nicht gleich begleicht, bekommt man Mitleid und begleicht sie gar nicht mehr.«

Goebbels beeilt sich, Hitler beizupflichten, bevor dieser noch wehmütig wird: »Das kam daher, dass Sie eine Reihe von personellen Kompromissen machen mussten. Hätten Sie beispielsweise als Reichspräsident die Macht bekommen, so hätten Sie niemals einen Admiral Levetzow zum Polizeipräsidenten von Berlin gemacht. Dass eine Unmenge von Elementen damals ins Ausland kam, ist nur darauf zurückzuführen, dass wir solche Heinis als Polizeipräsidenten hatten.«

Hitler stellt dazu fest: »Ich musste mich von einem Kompromiss zum anderen durchschlängeln. Das dauerte bis zum Tode von Hindenburg. Ich hatte vorher die Absicht, Leute wie Hammerstein, Schleicher und andere rücksichtslos zur Verantwortung zu ziehen und den ganzen Klüngel um dieses Geschmeiß. Aber nach anderthalb Jahren ist dieser Entschluss allmählich milder geworden. Es kam die große Aufbauarbeit. Sonst wären Tausende damals beseitigt worden. Unterdes haben sich diese assimiliert.«

Wieder assistiert der Propagandaminister: »Ich weiß, wie seinerzeit im März 1933 so viele dieser März-Gefallenen in die Partei eintraten. Es herrschte damals eine wahre Raserei darüber. Als wir diese Elemente dann nicht aufnehmen wollten, wurden wir gefragt, ob wir denn keine Versöhnung wollten. Es wäre richtiger gewesen, die Partei zu schließen und zu sagen: Hier kommt keiner mehr herein.«

Hitler entgegnet: »Man hätte es machen können, wenn ich durch einen ausgesprochenen Willensakt des Volkes oder durch Staatsstreich an die Macht gekommen wäre. Man bereut es hinterher, dass man so gut ist.«

Goebbels: »Auch alle ostmärkischen Gauleiter sagten damals, die Revolution hätte einen Schönheitsfehler. Es wäre besser gewesen, Wien hätte 1938 beim Anschluss Österreichs an das Reich Widerstand geleistet und wir hätten alles kaputtschlagen können.«

Mohnke assistiert: »Das sind zwei Beispiele: 1933 und 1938. Und wenn es jetzt gut geht, mein Führer, dürfen wir diese Stunde nicht wieder vorbeigehen lassen.«

Hitler erklärt: »Ich bleibe auch deswegen hier, damit ich etwas mehr moralisches Recht bekomme, gegen Schwäche vorzugehen. Ich habe sonst das moralische Recht nicht. Ich kann nicht dauernd andere bedrohen, wenn ich selbst in der kritischen Stunde von der Reichshauptstadt weglaufe. Wir müssen in die gesamte Wehrmacht bestimmte Ehrenkodexe hereinbringen. Ein Grundsatz, den die Marine schon immer befolgt, muss in die Partei herein und für jeden Einzelnen gelten: In dieser Stadt habe ich das Recht gehabt zu befehlen, jetzt habe ich auch den Befehlen des Schicksals zu gehorchen. Auch wenn ich mich retten könnte, so tue ich dies nicht. Der Kapitän geht auch mit seinem Schiffe unter.«

Vizeadmiral Voss, der auch in der Warterunde sitzt, kann dazu feststellen: »Hier in der Reichskanzlei ist es ebenso wie auf der Kommandobrücke eines Schiffes. Eines gilt hier für alle: Wir wollen auch nicht weg. Wir gehören zusammen. Es kommt nur darauf an, dass wir eine anständige Gemeinschaft sind. Die Leute, die mit einem zusammen sind, müssen anständige Kerle sein.«

Dann gelingt es General Krebs, das Gespräch auf die gegenwärtigen Probleme zu bringen: »Ich habe Jodl gesagt, dass uns noch etwa vierundzwanzig bis sechsundzwanzig Stunden zur Verfügung stehen, bis dahin muss die Vereinigung mit den Armeen Wenck und Busse vollzogen sein. Immer vorausgesetzt, dass es gelingt, heute Nacht die angekündigten Sendungen hereinzubringen. Bei der dritten Panzerarmee wird die Lage als ernst angesehen. Keitel wollte von Süden nach Norden eindrehen. Ich sagte, das ist unmöglich.

Wir müssen erst Berlin freikämpfen. Ich habe gesagt, selbstverständlich müssen die Feindangriffe aufgefangen werden. Großadmiral Dönitz ist heute bei Keitel. Es scheint in Ordnung zu kommen, dass die Marinestreitkräfte nach Berlin hereingeflogen werden können. Im Nordwest-Raum soll jetzt eine stärkere Panzergruppe formiert werden, deren Aufgabe es ist, der Armee Wenck entgegenzuwirken.«

Hitler geht nicht darauf ein: »Zwei Sorgen habe ich: Wir haben kein Ölgebiet mehr. So lange war alles zu machen. Die beiden Ölgebiete in der Ostmark gaben uns zusammen 120 000 Tonnen. Das könnte bis auf 180 000 Tonnen ausgebaut werden. Dass wir die nicht mehr haben, ist katastrophal, weil es jede weiträumige Operation unmöglich macht. Wenn ich diese Geschichte hier erledigt habe, müssen wir schauen, dass wir die Ölgebiete wiederbekommen. Die anderen führen Krieg um Ölgebiete, die Weltmeere entfernt sind. Wir haben sie vor unseren Toren liegen.«

Hitlers unerschütterlicher Zweckoptimismus hat auch eine Kehrseite. Schon vor einigen Tagen hatte er für den Kreis seiner engsten Vertrauten ein Geschenk parat. Kleine Kapseln, Phiolen, die jeweils etwa einen Kubikzentimeter Blausäure enthalten. Innerhalb von Sekunden nach deren Einnahme durch das Zerbeißen der Kapseln soll der gesicherte Tod eintreten. Heinrich Himmler hat diese Kapseln in den Laboren des Reichskriminalpolizeiamtes im Konzentrationslager Sachsenhausen herstellen lassen. Hitler hat auch Hanna Reitsch und Ritter von Greim je eine Kapsel gegeben – »für den Notfall«.

Gesprächsthema ist an diesem Tag einmal mehr SS-Obergruppenführer Fegelein. Er hat sich seit zwei Tagen nicht mehr im Bunker blicken lassen. Fegelein ist eine zwielichtige Gestalt, bekannt für seine Skrupellosigkeit und Brutalität. Mit einer SS-Kavallerie-Brigade hat er nach dem Überfall auf die Sowjetunion Säuberungsaktionen in ehemals ostpolnischen Gebieten durchgeführt. Er rühmt sich, mit seiner Brigade vierzehntausend Juden getötet zu haben. Fegelein, wegen seines arroganten und provokanten Umgangs in Kreisen der Waffen-SS auch »Flegelein« genannt, war der NS-Führung durch seine Alkoholexzesse unangenehm aufgefallen. Allerdings stand er in einem guten Verhältnis zu Eva Braun. Und durch die Heirat mit Eva Brauns Schwester Margarete, Gretl, ist er in die obere Etage aufgestiegen. Die Hochzeit fand 1944 in Salzburg statt, mit anschließender Feier auf dem Obersalzberg. Hitler, Himmler und Bormann waren Trauzeugen.

Gegen Abend gelingt es SS-Gruppenführer Hans Rattenhuber, Chef des Reichssicherheitsdienstes, Fegelein in seiner Wohnung zu erreichen. Er macht ihn darauf aufmerksam, dass der Führer ihn schon seit Tagen sucht und unbedingt sprechen will. Doch Fegelein weigert sich, in die Reichskanzlei zurückzukommen. Er sei zu betrunken, um vor Hitler erscheinen zu können. Rattenhuber schickt ein Kommando zu Fegelein. Man trifft ihn in Zivilkleidern an. Tatsächlich ist er erheblich betrunken. Aus Respekt vor seinem Rang und da er nun einmal der Schwager von Eva Braun ist, lässt man ihn unbehelligt. Das Kommando tritt den Rückweg an. Der Anführer, Högl, bleibt indes bei Fegelein in der Wohnung. Die Fahrt zum Kurfürstendamm ist wegen der Straßenkämpfe nicht ungefährlich. Um neunzehn Uhr wird der SS-Obergruppenführer dann endgültig in die Reichskanzlei geholt – ohne Wissen Hitlers. Man untersucht einen mitgebrachten Koffer, den Högl in Fegeleins Wohnung sichergestellt hat. Der ist gefüllt mit Schmuck, Goldstücken, Uhren, etwa 100 000 Reichsmark und 3000 Schweizer Franken.

Als Hitler drei Stunden später wieder nach Fegelein ruft, wird die Sache dramatisch. Man kann die Angelegenheit nicht länger vor dem Führer verbergen. Hitlers Fahrer Kempka berichtet, dass Fegelein zwei Wagen an seine Privatadresse beordert habe. Fegelein habe in seiner Privatwohnung seine Uniform gegen Zivilkleidung eingetauscht und dem Fahrer empfohlen, »sich ebenfalls nicht von den Russen überrollen zu lassen«. Er werde versuchen, zu Himmler zu stoßen.

Für Hitler und Bormann ist der Fall eindeutig. Sie sind außer sich. Brüllen. Das ist Verrat und Fahnenflucht. »Er wird sofort degradiert und ein Kriegsgerichtverfahren gegen ihn durchgeführt. Verwandtschaftliche Beziehungen spielen für mich keine Rolle«, verkündet Hitler. Der Kommandant der »Zitadelle« Wilhelm Mohnke bekommt den Auftrag für dieses Verfahren. Noch in derselben Nacht will er damit beginnen. Die Vernehmung scheitert daran, dass Fegelein zu betrunken ist und das Kriegsgericht beschimpft, als er aufgefordert wird, von seiner Uniformjacke die Rangabzeichen abzutrennen. »Ihr Arschlöcher«, schreit er, »ich gehöre zu Himmler, und nur vor ihm sage ich aus.« Mohnke bricht die Verhandlung ab, informiert Rattenhuber und erstattet danach Bericht bei Hitler, der unwirsch reagiert: »Man kann sich auf niemanden mehr verlassen.«

Fegelein wird der Gestapo überstellt und über Nacht in deren nahe gelegenem Bunker untergebracht. Eva Braun macht sich große Sorgen um ihn. Sie denkt an ihre schwangere Schwester Gretl, die kurz vor der Entbindung steht.

In all dem Tohuwabohu im Bunker kommt es in den oberen Räumen der Reichskanzlei zu einer fast surrealen Veranstaltung. Ein Fahrer der Wagenkolonne, die sich in der großen Garage unter den Regierungsgebäuden befindet, heiratet ein Küchenmädchen. Die Feier findet in einem der fast unzerstörten, dekorierten Räume statt, in dem Stuhlreihen und ein Stehpult aufgestellt wurden. Ein mutiger Fahrerkollege hatte die Familie der Braut in die Reichskanzlei geholt. In der Kantine wird Essen bereitet, der Alkoholbestand der Reichskanzlei ist unerschöpflich. Ein Akkordeon und eine Geige spielen, sodass das Brautpaar tanzen kann. Und Werner Naumann vollzieht die Trauung und wünscht dem Brautpaar sicherlich alles Gute für die Zukunft, aber wegen des ständigen Artilleriefeuers, des Bebens der Wände und des Klirrens der Fenster sind seine Worte ohnehin kaum zu verstehen.

Der unerreichte Meister

Goebbels war bereits auf Werner Naumann aufmerksam geworden, als dieser noch ein kampflustiger SA-Mann in den blutigen Saalschlachten von Görlitz war. Nachdem Naumann 1929 in Berlin zu studieren begonnen hat, nimmt er Kontakt zu ihm auf: »Naumann, das Studium lastet Sie doch nicht aus. Wollen Sie nicht bei uns einsteigen? Ich garantiere Ihnen, dass Sie hier mehr lernen werden als im juristischen Seminar.«

Bei einer anderen Gelegenheit lädt Goebbels ihn in sein Arbeitszimmer in der Gau-Geschäftsstelle der NSDAP ein. Sie sitzen in bequemen Sesseln, und der Gauleiter erklärt Naumann in dem kleinen Büro mit den braunen Wandschränken und dem Hitler-Porträt an der Wand, wie er aus Adolf Hitler den »Führer« gemacht hat.

»Wissen Sie, Naumann, dass Hitler von seinen Münchener Gläubigen als ›Meister‹ angeredet wurde? Er selbst hatte sich als ›Trommler‹ gesehen. Als Medium, dazu ausersehen, die alte Ordnung nur mit der Kraft seiner Stimme und seiner Rede wieder einzusetzen, der Rufer in der Wüste, der das Volk zusammentrommelt, damit es eine Mauer hinter ihm bildet, wenn er voranschreitet, um sich an seinen angestammten Platz zu setzen, der die Einheit und Größe des Deutschen Reiches glanzvoll verkörpert. Ich habe lange darüber nachgedacht. Meine propagandistische Schöpfung war es, eine zugkräftige Benennung zu finden. Und dann kam ich auf die Bezeichnung ›Führer‹. Viele Parteivorsitzende wurden immer wieder ›Führer ihrer Partei‹ genannt. Ich schuf den Begriff ›Führer‹ als Marke. ›Der Führer‹. Es gab Gott und den Führer – und sonst nichts auf der Welt, womit man ihn verwechseln könnte. ›Mein Führer‹ nannte ich ihn von diesem Zeitpunkt an. Und die anderen sagten es mir nach.«

Naumann kennt die Geschichte bereits. Es ist eine der vielen Heldengeschichten, die in der Partei kursieren, und Goebbels ergänzt noch: »Früher lautete der Parteigruß: ›Auf den Tag!‹ Gemeint war der Tag der Machtergreifung. Jetzt prägte ich den Gruß: ›Heil Hitler!‹«

Naumann gefällt, wie Goebbels mit einem gewissen Schalk von seinen Taten erzählt. Man merkt, dass es ihm Vergnügen bereitet, Dinge nach seinem Willen zu erschaffen. Am Ende gibt Goebbels Naumann noch eine Broschüre mit: *Die zweite Revolution*, wo er im Vorwort seinen 1925 geschriebenen offenen Brief an Adolf Hitler veröffentlicht hat, unter dem Titel »Führerfrage«. Dieses Schreiben hat er nach den ersten Begegnungen mit Hitler verfasst und damit begründet, was später dann die »Marke« des Führers ausmachen wird. Als er zurück in seiner Studentenbude ist, macht Naumann sich andächtig darüber her:

> Wie ein Meteor stiegen Sie vor unseren staunenden Blicken auf und taten Wunder der Klärung und des Glaubens in einer Welt der Skepsis und Verzweiflung. Der große Führer wird nicht gewählt. Er ist da, wann er da sein muss. In dem drängenden Strome der Zeit wird er nach oben gehoben und steht gebieterisch fordernd vor der bis in die Tiefen erschütterten gläubigen Jugend. Er setzt sich rückhaltlos hinweg über die Phrasen der Schönredner, denen die Idee im Wort über alles geht, die aber nicht mehr gewillt sind, an den Stufen dieser

> Idee fechtend zu sterben. Er ist Künder, ein Fanatiker der Wahrheit. So sehe ich Sie. Sie wurden uns die Erfüllung einer geheimnisvollen Sehnsucht. Sie verkörpern in sich den Glauben, dessen erster Diener im Kampfe um die Zukunft zu sein, Ihrer wahren Bescheidenheit genügend.
>
> Es ist nicht die Aufgabe des Führers, alles zu machen. Aber in allem, was getan wird, lebt sein Geist und sein mitreißender Sturm nach vorne. Er duldet nicht die Lobhudeleien eitler Gecken und Fantasten um sich. Er sucht Männer, Kerle und weiß sie zu finden, wo er sie braucht.
>
> Von unten fingen Sie an wie jeder große Führer. Aber wie jeder große Führer wuchsen Sie mit der Aufgabe, wurden groß, wie sie größer wurde, wurden ein Wunder, wie sie ein politisches Wunder wurde.
>
> Um Sie herum kristallisiert sich das beste Menschenmaterial, das Deutschland heute noch aufzuweisen hat. Was gilt da Dank, was tönende Phrase. Wir fühlen uns beseligt und handeln danach. Noch sind wir nicht verloren. Noch konnte aus einem zerrütteten Volke ein Mann kommen, der die Not der Zeit bis zur Neige auskostete und nicht daran zerbrach, der den Willen zur Freiheit in seiner ganzen Person verkörpert.

Werner Naumann schläft an diesem Abend mit dem festen Willen ein, zu den Männern und Kerlen zu gehören, die alles tun werden, die bereit sind, für diesen Führer zu sterben. Und er ist dankbar für das Geschenk, das Joseph Goebbels ihm gemacht hat.

Werner Naumann hat es gelernt, scharfzüngig zu formulieren und provokativ zu reden. Er scheut keine Auseinandersetzung, erst recht keine körperliche. Im Winter 1931 begreift er, dass er einen unerreichten Meister hat. Joseph Goebbels ist nicht nur scharfsinnig und ein Wortakrobat. Er versteht wie kein Zweiter, strategisch zu planen und mit dem Gegner zu spielen.

An den Häuserwänden Berlins kleben große rote Plakate:

Der Reichskanzler Brüning wird
zusammen mit Joseph Goebbels bei einer
nationalsozialistischen Großkundgebung
im Sportpalast das Wort ergreifen!

Ein paar Tage später sieht man ein weiteres Plakat. Darauf war ein Brief von Goebbels an Brüning abgedruckt: Der Reichskanzler möge sich bereit erklären, sich mit ihm, Goebbels, in Rede und Gegenrede zu messen. Es sei nur recht und billig, wenn Brüning die Gelegenheit benutze, sich mit dem Vertreter der zweitstärksten Partei über die großen ungelösten Fragen, unter denen Deutschland leide, in Ruhe nach demokratischer Manier auseinanderzusetzen. Tagungsort solle der Sportpalast sein. Und damit die paritätische Besetzung des Tribunals gesichert sei, erhalte Brüning von den achtzehntausend Plätzen des Sportpalasts neuntausend zur freien Verfügung. Die andere Hälfte wolle Goebbels unter seinen eigenen Leuten verteilen. Er verbürge sich zugleich für deren diszipliniertes Benehmen. Brüning solle zuerst eine Stunde lang reden können, dann werde ihm Goebbels genauso lange antworten, und das Schlusswort solle – zum Zeichen des loyalen Entgegenkommens – noch einmal Brüning haben.

Am unteren Rand des Plakates findet sich zu diesem Brief ein Kommentar von Goebbels: Brüning habe auf dieses faire und sportliche Angebot noch nicht einmal geantwortet. Er, Goebbels, überlasse es den Berlinern selbst, zu beurteilen, wie schlecht es um die Sache einer Regierung bestellt sein müsse, deren oberster Sprecher sich nicht entschließen kann, in aller Öffentlichkeit seinen Standpunkt zu vertreten.

Tatsächlich hat Brüning Goebbels' Brief erst kurz vor der Ankündigung, dass er sprechen solle, empfangen. Bevor er darauf hätte antworten können, ist bereits das zweite Plakat erschienen, das sein »Stillschweigen« als »feiges Kneifen« brandmarkt.

Einen Tag vor der »Brüning-Versammlung« wird dieses zweite Plakat nun mit einem Streifen überklebt:

Der Herr Reichskanzler
hat es sich in letzter Minute noch überlegt:
Er wird doch sprechen.

Die nächsten Stunden brodelt in Berlin die Gerüchteküche. Man hört, dass Brüning – vom Gang der Geschichte überwältigt – an diesem Abend seinen Austritt aus dem Zentrum und seinen Eintritt in die NSDAP zu erklären beabsichtige. Für Spannung ist also gesorgt. Stunden bevor die Tore des Sportpalastes geöffnet werden, stauen sich in der Potsdamer Straße die Menschen. Kurz nach Beginn des Einlasses schon muss die Arena wegen Überfüllung polizeilich gesperrt werden. Pünktlich um zwanzig Uhr erscheint Goebbels mit seiner Gefolgschaft. Einige von seinen Leuten schleppen mehrere Koffer durch den Mittelgang hinter Goebbels her und stellen sie neben ihn auf die Rednertribüne.

Dann spricht Goebbels: »Brüning hat es vorgezogen, auf mein großzügiges Anerbieten überhaupt nicht zu reagieren. Das ist aber nicht weiter schlimm. Ich habe ihn trotzdem mitgebracht!« Er macht eine Pause und weidet sich an den verblüfften Gesichtern seiner Zuhörer. »Brüning befindet sich im Augenblick noch in den vor mir stehenden Koffern. Ich habe seine letzte Rede vorsorglich auf Schallplatten aufnehmen lassen. Man kann nie wissen, wozu man sie braucht.« Dann bittet er die Versammelten um Ruhe, »denn der Herr Reichskanzler hat jetzt das Wort«. Er gibt ein Zeichen, und es ertönt die Stimme Brünings. Es ist eine Rede aus dem Reichstag, die Goebbels im Anschluss genüsslich auseinandernehmen wird, natürlich ohne dass der Kanzler etwas darauf entgegnen könnte. Das Publikum tobt vor Begeisterung.

Für Werner Naumann ist dies ein Lehrbeispiel, wie man mit dem Gegner spielt, um ihm am Ende – wie die Katze der Maus – den Todesstoß zu versetzen.

Ein paar Wochen später organisiert Goebbels eine zweite grandiose Vorführung. Der zweite Parteiführer, dem Goebbels das Angebot einer »freimütigen Aussprache« macht, ist Alfred Hugenberg, Vorsitzender der Deutschnationalen Volkspartei (DNVP) und mächtigster Presse-Zar des Reichs.

Hugenberg antwortet Goebbels mit einem Gegenvorschlag. Er selbst habe Konferenzen im Westen und könne nicht kommen. Stattdessen würden sich der Reichstagsabgeordnete Schmidt und der Landtagsabgeordnete Steuer zur Debatte stellen. Den Sportpalast erachte Hugenberg als zu groß. Er möchte die Versammlung in den Saalbau Friedrichshain, der für viertausend Personen Platz bietet, einberufen. Goebbels' Einverständnis setzt er voraus und schickt ihm daher zweihundert Eintrittskarten gleich mit.

Goebbels seinerseits lässt daraufhin den Chef der Firma Rotadruck kommen, die für ihn den *Angriff* druckt. Er zeigt ihm eine der übersandten Eintrittskarten. »Können Sie mir umgehend eine bestimmte Zahl solcher Karten täuschend ähnlich nachmachen?« Der Rotadruck-Chef kann das sehr wohl. Goebbels verpflichtet ihn zum Schweigen, dann erteilt er ihm den Auftrag, alles andere stehen und liegen zu lassen und auf dem schnellsten Weg zweitausend solcher Eintrittskarten zu produzieren. Die Karten lässt Goebbels unter der SA verteilen.

Gegen sieben Uhr abends wird der Saalbau Friedrichshain geöffnet. Lange vorher schon haben Tausende der getarnten SA-Leute vor dem Gebäude auf den Einlass gelauert. Jetzt zeigen sie ihre »Eintrittskarten« vor und drängen in den Saal. Als die echten Deutschnationalen erscheinen, finden sie 2200 der Plätze bereits besetzt. Es kommt zu heftigen Auseinandersetzungen mit den Absperrungsmannschaften der Polizei. Trotzdem: Über die Hälfte der Deutschnationalen muss – mit den Karten in der Hand – wieder abziehen.

Inzwischen hat der Abgeordnete Schmidt, nachdem er längere Zeit vergeblich auf das Eintreffen von Goebbels gewartet hat, ahnungslos mit seinem Referat begonnen – während draußen, auf Geheiß von Goebbels, in allen Nebenstraßen Formationen der SA aufmarschieren. Der Saal hat einen Balkon. Auf dem sitzt Prinz August »Auwi« Wilhelm. Er beobachtet die Lage. Als die Rede von Schmidt sich ihrem Höhepunkt nähert, gibt er zwei als Kellner verkleideten SS-Männern unten im Saal ein Zeichen. Einer von den beiden verschwindet daraufhin. Währenddessen sitzt Goebbels in seiner Wohnung auf dem Sprung. Ein Wagen steht schon bereit. Da klingelt endlich das Telefon. August Wilhelm lässt ihm mitteilen, dass sein Erscheinen angebracht sei.

Bis dahin hatten sich die SA-Leute wie vereinbart ganz »deutschnational« benommen. Nun aber hören sie mit einem Male von der Straße her lautes Rufen. Die Tür zum Haupteingang geht auf, und Goebbels wird auf den Schultern seiner Leute hereingetragen. Jetzt dürfen die Getarnten die Maske fallen lassen. Zur Verblüffung des Redners und seiner wenigen Anhänger stimmen sie begeistert in das

Heil-Gebrüll der hinter Goebbels nachdringenden »offiziellen« SA ein.

Vergnügt grinsend schwebt Goebbels über den Häuptern seiner Anhänger dahin, bis ihn diese vor der Rednertribüne niederlassen. Dann hinkt er die Treppe hoch und lässt sich eine Weile vom Jubel und Applaus seiner Mitglieder umbranden. Endlich winkt er ab. Er entschuldigt sich zunächst, dass er aus »triftigen Gründen« nicht früher kommen konnte. Dann fragt er den Versammlungsleiter kühl, wie lange die zugedachte Redezeit sei. »Eine halbe Stunde.« – »Eine halbe Stunde?« Goebbels verschränkt die Arme und mustert ihn abschätzig. »Ihr kennt das Angebot, das ich gemacht habe«, ruft er dann den Zuhörern zu: »Neuntausend Plätze gegen neuntausend! Hugenberg eine Stunde, ich eine Stunde, Hugenberg das Schlusswort! Mit zweihundert Eintrittskarten haben sie uns abgespeist! Dies ist der Dank vom Hause Hugenberg! Und nun? Nun soll ich nur eine halbe Stunde reden dürfen? Das könnte den Rittern von der traurigen Gestalt so passen!«

Die SA antwortet mit einer Woge von Protestrufen und Flüchen. Als sich die Menschen wieder einigermaßen beruhigt haben, erheben sich diejenigen SA-Leute, die in dieser Schmierenkomödie »Deutschnationale« mimen. Sie haben alte, meist längst ungültige Parteibücher in die Versammlung mitgebracht. »Schluss damit!«, rufen sie und werfen empörte Blicke um sich. Dann zerreißen sie die Dokumente ihrer »Mitgliedschaft« vor den Augen der verdutzten und ratlosen Hugenberg-Anhänger. Auch die richtigen Pressefotografen hat Goebbels gleich mitgebracht. Sie springen auf und knipsen die herumliegenden Papierfetzen.

Für gewöhnlich sind die Morgenausgaben der Berliner Zeitungen um sieben Uhr auf der Straße. Als an diesem Morgen gegen fünf Uhr früh die ersten U- und S-Bahnen fahren, stehen vor den Bahnhöfen bereits die Händler mit dem *Angriff*. Die Zeitung trägt die Schlagzeile: »Großer Sieg im Saalbau Friedrichshain! Deutschnationale zerreißen ihre Parteibücher!«

Welch grandiose Inszenierung! Werner Naumann ist begeistert.

Der Kontakt zwischen ihm und Joseph Goebbels reißt nie ganz ab. Goebbels hat Naumann als SA-Sturmbannführer für politische Schulung erlebt, von seinen kämpferischen Reden bei Massenversammlungen in Görlitz gehört und erneut direkten Kontakt zu ihm, als Naumann sein Studium Ende 1934 wieder aufnimmt, promoviert und dann Leiter des Reichspropagandaamtes Schlesien in Breslau wird. Das Sängerfest in Breslau ist 1937 dann schließlich Anlass für Goebbels, ihm die Mitarbeit in Berlin als persönlicher Referent im Propagandaministerium anzubieten.

Bei aller Bewunderung für den jungen Mann betrachtet der Minister ihn durchaus nicht unkritisch: »Dr. Naumann ist noch etwas fohlenhaft, arbeitet zu unpräzise. Ich weise ihn ein, aber er muss noch viel lernen«, schreibt er in sein Tagebuch am 31. Dezember 1937. Und etwas später: »Naumann muss solider arbeiten. Er ist zu fahrig.«

Das ändert sich offensichtlich bald. Spätestens bei Ausbruch des Krieges hat sich das enge Arbeits- und Vertrauensverhältnis der Männer etabliert: Naumann verfügt über ein erhebliches Maß jener Eigenschaften, die Goebbels für sich reklamiert, im Gegensatz zu diesem braucht er allerdings nicht die Öffentlichkeit als Bühne zur Selbstinszenierung. Naumanns Fähigkeiten werden auch von anderen führenden Nationalsozialisten erkannt. Allen voran von Heinrich Himmler. Goebbels notiert am 14. Dezember 1940: »Lange Aussprache mit Naumann, dem von vielen Seiten Angebote gemacht werden. Aber er will doch nicht weg von mir, und ich kann ihn augenblicklich gar nicht gehen lassen. Er ist ein großartiger Charakter und ein ganz unentbehrlicher Mitarbeiter.«

Am 6. Dezember 1937 als persönlicher Referent – also ohne Stellenzuweisung – ins Ministerium geholt, absolviert Naumann bis 1944 einen selbst für das junge Propagandaministerium mit seiner unkonventionellen Beförderungspraxis rasanten Aufstieg. Dabei nimmt er immer mehrere Stufen auf einmal. Gegen den Widerstand der Reichsminister Schwerin von Krosigk und Frick, die Naumanns Jugend und Unerfahrenheit in der Verwaltungsarbeit monieren, und nur aufgrund der persönlichen Entscheidung Hitlers wird Naumann im April 1938, mit achtundzwanzig Jahren, zum Ministerialrat ernannt. Am 28. Oktober 1941 wird er zum Ministerialdirigenten befördert. Über den Einwand von Frick regt sich Goebbels noch bei der Niederschrift in sein Tagebuch auf. Frick hatte wieder das junge Alter von Werner Naumann angesprochen und die Geschwindigkeit der Beförderungen. Goebbels notiert: »Dem geige ich die Meinung. Wenn es nach ihm geht, muss jeder Ministerialdirektor ein Jurist sein und eine Glatze haben.«

Ein Jahr später ist Naumann Ministerialdirektor, und am 26. April 1944 verdrängt er schließlich Leopold Gutterer aus dem Amt des Staatssekretärs, womit sich der Führer hundertprozentig einverstanden erklärt. Naumann avanciert damit zum ranghöchsten Beamten im Ministerium. Er ist zu diesem Zeitpunkt fünfunddreißig Jahre alt.

Joseph Goebbels braucht Naumann – nicht nur als fähigen Erfüllungsgehilfen, sondern nicht zuletzt als Resonanzboden. Am 30. Januar 1943 wird im Sportpalast die Zehnjahresfeier der Machtergreifung zelebriert. Der Propagandaminister ist der Redner für solche Fälle. Die Lage ist angespannt. Nordafrika gerade verloren. Stalingrad nicht mehr zu halten.

Schon lange tönen keine Fanfaren mehr im Rundfunk vor den Sondermeldungen mit den großen Zahlen, den fremden Städtenamen, den Siegesmeldungen.

Aber es gibt Goebbels und den Sportpalast. Goebbels redet, begeistert, lügt den Menschen das Blaue vom Himmel herunter. Werner Naumann, der ihn wie üblich begleitet, weiß, welche Kraft ein solcher Auftritt kostet, besonders einem schmächtigen Mann von fünfzig Kilo. Nach dem Auftritt steigt Goebbels, wie immer in Schweiß gebadet und von dem Sturm, den er entfacht hat, selbst am meisten erregt, zu ihm, Naumann, in den Wagen. Der schwarze Mercedes schwimmt ruhig durch das nachtdunkle Berlin. Goebbels schweigt eine Weile, dann fragt er: »War mein Wortschatz heute nicht wieder gut?«

Er braucht das Echo, er braucht Bestätigung zu jeder Stunde. Und er will sie von Naumann.

Einmal ist Werner Naumann bei der Familie Goebbels in Schwanenwerder zu Gast. Nach dem gemeinsamen Essen zieht Goebbels ihn mit in sein Arbeitszimmer, um ihm aus der Prachtausgabe der gesammelten Werke Nietzsches etwas vorzulesen, womit er sich offensichtlich gerade beschäftigt hat. Naumann sitzt im Sessel, und Goebbels steht vor dem Bücherregal und deklamiert: »Das Rezept zu dem, was die Masse einen großen Mann nennt, ist leicht gegeben. Unter allen Umständen verschaffe man ihr etwas, das sehr angenehm ist; oder setze ihr erst in den Kopf, dass dies und jenes sehr angenehm wäre, und gebe es ihr dann. Doch um keinen Preis sofort, sondern man erkämpfe es mit der größten Anstrengung, oder scheine es zu erkämpfen. Die Masse muss den Eindruck haben, dass eine mächtige, ja unbezwingbare Willenskraft da sei, mindestens muss sie da zu sein scheinen. Den starken Willen bewundert jedermann, weil niemand ihn hat und jedermann sich sagt, dass, wenn er ihn hätte, es für ihn und seinen Egoismus keine Grenze mehr gebe. Zeigt sich nun, dass ein solcher Wille etwas der Masse sehr Angenehmes bewirkt, statt auf die Wünsche seiner Begehrlichkeit zu achten, so bewundert man noch einmal und wünscht sich selber Glück. Übrigens habe er alle Eigenschaften der Masse; umso weniger schämt sie sich vor ihm, umso mehr ist er populär. Also: er sei gewalttätig, neidisch, ausbeuterisch, intrigant, schmeichlerisch, kriechend, aufgeblasen, je nach den Umständen alles.«

Auch bei einem solchen Vortrag nimmt Goebbels unversehens seine Rednerpose mit in die Hüfte gestemmten Händen an.

Goebbels erwartet von Naumann keinen Kommentar. Den liefert er sogleich selbst: »Bei Licht besehen, ist es vollkommen gleichgültig, ob man die Diktatur oder die Demokratie für die bessere Regierungsform hält. Betrogen wird das sogenannte ›Volk‹ in beiden Fällen. Es will sogar betrogen werden. Leider hat der Nationalsozialismus einen Großteil seiner Energien an die Verwirklichung des überhaupt nicht realisierbaren Wunschtraumes verschwendet, den Plebs zur höheren Stufe einer sogenannten ›deutschen Volksgemeinschaft‹ emporzuheben.«

Das braucht er – den starken Ton. Und man soll etwas lernen.

»Täuschen wir uns nicht«, ruft er aus, als säße eine ganze Versammlung vor ihm und nicht bloß Naumann, »all unser Bemühen ist zwecklos gewesen. Und nicht nur das, es wird uns nicht einmal gedankt.« Er ist erregt, empört wohl auch über das »Volk«.

»Niemals regiert sich ein Volk selbst«, fährt er fort, »es kommt nur darauf an, wie und von wem es sich betrügen lässt. Man selbst hat dabei nur die Wahl, den Betrogenen oder den Betrüger zu spielen, eine Frage, die es sich erübrigt zu stellen. ›Dem Volke die Freiheit und uns den Kaviar‹, dies ist das einzig richtige Prinzip. Es gilt im Kreml ebenso wie in den Luxusvillen von New York, und warum soll es nicht auch in Deutschland gelten? Napoleon wird der Satz nachgesagt: ›Eine Million Menschen ist für einen Mann wie mich ein Dreck.‹ Gibt es nur einen einzigen Franzosen, der ihm deshalb böse ist? Nein, nein: Die Massen kann man nicht ändern. Sie bleiben, was sie immer schon gewesen sind: dumm, gefräßig und vergesslich. Genauso müssen sie genommen werden. Ein Mann wie Nietzsche hat das richtig erkannt.«

28. April 1945

Nach Mitternacht sind die Würfel gefallen. Generalstabschef Krebs bestärkt die Generäle Jodl und Keitel in ihrer Haltung, mit allen kämpfenden Verbänden den umfassenden Angriff zum Entsatz der Reichshauptstadt mit allen Mitteln und größter Beschleunigung zum erfolgreichen Ende zu führen. General Weidling, aus der letzten Lagebesprechung kommend, bezeichnet diesen Kampf als »Wahnsinn«.

Im Vorraum haben sich die engsten Mitarbeiter des Führers eingefunden und werden durch Weidlings dringendes Plädoyer zu einem Ausbruch aus der Reichskanzlei ermutigt. Solange das noch möglich ist. Weidling beschwört Krebs, sich bei Hitler dafür einzusetzen. Er weiß, dass Hitler selbst seinen Sekretärinnen und den Adjutanten angeboten hat, den Bunker zu verlassen. Die Nerven sind aufs Äußerste angespannt.

Später in der Nacht werden die beiden Generalstabsoffiziere Boldt und Freytag von Loringhoven, die seit Monaten im Bunker sind, durch Lärm im Vorraum geweckt. Dort zechen Martin Bormann, Hans Krebs und Wilhelm Burgdorf.

Sie hören, wie Burgdorf Bormann anschreit: »Unsere jungen Offiziere sind hinausgezogen mit einem Glauben und Idealismus, wie er in der Weltgeschichte einmalig ist. Zu Hunderttausenden sind sie mit einem stolzen Lächeln in den Tod gegangen. Aber wofür denn? Für ihr geliebtes deutsches Vaterland? Für unsere Größe und Zukunft? Für ein anständiges und sauberes Deutschland? Nein! Für euch sind sie gestorben, für euer Wohlergehen für euren Machthunger. Im Glauben an die gute Sache ist die Jugend eines 80-Millionen-Volkes auf den Schlachtfeldern Europas verblutet, sind Millionen unschuldiger Menschen geopfert worden, während ihr, die Führer der Partei, euch am Volksvermögen bereichert habt. Geprasst habt ihr, Reichtümer zusammengerafft, Rittergüter gestohlen, Schlösser gebaut, im Überfluss geschwelgt, das Volk betrogen und es unterdrückt. Unsere Ideale, unsere Moral, unseren Glauben, unsere Seele habt ihr in den Schmutz getreten. Der Mensch war für euch nur noch das Werkzeug eurer unersättlichen Machtgier. Unsere jahrhundertealte Kultur, das deutsche Volk habt ihr vernichtet. Das ist eure furchtbare Schuld!«

Eine Weile ist es still im Raum. Dann lässt sich Bormann vernehmen. Er ist offenbar die Ruhe selbst: »Aber, mein Lieber. Kein Grund, gleich persönlich zu werden. Die anderen haben sich vielleicht bereichert, aber ich, ich bin frei von Schuld. Das schwöre ich dir bei allem, was mir heilig ist. Prost, mein Lieber!«

Danach trinken sie gelassen weiter.

Am Morgen ist die Rote Armee bis zur Wilhelmstraße vorgedrungen. Sie befindet sich nur noch tausend Meter vom Bunker der Reichskanzlei entfernt.

Der Panzerbär, der an diesem Tag erscheinen wird, widerspricht wie gewohnt: »Es ist nicht wahr, dass die Einschließung um Berlin so lückenlos ist, dass keine Verstärkungen mehr herankommen. Wahr dagegen ist, dass erst heute wieder Kampferprobte der Kriegsmarine und der Waffen-SS angekommen und eingesetzt sind. Es ist nicht wahr, dass die Luftwaffe in den Kampf nur mit schwachen Kräften eingreift. Wahr dagegen ist, dass im Berliner Vorfeld starke Schlacht- und Kampffliegerverbände die Ausgangsbasen für die Entlastungskräfte frei halten. Es ist auch nicht wahr, dass die Sowjets Volksgenossen schonen, die die weiße oder rote Fahne hissen. Wahr dagegen ist, dass das tierische Treiben der bolschewistischen Soldateska gegenüber Frauen und Mädchen sich ohne Rücksicht auf deren Verhalten austobt und dass die Sowjets alle Männer nach Osten abtransportieren oder mit Genickschuss erledigen. In Berlin gibt der Führer ein anspornendes Vorbild eines sich in jeder Lage treu bleibenden Kämpfers.«

Wahr ist immerhin, dass sich Joseph Goebbels und Werner Naumann ihrem Führer treu verbunden zeigen und auch noch in den letzten Minuten versuchen, den Gang der Geschichte aufzuhalten.

Adolf Hitler hat in dieser Nacht nicht geschlafen. In voller Montur hat er sich im Lageraum aufs Bett gelegt, aber kein Auge zugetan. Als er am frühen Morgen vor die Tür tritt, sieht er im Vorraum Bormann, Krebs und Burgdorf nach dem nächtlichen Gelage in ihren Sesseln schlafend. Mit ihren geladenen Pistolen in Reichweite.

Hitler geht in die Telefonzentrale und lässt sich mit Stadtkommandant Helmuth Weidling verbinden. Er erhält eine niederschmetternde Auskunft. Die Verteidigung der Stadt sei komplett zusammengebrochen. Der Einschließungsring, den die Rote Armee um die Stadt gelegt hat, ist jetzt vollständig und nicht mehr zu durchbrechen.

Die Zeit ist also gekommen, letzte Entscheidungen zu treffen.

Magda Goebbels sitzt zur selben Zeit mit dem Chef-Piloten des Führers Hans Baur zusammen. Sie kann nicht anders, sie muss ihm ihr Herz ausschütten: »Das Leben hat mir an wirklichen Werten nicht viel gegeben. Ich habe meinem Manne die Kinder geboren, zu den großen Veranstaltungen bin ich gegangen, weil mein Mann es wünschte. Ich habe mich bemüht, für meinen Mann und die Kinder zu leben. Das war nicht ganz leicht. Mein Mann war von vielen Frauen umschwärmt, und er hat es hin und wieder mit der Treue nicht so genau genommen. Schuld hatten vielfach die Frauen, die sich ihm hinwarfen. Er hat mir sehr oft wehgetan, aber ich habe ihm verziehen. Ich weiß, dass wir aus diesem Bunker nicht mehr herauskommen werden. Sollte sich das Wunder aber ereignen, ich wüsste, dass ich mein Leben anders gestalten würde. Aber das sind nur Ausflüge der Gedanken. Ich hoffe nicht erst seit heute auf nichts mehr. Ich richte jeden Abend die Spritzen her. Der Mann, der meinen Kindern die tödliche Injektion geben wird, ist bestimmt worden. Die Russen stehen nur noch zweihundert Meter von der Reichskanzlei entfernt. Jeden Abend, wenn ich mich von meinen Kindern verabschiede, weiß ich nicht, ob ich sie noch einmal wiedersehen werde.«

Hans Baur sagt nichts dazu. Er hat die Rolle des Beichtvaters übernommen. Es ist nicht an ihm, ein Urteil zu fällen. Er kann vieles nachvollziehen von dem, was die Gattin des Propagandaministers sagt. Er hat über die Jahre in großer Nähe zur Führung der NSDAP, besonders natürlich zu Hitler, aber auch zu Goebbels und seiner Familie gelebt. Sowohl auf dem Berghof auf dem Obersalzberg als auch in der Reichskanzlei in Berlin.

Das einzige lebendige Element im Bunker scheinen in diesen Tagen Goebbels' Kinder zu sein. Stets fröhlich gehen sie immer wieder ins Lazarett, um den Verwundeten ihre Lieder vorzusingen. Sie können sogar den Einschlägen der Granaten etwas abgewinnen, »weil das Gebäude so schön schwankt«.

Magda Goebbels schreibt einen Abschiedsbrief an ihren Sohn Harald. Sie hofft, dass Hanna Reitsch, die Fliegerin, den Brief mit rausnehmen kann, um ihn abzuschicken – wenn die Ost-West-Achse denn noch als Rollfeld zur Verfügung steht. Über parteiinterne Informationen weiß Magda Goebbels, dass ihr ältester Sohn auf der Insel Kreta in Gefangenschaft geraten ist. Sie schreibt:

Mein lieber Sohn,

unsere herrliche Idee geht zugrunde. Mit ihr alles, was ich Schönes, Bewundernswertes, Edles und Gutes in meinem Leben gekannt habe. Die Welt, die nach dem Führer und dem Nationalsozialismus kommt, ist es nicht mehr wert, darin zu leben, und deshalb habe ich auch die Kinder hierher mitgenommen. Sie sind zu schade für das nach uns kommende Leben, und ein gnädiger Gott wird mich verstehen, wenn ich selbst ihnen die Erlösung gebe. Du wirst weiterleben, und ich habe die einzige Bitte an Dich: Vergiss nie, dass Du ein Deutscher bist, tue nie etwas, was gegen die Ehre ist, und sorge dafür, dass unser Tod durch Dein Leben nicht umsonst gewesen ist. Gott gebe, dass mir die Kraft bleibt, um das Letzte, Schwerste zu tun. Wir haben nur noch ein Ziel: Treue dem Führer bis in den Tod, und dass wir zusammen das Leben mit ihm beenden können, ist eine Gnade des Schicksals, mit der wir niemals zu rechnen wagten. Ich umarme Dich in innigster, herzlichster, mütterlichster Liebe! Mein geliebter Sohn, lebe für Deutschland!

Deine Mutter

Der Tod ist im Bunker ein ständiges Thema in diesen Tagen. Hitler befindet sich gerade mit Eva Braun und seinen Sekretärinnen Traudl Junge und Gerda Christian beim Mittagessen, als in den Katakomben die Nachricht vom Tod

Benito Mussolinis bekannt wird. Er, der Führer der italienischen Faschisten, häufiger Gast Hitlers auf dem Berghof, ist zusammen mit seiner Geliebten und einigen anderen hochrangigen Faschisten von Partisanen gefangen genommen und in der Nähe des Comer Sees erschossen worden. Ihre Leichen wurden nach Mailand geschafft und kopfüber am Dach einer Tankstelle auf der Piazza le Loretto aufgehängt. Hitler bekommt Fotos zugestellt. Er ist erschüttert. Dieses Schicksal will er unter keinen Umständen teilen. Er will nicht dem Gespött der Feinde dienen und auch nicht in einem Käfig in Moskau ausgestellt werden. »Ich will weder tot noch lebendig in die Hand der Feinde fallen. Wenn ich tot bin, soll meine Leiche verbrannt werden und unauffindbar bleiben für alle Zeiten«, stellt er während des Essens noch einmal fest. Mechanisch löffelt er seine Suppe, in Gedanken bei seinem Abgang. »Am besten ist es«, fährt er schließlich fort, »sich in den Mund zu schießen. Dann platzt der Schädel, und man merkt überhaupt nichts. Der Tod tritt sofort ein.« Eva Braun entgegnet: »Ich will eine schöne Leiche sein. Ich nehme Gift.« Sie zieht aus der Tasche ihres eleganten Kleides die kleine Messingkapsel mit der Phiole Zyankali. »Ob es sehr wehtut? Ich habe solche Angst davor, leiden zu müssen. Wenn ich schon bereit bin, heldenhaft zu sterben, so soll es wenigstens schmerzlos geschehen.« Hitler erklärt den Frauen, dass der Tod durch dieses Gift völlig schmerzlos sei. Durch eine Lähmung des Nerven- und Atmungssystems würde der Tod innerhalb weniger Sekunden eintreten. Daraufhin bitten die Sekretärinnen Junge und Christian ihren Führer ebenfalls um eine solche Ampulle. Nach dem Essen gibt er beiden Frauen jeweils eine davon und bemerkt betrübt: »Es tut mir sehr leid, dass ich Ihnen zum Abschied kein schöneres Geschenk machen kann.«

Es ist Werner Naumann, der täglich die Sitzungen im

Propagandaministerium leitet. Sie finden nach den Bombardements im Regierungsviertel und den Zerstörungen der repräsentativen Räume des »Promi« im Keller statt. Seine Aufgabe sieht Naumann nach wie vor darin, Mut zu machen, Durchhalteparolen zu verbreiten, die Zivilbevölkerung und das Militär im Kampf gegen die sowjetischen Truppen mental zu stärken. Den noch anwesenden Mitarbeitern des Propagandaministeriums verkündet er unverdrossen, dass die Armee Wenck sich im Vormarsch befinde. In der letzten von ihm verantworteten *Panzerbär*-Ausgabe schreibt Naumann: »Die von außen her in den Berliner Großraum hineinstoßenden deutschen Entsatztruppen haben sich dem Gegner bereits gefährlich genähert. Sie stören die feindlichen Nachschubbewegungen empfindlich und drücken immer stärker in unaufhaltsamem Vormarsch in den Rücken des Gegners. Es ist klar, dass die Sowjets nach wie vor in letzter Stunde mit aller Kraft versuchen, ihr Ziel, die Besetzung Berlins, zu erreichen, um nicht zwischen zwei Feuer zu geraten. Der Gegner drückt also mit aller Kraft auf den inneren Verteidigungsring. Er versucht, schwache Stellen unserer Verteidigung ausfindig zu machen, um hier durchzustoßen, denn seine Kräfte reichen nicht aus, um überall in gleicher Stärke zum Sturm anzusetzen. Es kommt jetzt alles darauf an, dass die Verteidiger des inneren Berlins mit allen Kräften ihre Stellungen halten, damit die Operationen der von auswärts anrückenden Truppen voll zur Auswirkung kommen können und die Verbände des Gegners aufgespalten bleiben. Wenn weiter mit der gleichen Tapferkeit gekämpft wird, dann muss sich in Kürze das Bild auf dem Kampfplatz Berlin grundlegend wandeln. Unsere Aufgabe ist klar. Wir stehen und halten. Bei uns ist der Führer, und wo der Führer ist, ist der Sieg.«

Der Chef des Oberkommandos der Wehrmacht, General

Wilhelm Keitel, besucht am Nachmittag den Oberbefehlshaber der Heeresgruppe Weichsel, General Gotthard Heinrici. Er stellt dabei fest, dass entgegen den Weisungen des Oberkommandos der von Hitler befohlene Angriff auf Berlin endgültig abgeblasen wurde.

Keitel ist entsetzt. Er herrscht Heinrici an: »Was Sie machen ist eindeutig Gehorsamsverweigerung und Sabotage!«

Heinrici entgegnet: »Keine Macht der Welt, kein Befehl auch der größten Stelle, auch von Ihnen oder dem Führer, kann an dem weiteren Ablauf der Ereignisse etwas ändern.« Der Sieg der Roten Armee ist nicht mehr aufzuhalten. Deshalb verweigert Heinrici offen den Befehl und sagt: »Von einem Oberkommando der Wehrmacht, das die Realität nicht zur Kenntnis nimmt, kann ich keine Befehle entgegennehmen.«

Keitel entgegnet außer sich vor Wut: »Wenn Sie nur den Mut aufgebracht hätten, einige Tausende Deserteure zu erschießen, hätte es keinen Rückzug Ihrer Truppen gegeben.«

Heinrici weist auf die vorbeiziehenden Marschkolonnen völlig erschöpfter Soldaten hin, mit Flüchtlingen vermischt, ohne Geschütze, ohne Munition, ohne Fahrzeuge, ohne Panzer, ohne Hoffnung, im Rücken eine mehr als fünfzehnfache Übermacht. »Herr Feldmarschall, wenn Sie die dort erschießen wollen, dann fangen Sie bitte damit an!«

Keitel verschlägt es die Sprache. Ohne ein weiteres Wort tritt er ab.

Gleichzeitig meldet die 9. Armee von General Wenck dem Oberkommando der Wehrmacht: »Körperlicher und seelischer Zustand von Offizier und Mann sowie die Munitions- und Betriebsstofflage gestatten weder erneuten planmäßigen Durchbruchsangriff noch langes Durchhalten. Besonders belastend ist die erschütternde Not der im Kessel zusammengedrängten Zivilbevölkerung. Nur durch die von sämtlichen Generälen getroffenen Maßnahmen ist es gelungen, die Haltung der Truppe bis jetzt zu gewährleisten.«

Am Abend wird klar, dass Wencks Divisionen keinen Schritt vorangekommen sind. Im Gegenteil. Nach massiven Gegenangriffen der Roten Armee mussten sie sich zurückziehen. Für den Entsatz von Berlin, die Befreiung der Menschen im Bunker, besteht keine Hoffnung mehr.

Die Funkverbindungen vom Bunker nach draußen sind in den letzten Tagen immer schlechter geworden. Lediglich im Keller des Reichspropagandaministeriums arbeitet noch eine Funkstelle der Marine. Die Verbindung ist nur durch Melder möglich. Sie müssen über Trümmer und zwischen ständigen Granateinschlägen die Meldungen bringen und holen. So kommt es, dass viele Informationen durch das Abhören alliierter Rundfunksender erfolgen.

Heinz Lorenz, der Vertreter des Reichspressechefs Otto Dietrich, betritt am frühen Abend in höchster Erregung den Lageraum und berichtet, was gerade von den alliierten Rundfunksendern bekannt gegeben worden ist. Heinrich Himmler habe versucht, Kontakt zu den Westalliierten aufzunehmen. Der Reichsführer SS, der seit Tagen nicht mehr im Bunker gesehen wurde, soll den Amerikanern und Engländern ein Kapitulationsangebot gemacht haben. Dies soll von den Angloamerikanern mit der Begründung abgelehnt worden sein, dass eine Gesamtkapitulation für sie nur unter Einbeziehung der Sowjetunion infrage komme.

Hitler ist wie vor den Kopf geschlagen. Dann beginnt er zu toben. Sein »treuer Heinrich« hat ihn verraten und gebärdet sich schon wie sein Nachfolger! Zwischen zusammengebissenen Zähnen presst Hitler hervor: »Es gibt nur zwei Wesen in der Welt, die mir treu geblieben sind: Eva Braun und meine Hündin Blondi!«

Der Führer lässt bei Dönitz anfragen, ob die Nachricht auch wirklich zutreffend sei. Eine halbe Stunde später telefoniert Dönitz mit Himmler. Dieser erklärt, die Nachricht sei falsch, aber er möchte sie im Rundfunk auch nicht dementieren. Tatsächlich habe er, Himmler, bereits im Februar Kontakt zu Graf Folke Bernadotte, einem Enkel des Königs von Schweden und Norwegen, aufgenommen und in der Folge noch zweimal. Bei ihren Gesprächen sei es darum gegangen, Bernadotte in seiner Eigenschaft als Präsident des schwedischen Roten Kreuzes als Mittelsmann zu gewinnen. Himmler habe Bernadotte als Gegenleistung angeboten, KZ-Gefangene freizulassen.

Was Himmler Dönitz nicht sagt, ist, dass er sich nach der Lagebesprechung im Bunker am 22. April mit Bernadotte im schwedischen Konsulat in Lübeck getroffen hat, wo er ihm mitteilt, dass Hitler so gut wie tot sei. Himmler bittet Bernadotte bei diesem Treffen, über die schwedische Regierung Separatverhandlungen mit den Westmächten in die Wege zu leiten.

Um neun Uhr abends trifft im Bunker eine Meldung von BBC London ein, in der es heißt, Himmler habe den westlichen Alliierten mitgeteilt, eine bedingungslose Kapitulation durchführen zu können, für die er selbst eintrete.

Himmlers Verrat und Treubruch treffen Hitler ins Mark. Er befiehlt Generalfeldmarschall von Greim, zusammen mit Hanna Reitsch unverzüglich nach Plön zu Dönitz zu fliegen und dafür zu sorgen, dass Himmler verhaftet und seiner gerechten Strafe zugeführt wird.

Kurz nach Mitternacht landet auf der Charlottenburger Chaussee zwischen Siegessäule und dem Brandenburger Tor ein Luftwaffenpilot in einem Arado-96-Schulflugzeug – eine fliegerische Meisterleistung –, das zwei Stunden später für von Greim und Reitsch zur Verfügung stehen wird.

In einem kleinen Panzerfahrzeug werden sie zur Maschine gebracht. Hanna Reitsch übernimmt das Steuer und fliegt wagemutig über Rechlin nach Plön, wo von Greim auf Hitlers Befehl Flugzeuge der Luftwaffe in die Schlacht um Berlin schickt. Dönitz stellt Himmler zur Rede. Der dementiert erneut, eigenmächtig Verhandlungen geführt zu haben.

»Meine Ehre heißt Treue« steht auf dem Koppelschloss der SS-Männer. In der Aktentasche von Hermann Fegelein hat die Gestapo Papiere gefunden, die belegen, dass der Reichsführer SS bereits im Sommer 1944 mit der Schweiz und Schweden in Verhandlung getreten ist. Damit wird auch offenkundig, dass Fegelein in die geheime Aktivität Himmlers eingebunden ist.

Das Kriegsgericht unter Wilhelm Mohnke tritt zusammen, macht kurzen Prozess und verurteilt Fegelein zum Tode. Hitler beauftragt SS-Mann Rattenhuber, das Urteil im Tiergarten sofort zu vollstrecken. Er verfügt außerdem, Himmler ebenso wie zuvor Hermann Göring sofort aus der Partei auszuschließen. Einer Partei, die faktisch nicht mehr existiert.

Der Herr des »Promi«

Joseph Goebbels will die Menschen für sich gewinnen, er will bewundert werden. Aber sosehr er auch im Mittelpunkt zu stehen trachtet, so sehr verachtet er diejenigen, in deren Gesichtern er ungeteilte Bewunderung und gefügige Ergebenheit ablesen kann. Für ihn sind die Menschen Objekte, Mittel zum Zweck. In seinem Tagebuch spricht er von der »unfassbaren Canaille Mensch«.

1918 zählt Goebbels zu den Millionen, die sich verbittert und verraten fühlen. Berufliche Misserfolge – er will Schriftsteller oder wenigstens Journalist werden –, die tägliche Sorge um die materielle Existenz entfremden ihn der Gegenwart. »Ich möchte in einer neuen Welt das werden, was ich heute nicht sein kann. Und kommt diese Zeit zu spät für mich, gut, denn es ist auch groß und schön, Wegbereiter einer großen Zeit zu sein. Wir werden der Sauerteig sein, der revolutioniert und neues Leben bringt«, schreibt Goebbels im Juni 1923.

Unzufriedenheit ist der Nährboden politischer Propaganda. Propaganda muss die Unzufriedenheit der Menschen noch steigern, muss ihnen das Leben madig machen, muss sie in eine Schar von Verzweifelten und politischen Fanatikern verwandeln. 1934 notiert Goebbels im Tagebuch: »Propaganda war unsere schärfste Waffe bei der Eroberung des Staates. Sie bleibt unsere schärfste Waffe beim Aufbau des Staates. Und sie muss geübt und geschliffen werden, wenn wir nicht mit der Macht das Volk und mit dem Volk die Macht verlieren wollen.«

Während der Weltwirtschaftskrise ist es ein Leichtes, den Menschen das Bild eines politischen, wirtschaftlichen Chaos vor Augen zu führen, das in Deutschland herrscht und das Land in den Abgrund zu reißen droht – eines Chaos, aus dem allein die ordnende Gewalt eines absoluten Diktators das Volk herausführen kann. Für Goebbels steht früh fest, dass niemand besser als Adolf Hitler diesen Diktator verkörpern kann. Wenn er denn in dieser Rolle richtig in Szene gesetzt wird. »Meine Waffe heißt Hitler«, erklärt Goebbels wiederholt.

Joseph Goebbels ist ein Mann der gelebten Widersprüche. Er, der Millionen zu täuschen und zu verführen versteht, ist ein Opfer der eigenen Illusion. Vom gläubigen Katholiken wird er zum erbitterten Gegner der Kirche. Er will die Religion zerstören und kann doch auf die religiöse Weihe nicht verzichten, von der sein Führerkult lebt. Er träumte vom Schriftstellerruhm und ordnet Bücherverbrennungen an. Mit dem erbitterten Neid des geborenen Kleinbürgers schmähte er die »kapitalistische Plutokratie«, häuft aber Reichtümer an und führt das luxuriöse Leben eines Millionärs. Er heiratet eine Frau, die er zur Vorzeigemutter des Dritten Reichs stilisiert, während er hinter den Kulissen jungen Schauspielerinnen und Sekretärinnen nachstellt.

Seine sexuellen Ausschweifungen bringen ihn denn auch fast zu Fall. Infolge der Baarová-Affäre im Jahr 1938 steht sein Ministersessel nur noch auf schwachen Füßen. Es ist ein offenes Geheimnis, dass Goebbels bei Hitler in Ungnade gefallen ist. Hitler meidet das Haus des Propagandaministers, wo er sich seit Jahren als regelmäßiger, gern gesehener Gast eingefunden hat. Mit dem Minister verliert auch das Ministerium an Bedeutung. Goebbels muss nach Mitteln und Wegen suchen, um die Zügel wieder in die Hand zu bekommen. Die Einrichtung einer täglichen Ministerkonferenz scheint da verheißungsvoll, obwohl in den Oktobertagen des Jahres 1939 nicht vorherzusehen war, dass sich aus dieser Ministerkonferenz im Verlauf des Krieges die zentrale Befehlsbühne der deutschen Propagandakriegsführung entwickeln würde.

Zunächst sind es nur fünf oder sechs Personen, die an den sogenannten »Elf-Uhr-Konferenzen« teilnehmen. Aber schon im Oktober 1939 erweitert sich der Kreis auf etwa zwanzig Mitarbeiter, nach Beginn des Russlandfeldzuges auf rund fünfzig Personen. Anwesend sind für gewöhnlich die Abteilungsleiter des Ministeriums, die leitenden Verantwortlichen von Funk, Film, Presse, die Vertreter der Gauleitung Berlin, der Reichspropagandaleitung und der Auslandsorganisationen. Zusätzlich auch die wichtigsten Männer des Ministeriums, die Vertreter der Kammern und Verbindungsleute zu anderen Ministerien und zum Oberkommando der Wehrmacht.

Goebbels erscheint oft verspätet zu den Konferenzen, aber gut vorbereitet. Er beginnt seinen Arbeitstag um 8.30 Uhr mit der Lektüre der Presse, von vertraulichen Nachrichten und der Abhörberichte ausländischer Sender. Noch vor dem Frühstück beschäftigt er sich mit dem wichtigsten Nachrichtenmaterial, das seine Pressereferenten für ihn ausgewählt haben. In erster Linie wird der aus dem Ausland eingelaufene Nachrichtenstoff vorgelegt, Meldungen und Kommentare der Auslandspresse und die von den deutschen Nachrichtenbüros herausgegebenen vertraulichen und geheimen Nachrichtendienste. Die deutsche Presse interessiert ihn weniger. Er liest meist nur den *Völkischen Beobachter* und das *12 Uhr Blatt*. Von den anderen Zeitungen werden ihm in der Regel Ausschnitte zur Durchsicht vorgelegt. Goebbels beherrscht keine Fremdsprache fließend und scheut sich als Minister, das Versäumte nachzuholen. Beim Abhören englischer Sendungen und beim Lesen englischer Zeitungen erweckt er den Eindruck, als würde er alles verstehen, lässt sich aber stets wortgetreue Übersetzungen anfertigen.

Von besonderer Bedeutung sind für ihn die Berichte des Sicherheitsdienstes (SD), in denen ungeschminkt zu erfahren ist, wie die Bevölkerung in den einzelnen Teilen des Reiches auf die Propaganda, auf Filme und Rundfunksendungen, Pressemeldungen und Ansprachen reagiert und wo sich Missstimmungen, Kritik und Verärgerung zeigen. Goebbels hat auf diese Weise den Finger am Puls des Volkes. Den SD-Berichten verdankt Goebbels viele Anregungen zu propagandistischen Maßnahmen. Nicht selten ordnet er nur an, was in den SD-Berichten bereits gefordert wird.

Eine direkte Telefonverbindung zum Führerhauptquartier gibt ihm außerdem die Möglichkeit, sich jederzeit aus erster Hand über Absichten und Pläne des obersten Kriegsherrn zu informieren. Goebbels versäumt keine Kundgebung, auf der Hitler spricht, und keinen Staatsempfang, um sich kein Wort, keine Geste, keinen Blick des Führers entgehen zu lassen. Die Stimmung im Volk einerseits und die Absichten und Ziele Hitlers andererseits sind die beiden Pole, in deren Spannungsfeld sich die Goebbel'sche Propaganda bewegt, mit dem Ziel, »Volk« und »Führer« zur Einheit zu schmieden.

Wenn Goebbels sich in seinem lang gestreckten Arbeitszimmer im ersten Stock des Ministeriums morgens an seinen Schreibtisch setzt, findet er dort mehrere Mappen vor, angefüllt mit aktuellen Vorgängen, von denen er Kenntnis zu nehmen oder die er zu unterschreiben hat. Diese sind zumeist von Werner Naumann vorbereitet worden. Goebbels weiß, dass er sich voll und ganz auf seinen persönlichen Referenten verlassen kann. Also ist es an Naumann, zu entscheiden, welche Vorlagen »ministerreif« sind oder priorisiert werden. Naumann bildet gleichsam das Nadelöhr des Ministeriums, an ihm führt kein Weg vorbei, was ihn bei den Kollegen nicht gerade beliebt macht.

Wie groß die Vertrauensbasis ist, auf der Goebbels und Naumann verkehren, beleuchtet auch die Tatsache, dass der Minister Naumann bittet, ihm die Spritzen mit dem Schmerzmittel zu verabreichen, das Goebbels sich in den Vierzigerjahren verschreiben lässt. Seit sich die desaströsen Meldungen von der Ostfront mehren, leidet er unter Ekzemen, Nierensteine quälen ihn.

Naumann ist es auch, der Goebbels immer wieder aufrichtet, wenn dieser Anfälle von lethargischer Niedergeschlagenheit hat. Wie Hitler hält auch Goebbels gern Monologe. Dabei versteigt er sich nicht selten in aberwitzige Theorien. Einmal geht er so weit, das rasche Vordringen der Russen nach Westen als vorteilhaft zu bezeichnen, weil es in England eine politische Umstellung zu Deutschlands Gunsten hervorrufen werde. »Glauben Sie mir«, vertraut er Werner Naumann an, »bald kommt die Stunde, wo man sich in England von der Propaganda, von den Verträgen, von allen Hemmungen losmachen muss, weil man gezwungen ist, rein nach der Interessenlage zu handeln. Im entscheidenden Augenblick werden drüben die richtigen Erkenntnisse rasch reifen. So geht es im Völkerleben nun mal zu.«

Von der Ardennenoffensive vom Dezember 1944, die die vermeintlich unerfahrenen und verwöhnten Amerikaner urplötzlich und vernichtend treffen soll, spricht er schon wochenlang vorher. Er genießt bereits im Vorfeld den Augenblick, in dem er dem deutschen Volke endlich wieder eine Siegesbotschaft bringen kann. »Ich werde keinen anderen an das Mikrofon lassen und den Triumph allein voll auskosten, nach all den bitteren und schweren Botschaften, die ich habe verkünden müssen.«

Doch seit 1944 überwiegen die Anfälle lähmender Verzweiflung. Naumann ist es dann, der Goebbels immer wieder in seinem zügellosen Fanatismus bestärkt. Dabei wäre er als Einziger im Ministerium imstande gewesen, den Propagandaminister zur Einsicht zu bringen, den Krieg im Osten als gescheitert zu betrachten. Naumann tut genau das Gegenteil. Als Ende März 1945 der endgültige Zusammenbruch der Ostfront nur eine Frage von Tagen ist, erklärt er vor den Propagandaleitern: »Der Feind würde, wenn ihm Erfolg beschieden wäre, in Deutschland einen Partisanenkrieg unter dem Zeichen des Werwolfs erleben, wie ihn die Welt noch nie gesehen hat.«

Selbst Rundfunkagitator Hans Fritzsche muss feststellen, »dass sich Naumann, ebenso wie Goebbels, in voller Kenntnis des wahren Sachverhalts dazu hergegeben hat, in einer tatsächlich verlorenen Situation durch falsche Hoffnungen noch das Letzte an Kraft aus einer gänzlich erschöpften und verzweifelten Bevölkerung herauszulocken«.

Goebbels, dem es immer nur um sich gegangen ist, nicht um die Bevölkerung, zeigt seine Geringschätzung für seine Mitarbeiter im Ministerium in der letzten Sitzung, die jemals im Propagandaministerium abgehalten wird. Es ist am 21. April 1945. Tags zuvor hat Goebbels, wie jedes Jahr zum Geburtstag des Führers, eine Rundfunkansprache gehalten. Der Rundfunksender befindet sich im Bunker der Reichskanzlei. Während draußen die Artillerie der Roten Armee im Einsatz ist, tönt es im Rundfunk in regelmäßigen Abständen: »Berlin bleibt deutsch – Wien wird wieder deutsch.«

Danach redet Joseph Goebbels: »Der Führer hat nunmehr die Verteidigung von Berlin selbst übernommen. Der Führer ist vom Endsieg Deutschlands fester denn je überzeugt.«

Die Konferenz im »Promi« bleibt wie gewöhnlich um elf Uhr angesetzt. Alle Mitarbeiter sind vollständig versammelt.

Goebbels geht hinter seinem Schreibtisch auf und ab. »Die Weltgeschichte ist das Weltgericht«, pflegte er an guten Tagen zu sagen. Das kann heute nicht die Losung sein. Leise und langsam beginnt er zu sprechen. Sein Gesicht ist blass, und seine Augen glänzen fiebrig. »Am deutschen Volk liegt es«, spricht er. Und er geht weiter auf und ab. Dann bleibt er plötzlich stehen, verschränkt die Arme vor der Brust und mustert seine Mitarbeiter höhnisch. »Wozu haben Sie schon mit uns gearbeitet, meine Herren? Nun schneidet man Ihnen das Hälschen durch.«

Das ist selbst Werner Naumann zu viel. Er sieht betroffen zu Boden und schweigt.

29. April 1945

Als Magda Goebbels in den frühen Morgenstunden von dem beabsichtigten Abflug von Hanna Reitsch und Ritter von Greim hört, bricht sie in Tränen aus. Sie wünscht ihnen gutes Gelingen und bittet sie, den Abschiedsbrief für ihren Sohn Harald mitzunehmen.

Die Sekretärinnen Gerda Christian und Traudl Junge gehen mit den Goebbels-Kindern und den Hunden in das Zimmer von Eva Braun, die unvermittelt sagt: »Ich wette, heute Abend werdet ihr noch weinen.«

»Ist es jetzt so weit?«, fragt Traudl Junge erschrocken. Hitler hat nicht nur einmal davon gesprochen, dass er sich erschießen werde. »Nein, wir machen etwas anderes, ihr werdet etwas ganz Rührendes erleben!«

Es gibt nicht viel zu tun im Bunker. Die Adjutanten sitzen träge in den Sesseln vor dem Lageraum. Sie hören Goebbels, der wütende Reden über die Treulosigkeit seiner Ministerkollegen hält. Besonders empört er sich über Hermann Göring: »Dieser Mann war nie ein Nationalsozialist. Er hat sich im Glanz des Führers gesonnt, aber nie hat er nationalsozialistisch oder idealistisch gelebt. Es ist seine Schuld, dass die Luftwaffe versagt hat. Ihm können wir danken, dass wir jetzt hier sitzen und den Krieg verlieren müssen.«

Traudl Junge hat bis in den Nachmittag geschlafen. Es ist ein Ritual, dass in den frühen Morgenstunden mit dem Führer, Gerda Christian und Eva Braun Tee getrunken wird. Jetzt wäscht sie sich kurz und tritt nach draußen. »Haben

Sie etwas ausgeruht, Kind?«, fragt der Führer. »Ich möchte Ihnen etwas diktieren.«

Hinter Hitler sieht sie den festlich gedeckten Tisch. Schon kommen die Gäste. Es sind Joseph und Magda Goebbels, Reichsjugendführer Artur Axmann, die Generäle Krebs und Burgdorf, Hitlers Adjutant von Below sowie die Köchin Constanze Manziarly und natürlich Bormann. Sie fragt sich, ob Hitler seinen Abschied feierlich begehen will.

Im Lageraum setzt Traudl Junge sich an den Tisch, will die Schreibmaschine aufdecken, aber Hitler sagt: »Nehmen Sie den Stenogrammblock.« Er steht an der Breitseite des Tisches, stützt beide Hände darauf, starrt auf die Tischplatte, auf der heute keine Landkarten oder Stadtpläne liegen. Hitler wirkt konzentrierter als an den vergangenen Tagen.

Dann diktiert er. Hitler schlägt einen großen Bogen: von 1914 bis in die Gegenwart. Er spricht von den Anfängen der Bewegung und der Machtübernahme, vom internationalen Judentum, er spricht von Heldenmut und von Verrat und von seinem beabsichtigten Ausscheiden aus dem Leben. Er rechnet außerdem mit Hermann Göring und Heinrich Himmler ab und nennt die neu zu besetzenden Ministerämter. Hier lässt er die Namen noch offen und erklärt, sich darüber mit Joseph Goebbels und Martin Bormann abstimmen zu wollen. Als seinen Nachfolger als Reichspräsident hat er Großadmiral Karl Dönitz ins Auge gefasst. Dieser Name ist in den letzten Tagen schon vorsichtig von Goebbels und Naumann, aber auch von Botschafter Hewel im kleinen Kreis ins Spiel gebracht worden. Es waren auch Goebbels, Naumann und Hewel, die Hitler davon überzeugen konnten, dass Ribbentrop nicht länger Außenminister sein sollte. Auch Speer solle weichen. Das entscheidende Kriterium war: Treue oder Untreue. Als Reichskanzler des neuen Kabinetts benennt Hitler Joseph Goebbels, als Parteiminister Martin

Bormann und Werner Naumann als Propagandaminister, als Minister für Kultur Gustav Adolf Scheel.

Fast mechanisch hat Hitler alles diktiert. Jetzt löst er sich von dem Tisch, auf den er sich gestützt hatte. Er verschränkt die Arme hinter dem Rücken und schweigt einen Augenblick. Dann sagt er: »Und jetzt mein privates Testament.«

Traudl Junge vernimmt überrascht, dass Hitler Eva Braun heiraten wird. Darum der gedeckte Tisch. Und sie versteht jetzt auch Eva Brauns Worte vom Morgen. Aber sie kann keine Träne weinen. Ihre Augen sind auf den Stenoblock geheftet. Sie schreibt. Schließlich endet auch dieses Diktat.

»Tippen Sie das gleich in dreifacher Ausfertigung, und kommen Sie dann wieder zu mir!«

Junge stutzt. Alle seine Texte, selbst Glückwunschschreiben an irgendwelche Gauleiter oder Künstler, wurden sonst gewissenhaft korrigiert. Jetzt aber hat der Führer keine Zeit für derlei Dinge. Traudl Junge geht in den Konferenzraum. Dort setzt sie sich an die Schreibmaschine und tippt.

Es ist nach Mitternacht. In den Katakomben erscheint der in einem Schützenpanzer eiligst herbeigeholte Stadtrat und Gauamtsleiter Walter Wagner. Jetzt wird allen klar, dass Adolf Hitler sich entschlossen hat, seine langjährige Freundin Eva Braun zu heiraten. Als Trauzeugen fungieren Goebbels und Bormann. Die Trauung erfolgt ohne große Worte. Eva Braun lächelt selig. Martin Bormann und Joseph Goebbels sind sich ihrer besonderen Ehre bewusst. Das Protokoll wird geschrieben. Als kleiner Höhepunkt ergibt sich, dass Eva Braun beim Unterschreiben der Heiratsurkunde sich anschickt, hinter ihrem Vornamen ein großes B zu schreiben: Eva B… – und dann, von den Umstehenden darauf aufmerksam gemacht, das B durchstreicht und Hitler schreibt, geborene Braun.

Champagner ist vorbereitet. Hitler stößt mit einem Glas

Wasser an. Die anwesenden Frauen sind sehr gerührt. Hitler ist mit den Gedanken nicht bei der Sache. Immer wieder begibt er sich in den Konferenzraum, um den inzwischen geschriebenen Text zu lesen und marginal zu korrigieren.

Später gehen Bormann oder Goebbels zu Traudl Junge, um einen Namen zu ergänzen. Am Ende sieht sich Hitler sein politisches Testament noch einmal an, versieht es mit allerletzten kleinen Korrekturen.

Traudl Junge, seit drei Jahren für Hitler tätig, ist zu diesem Zeitpunkt fünfundzwanzig Jahre alt. Als sie sich mit ihrem Stenoblock erwartungsvoll an den Tisch gesetzt hat, konnte sie nicht ahnen, dass sie das »Vermächtnis des Tausendjährigen Reiches« zu Papier bringen würde. Einen Moment lang hat sie gehofft, Hitlers Worte würden all das hier erklären – die Hölle, in der sie gerade leben. Aber sie wartet vergebens auf eine Erklärung, eine Rechtfertigung, vielleicht sogar ein Schuldbekenntnis. Sie hört und schreibt die kalten Worte des Führers nieder, die Anklagen und Forderungen, die sie die letzten drei Jahre schon so häufig gehört hat. Auch die Ernennung der Mitglieder der neuen Regierung verwundert sie. Sie versteht die Welt nicht mehr. Wenn alles verloren ist, Deutschland vernichtet und der Führer keinen anderen Ausweg mehr weiß, als sich selbst zu erschießen, wozu dann eine neue Regierung? Das sind ihre Gedanken beim Diktat.

Während sie noch tippt, kommt plötzlich Goebbels in den Raum gewankt. Er ist kalkweiß im Gesicht, auf seinen Wangen glaubt sie die Spuren von Tränen zu sehen. Der sonst so kühle Redner ist erschüttert. Er sieht sie an und sagt: »Der Führer will mir befehlen, Berlin zu verlassen, Frau Junge! Ich soll in der neuen Regierung einen führenden Posten übernehmen. Aber ich kann doch Berlin nicht verlassen und nicht von der Seite des Führers weggehen. Wenn der Führer tot ist, ist mein Leben sinnlos. Und er sagt mir: ›Goebbels, ich habe das nicht von Ihnen erwartet, dass auch Sie meinem letzten Befehl nicht mehr gehorchen!‹ So viele Entscheidungen hat der Führer zu spät getroffen, warum diese eine, letzte zu früh?«

Traudl Junge weiß nicht, was sie darauf entgegnen soll. Goebbels möchte, dass sie auch sein Testament als Anhang zu dem des Führers aufnimmt. Also nimmt sie Stift und Block zur Hand und schreibt.

Die Generalstabsoffiziere Boldt und Freytag von Loringhoven haben nicht an der Hochzeitsfeier teilgenommen. Von Loringhoven erfährt die Neuigkeit zu später Stunde. »Du, unser Führer hat heute Nacht geheiratet«, teilt er seinem Zimmergenossen mit. Boldt, der sich seit einer Woche im Bunker aufhält, hat Eva Braun weder gesehen noch überhaupt etwas von ihrer Existenz gewusst. Er macht ein derart verdutztes Gesicht, dass beide in schallendes Lachen ausbrechen.

30. April 1945

Gegen fünf Uhr eröffnet die sowjetische Artillerie wieder das Feuer auf das Regierungsviertel und die Reichskanzlei. Seit zwei Tagen steht die Reichskanzlei unter Dauerbeschuss.

Am Vormittag bittet Eva Braun, die jetzt Frau Hitler ist, Traudl Junge in ihr Zimmer. Sie öffnet ihren Kleiderschrank, in dem der Silberfuchsmantel hängt, den sie stets gern getragen hat. »Frau Junge, ich möchte Ihnen diesen Mantel zum Abschied schenken. Ich habe immer so gern gut angezogene Damen um mich herum gesehen. Jetzt sollen Sie den Mantel haben und sich daran freuen.«

Traudl Junge ist gerührt. Sie hat allerdings keine Vorstellung, wie sie die Kostbarkeit aus dem Bunker herausbringen soll. Sie mag ohnehin nicht daran denken, was ihr als Nächstes bevorsteht.

Beim Mittagessen ist eine gewisse Beklommenheit bei den Ordonanzen und Adjutanten spürbar. Niemand weiß so richtig, wie Eva Braun jetzt anzureden ist.

»Sie können mich ruhig Frau Hitler nennen«, sagt sie lächelnd.

Hitler hält einen seiner Monologe. Er spricht darüber, wie er für die Nachwelt in Erinnerung bleiben wird. Man werde kein gutes Haar an ihm lassen, prophezeit Hitler.

Sobald sie können, verschwinden die Sekretärinnen in ihr Zimmer, um in Ruhe eine Zigarette zu rauchen.

Otto Günsche ist von Martin Bormann informiert worden, dass der Führer heute mit seiner Frau aus dem Leben scheiden wird.

Nach dem Mittagessen kommt Hitler selbst in Günsches Raum. »Günsche, Sie müssen mir einen letzten großen Gefallen tun. Ich möchte, dass Sie gewissenhaft dafür sorgen, dass meine Leiche verbrannt wird. Sie wissen, was der Pöbel in Italien mit Mussolini angestellt hat. Das muss in jedem Fall vermieden werden. Ich hätte auch draußen mit der Waffe gekämpft. Aber ich weiß nicht, ob ich dazu körperlich noch in der Lage gewesen wäre. Sorgen Sie dafür, dass nichts übrig bleibt und die Russen nicht die Möglichkeit haben, die Leiche in einem Panoptikum auszustellen. Für meine Frau gilt natürlich genau dasselbe.«

»Jawohl, mein Führer. Sie können sich auf mich verlassen.«

Hitler gibt Günsche die Hand, der daraufhin Hitlers Fahrer Erich Kempka anruft und diesen auffordert, sofort Benzin herbeizuschaffen, so viel wie möglich. Er, Kempka, solle die Kanister im Gartenausgang des Führerbunkers abstellen.

Hitler setzt unterdessen seine Verabschiedungsrunde fort. Zuerst geht er zu beiden Piloten Hans Baur und Georg Betz, die ihn viele Jahre zu allen Orten geflogen haben und ihm dabei sehr nahe gekommen sind.

»Baur, ich möchte mich von Ihnen verabschieden.«

»Sie wollen doch nicht Schluss machen?«, entgegnet sein Chefpilot erregt.

»Es ist leider so weit. Meine Generäle haben mich verraten und verkauft, meine Soldaten wollen nicht mehr, und ich kann nicht mehr.«

»Mein Führer, es sind noch genügend Maschinen da«, beschwört ihn Baur. »Ich kann sie nach Argentinien, Japan oder nach Ägypten fliegen. Dort können Sie untertauchen!«

»Und dann? Ich habe noch zwei Möglichkeiten: Ich könnte

in die Berge gehen oder zu Dönitz nach Flensburg. Vierzehn Tage später aber wäre ich genau so weit wie heute. Ich stände an dem gleichen Scheideweg. Der Krieg geht mit Berlin zu Ende. Ich stehe und falle mit Berlin. Man muss den Mut haben, die Konsequenzen zu ziehen. Ich weiß, morgen schon werden mich Millionen Menschen verfluchen. Das Schicksal wollte es nicht anders. Die Russen wissen genau, dass ich hier im Bunker bin. Und ich befürchte, dass sie mit Gas schießen. Wir haben im Laufe des Krieges ein Gas hergestellt, das die Menschen vierundzwanzig Stunden betäubt. Durch unseren Nachrichtendienst haben wir in Erfahrung gebracht, dass auch die Russen dieses Gas besitzen. Es wäre nicht auszudenken, wenn sie mich lebendig in die Hände bekämen.«

Hitler greift nach den Händen seines Chefpiloten und sagt mit Pathos: »Man muss auf meinen Grabstein setzen: ›Er war das Opfer seiner Generäle!‹«

Zum Abschied schenkt er Baur das Porträt Friedrichs des Großen, das über seinem Schreibtisch hängt. Eine abschließende Bitte hat er noch: »Bormann hat mehrere Aufträge von mir erhalten, die Dönitz übermittelt werden sollen. Sehen Sie zu, dass Sie hier herauskommen. Es ist sehr wichtig, dass Bormann Dönitz erreicht.«

Die Verabschiedungen von den Militärs, die sich noch im Bunker aufhalten, sind kürzer. Hitler dankt ihnen für alles. Er gibt Wilhelm Burgdorf, Hans Krebs, Wilhelm Mohnke und Vizeadmiral Voss die Hand. Seine letzten Getreuen. Ebenso dankt er Botschafter Walther Hewel. Außerdem dem SS-Gruppenführer und Generalleutnant der Polizei Hans Rattenhuber, dem Leiter des »Kommandos zum Schutz des Führers«, der von 1933 an hauptverantwortlich für seinen Personenschutz war. Alle männlichen Bediensteten des Führerbunkers und in der Reichskanzlei sind SS-Leute und stehen unter dem Kommando von Rattenhuber.

Als Hitler in den Arbeitsraum gehen will, der in den letzten Tagen von Joseph Goebbels benutzt wurde, begegnet er Werner Naumann. Er nimmt auch Naumanns Hände in die seinen, sieht ihm in die Augen und sagt mit schwindender Kraft, aber fester Stimme: »Naumann, Sie wissen, wie sehr ich Sie schätze. Ich setze auf Sie, dass Sie diesen Bunker verlassen. Sie müssen die Leute, die uns treu geblieben sind, wieder zusammenbringen und alles dafür tun, um unsere Ideen und unsere Anschauung in die Zeit danach zu tragen!« Naumann, der nicht zu emotionalem Überschwang neigt, kann nur den Händedruck erwidern und antworten: »Mein Führer, das verspreche ich.«

Nach Naumann sucht Hitler Goebbels auf, den Mann, der immer um seine Zuneigung und Wertschätzung gebuhlt hat. Goebbels versucht ein letztes Mal, Hitler zum Überleben zu bewegen, aber Hitler lässt nicht mit sich reden: »Doktor, Sie kennen meinen Entschluss. Es bleibt dabei!« Er fordert seinerseits den Propagandaminister noch einmal auf, Berlin zu verlassen, den Auftrag des Testamentes anzunehmen und ihm als Reichskanzler nachzufolgen.

Dann geht Hitler in den Raum von Magda Goebbels. Der Abschied ist emotional. Magda Goebbels bricht in Tränen aus. Sie vergießt sie gewiss vor allem auch für ihre Kinder.

Zum Schluss haben sich noch einmal die engsten Mitarbeiter im Mittelgang des Führerbunkers versammelt. Die beiden Sekretärinnen Gerda Christian und Traudl Junge, die Köchin Constanze Manziarly, die Generäle Burgdorf und Krebs und Martin Bormann. Hitler gibt allen die Hand. Er wirkt abwesend und erschöpft. Es wird kein Wort gewechselt. Erst als Eva Hitler dazukommt und die Sekretärinnen umarmt, lösen sich die Menschen aus ihrer Erstarrung.

Eva Hitler ist frisch gewaschen und frisiert. Sie trägt das

Lieblingskleid ihres Mannes. Sie umarmt alle langjährigen Mitarbeiterinnen des Führers, die in den letzten Tagen auch für sie wichtig gewesen sind. Dann gehen Eva und Adolf Hitler in ihre Privaträume zurück, und die schwere Eisentür zum Lagevorraum schließt sich hinter ihnen. Otto Günsche bezieht davor Posten.

Lastende Stille breitet sich aus.

Nach kurzer Zeit kommt Magda Goebbels in Tränen aufgelöst in den Vorraum geeilt und bittet Günsche, sie noch einmal zu Hitler durchzulassen. Er erklärt zwar, dass der Führer nicht mehr gestört werden wolle, aber sie ist Magda Goebbels, und Günsche klopft an die Tür von Hitlers Bunkerzimmer.

»Was soll das? Was wollen Sie?«, ist von drinnen zu hören.

»Kann Frau Goebbels Sie noch einmal sprechen?«

»Nein, ich will nicht mehr mit ihr reden.«

Im selben Augenblick drängt sich Magda Goebbels an Günsche vorbei, stößt die Tür auf und tritt ins Zimmer. Sie beschwört den Führer mit zitternder Stimme, er möge doch Berlin verlassen, er müsse am Leben bleiben.

Sie hört ein kategorisches »Nein!«.

Weinend zieht sich Magda Goebbels zurück.

Traudl Junge findet die Goebbels-Kinder in ihrem Zimmer. Man scheint sie vergessen zu haben. Sie sind nicht zum Mittagessen geholt worden. Sie wollen zu ihren Eltern gehen, zu Tante Eva und Onkel Führer. Traudl Junge nimmt sie mit. »Kommt zu mir, Kinder, bei mir könnt ihr etwas essen. Die Erwachsenen haben heute so viel zu tun, dass sie gar keine Zeit für euch haben«, sagt sie so ruhig und gelassen, wie sie kann. In ihrem Zimmer macht sie schnell ein paar Butterbrote und füttert die Kleinen. Sie redet pausenlos, versucht sie abzulenken. Bald kehrt die gewohnte Fröhlichkeit der Kinder zurück. Sie machen sich wieder über die Explosionen und Schüsse lustig, die draußen zu hören sind, weil sie wissen, dass sie ihnen nichts anhaben können.

Doch als plötzlich ein einzelner lauter Schuss kracht, der offenbar aus nächster Nähe kommt, verstummen alle. Der Schall scheint durch alle Räume zu hallen. Der kleine Helmut ruft: »Aber das war ein Volltreffer.« Traudl Junge erfährt wenig später, wie recht der Kleine hatte.

Vor Hitlers Privaträumen steht immer noch Otto Günsche.

Die Männer im Lageraum sind wie gelähmt. Eine Weile herrscht Schweigen. Schließlich wendet sich Heinz Linge Martin Bormann zu: »Herr Reichsleiter, es ist passiert!«

Bormann sieht in die ernsten Gesichter von Joseph Goebbels, Hans Krebs, Wilhelm Burgdorf und Werner Naumann. Dann nickt er Linge zu. Zusammen gehen sie zu Hitlers Räumen. Sie betreten den Vorraum. Dann öffnen sie die Tür zu dem kleinen Wohnraum. Dort finden sie die Leichen. Hitler liegt auf dem Sofa in der linken Ecke. Er hat sich offensichtlich mit der Pistole in den Mund geschossen. Er trägt seinen grauen Uniformrock, an dem er das goldene Parteiabzeichen und sein Eisernes Kreuz befestigt hat. Die Leiche Eva Hitlers befindet sich auf dem Sofa rechter Hand, aufgerichtet an der Rückenlehne. Die Augen beider Toten sind offen, die Lippen zusammengepresst. Eva Hitler hat sich vergiftet.

Otto Günsche fasst sich als Erster. Er eilt zurück in den Lageraum und meldet: »Der Führer ist tot!«

Daraufhin begeben sich Goebbels und Axmann ebenfalls in Hitlers Räume. Sie bleiben an der Tür zum Arbeitszimmer stehen, heben den Arm zum deutschen Gruß, um den beiden Toten die letzte Ehre zu erweisen. Dann werden die Adjutanten aktiv. Linge hat graue Decken vor das linke Sofa gelegt. Erich Kempka meldet, dass das angeforderte Benzin am Bunkerausgang bereitsteht. Linge wickelt die Leiche seines Chefs in die Decke ein, und mithilfe eines weiteren Adjutanten trägt er ihn in Richtung der Treppe zum Bunkerausgang. Hinter den Leichenträgern gehen Krebs, Burgdorf, Goebbels und Naumann. Als Letztes folgt Martin Bormann. Er trägt die Leiche Eva Hitlers auf den Armen. Sie ist nicht in eine Decke gehüllt worden. Als Hitlers Fahrer Erich Kempka sieht, dass Eva ausgerechnet von Bormann getragen wird, ist er empört. Als ihr Vertrauter weiß er, dass Eva Braun den Parteileiter immer verachtet, ja gehasst hat. Er tritt zu Bormann, nimmt ihm wortlos den Leichnam aus den Armen und trägt ihn dann selbst weiter. Auf der Treppe zum Bunkerausgang hilft ihm ein anderer Adjutant.

Draußen wissen die Männer zunächst nicht, wo sie die Leichen platzieren sollen. Es ist gefährlich hier zu stehen, weil immer wieder Granaten in den Garten einschlagen und ihnen Dreck und Splitter um die Köpfe fliegen. Als es so weit ist, scheint es für Günsche zunächst unmöglich zu sein, das Benzin über die Toten zu gießen. Aber da es der ausdrückliche Wunsch seines Chefs gewesen ist, bleibt ihm keine andere Wahl, und er gießt die zehn bereitgestellten Kanister über die beiden Leichen aus. Der Artilleriebeschuss hat unterdessen zugenommen. Die drei Adjutanten müssen im Bunkereingang Zuflucht suchen. Aber es gelingt ihnen, einen brennenden Papierball auf die benzingetränkten Leichen zu werfen. Es gibt eine gewaltige Stichflamme, und sofort steigen schwarze Rauchwolken empor. Durch einen Spalt in der eisernen Bunkertür beobachten die Bunkerbewohner das schaurige Schauspiel.

Eine halbe Stunde später geht die verbliebene Führungsmannschaft erneut in den Garten, um Adolf Hitler die letzte Ehre zu erweisen. Es sind alle anwesenden Minister, Generäle und SS-Männer. Sie wissen, was sie im Garten erwartet. Trotzdem ist es wie ein Keulenschlag, diesen besonderen Scheiterhaufen zu sehen. Selbst den SS-Männern, die in sechs Jahren Krieg Tausende und Abertausende von Menschen haben sterben sehen, laufen die Tränen über die Wangen. Auch Goebbels hat feuchte Augen, als er aus dem Garten zurückkehrt.

»Ich konnte den Anblick nicht länger ertragen«, sagt er und fordert als neuer Reichskanzler Bormann, Burgdorf, Krebs, Mohnke und Naumann zu einer Lagebesprechung auf.

Im Lageraum, zum ersten Mal ohne Hitler, verliest Bormann das politische Testament des noch brennenden Führers. Die Leitung der Sitzung hat der neue Reichskanzler Joseph Goebbels. Thema der Beratung ist die Planung der nächsten Schritte.

Bormann ist es, der den Vorschlag macht, den Russen Waffenstillstand und Kapitulation anzubieten. Man müsse ihnen erklären, dass sich die deutsche Regierung, die allein über die endgültige Kapitulation entscheiden könne, nicht mehr vollständig in Berlin befinde, sondern zum Teil in Schleswig-Holstein. Unter dem Schutz einer vorübergehenden Waffenruhe müsse sich eine Delegation aus Berlin nach Schleswig-Holstein begeben, um dort die endgültige Zustimmung zur Kapitulation vor der Roten Armee einzuholen. Es ist deutlich, dass Bormann davon ausgeht, selbst zu dieser Delegation zu gehören, um auf diese Weise mit Zustimmung der Russen aus Berlin entkommen zu können. Goebbels stimmt dem Vorschlag zu. Dies ist insofern bedeutsam, weil der Krieg und die Kämpfe hier vor Ort beendet werden müssen. Das kann nur in Verhandlungen mit den Vertretern der Sowjetunion stattfinden. Gleichzeitig setzt es ein Zeichen, weil die als Verräter verstoßenen Hermann Göring und Heinrich Himmler eigenmächtig einen anderen Weg gehen wollten, nämlich Verhandlungen mit den West-Alliierten führen. Darauf könne man die Russen im Notfall aufmerksam machen, stellt Goebbels fest. Auch besteht die Gefahr, dass Dönitz sich auf die Seite der Westmächte gegen die Sowjetunion stellen werde, wenn es nicht gelänge, ihn aus Berlin anders zu beeinflussen. Es gibt eine kurze Diskussion, ob dies im Sinne des Führers gewesen wäre. Hans Krebs berichtet, mit Adolf Hitler kurz vor seinem letzten Geburtstag darüber geredet zu haben. Und dieser habe sich dafür ausgesprochen, dass man es versuchen müsse, mit den Russen zu einem Übereinkommen zu gelangen. Er habe erklärt, dass Russland immerhin Kapitalismus und Judentum ausgeschaltet habe, während Amerika gerade diese Kräfte zum Nachteil des Volkes fördere. Er glaube sogar, dass der Führer mit seinem Freitod den Weg für eine solche Entwicklung frei machen wollte, damit man mit den Russen in Verbindung treten könne.

Krebs, der einige Zeit Militärattaché in Moskau war und von daher ausgezeichnet Russisch spricht, wird als Verhandlungsführer für die Gespräche mit den Verantwortlichen der Roten Armee bestimmt. Die Runde um den neuen Reichskanzler Goebbels einigt sich darauf, dass Krebs möglichst mit Marschall Schukow selbst sprechen soll.

Oberstleutnant Seifert wird entsandt – zum Gestapo-Hauptquartier an der Prinz-Albrecht-Straße. Dort tritt er in Kontakt zu den Parlamentären der Rotarmisten. Er kommt mit der Nachricht zurück, dass General Krebs um zweiundzwanzig Uhr beim Hotel Excelsior erwartet werde.

Martin Bormann schickt auf dem einzigen noch vorhandenen telegrafischen Weg einen Spruch an Dönitz ab: »Anstelle des bisherigen Reichsmarschalls Göring setzt der Führer Sie, Herr Großadmiral, als seinen Nachfolger ein. Schriftliche Vollmacht unterwegs. Ab sofort sollen Sie sämtliche Maßnahmen verfügen, die sich aus der gegenwärtigen Lage ergeben.« Bormann verschweigt in seinem Funkspruch, dass Hitler bereits tot ist. Mit Hitlers Tod hat Bormann seine bisherige Machtstellung verloren. Er weiß nicht, ob Dönitz ihn als Parteiminister bestätigen wird.

Die Bunkerbewohner bedrückt jetzt vor allem das Schicksal der sechs Goebbels-Kinder. Wilhelm Mohnke, Artur Axmann und Fahrer Erich Kempka unterbreiten Goebbels ihre Ideen, wie die Kinder zu retten wären. Sie könnten auf verschiedene Kampfgruppen verteilt und mithilfe von einigen Panzern und den Fahrzeugen in der Bunkergarage herausgebracht werden. Doch Goebbels lehnt ab. Er sagt: »Meine Frau und ich sind uns einig, dass unsere Kinder mit uns gehen. Wir möchten nicht, dass sie erleben, wie ihr Vater als Kriegsverbrecher durch die internationalen Gazetten gezerrt wird. Wären sie groß, so glaube ich, würden sie unseren Entschluss billigen.«

Die Verhandlungen mit der Roten Armee haben für Joseph Goebbels noch eine andere Option eröffnet. Seiner Frau erzählt er: »General Krebs fährt als mein beauftragter Parlamentär zu General Schukow, um über einen freien Abzug zu verhandeln. Falls die Verhandlung scheitert, haben wir den weiteren Weg doch festgelegt. Ich bleibe in Berlin und habe keine Lust, als ewiger Flüchtling in der ganzen Welt umherzulaufen.«

Werner Naumann hat bei seinen Ausfahrten mit dem Motorrad nicht nur die militärische und politische Lage erkundet, sondern auch eruiert, welche Fluchtmöglichkeiten realistisch waren. Für Magda Goebbels und ihre Kinder organisierte er einen gut versteckten, bewohnbaren und mit Lebensmitteln ausgestatteten Kahn auf der Havel. In einem Gespräch vor ein paar Tagen, nach dem Einzug der Familie Goebbels in den Bunker, hat er dies Magda Goebbels angeboten. Aber auch sie lehnte ab und wies darauf hin, dass beide Eltern sich in dieser Frage einig seien.

Als Helmuth Weidling gegen zwanzig Uhr im Führerbunker erscheint, wird er sofort in Hitlers Arbeitszimmer geführt, wo ihn Goebbels, Bormann und Krebs erwarten. Krebs unterrichtet ihn über die Geschehnisse der letzten Stunden und natürlich über Hitlers Tod am Nachmittag und die Verbrennung im Garten. Weidling ist überrascht und erschüttert. Er wird in die verabredeten Verhandlungen um einen Waffenstillstand und mögliche Kapitulationsverhandlungen eingeweiht. Von daher wird ein für den Abend geplanter Ausbruchsversuch erst einmal zurückgestellt.

Dann verfassen Joseph Goebbels und Martin Bormann ein Schreiben für General Krebs, das diesen als Bevollmächtigten der neuen deutschen Regierung und als Verhandlungsführer gegenüber der Roten Armee ausweist. Sie geben ihm zusätzlich eine Durchschrift von Hitlers politischem Testament mit auf den Weg.

1. Mai 1945

Kurz nach Mitternacht bricht General Hans Krebs zur Verhandlung mit der Roten Armee auf. Er wird begleitet von Oberst Theodor von Dufving, dem Stabschef von General Weidling. Beide sind ausgestattet mit Sonderausweisen, die Bormann und seine Sekretärin Else Krüger ausgestellt haben. Krebs, gekleidet in einen Ledermantel mit Hakenkreuz auf dem Ärmel und mit Ritterkreuz um den Hals. Von Dufving in einem geliehenen Mantel eines SS-Offiziers. Wilhelm Mohnke führt die beiden Unterhändler in einer Feuerpause über die Straße. Sie steigen in einen Schacht, gehen dann durch einen U-Bahn-Tunnel zum Gefechtsstand »Zitadelle«. Die Führung der Roten Armee in Berlin ist untergebracht in einem Mietshaus am Schulenburgring in Tempelhof. Oberstleutnant Seifert meldet Krebs, dass die Passierstelle – die Übergangsstelle für die Parlamentäre, zirka hundert Meter breit und zweihundert Meter tief – mit der Roten Armee vereinbart worden sei. An dieser Stelle herrscht beiderseitige Waffenruhe.

Seifert führt sie. Bei ihnen sind außerdem zwei Soldaten und ein Dolmetscher. Der Dolmetscher trägt eine Luftwaffenuniform und die Abzeichen eines Sonderführers im Offiziersrang. Es ist stockdunkel. Sie kommen an Mauerresten zerstörter Häuser vorbei. Einige Worte in Russisch werden ihnen zugerufen. Ihr Dolmetscher antwortet. Sie klettern über einen Zaun und sind plötzlich umringt von Russen, die sie mit Taschenlampen anleuchten. Sie klopfen ihnen freundlich auf die Schulter und reden auf sie ein, als ob sie alte Freunde wären. Man führt sie in einen Keller. Ein russischer Offizier wechselt einige Worte mit dem Dolmetscher. Sie werden aufgefordert, ihre Ausweise vorzuzeigen und ihre Pistolen abzugeben. Hans Krebs stellt fest: »Einem tapferen Gegner lässt man während der Verhandlungen die Waffe.« Sie können ihre Pistolen behalten.

Das ist der letzte Erfolg, den der deutsche General bei den Sowjets verbuchen kann.

In einer Art Konvoi werden sie weitergeführt zum nächsten Gefechtsstand. Dort fährt sie ein russischer Wagen durch die Trümmer Berlins. In der Dunkelheit verlieren sie jede Orientierung.

Im Haus Schulenburgring Nr. 2 lässt General Krebs durch den Dolmetscher dem sie empfangenden sowjetischen Offizier sagen, er bitte um eine Unterredung unter vier Augen mit dem sowjetischen Verhandlungsführer. General Tschuikow antwortet, dass seine Begleiter drei russische Generäle und ein Protokollant seien. Krebs könne in ihrer Anwesenheit über alles mit ihm sprechen.

Im Laufe des Gesprächs zeigt sich schnell, dass die deutsche Seite wenig anzubieten hat, allzu wenig. General Hans Krebs hat in Moskau gelebt, spricht Russisch, aber die Mission ist schlecht vorbereitet. Demoralisiert und aus der Defensive fordert Krebs eine Waffenruhe, einen Waffenstillstand für Verhandlungen. Er weist darauf hin, dass die deutsche Regierung der Verhandlungspartner sein muss. Er sagt, er könne Generaloberst Tschuikow als erstem Nicht-Deutschen die Nachricht überbringen, dass Adolf Hitler am Tag zuvor Selbstmord begangen habe. Tschuikow blufft und behauptet, das sei den Sowjets bereits bekannt. Krebs fährt fort, dass die neue deutsche Regierung fordere, als Verhandlungspartner anerkannt zu werden. Tschuikow macht deutlich, dass die Rote Armee aus ihrer Position der Stärke heraus überhaupt keine Veranlassung hat, auf Bedingungen einzugehen. Er verlangt die bedingungslose Kapitulation und macht unmissverständlich deutlich, dass die Sowjetunion nicht mit dem Deutschen Reich gegen die Westalliierten paktieren werde. Ein Ende des Krieges könne nur mit der Sowjetunion, England und den Vereinigten Staaten gemeinsam vereinbart werden.

Während des Gesprächs hat sich Tschuikow immer wieder mit Marschall Schukow telefonisch verständigt. Sicherlich wird auf diese Weise auch Stalin auf dem Laufenden gehalten.

Die von den Sowjets geforderte bedingungslose Kapitulation kann von Joseph Goebbels und Martin Bormann nicht akzeptiert werden, weil diese gehofft hatten, die Möglichkeit zu haben, Berlin zu verlassen und sich mit Großadmiral Dönitz in Plön oder Flensburg – außerhalb des russischen Einflussbereiches – zu treffen. So kehren Krebs und von Dufving unverrichteter Dinge um 13.30 Uhr in den Bunker zurück. Die Mission ist gescheitert.

General Weidling, der auf Krebs' Wunsch hin in der Reichskanzlei geblieben ist, plädiert dafür, die sowjetische Forderung nach bedingungsloser Kapitulation anzunehmen. Das sei im Interesse seiner Soldaten und natürlich auch der Berliner Bevölkerung.

Für Goebbels hat sich die letzte Hoffnung, Berlin lebend zu verlassen, zerschlagen. Er kehrt zu seiner alten Linie zurück. Mit Pathos stellt er fest: »Ich habe einmal Berlin gegen die Roten erobert, ich werde es bis zum letzten Atemzug gegen die Roten verteidigen. Die wenigen Stunden, die ich noch als deutscher Reichskanzler zu leben habe, werde ich nicht dazu benutzen, meine Unterschrift unter eine Kapitulationsurkunde zu setzen.« Damit ist auch sein Ende besiegelt.

General Helmuth Weidling fordert für sich und seine Soldaten die Erlaubnis, den schon am Vorabend geplanten Ausbruch aus Berlin nunmehr an diesem Abend zu versuchen. Die Erlaubnis wird ihm erteilt.

Goebbels und Bormann beschließen, den Tod des Führers offiziell bekannt zu geben, allerdings ohne die genauen Umstände zu nennen. In dem letzten aus der Reichskanzlei gesendeten Funktelegramm wird Großadmiral Dönitz in Plön um 15.18 Uhr mitgeteilt: »Führer gestern 15.30 Uhr verschieden. Testament vom 29. April überträgt Ihnen das Amt des Reichspräsidenten, Reichsminister Dr. Goebbels das Amt des Reichskanzlers, Dr. Naumann das Amt des Propagandaministers, Reichsleiter Bormann das Amt des Parteiministers, Reichsminister Seyß-Inquart das Amt des Reichsaußenministers. Das Testament wurde auf Anordnung des Führers an Sie, an Feldmarschall Schörner und zur Sicherstellung für die Öffentlichkeit aus Berlin herausgebracht. Reichsleiter Bormann versucht, noch heute zu Ihnen zu kommen, um Sie über die Lage aufzuklären. Form und Zeitpunkt der Bekanntgabe an Truppe und Öffentlichkeit bleibt Ihnen überlassen. Eingang bestätigen. Goebbels.«

Über den Norddeutschen Rundfunk spricht Dönitz zu den Deutschen: »Deutsche Männer und Frauen, Soldaten der deutschen Wehrmacht. Unser Führer Adolf Hitler ist gefallen. In tiefster Trauer und Ehrfurcht verneigt sich das deutsche Volk. Frühzeitig hatte er die furchtbare Gefahr des Bolschewismus erkannt und diesem Ringen sein Dasein geweiht. Am Ende seines Kampfes und seines unbelehrbaren geraden Lebensweges steht sein Heldentod in der Hauptstadt des Deutschen Reiches. Sein Leben war ein einziger Dienst für Deutschland. Sein Einsatz im Kampf gegen die bolschewistische Sturmflut galt darüber hinaus Europa und der gesamten Kulturwelt.«

Dönitz ist bereit, das Testament anzunehmen und die von Adolf Hitler bestimmte Nachfolge als Reichspräsident anzutreten. In seinem Hauptquartier in Plön feilt er an einem Tagesbefehl an die Deutsche Wehrmacht. Er formuliert ganz im Sinne des Führers:

Deutsche Wehrmacht! Meine Kameraden!

Der Führer ist gefallen. Getreu seiner großen Idee, die Völker Europas vor dem Bolschewismus zu bewahren, hat er sein Leben eingesetzt und den Heldentod gefunden. Mit ihm ist einer der größten Helden der deutschen Geschichte dahingegangen. In stolzer Ehrfurcht und Trauer senken wir vor ihm die Fahnen. Der Führer hat mich zu seinem Nachfolger als Staatsoberhaupt und als Obersten Befehlshaber der Wehrmacht bestimmt. Ich übernehme den Oberbefehl über alle Teile der Deutschen Wehrmacht mit dem Willen, den Kampf gegen die Bolschewisten so lange fortzusetzen, bis die kämpfende Truppe und die Hunderttausende von Familien des deutschen Ostraumes vor der Versklavung oder Vernichtung gerettet sind. Gegen die Engländer und Amerikaner muss ich den Kampf so weit und so lange fortsetzen, wie sie mich in der Durchführung des Kampfes gegen den Bolschewismus hindern. Die Lage erfordert von euch, die ihr schon so große geschichtliche Taten vollbracht habt und die ihr jetzt das Ende des Krieges herbeisehnt, weiteren bedingungslosen Einsatz. Ich verlange Disziplin und Gehorsam. Nur durch vorbehaltlose Ausführung meiner Befehle werden Chaos und Untergang vermieden. Ein Feigling und Verräter ist, wer sich gerade jetzt seiner Pflicht entzieht und damit deutschen Frauen und Kindern Tod oder

Versklavung bringt. Der dem Führer von euch geleistete Treueid gilt nunmehr für jeden Einzelnen von euch ohne Weiteres mir als dem vom Führer eingesetzten Nachfolger. Deutsche Soldaten, tut eure Pflicht. Es gilt das Leben unseres Volkes!

Der Funkspruch an Karl Dönitz ist Joseph Goebbels' letzte Amtshandlung. Danach zieht er sich in seine Räume zurück, um letzte Ergänzungen und Korrekturen in seinen Tagebüchern vorzunehmen.

Die Insassen des Bunkers treffen Vorbereitungen für den Ausbruch. Er ist für den späten Abend vorgesehen und soll in mehreren kleinen Gruppen stattfinden. Im Schutz der Dunkelheit will man versuchen, sich durch die von der russischen Armee schon besetzten Stadtteile nach Süden oder Westen durchzuschlagen.

Werner Naumann verbringt einige Zeit bei Goebbels. Der weist ihn an, sich vor dem Ausbruch später am Abend noch zu den Mitarbeitern des Propagandaministeriums zu begeben, um sie über die aktuelle Lage in Kenntnis zu setzen und ihnen mitzuteilen, dass individuell die Möglichkeit bestehe, sich in Sicherheit zu bringen.

Naumann verabschiedet sich und begibt sich in den Keller des Propagandaministeriums. Dort trifft er Hans Fritzsche, der in seiner Abwesenheit sein Vertreter ist. Seit zwei Tagen hat er nichts mehr aus dem Führerbunker gehört. Naumann teilt ihm mit, dass der Führer nicht mehr am Leben ist. Während sie zusammensitzen, erschüttert der Artilleriebeschuss das Gebäude. Die Rote Armee will an diesem Tag den Sieg erzwingen. Unablässig gehen Berichte ein vom beispiellosen Jammer der Berliner Bevölkerung. Viele Häuser nicht nur in der Stadt sind zerbombt. Das Leben findet nur noch in Kellern, Luftschutzbunkern und U-Bahn-Schächten statt.

Fritzsche fühlt sich alleingelassen. Er hat vergeblich versucht, mit General Weidling Kontakt aufzunehmen, er wollte ihn beschwören, die Beendigung des sinnlosen Kampfes herbeizuführen. Er hat auch verschiedene Kampfgruppen in dem Viertel zwischen Gendarmenmarkt, Reichstag, Bahnhof Friedrichstraße und dem Luftfahrtministerium aufgesucht, ist von Ruine zu Ruine geschlichen, musste in Kellern zwischen verängstigten Menschen Schutz suchen. Er ist über Tote und Schwerverletzte hinweggestiegen. Er hat Soldaten und Offiziere in den Trümmern gefunden, die am Ende ihrer Kräfte waren, müde, verwundet. Trotz aller Hoffnungslosigkeit tun sie ihre Pflicht, lehnen jede Eigenmächtigkeit ab. Sie erwarten Befehle.

Während Fritzsche erzählt, verändert sich die Miene des Staatssekretärs. Es ist deutlich, dass auch Naumann das Ende vor Augen hat. Dutzende von Mitarbeitern drängen sich um ihn herum. Sie wollen hören, dass es noch eine Hoffnung gibt. Hatte er nicht erst vor wenigen Tagen davon gesprochen, »dass sich in Kürze das Bild auf dem Kampfplatz Berlin wandeln« werde, wenn sie nur tapfer die Stellung hielten? Doch Werner Naumann kommt aus dem Bunker der Reichskanzlei. Aus der Gruft. Er kann ihnen nur noch den Zusammenbruch mitteilen.

Er spricht, wie immer, hastig und im Telegrammstil: »Adolf Hitler hat gestern Nachmittag Selbstmord begangen. Dr. Goebbels liegt im Sterben. Die ganze in der Reichskanzlei befindliche Kampftruppe macht nach 21 Uhr einen Ausbruchsversuch. Er steht unter der Führung von Bormann. Die noch vorhandenen Panzer fahren voraus. Ich empfehle allen, auch den Frauen, sich diesem Ausbruch anzuschließen.«

Naumann verabschiedet sich, wendet sich zum Gehen. Fritzsche ist entsetzt. Als sie allein sind, nimmt er Naumann beiseite. »Dieser Ausbruch ist Wahnsinn«, sagt er mit kaum verhohlener Wut. »Ich bin in der Stadt gewesen. Der Krieg ist verloren. Es verlängert nur das sinnlose Blutvergießen.«

Als Naumann nichts antwortet, fährt er fort: »Seit wann haben Sie, Goebbels und Hitler uns sehenden Auges in diesen Abgrund geführt? Warum noch das Berliner Blutbad?«

Auf Werner Naumanns Gesicht malen sich widerstreitende Gefühle. Einen Moment sieht es so aus, als wollte er sich rechtfertigen, doch schließlich sagt er nur: »Ich habe jetzt keine Zeit, zu diskutieren.«

Fritzsche stemmt die Hände in die Hüften und sagt: »Dann werde ich als Zivilist und wahrscheinlich höchster Beamter in der Stadt die Kapitulation aussprechen. Und ich bin sicher, dass die Soldaten und Offiziere mir folgen werden, wenn ich ihnen erzähle, was wirklich geschehen ist.«

Naumann entgegnet kühl: »Lassen Sie uns wenigstens Zeit zum Ausbruch.«

»Nur, wenn Bormann als Chef des Werwolfs den Befehl gibt, dass keine Aktion des Werwolfs mehr ausgeführt werden darf. Denn auch die Folgen dieses Kampfes müsste das Volk ertragen, dass nun Ihre falschen Hoffnungen auf den Westen bezahlt.«

Naumann erklärt sich bereit, dies für die nächsten drei Monate zuzugestehen.

»Und dafür benötige ich Bormanns persönliche Zustimmung.«

»Dann kommen Sie mit in die Reichskanzlei«, antwortet Naumann.

Sie finden Bormann in dem zerstörten Gebäude. Er trägt Uniform und hat zum ersten Mal in seinem Leben eine Maschinenpistole umgehängt. Sein Blick ist dunkel und gehetzt. Es kommt zu einem kurzen Gespräch, und Naumann befürchtet, dass Bormann für einen Augenblick überlegt, Fritzsche niederzuschießen. Doch dann beordert er einige Männer in SS-Uniform herbei und teilt ihnen mit: »Sämtliche Werwolf-Aktionen sind einzustellen. Auch die Vollstreckung von Todesurteilen. Der Werwolf ist aufgelöst.«

Fritzsche gibt sich damit zufrieden, sieht die Vorbereitungen für den bevorstehenden Ausbruch und eilt in den Keller des Propagandaministeriums zurück. Dort haben sich inzwischen Hunderte von Menschen versammelt. Fritzsche informiert sie über die Geschehnisse der letzten beiden Tage.

Im Bunker hat Joseph Goebbels letzte Anordnungen getroffen. Naumann berichtet ihm von dem Gespräch mit Fritzsche. Von dessen Vorwürfen will er nichts hören. Er beklagt nur einmal mehr, dass der totale Krieg zu spät begonnen wurde und dass die westliche Welt in ihrer Blindheit die letzte Möglichkeit versäumt habe, die Bolschewisierung ganz Europas zu verhindern. Die sei jetzt unvermeidlich, weil Churchill und Roosevelt das nationalsozialistische Deutschland zerstört hätten, den einzigen widerstandsfähigen Machtkörper gegen die rote Gefahr.

Dann übergibt Goebbels Naumann seine Tagebücher, jede Zeile in der Überzeugung geschrieben, sie sei von historischer Bedeutung. Er sagt: »Naumann, Ihnen, mit ihrer Intelligenz und der Kriegserfahrung als Offizier, traue ich zu, sich durchzuschlagen und nach einer Kapitulation zu versuchen, unsere Ideen und Ideale mit den Personen lebendig zu halten, die keine Verräter sind.«

Werner Naumann nickt nur stumm. Er wird die Tagebücher nicht mitnehmen, sondern in einem Tresor verschließen. Derart kompromittierende Dokumente kann er bei seiner Flucht nicht brauchen. Er plant nicht, sich in der Uniform eines SS-Brigadeführers in die feindliche Welt zu begeben.

Magda Goebbels hat ihre Kinder für die Nacht fertig gemacht. Alle haben die gleichen langen weißen Nachthemden angezogen. Die Mutter redet beruhigend auf sie ein. Eine Ordonanz erscheint mit einem Tablett, auf dem eine Kanne Kakao und sechs Tassen stehen. Der Kakao ist mit einem Schlafmittel versetzt. Magda Goebbels nimmt die Kinder einzeln in den Arm und streicht ihnen über den Kopf. Keines der Kinder hat erfahren, dass Onkel Hitler nicht mehr am Leben ist. Sie lachen und plaudern wie immer.

Wie vereinbart kommt Kunz zu ihnen ins Zimmer. Magda Goebbels reicht ihm eine mit Morphium gefüllte Spritze. Die Kinder liegen schon im Bett, schlafen aber noch nicht. Magda Goebbels sagt zu ihnen: »Kinder, keine Angst, der Doktor gibt euch eine Spritze, die jetzt alle Kinder und Soldaten bekommen.«

Mit diesen Worten verlässt sie das Zimmer. Kunz spritzt jedem Kind Morphium. Dies dauert nur knapp zehn Minuten. Es ist 20.40 Uhr, als Kunz den Raum mit den drei Doppelstockbetten verlässt. Zusammen mit Magda Goebbels wartet er, bis die Kinder betäubt sind. Als sie ihn dann bittet, den Kindern das Gift zu verabreichen, verweigert Kunz dies. Er habe nicht die Kraft dazu, weil er an seine eigenen Kinder denken müsse. Darauf bittet ihn Magda Goebbels, den anderen Arzt im Führerbunker, Ludwig Stumpfegger, zu holen. Der kommt, und gemeinsam gehen Stumpfegger und Magda Goebbels in das Kinderzimmer. Jedem Kind wird eine der Zyankalikapseln, die Magda Goebbels von Adolf Hitler bekommen hat, zwischen die Zähne geklemmt. Dann presst man die Kiefer zusammen, sodass das Gift im Mund der Kinder wirken kann.

Magda Goebbels verlässt den Raum und wartet, bis auch Stumpfegger nach kurzer Zeit herauskommt und ihr stumm zunickt. Magda Goebbels geht noch einmal in das Zimmer, in dem ihre toten Kinder liegen. Günther Schwägermann sieht sie danach, grau im Gesicht, aus dem Bunkerraum kommen. Nur mit Mühe kann sie sprechen, dann bricht sie zusammen. Zwei Männer des Führerbegleitkommandos helfen ihr auf, begleiten sie in den Tiefbunker, wo Joseph Goebbels sie schon ungeduldig erwartet.

Es ist jetzt nicht mehr viel Zeit zu verlieren. Jeden Moment können die ersten Rotarmisten in der Reichskanzlei und im Führerbunker auftauchen. Goebbels nimmt seinem Adjutanten Schwägermann noch einmal das Versprechen ab, seine Leiche und die seiner Frau zu verbrennen, so, wie beim Führer geschehen. Dann nimmt Goebbels Abschied von den letzten Bunkerinsassen, die bereits darauf warten, die Stätte des Grauens verlassen zu können.

Zu Traudl Junge sagt Goebbels: »Vielleicht kommen Sie durch«, und zu Hitlers Flugkapitän Baur: »Wenn es Ihnen gelingt, Dönitz zu erreichen, dann richten Sie ihm aus, dass wir nicht nur verstanden haben, zu leben und zu kämpfen, sondern auch zu sterben.« Markige Sprüche bis zum Schluss.

Zuletzt verabschiedet sich das Ehepaar Goebbels, das Arm in Arm aus dem Zimmer getreten ist, von Werner Naumann, dem Goebbels beide Hände reicht: »Naumann, ich wünsche Ihnen, dass Sie durchkommen und weiter unsere Mission verfolgen. Sie sind wahrscheinlich der einzige wirkliche Freund, den ich gehabt habe.«

Naumann ist tief berührt, angespannt und sprachlos. Magda Goebbels ist ebenfalls nicht mehr in der Lage, auch nur ein Wort herauszubringen. Sie reicht Werner Naumann die Hand, die er schweigend küsst.

Joseph Goebbels streift sich die Handschuhe über, die er bedächtig und sehr langsam Finger um Finger glättet. Dann reicht er seiner Frau wieder den Arm, die beiden drehen sich wortlos um und gehen langsam die Treppe hinauf. Sie treten durch die Tür und schweigend vor den Bunker. Naumann und Schwägermann stehen am Fuße der Treppe. Nach kurzer Wartezeit, die ihnen unendlich lang erscheint, ertönt ein Schuss. Unmittelbar darauf ein zweiter. Werner Naumann war über den beabsichtigten Ablauf informiert. Er wusste, dass Magda eine der Giftampullen zerbeißen würde, unmittelbar bevor ihr Mann ihr die Revolverkugel in die Schläfe schießt. Und er wusste, dass Goebbels in dem Augenblick, in dem er sich selbst erschoss, ebenfalls eine Ampulle durchbeißen würde.

Schwägermann wartet einen kleinen Moment und macht sich dann daran, den letzten Befehl seines Chefs zu erfüllen. Er lässt die Leichen mit Benzin übergießen und überwacht deren Verbrennung. Die Zeit ist knapp. Sobald der Brennstoff auflodert, muss Schwägermann sofort in den Bunker. Er wird sich für den Ausbruch fertig machen.

Kampfkommandant Wilhelm Mohnke hat unterdessen den Fluchtplan festgelegt. Die einzelnen Gruppen sollen in Abständen von wenigen Minuten den Keller der neuen Reichskanzlei verlassen, über den Wilhelmplatz zur U-Bahn-Station Kaiserhof schleichen und sich von dort entlang der Untergrundbahngleise, unter den russischen Linien hindurch, zur Station Friedrichstraße bewegen. Hier sollen sie sich mit den Resten von Mohnkes Kampftruppe vereinigen und versuchen, sich über die Spree hinweg zum Stettiner Bahnhof durchzuschlagen. Von dort will man Berlin in nordwestlicher Richtung verlassen und versuchen, Anschluss an die noch kämpfenden deutschen Verbände zu finden.

Die beiden Generäle Wilhelm Burgdorf und Hans Krebs haben sich entschlossen zu bleiben. Wilhelm Burgdorf, Hitlers Chefadjutant, war soeben in den Keller des Propagandaministeriums gelaufen. Nachdem Werner Naumann erzählt hatte, dass Hans Fritzsche beabsichtige, dem sowjetischen Oberbefehlshaber die Kapitulation Berlins anzubieten, wollte er diesen zur Rede stellen. Als Burgdorf eintraf, saß Fritzsche am Schreibtisch und schrieb gerade an einem Brief, der zu Marschall Schukow gebracht werden sollte. Burgdorf, der schon den ganzen Tag dem Alkohol zugesprochen hatte, baute sich mit hochrotem Kopf und glasigen Augen vor Fritzsche auf.

»Sie wollen kapitulieren?«, fährt er ihn an.

»Ja«, antwortet Fritzsche.

»Dann muss ich Sie niederschießen. Der Führer hat in seinem Testament eine Kapitulation verboten. Es muss bis zum letzten Mann gekämpft werden.«

»Auch bis zur letzten Frau?«

Burgdorf zieht seine Pistole, doch ein hinter ihm stehender Mitarbeiter greift dem General in den Arm. Der Schuss geht in die Decke. Man kann dem Angreifer die Waffe entwenden.

Später sitzen Krebs und Burgdorf als letzte Bewohner des Führerbunkers am Kartentisch im Lageraum. Sie haben so viele Bestände an Alkohol geholt, wie sie in ihrem Leben nicht mehr bewältigen können. Offenbar wollen sie es wenigstens versuchen. Sie trinken und singen grölend. Am Ende geben sich beide die Kugel.

Die Kapitulation

General Weidling, der von Adolf Hitler am 23. April zum Kommandanten zur Verteidigung Berlins berufen worden ist, beordert die Offiziere seines Kommandos am 1. Mai um 20.30 Uhr in den Bendlerblock, um sie über die neue Lage zu informieren. Schon nach kurzer Beratung kommt es zu der einmütigen Feststellung: Ein weiterer Kampf in Berlin ist aussichtslos. Er brächte der Zivilbevölkerung nur weitere Opfer. Auch ein Ausbruch größerer Truppenteile wird als unmöglich angesehen. Weidling will daher die Initiative zu einer bedingungslosen Kapitulation ergreifen und den Kontakt zu den Sowjets herstellen. In Abstimmung mit dem Kampfkommandanten der »Zitadelle« Wilhelm Mohnke soll dies allerdings frühestens in den Morgenstunden passieren, da am heutigen Abend verschiedene von Mohnke koordinierte Ausbruchsgruppen den Bunker verlassen wollen.

Um Mitternacht wird daher ein Funkspruch in Russisch an die Rote Armee abgesetzt, mit der Bitte, das Feuer einzustellen, und der Ankündigung, dass man um 0.50 Uhr einen deutschen Parlamentär an die Brücke Bendlerstraße schicken werde, mit einer weißen Fahne als Erkennungszeichen.

Die russische Seite antwortet auf Deutsch: »Haben Sie verstanden.«

Angeboten wird von deutscher Seite die vollständige Kapitulation, um weiteres Blutvergießen zu vermeiden. Das

Einstellen der Kampfhandlungen und das Niederlegen der Waffen auf deutscher Seite werde von General Weidling für seinen Befehlsbereich befohlen, wenn die Rote Armee zusichere, dass die Rote Armee gleichfalls den Kampf einstelle; dass die Rote Armee den Schutz der Wehrlosen übernehme und Terror verhindere; dass die Kapitulation unter ehrenvollen Bedingungen erfolge.

Zu diesem Zeitpunkt erobern sowjetische Truppen den Bahnhof Zoologischer Garten, die Ost-West-Achse, also die Charlottenburger Chaussee bis zum Brandenburger Tor, die Weidendammsbrücke, die Potsdamer Brücke, den Potsdamer Platz, den Spittelmarkt und die Leipziger Straße.

Um 6 Uhr früh trifft Weidling mit zwei weiteren Generälen beim Stab des russischen Generals Tschuikow ein und erklärt, dass er den Kapitulationsbefehl gegeben habe. Er teilt noch einmal mit, dass Adolf Hitler am 30. April Selbstmord verübt habe und seine Leiche verbrannt worden sei. Im Stabsquartier Tschuikows schreibt er folgenden Kapitulationsbefehl an das Berliner Verteidigungskorps:

Befehl

Am 30.4.1945 hat sich der Führer selbst entleibt und damit uns, die wir ihm die Treue geschworen hatten, im Stich gelassen. Auf Befehl des Führers glaubt ihr, noch immer um Berlin kämpfen zu müssen, obwohl der Mangel an schweren Waffen, an Munition und die Gesamtlage den Kampf als sinnlos erscheinen lassen. Jede Stunde, die ihr weiterkämpft, verlängert die entsetzlichen Leiden der Zivilbevölkerung Berlins und unserer Verwundeten. Jeder, der jetzt noch im Kampf um Berlin fällt, bringt sein Opfer umsonst. Im

Einvernehmen mit dem Oberkommando der sowjetischen Truppen fordere ich euch daher auf, sofort den Kampf einzustellen.

Weidling
General der Artillerie und Befehlshaber
Verteidigungsbereich Berlin

In der Morgendämmerung des 2. Mai kommen auch die Parlamentäre zurück, die Hans Fritzsche ausgesandt hat. Sie konnten ihre Botschaft Marschall Schukow aushändigen. Fritzsche werde erwartet, und es wurde ihnen ein sowjetischer Oberstleutnant zur Begleitung mitgegeben.

Der Weg nach Tempelhof, den einen Tag vorher schon Oberst von Dufving und General Krebs absolviert hatten, ist noch beschwerlicher geworden. Die kleine Gruppe um Fritzsche zieht durch ein fürchterliches Trümmerfeld. Sie müssen auf dem Weg häufig die Augen schließen, weil das Übermaß der Verwüstungen, der Anblick der toten Frauen und Kinder, die grauen Gesichter, die aus Kellerlöchern hervorstarren, nicht mehr zu ertragen sind. Immer wieder treffen sie auf einige noch gut ausgerüstete junge Soldaten, die keineswegs bereit sind zu kapitulieren.

Nach mehr als zwei Stunden kommen sie am Schulenburgring an, dem Hauptquartier der Roten Armee. In der Ferne hört man das Artilleriefeuer und die Explosionen in der Innenstadt. Ein Offizier mit großen silbernen Schulterstücken fragt Fritzsche nach dem Grund seines Kommens. Fritzsche erklärt, er sei gekommen, um die Kapitulation für die Innenstadt anzubieten. Er werde sich nach erfolgter Vereinbarung an diejenigen wenden, die dort noch kämpfen.

Zu weiteren Verhandlungen kommt es jedoch nicht. Während Hans Fritzsche noch spricht, wird bekannt, dass sich soeben der letzte Kampfkommandant von Berlin, General Weidling, gefangen gegeben hat und bereit ist, die Kapitulation zu vollziehen.

Weidling wird zu diesem Zeitpunkt in einem Panzerspähwagen nach Johannisthal hinausgefahren. Dabei kann er endlos marschierende Kolonnen von Rotarmisten und Panzer und Batterien der sowjetischen Artillerie sehen. Zwischendurch geduckte Gestalten, deutsche Soldaten, die aus Häusern hervorhuschen, sowie graue und trostlose Soldaten, die bereits in Gefangenschaft geraten sind und am Straßenrand zwischen Ruinen auf ihr Schicksal warten.

Der Wagen hält vor einem ehemaligen Filmatelier. Weidling tritt müde in das Gebäude. Er vollzieht noch einmal die Geste der Kapitulation, diesmal vor den Kameras der sowjetischen Wochenschau. Jetzt spricht er den Befehl an seine Truppen, den er bereits in Tschuikows Zimmer unterzeichnet hat, in ein Mikrofon. Anschließend besteigt Helmuth Weidling erneut den Wagen, der ihn zu weiteren Vernehmungen und in die Ungewissheit der Gefangenschaft bringt.

Auch Hans Fritzsche hat an diesem Tag noch eine Aufgabe zu erledigen. Er wird ebenfalls in einem Wagen der Roten Armee in das Regierungsviertel gebracht. Im Garten der Reichskanzlei soll er die Leichen von Propagandaminister Joseph Goebbels und dessen Frau und die der Kinder identifizieren. Bei ihm sind Vizeadmiral Hans-Erich Voss, der persönliche Vertreter von Großadmiral Dönitz im Führerhauptquartier, und der Chirurg Professor Werner Haase. Die Leichen der Erwachsenen sind nicht völlig verbrannt. Die Deutschen können sie eindeutig identifizieren. Auf die Frage, an welchen Merkmalen sie die männliche Leiche erkennen würden, sagen die drei Männer unabhängig voneinander: an der Form des Schädels und des Mundes, an der Metallprothese, die Goebbels am rechten Bein trägt, am Goldenen Parteiabzeichen der NSDAP sowie den Überresten der verkohlten Parteiuniform. Die Leiche von Magda Goebbels ist stärker verbrannt, ihre Gestalt aber gut zu erkennen. Auffällig ist, dass auch sie das Goldene Parteiabzeichen der NSDAP trägt, das ihr Adolf Hitler drei Tage vor seinem Selbstmord überreicht hatte. Außerdem findet man bei der Untersuchung der Frauenleiche ein Zigarettenetui, auf dessen Innenseite das Monogramm »Adolf Hitler – 29.10.1934« eingraviert ist. Vizeadmiral Voss kann sich daran erinnern, dass dieses Etui in den letzten drei Wochen von Magda Goebbels benutzt wurde.

Hans Fritzsche ist erschüttert. Besonders der Anblick der sechs Kinder, die bis zuletzt immer so fröhlich waren, macht ihm zu schaffen. Goebbels' Adjutant Schwägermann hat es nicht übers Herz gebracht, die Kinderleichen in ihren weißen Nachthemden mit Benzin zu übergießen. Daher sind sie weitestgehend unversehrt geblieben. Sie sehen aus, als schliefen sie und könnten jeden Moment aufwachen.

Der Ausbruch

Die Reichskanzlei und der Führerbunker werden durch etwa achthundert Soldaten und Offiziere der Leibstandarte Adolf Hitler gesichert. Alles SS-Männer, die das Leben ihres Führers schützen und das Regierungsviertel verteidigen sollen. Wilhelm Mohnke, Brigadeführer und Generalmajor der Waffen-SS, war in der Nacht zum 23. April 1945 von Adolf Hitler zum Befehlshaber über die Verteidigungskräfte des Regierungsviertels ernannt worden. Die Kampfgruppe Mohnke besteht aus neun Bataillonen. Nach dem Tod von Adolf Hitler und Joseph Goebbels ist auch Mohnke zu dem Schluss gekommen, dass der Krieg nicht mehr zu gewinnen ist. Es kommt jetzt nur noch darauf an, Panik und Chaos zu vermeiden. Mit Helmuth Weidling hat er besprochen, dass er seine Offiziere am 1. Mai um 21 Uhr zusammenrufen soll. Laut Befehl von Kampfkommandant Weidling sei die Verteidigung überall einzustellen. Aber man könne versuchen, den Einschließungsring der Roten Armee gruppenweise zu durchbrechen. Mohnkes Besprechung mit den ermüdeten Offizieren führt zu allgemeiner Niedergeschlagenheit. In dem dunklen und rauchenden Ruinenfeld rings um die Reichskanzlei herrscht Ruhe. Nur vereinzelte Schusswechsel sind zu hören.

Jetzt, wo Hitler tot ist, wird das Führerhauptquartier nicht mehr als Kampfzentrale betrachtet. Es ist nunmehr ein höchst gefährlicher Aufenthaltsort. Alle fürchten die Rache der Sieger und sinnen auf eine Möglichkeit, ihr zu entgehen.

In der relativen Kampfruhe des 1. Mai besteht vielleicht die Gelegenheit, sich draußen in den Ruinen, Trümmern und U-Bahn-Fluchten zu verbergen.

Ab 23 Uhr versuchen Trupps von SS-Leuten aus dem von Elitegruppen der Roten Armee umzingelten Regierungsviertel in kleinen Gruppen herauszukommen. Es entwickeln sich heftige Gefechte. Die meisten deutschen Soldaten werden erschossen oder gefangen genommen.

Für den inneren Kern der Hitler-Vertrauten, der Prominenten und der engeren Mitarbeiter des Führers, hat Mohnke eine Gruppeneinteilung vorgenommen und den Fluchtplan festgelegt.

Der Plan sieht mindestens sechs Gruppen zu etwa zwanzig Personen vor. Die erste Gruppe will Mohnke selbst übernehmen. Dazu gesellen sich Hitlers Adjutant Günsche, Botschafter Walther Hewel, Vizeadmiral Voss, dann Hitlers Sekretärinnen Gerda Christian und Traudl Junge, Bormanns Sekretärin Else Krüger und Hitlers Köchin Constanze Manziarly. Für die Führung jeder Gruppe ist von Mohnke ein erfahrener Offizier mit Kampferfahrung ausgewählt worden. Die zweite Gruppe soll SS-General Hans Rattenhuber, der Leiter des Reichssicherheitsdienstes, führen. Die dritte Gruppe Werner Naumann, der ebenfalls über Kriegserfahrung als Offizier verfügt. Dieser Gruppe will sich auch Martin Bormann anschließen sowie Chefpilot Baur, der die Mission hat, Bormann und Naumann zu Großadmiral Dönitz auszufliegen, wenn ein Flugzeug beschafft werden kann. Für jede Gruppe sind ebenfalls Ärzte eingeplant, die Frauen werden gleichmäßig verteilt. Genauso die Adjutanten, die sämtlich auch als SS-Leute der Leibstandarte angehören. Mohnke hat vorgesehen, dass die Gruppen die Reichskanzlei in einem zeitlichen Abstand von zwanzig bis dreißig Minuten verlassen, den Wilhelmplatz überqueren und dann in der U-Bahn-

Station Kaiserhof den U-Bahn-Schacht erreichen, um zunächst in östlicher Richtung auf den Gleisen bis zur Station Stadtmitte zu marschieren. Von dort verläuft die vorgesehene Route unter der Friedrichstraße, also nach Norden zum Bahnhof Friedrichstraße, dann im U-Bahn-Tunnel unter der Spree durch zum Stettiner Bahnhof im Wedding. Dort hofft Mohnke, den russischen Ring um die »Zitadelle« hinter sich zu lassen und weiter nach Nordwesten gelangen zu können. Als weiteres Ziel ist ein Waldgelände bei Schwerin vorgesehen. Von dort soll es nach Schleswig-Holstein weitergehen, in das Hauptquartier von Karl Dönitz. Dort müssen dem neuen Oberbefehlshaber der Wehrmacht die von Hitler und Goebbels unterzeichneten Dokumente übergeben werden.

Die Gruppen sind völlig unzureichend ausgestattet. Es gibt keine Funkgeräte und auch kaum Taschenlampen, die für die U-Bahn-Schächte und Luftschutzanlagen notwendig wären. Auch verfügen sie kaum über Waffen. So trägt der Kampfkommandant lediglich eine Pistole sowie eine Maschinenpistole und etwas Munition für beide Waffen mit sich.

Gegen 21 Uhr verlässt Mohnke seinen bisherigen Befehlsstand neben dem Lazarett und begibt sich in die Garagenhalle der Reichskanzlei, wo sich die rund hundertfünfzig Fluchtwilligen marschbereit eingefunden haben, und erteilt letzte Instruktionen. Schenck soll sich insbesondere auch um die Frauen kümmern, die sich Uniformjacken, Hosen und feste Stiefel angezogen haben. Schließlich gibt der Kommandant den Befehl, die Kellerfenster zu öffnen, und klettert unterhalb des Führerbalkons auf den mit Trümmerbrocken übersäten Bürgersteig der Wilhelmstraße hinaus. Der Ausbruch hat begonnen.

Nach zwanzig Minuten macht sich die Gruppe Rattenhuber auf den Weg. Weitere zwanzig Minuten später ist die

Gruppe um Werner Naumann an der Reihe. Die beiden Selbstmörder im Bunker, Adolf Hitler und Joseph Goebbels, haben ihn beschworen, die Gedanken des Nationalsozialismus in die Nachkriegszeit zu tragen. Dafür muss er aber erst einmal überleben. Im Gepäck hat Bormann das Original des Testaments von Adolf Hitler, das er in seine Uniform hat einnähen lassen.

Durch das Loch im Mauerwerk gelangen sie auf den Wilhelmplatz und kommen unbehelligt zur U-Bahn-Station Kaiserhof. Im Tunnel nehmen sie schmerzlich das Fehlen von Taschenlampen zur Kenntnis. Sie müssen sich vorsichtig auf den Gleisen vorwärtstasten. Es ist geplant, denselben Weg wie die Gruppen Mohnke und Rattenhuber einzuschlagen, doch der Kontakt zu beiden ist abgerissen, und so verpassen sie an der Station Stadtmitte die Abzweigung nach Norden zum Bahnhof Friedrichstraße. Sie verlassen den U-Bahn-Tunnel an der Station Hausvogteiplatz und stolpern über den von brennenden Ruinen gesäumten Gendarmenmarkt.

»Wir sind verkehrt. Wir müssen zurück«, ruft Werner Naumann seiner Gruppe zu, und schon rennen sie zur Friedrichstraße und von dort über die Kreuzung Unter den Linden in Richtung Weidendammsbrücke. Die Nacht ist erhellt durch brennende Häuser und Barrikaden. Sie erkennen, dass auf der nördlichen Seite der Brücke, etwa drei Häuserblocks entfernt, eine Panzersperre und weitere einhundert Meter dahinter brennende Fahrzeuge stehen. Dort vermuten sie die russischen Linien. Überall liegen Leichen herum – deutsche Soldaten, Rotarmisten, französische und skandinavische SS-Freiwillige, Zivilisten. Hier haben erbitterte Kämpfe stattgefunden. Und wieder setzt Artilleriebeschuss ein, man hört Maschinengewehre, Granatwerfer und Panzerabwehrkanonen. Offenbar haben die Russen erkannt, dass einzelne deutsche Kampfgruppen versuchen, über diese Brücke aus dem abgeriegelten Regierungsviertel herauszukommen. Unter diesen Bedingungen löst sich die Geschlossenheit der Gruppe. Es bilden sich Einzeltrupps. Bei Naumann bleiben Bormann, Stumpfegger und Baur.

Die Panzersperre blockiert den direkten Weg nach Nordwest durch die Friedrichstraße, die einige Hundert Meter nördlich der Weidendammer Brücke zur Chausseestraße wird. Allerdings wissen die Rotarmisten nicht, dass die vor ihnen hastenden Schatten prominente Ausbrecher aus der Reichskanzlei sind. Der Weg zum angestrebten Lehrter Bahnhof ist von hier, dem Schiffbauerdamm, nur etwa eineinhalb Kilometer entfernt. Doch die vier Männer verbergen sich erst einmal einen Häuserblock von der Brücke entfernt in einem Keller. Baur verliert die Geduld und sagt: »Wir sollten die Lage erkunden und herausfinden, ob wir in Richtung Osten weitermarschieren können.«

Als er sich anschickt zu gehen, reagiert Bormann ungewohnt ängstlich, fast panisch: »Baur, bleiben Sie hier, sonst werden Sie getroffen! Wir brauchen Sie noch. Sie sehen doch selbst, wie viele Verwundete hierher zurückkommen.«

»Aber es ist doch Schwachsinn, hier zu bleiben. Noch ist es dunkel, und wir können uns unbemerkt bewegen«, entgegnet Naumann.

Kurz darauf klettern die vier Männer über die noch warmen Trümmer des einstigen Atlas-Hotels und laufen zurück zur Ziegelstraße. Aber dort schießen die Russen mit Maschinenpistolen. Also taumeln sie wieder in einen Keller, der schon völlig überfüllt mit stöhnenden Verwundeten ist, zumeist Zivilisten. Die haben zum Teil schreckliche Bauchverletzungen. Die meisten sind Frauen, die Männer entweder sehr alt oder sehr jung.

Gegen 2.30 Uhr verlässt die Gruppe den Keller wieder.

Die Männer schleichen an einer Mauer entlang und geraten in ein Panzergefecht. Bormann und Baur werden durch die Druckwelle eines feuernden Panzers zu Boden geschleudert. Alle vier suchen in dem Eingang eines halb zerstörten Mietshauses Schutz. Baur übernimmt erneut die Rolle des Kundschafters. Er schleicht die Treppe hoch, sieht aus dem Fenster im Flammenschein brennende Fahrzeuge und mindestens zwanzig Rotarmisten. Er stürzt hinunter und ruft: »Sie brauchen nur noch durch die Hintertür zu kommen, dann haben sie uns. In einer Stunde ist es hell. Wir müssen zusehen, dass wir weiterkommen.«

Sie verharren noch geraume Zeit. Dann entscheiden sie, nach Westen an der Spree entlangzulaufen. In Abständen von etwa dreißig Metern rennen Naumann, Bormann, Stumpfegger und Baur die Ziegelstraße entlang, die sich unter heftigem Feuer befindet. Baur wirft sich auf den Boden und wartet, bis das Gefecht abgeflaut ist. Danach sieht er die anderen drei nicht mehr. Er trifft andere Offiziere und Soldaten, mit denen er weiter die Spree entlangläuft. Doch Maschinengewehrfeuer treibt sie wieder zurück. Jetzt versuchen sie es entlang der S-Bahn-Linie. Sie werden vom Reichstagsgebäude und aus den Ruinen ringsherum beschossen. Am Lehrter Bahnhof gerät Baur in einen Hofeingang. Sekunden später geht er zu Boden – von mehreren Kugeln aus einer sowjetischen Maschinenpistole getroffen. Er ist an beiden Beinen und der Brust schwer verwundet. Deutsche Soldaten schleppen den vor Schmerzen Schreienden in ein brennendes Haus. Nach mehreren Stunden voller Qual wird Baur von deutschen Gefangenen, die auf russischen Befehl den Schauplatz des nächtlichen Gefechts aufräumen, entdeckt und zu einem Verwundeten-Sammelplatz in der Invalidenstraße geschafft. Dort fragt ihn ein deutscher Polizist, der die Personalien der Verwundeten aufnimmt, nach seinem

Namen und Dienstgrad. Und Baur antwortet ehrlich: »Ich bin Generalleutnant Hans Baur, Adolf Hitlers Chefpilot.« Was ihm zwölf Jahre lang im Deutschen Reiche alle Türen geöffnet hätte, hat jetzt den gegenteiligen Effekt. Die sowjetischen Offiziere werden unverzüglich darüber informiert und Hans Baur wird unter besonderen Arrest gestellt. Wegen seiner schweren Verletzungen wird er aber erst einmal in ein Militärhospital nach Posen gebracht. Dort amputiert ihm ein deutscher Arzt das rechte Bein.

Bormann ist indessen mit Naumann, Stumpfegger und nun auch Goebbels' Adjutanten Schwägermann aus einem Bombentrichter in der Nähe der Weidendammer Brücke aufgebrochen. Artur Axmann und dessen Adjutant Gerd Weltzin gesellen sich hinzu. Die Gruppe, der sich noch sechs weitere Personen angeschlossen haben, läuft zum Bahnhof Friedrichstraße zurück. Dort klettert sie auf die Bahngleise und rennt in Richtung Lehrter Bahnhof, der inzwischen in sowjetischer Hand ist. Aus den Ruinen der umliegenden Häuser wird die Gruppe fortwährend beschossen.

Die Männer erreichen die Brücke über dem Friedrich-List-Ufer, die direkt in den Lehrter S-Bahnhof führt. Einige springen sofort hinunter. Zu ihrem Schrecken lagert dort ein ganzer Zug Rotarmisten, direkt unter der Brücke. Sofort werden sie umringt. Zu ihrer Überraschung verkünden diese erfreut: »Gitler kaput, Krieg aus!«

In gebrochenem Deutsch beginnen die Rotarmisten mit ihnen zu palavern. Besonders Artur Axmann mit seiner Armprothese fasziniert die Russen. Alle wollen sie einmal anfassen. Offenbar halten sie die Deutschen für harmlose Volkssturmmänner, von denen viele durch die Stadt laufen. Sie bieten ihnen großmütig Papirossa-Zigaretten an. Die Situation ist völlig entspannt. Bormann droht dennoch die Nerven zu verlieren. Plötzlich entfernt er sich mit

Stumpfegger langsam vom Rest der Gruppe. Dann fangen beide panikartig an zu rennen. Das entgeht den Rotarmisten nicht. Die russischen Soldaten rennen hinter Bormann und Stumpfegger her. Naumann, Axmann, Weltzin und Schwägermann nutzen die Situation und entfernen sich – ohne zu rennen – in Richtung Invalidenstraße, wo sie sich in den Trümmern eines Hauses verstecken.

Danach fällt die Gruppe auseinander. Jeder versucht sich allein durchzuschlagen.

Als Axmann und sein Adjutant eine halbe Stunde später an der Straßenbrücke stehen, die die Fernbahnlinie zum Lehrter Bahnhof überquert, sehen sie zwei Körper an der Brückenmauer. Es sind Martin Bormann und Stumpfegger, die dort mit dem Gesicht nach oben liegen. Axmann beugt sich über sie. Ihre Gesichter sind bleich im Mondlicht. Er entdeckt kein Anzeichen einer Verwundung. Er hält sie zunächst für bewusstlos oder für schlafend. Aber sie atmen nicht. Axmann richtet sich auf. Vermutlich haben sich die beiden mit den mitgeführten Blausäurekapseln vergiftet. Aus Angst, von den Russen verhaftet und enttarnt zu werden. Axmann und Weltzin ziehen weiter, um sich in Sicherheit zu bringen. Sie begegnen kurz später noch einmal kurz Naumann und den beiden Adjutanten, und Axmann berichtet von dem Fund der leblosen Bormann und Stumpfegger. Dann ziehen sie in verschiedene Richtungen weiter.

Artur Axmann ist in Berlin aufgewachsen und hat hier lange gelebt. Das ist ein Vorteil, auch wenn die Stadt kaum wiederzuerkennen ist. Er entledigt sich des Ledermantels, den er mitgenommen hat. Er ist zu leicht als Kleidungsstück eines Offiziers und SS-Mannes zu erkennen. Unterwegs kampieren sie bei Bekannten, und Artur Axmann schafft es, im Wedding Kontakt zu seiner Familie aufzunehmen.

Es erweist sich, dass nicht die militärische Erfahrung der

wesentliche Faktor für das Überleben ist. Wichtig sind Ortskenntnisse und Beziehungen – und natürlich Glück.

Wie eng Glück und Unglück zusammenliegen können, zeigt sich, als Axmann im Wedding versucht, eine frühere Arbeitskollegin seiner Mutter aufzusuchen. Weltzin soll mit ins Haus kommen, zieht es aber vor, im Hauseingang zu warten. Die Bekannte der Mutter ist nicht da, also klingelt Axmann bei der Nachbarin. Die Frau öffnet und erschrickt. »Was, Sie hier, kommen Sie schnell rein!« Axmann setzt sich in der warmen Küche an den Tisch und schläft nach kurzer Zeit ein. Bald wird er wieder geweckt. »Man weiß, dass Sie hier im Hause sind. Sie können nicht bleiben. Die Russen stecken uns dann das Haus in Brand«, sagt die Nachbarin besorgt. Axmann bedankt sich und geht.

Im Flur stehen Hausbewohner zusammen und tuscheln. Axmann hört deutlich: »Der Reichsjugendführer ... bei uns im Haus ... wenn die Russen dahinterkommen ... die bringen uns um ... liefern wir ihn aus.« Noch haben sie ihn nicht bemerkt. Doch Axmann sagt: »Der, den ihr sucht, das bin ich. Ich bin unter euch groß geworden und habe meine Pflicht erfüllt.« Schweigen, alle blicken auf seinen Verband. Der Blockwart tritt hinzu und führt ihn über den Hinterausgang auf die Straße. Axmann fragt nach seinem Adjutanten. »Den haben eben die Russen kassiert«, bekommt er zur Antwort.

Und wo ist Werner Naumann zu diesem Zeitpunkt?

Naumann hat von Beginn an seine eigenen Pläne verfolgt. Seit für ihn im Februar 1945 abzusehen ist, dass der Krieg nicht den erwünschten Verlauf nehmen wird, hat er damit begonnen, Vorbereitung zu treffen. Er hat Verbindungen geknüpft und Depots eingerichtet, außerhalb von Berlin. Auch deswegen war er so oft mit dem Motorrad unterwegs. Nachdem die Restgruppe sich von Axmann und Weltzin getrennt hat, ist sie weiter in Richtung Lehrter Bahnhof geschlichen. Die nächsten Tage verbirgt Naumann sich mit Schwägermann und Goebbels' ehemaligem Fahrer Rach in einem westlich des Lehrter Bahnhofs gelegenen Lagerraum. Naumann ist einer der wenigen, die unbeschadet aus Berlin herauskommen, nachdem sich die Lage in den nächsten Tagen beruhigt hat.

Hilfreich für Werner Naumann ist sicherlich, dass Falschmeldungen über seinen Verbleib verbreitet werden. So berichtet der Sender Prag I am 7. Mai 1945, als die Rundfunkstation noch in deutscher Hand ist, solange sich Feldmarschall Schörner in Böhmen hält, dass zusammen mit Hitler und Goebbels in Berlin auch Reichsleiter Bormann, Staatssekretär Naumann, die Generäle Krebs und Burgdorf in deutscher Mannestreue kämpfend den Tod gefunden hätten.

Am »Schloss«

Der riesige Lehrter Bahnhof – seiner prunkvollen Architektur wegen auch »das Schloss« genannt – liegt in Trümmern. Zwar ist die repräsentative Front des Bahnhofsgebäudes stehen geblieben, aber das Dach der fast zweihundert Meter langen Bahnhofshalle ist von zahllosen Bombentreffern durchlöchert. Das weitläufige Gelände der Schuppen und Lager bietet ein Bild der Verwüstung. Hier, in einem noch intakten kleinen Betriebsgebäude im Westen des Areals, haben Werner Naumann, Günther Schwägermann, der Adjutant Goebbels', und Günther Rach, Goebbels' Fahrer, Unterschlupf gefunden. Schwägermann und Rach gehören beide der Leibstandarte SS Adolf Hitler an. Sie sind etwas jünger als Naumann, knapp dreißig, und bewundern den engsten Mitarbeiter ihres Chefs beide. Sie wissen von seinen Heldentaten im Krieg. Auch seine Zugehörigkeit zur Waffen-SS verbindet sie.

In dem kleinen Gebäude befinden sich Büros mit einfachen Tischen und Bürostühlen. Im oberen Stockwerk gibt es zwei Aufenthaltsräume mit Spinden für die Beschäftigten. Außerdem eine nicht funktionierende Toilette sowie jede Menge Gerümpel. Sie finden alte Arbeitsjacken und ein paar Decken, die sie sich dankbar umlegen. Die Nacht ist kühl.

An einem der Schreibtische sitzend, überlegen sie, wie sie weiter vorgehen wollen. Rach, der in Berlin wohnt, sieht Naumann an und erklärt: »Ich habe mit meiner Frau eine Wohnung in der Charlottenburger Straße. Das Haus ist unzerstört, wenn inzwischen nichts passiert ist. In der Nähe einer Flakbatterie. Als Günther und ich Frau Goebbels und die Kinder in den Bunker geholt haben, hat Frau Goebbels die Bediensteten freigestellt und ihnen angeboten, von den Vorräten alles mitzunehmen, was sie transportieren können. Ich sollte später auch aus Schwanenwerder noch einiges abholen. Das habe ich gemacht. Teile davon habe ich in unsere Wohnung geschafft. Ich kann heute Nacht noch versuchen, dorthin zu gehen, und mit Lebensmitteln in einem Rucksack zurückkommen.«

»Gute Idee«, sagt Naumann und nickt. »Wie sieht es bei Ihnen im Haus aus? Irgendwelche Denunzianten?«

»Glaube ich nicht. Es gab immer eine nationalsozialistische Grundstimmung.«

Naumann nickt erneut. »Sehr gut. Ich gehe davon aus, dass Sie in Berlin bleiben wollen?«

»Ja. Und ich kann schauen, ob bei uns in der Wohnung vorübergehend Platz ist.«

Naumann wendet sich an Schwägermann. »Was halten Sie davon?«

Der zuckt die Schultern. »Warum nicht? Bis die Lage sich hier ein wenig beruhigt hat, werde ich noch bleiben. Dann will ich mich nach München durchschlagen, zu meiner Frau.« Er hebt die Augenbrauen. »Und Sie, Herr Dr. Naumann? Wie sehen Ihre Pläne aus?«

»Ich will versuchen, in die Nähe von Potsdam zu kommen«, antwortet Naumann knapp. Obwohl er den beiden Männern vertraut, ist er nicht gewillt, sie in seine Pläne einzuweihen. Also lenkt er das Gespräch auf andere Themen.

Draußen ist es ruhig, nur vereinzelt sind in der Ferne Schüsse zu hören. Dann ertönt in unmittelbarer Nähe plötzlich Männergesang. Feiernde Sowjets. Das Gespräch der drei Deutschen bricht abrupt ab. Sie lauschen, doch die grölenden Soldaten ziehen weiter. Kurz danach ist wieder alles still.

Naumann und Schwägermann beschließen, sich schlafen zu legen. Sie verabschieden Rach, der zur Charlottenburger Straße aufbrechen will. Er verspricht, morgen Vormittag wieder zurück zu sein.

Naumann und Schwägermann gehen nach oben, bauen vor der Treppe Hindernisse auf, deren Beseitigung Lärm verursachen würde. Dann richten sie sich mit Decken und Jacken zwei Schlafstätten ein. Während Günther Schwägermann vor Erschöpfung bald einschläft, liegt Werner Naumann noch lange wach. Die Ereignisse der letzten Tage waren wie ein Albtraum. Noch immer hat er die sechs Goebbels-Kinder in ihren weißen Nachthemden vor Augen. Er muss an seine eigenen Kinder denken. Er hat dafür gesorgt, dass seine Frau Ursula im Februar 1942 mit den damals vier Kindern zu ihren Eltern nach Breslau zog. Berlin war durch die alliierten Angriffe zu gefährlich geworden. Naumann hat seinem Chef Joseph Goebbels auch in dieser Hinsicht nachgeeifert. Er ist jetzt Vater von fünf Kindern. Seine älteste Tochter Heidi wurde noch vor dem Krieg am 24. Februar 1939 geboren. 1940 folgte ein Sohn, Klaus-Peter, dann zwei Töchter, Zwillinge. Zurzeit ist seine Frau erneut schwanger. Naumann hat sie und die Kinder seit Februar nur einmal gesehen. Wie er überhaupt seit Jahren kaum noch zu Hause war. Erst war er an der Front, dann lange Zeit im Lazarett, dann begann seine Arbeit im Propagandaministerium, die ihn voll und ganz in Beschlag genommen hat, und jetzt die Zeit im Führerbunker. Materiell kann die Familie nicht klagen. Während des Krieges haben sie ein komfortables Haus in Babelsberg bezogen. Naumann liebt sein Frau Ursula und die Kinder, aber seine Leidenschaft gehört der Politik, der nationalsozialistischen Idee, dem Führer. Und zur Triebabfuhr konnte er sich, ähnlich wie sein Chef, der vielen jungen Frauen unter den Mitarbeiterinnen bedienen, die den schneidigen, hochgewachsenen, noch immer jungen Mann in seiner Uniform überaus attraktiv fanden.

***

Als Werner Naumann am nächsten Morgen erwacht, ist es 6.30 Uhr. Draußen wird es hell. Es sind keine Kampfgeräusche zu hören. Günther Schwägermann ist bereits aufgestanden und schaut aus den Fenstern hinaus, um die Umgebung zu inspizieren. Auf dem Betriebsgelände ist nichts Auffälliges festzustellen.

Um acht Uhr kommt Günther Rach zurück. Sie haben ihn durchs Fenster erspäht, als er in Arbeitskleidung mit einem großen Rucksack um die Ecke biegt. Er ist sichtlich erschüttert.

»Es ist grausam, was man draußen zu sehen bekommt«, sagt er, als er die Treppe ins obere Stockwerk erklimmt. »Das Hanseviertel ist fast völlig ausgelöscht worden. Alle Häuser in Schutt und Asche, überall zerstörte Autos, Fuhrwerke. Die Straßen sind aufgerissen, alle Oberleitungen zerfetzt, die Bäume sind nur noch zersplitterte Stümpfe … Berlin gleicht einer Geisterstadt.« Rach holt tief Luft, muss sich setzen.

»Und bei dir zu Haus?«, fragt Schwägermann.

»Alles so weit in Ordnung. Meine Frau lebt, das Haus ist unzerstört. Allerdings sind zwei Nachbarn in Russland gefallen, einer ist in Gefangenschaft geraten. Die Frauen halten zusammen. Unterwegs bin ich vielen Menschen begegnet. Sie sind hoffnungslos und resigniert, voller Angst und Argwohn.«

Noch vor wenigen Tagen wären seine Worte als »Wehrkraftzersetzung« eingestuft und mit dem Tod geahndet worden, doch die Zeit der Durchhalteparolen ist ein für alle Mal vorbei.

Rach öffnet seinen großen Rucksack. Für ihre Verpflegung hat er eine Thermosflasche eingepackt, ein Brot, von seiner Frau gebackene Pfannkuchen sowie einen verschließbaren Topf mit Suppe. Dazu Streichhölzer und ein Mehrzweckmesser. Für Naumann holt er außerdem Zivilkleidung hervor. Danach blickt er unsicher erst Schwägermann, dann Naumann an und sagt: »Wie es aussieht, ist bei uns in der Wohnung nur noch für eine Person Platz.«

Naumann winkt ab. »Kein Problem, Rach. Ich will nur noch zwei Tage hierbleiben. Ich wäre Ihnen sehr verbunden, meine Herren, wenn Sie mich in dieser Zeit noch unterstützen könnten. Sie, Rach, könnten mir helfen, die Lage in der unmittelbaren Umgebung zu sondieren. Ich habe die Möglichkeit, eine Unterkunft aufzusuchen, die an der Havel liegt.«

»Selbstverständlich, Herr Dr. Naumann, natürlich helfen wir Ihnen dabei. Es ist allerdings nicht sinnvoll, mit einem Motorrad oder einem Auto dort hinzufahren. Alle Straßen werden von den Russen kontrolliert. Aber die Strecke müsste gut zu Fuß zu bewältigen sein.«

Rach verspricht Naumann, ihn mit Kartenmaterial zu versorgen. Dann trinken sie den Tee, für den Rach auch drei Becher mitgebracht hat.

Anschließend zieht Werner Naumann sich um. Er fühlt sich eigenartig in der Zivilkleidung. Im Spiegelbild der reflektierenden Fensterscheiben erblickt er einen unrasierten Fremden. Die Verwandlung ist vollkommen. Danach begibt er sich mit Rach nach draußen, um das Gelände zu erkunden.

Sie bewegen sich vorsichtig von Gebäude zu Gebäude. Auf dem Bahnhofsgelände hält sich viel Volk auf. Schon in den letzten Tagen hatte Rach in Berlin Flüchtlingsströme aus dem Osten gesehen, die sich insbesondere um die Bahnhöfe herum niedergelassen hatten. Nach dem Ende der Kampfhandlungen sind inzwischen noch unzählige Wehrmachtsangehörige hinzugekommen und gewiss auch Deserteure. Man muss auf der Hut sein.

Rotarmisten kann Naumann nirgendwo erblicken. Aber es ist nur eine Frage der Zeit, bis die Besatzer anfangen werden, die Stadt systematisch zu durchforsten, und vermutlich werden sie hier in der Nähe des Reichstages und des Regierungsviertels damit anfangen.

Als die beiden Männer von ihrem Erkundungsgang zurückkommen, ist Schwägermann gerade dabei, die Suppe auf einem Gaskocher zu erhitzen, den er gefunden hat. Kurz darauf löffeln sie ihre erste warme Mahlzeit nach zwei Tagen.

Naumann muss daran denken, dass er noch im Februar seine schwangere Frau und die vier Kinder nach Alerheim in Bayern gebracht hatte, südlich von Nürnberg. Es ist ein verdammt langer Weg. Aber er hat gelernt, einen Schritt nach dem anderen zu gehen. Auch jetzt richtet er seine ganze Energie erst einmal auf die nächste Etappe.

Während sie noch essen, wendet sich Schwägermann ihm zu: »Herr Dr. Naumann, Sie haben den Chef immer darin bestärkt, Reden zu halten, die uns zum Standhalten aufgefordert haben, die uns glauben machen sollten, dass wir diesen Krieg gewinnen werden. Dass es noch die Wunderwaffen im Hintergrund gibt, den Werwolf, der zum Einsatz kommt. Haben Sie das wirklich geglaubt, oder haben Sie es doch nur gehofft?«

Naumann ist empört. Er will den Jüngeren gerade anfahren, dass er sich defätistische Reden dieser Art verbitte – als ihm zu Bewusstsein kommt, in welcher Situation er sich befindet. Mit möglichst gleichmütiger Stimme antwortet er daher: »Nun, die Möglichkeit der Wende hat es sicherlich gegeben. Aber militärisch haben sich verschiedene Optionen nicht erfüllt. Die Stärke unserer Armee war auf dem Papier größer als in der Realität. Was soll Propaganda denn tun? Sagen, dass alles keinen Zweck mehr hat? Es war unsere Aufgabe, der Bevölkerung Mut zu machen, statt sie in Agonie fallen zu lassen. Und für den Fall, dass es zu Friedensverhandlungen kommen würde, brauchten wir Erfolge und eine Situation der Stärke. Die hat sich leider nicht eingestellt.«

Das ist nur die halbe Wahrheit. Die Tatsache, dass Naumann im Februar seine Familie, die er aus Breslau zurück nach Babelsberg geholt hatte, nun vor den unmittelbar vor Berlin stehenden Rotarmisten schützen wollte und sie nach Bayern brachte, war ein eindeutiges Indiz dafür, dass er selbst nicht mehr mit einem Sieg rechnete. Am 23. März hatte er in einer Rede im Hofbräuhaus gesagt: »Sollte meine Welt, die Welt der Gerechtigkeit, nicht siegen – in der Welt meiner Feinde, in einem jiddischen Deutschland, ist für mich, meine Frau und meine vier Kinder kein Platz.«

In der ersten Zeit im Führerbunker stand für Naumann fest, dass er dem Führer notfalls bis in den Tod folgen würde. Doch dann kam die Ernennung zum Propagandaminister – und Hitlers Händedruck und seine Worte zum Abschied: »Naumann, Sie wissen, wie sehr ich Sie schätze. Ich setze auf Sie, dass Sie diesen Bunker verlassen und den nationalsozialistischen Geist nach draußen tragen!«

Dies hat alles geändert. Jetzt gilt es, um jeden Preis zu überleben. Denn es ist an ihm, Werner Naumann, die Kräfte zu sammeln, die nicht bereit sind, den Bolschewisten die neue Zeit kampflos zu überlassen.

Sein Wille ist ungebrochen. Er bittet Rach, ihm festes Schuhwerk zu besorgen. Für einen längeren Fußmarsch sind seine teuren Staatssekretärs-Schuhe kaum geeignet.

Die erste Etappe

Am Morgen, es ist kurz nach fünf, glaubt Naumann, draußen Geräusche zu hören. Vorsichtig sieht er aus dem Fenster und nimmt Bewegung wahr. Offensichtlich handelt es sich um Personen, die einen Unterschlupf suchen. Vielleicht Flüchtlinge oder Ausgebombte. Es ist der 4. Mai. Sein Ziel ist es heute, in das Haus seines Freundes Dr. Heinz Gutzeit zu gelangen, hinter Potsdam, am Schwielowsee. Er hat ihn kennengelernt, als er in Breslau schwer verwundet im Krankenhaus lag. Dr. Gutzeit war sein behandelnder Arzt. Jetzt arbeitet er im St.-Josefs-Krankenhaus in Potsdam. Gutzeit ist Parteigenosse und SS-Mann, einer der wenigen wirklichen Freunde, die er hat. Anfang März hat Naumann nicht nur seine Frau und die Kinder nach Süddeutschland gefahren, sondern auch einen Karton mit wichtigen Unterlagen und einen Koffer mit Kleidung in das Haus des Arztes gebracht.

Günther Rach erscheint um acht Uhr. »Es ist Bewegung in der Stadt«, sagt er beim Eintreten. Rach hat wieder Tee mitgebracht und sie beraten die Lage. »Am besten kommen Sie mit in meine Richtung. Es führt noch eine Brücke über die Havel. Wir müssen gucken, ob die von den Russen gesichert ist. Bis dahin können wir mit Ihnen gehen, bis kurz vor Spandau. Dahinter gibt es viele Kleingärten und größere Waldflächen.«

Wenig später machen sie sich auf den Weg. Der Anblick der Stadt ist niederschmetternd. Ruinen, so weit das Auge reicht. Ausgebrannte Kraftfahrzeuge säumen die Straßen, durch die ausgemergelte, verdreckte Menschen schleichen, eilen, humpeln. Immerhin – auf Rotarmisten treffen die drei Männer nicht. Ohne Zwischenfälle erreichen sie Charlottenburg. Hier trennt sich Naumann von seinen beiden Begleitern. Rach hat ihm einen Plan mitgebracht, auf dem eingezeichnet ist, wo in Spandau noch eine Brücke über die Havel führt. Der Abschied fällt knapp aus. Sie wünschen Werner Naumann alles Gute, und er ihnen ebenso. Jeder von ihnen weiß, welche Gefahren auf sie warten.

Werner Naumann schreitet in der nächsten Stunde zügig aus. Er findet die Brücke über die Havel. Sie ist noch passierbar und wird nicht von den Russen kontrolliert. Naumann strebt auf den Königswald mit den Havelseen zu. Er kennt das Gebiet. Von Babelsberg aus hat die Familie hierhin einige ihrer seltenen Ausflüge unternommen.

Er marschiert durch Wälder und Wiesen, ohne auf eine Menschenseele zu treffen. Naumann weiß, dass er sich strikt westlich halten muss. Er will auf keinen Fall durch Babelsberg kommen und auch Potsdam meiden. Aus der Ferne kann er Glienicke sehen.

Naumann ist bereits mehrere Stunden gelaufen, als die Landstraße, der er zuletzt gefolgt war, eine Kurve beschreibt. Zu spät bemerkt er, dass am Ende der Kurve eine russische Wache postiert ist. Er kann sich nicht ausweisen. Nicht unfreundlich, aber bestimmt wird er aufgefordert, auf einen Lkw zu steigen, um mit anderen Aufgegriffenen, zumeist Soldaten, abtransportiert zu werden, offenbar in Richtung Potsdam.

Naumann ist ganz ruhig geblieben. Nachdem der Lkw eine Brücke passiert hat, erreichen sie eine belebte Straße im Potsdamer Norden. Kurzerhand steht Werner Naumann auf. Er klopft heftig an das Führerhaus und ruft: »Stoi!«

Der Wagen hält tatsächlich. Naumann springt, ohne zu zögern, vom Lastwagen und taucht in der Menge der Fußgänger unter, die sich hier in alle Richtungen bewegen. Der russische Lkw hat die letzte Brücke passiert, die Naumann noch von seinem Ziel trennt. Er umgeht den Schlosspark Sanssouci und strebt in Richtung Geltow.

Das Haus des Arztes liegt, umgeben von hohen Hecken, direkt am See. Mittlerweile wird es dunkel. Naumann ist seit knapp zwölf Stunden unterwegs.

Das Haus ist so spärlich beleuchtet, dass es verlassen sein könnte. Es dauert eine Weile, bis ihm auf sein Klingeln hin geöffnet wird. Dann steht Heinz Gutzeit in der Tür, ein mittelgroßer, stämmiger Mann mit glänzender Halbglatze. Er stutzt eine Sekunde, als er die bärtige Gestalt erblickt, mit zerzaustem Haar und in Wanderschuhen, dann erkennt er seinen Freund.

»Werner!«, ruft er erleichtert aus. »Du hast es geschafft. Dem Himmel sei Dank!«

Gutzeits Frau und die Töchter sind nicht im Hause. Sie halten sich seit mehreren Monaten schon bei den Eltern seiner Frau in Göttingen auf, wo sie sicherer sind. Gutzeit führt den Freund in die Küche und rührt umgehend die Zutaten für zwei Omelettes zusammen.

»Setz dich!«, ruft er aus und weist auf einen der Stühle am Tisch. »Du hast es wohl gesehen – die Russen sind auch in Potsdam, trotzdem bist du hier erst einmal sicher. Aber so erzähl doch! Wie ist es dir ergangen?«

Werner Naumann berichtet von den zehn letzten Tagen im Führerbunker. »Der Führer wollte auf keinen Fall Berlin verlassen, und er wollte auch um jeden Preis der Gefangennahme entgehen. Er wusste, dass er draußen entweder dämonisiert oder zum Gespött gemacht worden wäre. Wenn es erfolgreiche Verhandlungen mit den Sowjets gegeben hätte, wäre es etwas anderes gewesen. Die wären dann von Goebbels als Reichskanzler und Dönitz als Staatspräsident geführt worden. Aber die Russen wollten nicht. Also blieb dem Führer keine andere Wahl, als aus dem Leben zu scheiden. Dr. Goebbels war sich mit ihm in dieser Sache einig.«

Während sie sich unterhalten, essen sie ihre Omelettes. Gutzeit trinkt Bier, Naumann Leitungswasser.

Eine Sache vor allem belastet den ehemaligen Staatssekretär und designierten Propagandaminister. »Am Ende war es für mich schwer zu ertragen, dass ich nicht wenigstens Magda Goebbels und die sechs Kinder retten konnte«, bekennt er. »Ich hatte bereits einen Apfelkahn in der Nähe des Hauses auf Schwanenwerder für sie organisiert, mit Verpflegung. Aber sie stand zu ihrem Mann und zum Führer. Sie hatten Angst, dass die Kinder ihr Leben lang verfolgt werden würden oder sogar gegen den Nationalsozialismus indoktriniert und aufgehetzt werden könnten.«

Gutzeit berichtet im Gegenzug von der systematischen Zerstörung Potsdams. Das hatte Naumann auch von Berlin aus mitbekommen. Es waren nicht die Russen gewesen, sondern die Royal Air Force, die in der Nacht vom 14. auf den 15. April fast die komplette Altstadt dem Erdboden gleichgemacht hat.

»Fünfhundert Menschen sind ums Leben gekommen«, sagt Gutzeit. »Tausend Gebäude in Schutt und Asche und sechzigtausend Menschen obdachlos. Das war feiger Mord, und sie hatten es gezielt auf unsere wertvollsten Bauwerke abgesehen. Das alte Rathaus am alten Markt, die Garnisonskirche, die Nikolaikirche, das Schauspielhaus … Auch unser Krankenhaus ist massiv angegriffen worden. Zum Glück haben wir einen guten Luftschutzbunker, mit OP-Saal und allem. Babelsberg ist vergleichsweise glimpflich weggekommen. Aber auch dort sind etwa ein Viertel der Häuser zerstört. Ich kann dir leider nicht sagen, wie es um dein Haus steht.«

Naumann weiß aus den Lagebesprechungen im Bunker, dass die Rote Armee sich bis vor einer Woche mit zwei Divisionen in Babelsberg gesammelt hatte, um sie von dort aus nach Berlin zu führen. Er weiß auch, dass die Deutschen, SS-Männer, Polizisten, Volkssturmmänner und Hitlerjungen, bis zum 30. April um Babelsberg gekämpft haben. Vergeblich. Die Übermacht ist zu groß gewesen. Das ist bitter. Für ihn hat es den Vorteil, dass die Rote Armee sich in diesem Moment auf Berlin konzentriert, so bleiben ihm vielleicht noch ein paar ruhige Tage, bevor er weiterziehen muss.

»Hast du etwas von deiner Frau und den Kindern gehört?«

»Ja. Ursula ist mit ihrem Vater und den Kindern in Alerheim, einem kleinen Ort zwischen München und Nürnberg, bei einem treuen Parteigenossen. Anfang April habe ich zuletzt Nachricht von ihnen bekommen.«

Heinz Gutzeit hat im Souterrain zwei Räume für Naumann vorbereitet – ein Arbeitszimmer, in dem sich ein Karton mit Unterlagen befindet, und ein Schlafzimmer, in dem Naumanns Koffer steht.

»Jetzt schlaf dich erst einmal aus. Hier bist du in Sicherheit.«

In seinem Schlafzimmer inspiziert Naumann den Karton mit seinen Unterlagen. Das wichtigste Dokument ist das Entlassungspapier aus der Wehrmacht sowie ein Ausweis. Ausgestellt auf den Namen »Karl Fischer«. Originale Papiere mit seinem Lichtbild. Er hatte noch einen zweiten Ausweis auf den Namen »Robert Wegner«, ebenfalls ein Originalausweis mit seinem Foto, rechtzeitig über einen SS-Kanal organisiert. Den hat er schon vor zwei Monaten an die Adresse eines Kampfgefährten weiterleiten können, mit dem er seine Verwundung im Lazarett auskuriert hatte: Hannes Bergmann. Dessen Familie besitzt einen Gutshof mit großer Landwirtschaft bei Burg in der Nähe von Magdeburg. Achtzig Kilometer weiter westlich von hier. Morgen wird Naumann mit Gutzeit überlegen, wie er dort hingelangen kann.

Geltow am Schwielowsee

Am Morgen treffen die beiden Männer sich beim Frühstück. Es ist Sonntag. Heinz Gutzeits freier Tag, nachdem er die ganze Woche durcharbeiten musste. Er hat Tee gekocht, Brot, Butter und Schwarzwurst auf den Tisch gestellt. Naumann bedient sich, und eine Weile essen sie schweigend.

Naumann hat den Mediziner 1941 kennengelernt, als er in der Südukraine im Feldkrankenhaus in Cherson lag. Dort arbeitete der neun Jahre ältere Gutzeit. Arzt und Patient stellten fest, dass sie beide in Breslau studiert hatten. Naumanns Frau stammt auch aus Breslau, sie verfügen über gemeinsame Bekannte. Daraus ist eine Freundschaft erwachsen, die sie weiter gepflegt haben, nachdem Gutzeit ein Jahr später nach Potsdam ins St.-Josefs-Krankenhaus versetzt worden war und Werner Naumann mit seiner Familie in Neubabelsberg ganz in der Nähe das Haus bezogen hatte. Die beiden Ehefrauen verstanden sich blendend, und Naumanns Tochter Heidi und Sohn Klaus-Peter haben sich mit Gutzeits Kindern angefreundet.

Gutzeit stammt aus einer deutschnationalen Familie. Seine Leidenschaft ist die Medizin und der Dienst an seinen Patienten. Nach der Machtergreifung der Nationalsozialisten sieht er, wie Deutschland in seinen Augen aufblüht, die Schmach von Versailles wird endlich getilgt, und das ist einzig und allein dem Führer zu verdanken. Gutzeit tritt daher – wie seine Brüder und sein Vater – in die NSDAP ein. An seiner Lebensführung ändert das nichts. Er ist kein politischer Mensch, er ist durch und durch Mediziner. Doch der Kontakt zu Werner Naumann und dessen Familie schmeichelt ihm. Naumann ist ein interessanter Gesprächspartner, etwas selbstverliebt, sehr auf Karriere bedacht, aber zweifellos erfolgreich, und er weiht ihn, Gutzeit, in manches ein, wovon er sonst nie erfahren würde. Naumann hat Zugang zu den höchsten Kreisen in der Partei. Natürlich verrät er ihm keine Geheimnisse, aber die Geschichten, die Naumann über Goebbels, Göring und Bormann erzählen kann, sind spannend und unterhaltsam. Und bei Gutzeit sind sie gut aufgehoben. Er prahlt nicht mit seinem Wissen.

Nun ist bei Gutzeit allerdings Ernüchterung eingetreten. Das Land liegt in Trümmern. Das Volk steht vor der Vernichtung. Die Führung und insbesondere Hitler haben überreizt. Der wahnsinnige Krieg droht Deutschland zurück ins Mittelalter zu befördern.

Das äußert Gutzeit so nicht gegenüber seinem Freund, denn wenn er ehrlich ist, hat er nie durchschaut, ob Naumann und sein Chef Goebbels ihre Reden wirklich immer geglaubt haben oder nicht – besonders in den letzten Wochen, als immer wieder die Hoffnung auf eine kriegsentscheidende Wende geschürt wurde.

Stattdessen spricht Gutzeit von der Situation im Josefs-Krankenhaus, die seit Wochen dramatisch ist. Zu viele Schwerverletzte. Ärzte, Krankenschwestern und Pfleger sind rund um die Uhr beschäftigt und am Ende ihrer Kräfte.

Naumann hört lange schweigend zu. Als eine Gesprächspause entsteht, bringt er schließlich sein Anliegen vor. »Heinz, du musst mir helfen«, beginnt er.

Sein Freund sieht ihn aufmunternd an. »Wobei?«, fragt er. »Du weißt, dass du dich immer auf mich verlassen kannst.«

Naumann sagt: »Ich muss nach Burg.«

Gutzeit nickt versonnen. »Das wird nicht ganz einfach

werden. Die Gegend um Magdeburg ist von den Amerikanern umkämpft. Muss es denn Burg sein? Nach meinen Informationen wird es auch um Magdeburg herum auf Dauer für dich problematisch werden. Von hier bis zur Elbe wird voraussichtlich das Besatzungsterritorium der Russen liegen. Jenseits der Elbe sind die Amerikaner und weiter nördlich die Engländer. Was hast du denn vor?«

»Ich werde mich erst einmal außerhalb des russischen Einflussbereiches aufhalten. In Burg wohnt ein Freund. Ich kenne ihn vom Kampf am Klidi-Pass. Er hat einen Gutshof dort. Er hat mir ein Zimmer eingerichtet und mir versichert, dass seine Knechte und Arbeiter politisch sauber seien und er auch mit den Zwangsarbeitern gut klarkommt. Dort will ich eine Weile bleiben. Über kurz oder lang werde ich natürlich versuchen, Kontakt zu meiner Familie aufzunehmen. Das hängt auch davon ab, was jetzt mit Deutschland und insbesondere mit Berlin passiert. Wie verhalten sich die Alliierten? Wird der Schulterschluss fortgeführt, oder zeigen sich bald ideologische Risse. Wie agieren die Siegermächte? Was passiert mit Göring, Dönitz, unserer Staats- und Parteiführung? Ich bin Goebbels' Nachfolger im Propagandaministerium, und damit verbindet sich ein Auftrag, den ich zu erfüllen gedenke …«

Naumann hat unwillkürlich die Stimme erhoben, als spräche er vor großem Publikum. Als er Gutzeits verdutztes Gesicht bemerkt, bricht er ab. Mit ruhiger Stimme fährt er fort: »Ich werde mich bei Hannes Bergmann so gut es geht über die politische Lage zu informieren versuchen.«

Gutzeit sieht den Freund ernst an. »Werner, im Krankenhaus ist das Gerücht aufgekommen, Berlin werde möglicherweise unter den Alliierten aufgeteilt. Das solltest du vielleicht abwarten. Wenn du wirklich weiterhin …aktiv sein willst… nun, dann wäre doch wohl Berlin für dich der beste Ort.«

An diesem Tag verfolgen sie das Thema nicht weiter. Am nächsten Tag ist Gutzeit wieder in der Klinik beschäftigt, und sie sehen sich erst am späten Abend, aber er hat gute Neuigkeiten: Aus Magdeburg ist von dem einzigen Krankenhaus, das die Bombennacht vom 16. Januar 1945 fast unversehrt überstanden hat, eine Anfrage gekommen. Im Marienstift fehlen Hilfsmittel an allen Ecken und Enden. Das Josefs-Krankenhaus hat zugesagt, einen Teil seines Bestandes an das Marienstift abzugeben. Schon morgen soll sich ein Wagen mit einem großen roten Kreuz auf dem weißen Lack auf den Weg dorthin machen. Mit den entsprechenden Papieren. Es ist ein humanitärer Hilfseinsatz, der die Kontrollen der Roten Armee passieren dürfte. Er, Gutzeit, fungiere als Emissär. Der Mediziner hat auch einen weißen Kittel aus dem Krankenhaus mitgebracht, den Werner Naumann anziehen kann. Gutzeit hat ihm bereits eine Bescheinigung ausgestellt, abgestempelt auf Krankenhaus-Briefpapier. Naumann würde als »Karl Fischer« den Transport begleiten. »Von Magdeburg sind es nur dreißig Kilometer nach Burg«, führt Gutzeit fort. »Das schaffen wir. Ich hole dich morgen früh gegen elf Uhr hier ab. Dein Gepäck können wir im Krankenwagen unterbringen.«

Das Ende der geschäftsführenden Reichsregierung

Für Winston Churchill ist die bedingungslose Kapitulation Deutschlands »das Signal für den größten Freudenausbruch in der Geschichte der Menschheit«. Am 8. Mai tanzen und feiern die Menschen auf den Straßen Londons den »Victory Day« bis in die Nacht. Ähnliche Freudenszenen spielen sich in New York ab. US-Präsident Harry S. Truman dankt in einer Rundfunkansprache seinem Vorgänger Franklin D. Roosevelt, der die Vereinigten Staaten durch den Krieg geführt hat. Er äußert seine Freude und weist auch auf den Schmerz hin angesichts des »schrecklichen Preises, den wir dafür zahlen mussten, um die Welt von Hitler und seiner schlimmen Bande zu säubern«.

In Moskau verkündete der Rundfunk am 9. Mai die bedingungslose Kapitulation. Auch in der Hauptstadt der Sowjetunion strömen die Menschen zusammen, um ausgelassen zu feiern. Kein Land hat mehr gelitten als die Sowjetunion, kein Land hat größere Opfer gebracht. In seiner Rundfunkansprache sagt Stalin: »Der große vaterländische Krieg hat mit unserem vollen Sieg geendet. Die Periode des Krieges in Europa ist zu Ende. Die Periode der friedlichen Entwicklung hat begonnen.«

Die Gefühle sind in Flensburg naturgemäß gänzlich andere. Zwar bedeutet die bedingungslose Kapitulation der Wehrmacht noch nicht automatisch das Ende der Regierung Dönitz, doch sie hat keine Machtbefugnisse mehr. Die waren übergegangen auf die Alliierte Kontrollkommission, die mit einem Stab von Fachleuten Quartier genommen hat auf dem Wohnschiff *Patria* in Flensburg-Mürwik. Verantwortlich sind der amerikanische Generalmajor Lowell W. Rooks und der britische Brigadegeneral Edward J. Ford. Ihre Hauptaufgabe besteht darin, die Durchführung aller Kapitulationsaspekte zu überwachen. Die Amerikaner und Engländer werden am 17. Mai noch verstärkt durch eine russische Delegation unter Leitung von Generalmajor Truskow.

Karl Dönitz, Johann Ludwig Graf Schwerin von Krosigk und Albert Speer treffen sich mit ihren Mitarbeitern jeden Morgen um zehn Uhr mit dem übrigen Kabinett in einem früheren Schulzimmer in der Flensburger Marineschule. Täglich produzieren die Minister und Staatssekretäre Denkschriften, die sie den Vertretern der Alliierten Kontrollkommission überreichen. Faktisch sind diese Schriften bedeutungslos. Schon am 13. Mai wurde Dönitz auf der *Patria* mitgeteilt, dass Generalfeldmarschall Wilhelm Keitel seines Postens als Chef des Oberkommandos der Wehrmacht enthoben und als Kriegsgefangener zu betrachten sei. Vorübergehend soll Generaloberst Alfred Jodl seine Nachfolge übernehmen. Damit muss der Regierung Dönitz klar sein, welches Schicksal ihr blüht. Der Hitlergruß und das Hissen der Hakenkreuzfahne werden verboten. Karl Dönitz bleibt indes seiner Gesinnung treu. Er lehnt es ab, Führerbilder aus den Amtsstuben zu entfernen. Er setzt sich auch dafür ein, dass das Militär weiterhin Orden und Ehrenzeichen tragen darf. Und Dönitz bekräftigt: Der deutsche Soldat solle »stolz sein auf die Leistung von Wehrmacht und Volk während des Krieges«.

Die geschäftsführende Reichsregierung sieht sich in der Kontinuität des Hitlerregimes. Am 9. Mai stellte sie nach einer Aussprache über Regierungsfragen fest: »Grundlage für die weitere Existenz des deutschen Volkes ist die vom Nationalsozialismus geschaffene Volksgemeinschaft.« Am 15. Mai präzisiert Dönitz: »Die wahre Volksgemeinschaft, die der Nationalsozialismus geschaffen hat, muss erhalten werden; der Wahnsinn der Parteien wie vor 1933 darf nicht wieder Platz greifen.« Eine parlamentarische Demokratie nach westlichem Muster liegt somit außerhalb der Vorstellungswelt der Dönitz-Regierung.

Als sich das Kabinett am 11. und am 16. Mai mit den Berichten über die Massenmorde der Konzentrationslager beschäftigt, behaupten auch diejenigen, die direkt in den Terror- und Vernichtungsapparat eingebunden gewesen sind, von den Verbrechen nichts gewusst zu haben. Somit verständigt man sich darauf, der Alliierten Kontrollkommission gegenüber zu behaupten, dass weder die deutsche Wehrmacht noch das deutsche Volk von diesen Dingen Kenntnis hatten und von ihnen in aller Form abrücken.

Schwerin von Krosigk versteigt sich in einem Schreiben an General Eisenhower am 16. Mai zu der Aussage: »Die Konzentrationslager waren von der Außenwelt völlig abgeschlossen, und alles, was in diesen Lagern vorging, wurde aufs Strengste geheim gehalten. Selbst führende deutsche Persönlichkeiten hatten keine Möglichkeit, sich über die tatsächlichen Verhältnisse in den Konzentrationslagern zu unterrichten.«

Hier beginnt die Legendenbildung, die sich in den nächsten Jahren fortsetzen wird. Der Alliierten Kontrollkommission muss schnell deutlich geworden sein, dass mit dieser geschäftsführenden Regierung kein neuer deutscher Staat zu schaffen war.

Insbesondere die Sowjets drängen darauf, die geschäftsführende Regierung abzusetzen: »Die geschlagenen deutschen Militaristen passen sich an die neue Umgebung an und versuchen, sich mithilfe von auswärtigen Mächten der Verantwortung zu entziehen und gleichzeitig wichtige Schlüsselpositionen im Lande zu behalten, um ihr politisches Intrigenspiel fortführen zu können, indem sie auf eine Spaltung im Lager der Alliierten spekulieren.«

Am 17. Mai schickt Eisenhower seinen politischen Berater Robert Murphy mit dem Auftrag nach Flensburg, Dönitz' Legitimation als Staatsoberhaupt zu überprüfen. Dieser kann lediglich drei Funksprüche aus dem Führerbunker von Goebbels und Bormann vorlegen, und da Dönitz keinerlei Bedauern über die von Deutschland begangenen Verbrechen äußert, setzt sich Eisenhower mit dem Oberkommando der Roten Armee in Verbindung und holt dessen Zustimmung ein, die Mitglieder der Dönitz-Regierung und des OKW festzunehmen und deren Archive sicherzustellen.

Am Nachmittag des 22. Mai erhält Dönitz die Aufforderung, am nächsten Tag um Viertel vor zehn mit Jodl und Hans-Georg von Friedeburg vor der Alliierten Kontrollkommission zu erscheinen.

An diesem Morgen werden die geschäftsführende Reichsregierung und das Oberkommando der Wehrmacht verhaftet. Dabei findet eine Leibesvisitation statt, um zu verhindern, dass die Verhafteten sich mit Giftampullen das Leben nehmen können. Lastwagen transportieren sie zum Flugplatz, und mit zwei Frachtmaschinen werden die Gefangenen nach Luxemburg gebracht, von dort aus nach Bad Mondorf transportiert, in das Palace-Hotel, das als Gefangenenlager für führende Vertreter des NS-Regimes und des Militärs fungiert. Zwei Tage vorher ist Hermann Göring hier eingeliefert worden. Das lächerliche Machtgerangel, das sich in der Folge zwischen Göring und Dönitz abspielen wird, gleicht einer absurden Posse.

Burg bei Magdeburg

Doch noch ist der 8. Mai, der Tag der Befreiung. Dr. Heinz Gutzeit fährt mit einem Rotkreuzwagen in Geltow vor, um Werner Naumann abzuholen. Naumann trägt einen weißen Krankenhauskittel. Gemeinsam verstauen sie sein Gepäck im Wagen und machen sich dann auf den Weg. Es sind etwa neunzig Kilometer bis zum Gutshof von Hannes Bergmann, der knapp zehn Kilometer nördlich von Burg liegt. Gutzeit wählt einen Weg jenseits der Hauptstraße. Brücken müssen sie auf dieser Strecke glücklicherweise keine passieren. Sie fahren durch Wälder und weite Ackerflächen. Nach den entsetzlichen Zerstörungen in den Städten ist der Anblick der unversehrten Landschaft eine Wohltat.

Bei Golzow und kurz darauf bei Wollin geraten sie an Straßenkreuzungen in russische Straßensperren und werden kontrolliert, aber der Krankenwagen, die weißen Kittel und die Dokumente erwecken keinen Argwohn bei den erstaunlich freundlichen Rotarmisten. Sie können passieren. Nach einer Fahrt von knapp zwei Stunden durch ein von den Kriegsereignissen fast völlig unberührtes Gebiet erreichen sie den Bergmann'schen Gutshof.

Als sie am Haupthaus klingeln, öffnet ihnen Hannes Bergmann in Person – ein Zwei-Meter-Hüne mit gescheiteltem Blondhaar und frischer Gesichtsfarbe. Er wundert sich über den Arztbesuch. Erst nach ungläubigen, kritischen Blicken erkennt er Werner Naumann. Ein dröhnender Lachanfall folgt.

Bergmann lädt seine Gäste zum Essen ein, doch Gutzeit

hat es eilig. Er will so schnell wie möglich das Magdeburger Krankenhaus aufsuchen, um die Hilfsmittel abzuliefern.

Er verabschiedet sich von Naumann, wünscht ihm viel Glück. »Wenn du meine Hilfe brauchst, Werner, du weißt, wo du mich findest.«

Hannes Bergmann und seine Frau Hildegard sehen wohlgenährt aus, sie, im geblümten Kittelkleid, wirkt bieder, aber gastfreundlich. Bergmann zeigt dem Freund das Haus und führt ihn schließlich in das für ihn vorgesehene Zimmer. Es ist funktional eingerichtet – Bett, Schrank, ein Tisch, ein Stuhl, ein kleiner Holzofen. »Hier kannst du in Ruhe Pläne schmieden«, sagt Bergmann. »Richte dich erst mal ein. Dann zeige ich dir den Hof.«

Naumann weiß, dass Hannes Bergmann den Gutshof im Krieg von seinem Vater übernommen hat. Ostern 1941 hatten sie, Bergmann und er, gemeinsam am Klidi-Pass gekämpft. Bergmann war dann nach dem plötzlichen Tod seines Vaters aus der Armee entlassen worden, um die Leitung des für die Versorgung der Bevölkerung wichtigen heimatlichen Gutshofes zu übernehmen.

Der Hof ist seit drei Generationen im Besitz der Familie. Etwa achtzig Hektar Land, Getreideanbau und ein größerer Viehbestand mit Kühen und Schweinen. Es gibt auch einen Stall mit einigen schönen, wenn auch etwas abgemagerten Pferden darin, wie Naumann erfreut feststellt, als Bergmann ihn kurz darauf herumführt.

»Es waren schwere Zeiten für uns«, erklärt Bergmann. »Während meine besten Leute zur Wehrmacht eingezogen wurden, habe ich in den letzten Jahren bestimmt fünfzig Zwangsarbeiter bei mir beschäftigt, meistens aus Polen. Allein um Burg herum hatten wir etwa 25 000 Zwangsarbeiter, Kriegsgefangene, Deportierte. Zum Teil sind sie in geschlossenen Arbeitslagern untergebracht gewesen. Bei mir haben sie aber zumeist in den Gesindehäusern gelebt. Mein Prinzip war, sie hier am Hof zu haben, sie vernünftig zu bezahlen und auch zu ernähren, unter ihnen gute Vorarbeiter zu rekrutieren, auf die ich mich verlassen kann. Das hat sich bewährt. Einige sind immer noch hier. In anderen Betrieben sind viele in den letzten Tagen in ihre alte Heimat abgehauen. Vor allem die aus der Sowjetunion, aus der Ukraine und Weißrussland. Vielleicht hatte ich Glück. Von anderen Höfen habe ich von Disziplinlosigkeiten gehört, von Alkoholexzessen, auch von brennenden Scheunen, weil diese Idioten im Stroh geraucht haben und dabei eingepennt sind. Aber auch von Weibergeschichten, obwohl das streng verboten ist. In unserer Gegend sind drei Polen dabei erwischt worden, wie sie was mit deutschen Mädels angefangen haben. Sind zum Tode verurteilt worden. Zum Glück waren meine Leute nicht dabei.«

Später sitzen die beiden Männer in der großen Küche und trinken Tee. Bergmann hat Naumann vom selbst gebrannten Schnaps angeboten, doch der hat abgelehnt, was Bergmann nicht davon abhält, sich ein Glas zu genehmigen und es feierlich auf das Überleben des Freundes zu erheben. Naumann prostet ihm mit Tee zu.

Dann muss Naumann erzählen – von den letzten Tagen im Führerbunker, von seiner Flucht. Bergmann ist tief erschüttert, als er hört, wie der Führer, Goebbels und Bormann – die Heroen des Dritten Reiches – zu Tode gekommen sind. Um das zu verdauen, stürzt er den nächsten Schnaps hinunter. Auch der Verrat Görings, dem er ohnehin alles zugetraut hat, aber mehr noch das Verhalten von Reichsführer SS Heinrich Himmler, den er immer verehrt hat, machen ihm zu schaffen. Wobei die beiden wenigstens noch am Leben waren, nach allem, was man hört.

Als kurze Zeit später Hildegard Bergmann in die Küche kommt, um zusammen mit der Küchenmagd das Abendbrot vorzubereiten, wechseln die Männer das Thema und reden über Belanglosigkeiten. Nach dem Essen zieht Naumann sich bald zurück und geht zeitig zu Bett.

***

Als Naumann am nächsten Tag erwacht, fällt sein Blick auf das Notizbuch auf dem Tisch. Er wollte am Abend zuvor damit beginnen, einige Gedanken zu Papier zu bringen – festhalten, was geschehen ist, in Worte fassen, was jetzt zu tun ist. Doch die Gedanken entwickelten sich schmerzlicher, als Naumann erwartet hatte. Er hat kein Wort zu Papier gebracht. Aber ist denn das verwunderlich? Eine Welt ist für ihn untergegangen, und nicht nur für ihn. Dies zu verarbeiten wird seine Zeit brauchen, wenn es überhaupt möglich ist. Denn, wenn er ehrlich ist, will er es noch immer nicht wahrhaben. Ja, er hat frühzeitig gewusst, dass der Krieg im Osten verloren ist, ja, er hat mit eigenen Augen die Leiche des Führers gesehen – aber das kann doch nicht das Ende sein! Das Ende des Tausendjährigen Reiches!

Erneut denkt er an Magda Goebbels, an die toten Kinder, was ihn sogleich wieder die eigene Familie vor Augen führt. Gewiss hat seine Frau die Nachricht im Radio gehört, dass er tot sei. Er muss ihr dringend eine Nachricht zukommen lassen, dass er lebt. Aber wie? Die Telefonleitungen sind zusammengebrochen. Er braucht einen Boten, der ihr diskret die Nachricht überbringt. Aber wer könnte das sein? Naumann geht davon aus, dass die Geheimdienste wissen, wo seine Frau Ursula mit den Kindern und dem Schwiegervater wohnt. Sie werden die Wohnung in Alerheim überwachen, um eine Kontaktaufnahme durch Naumann festzustellen. Ein Bote müsste sehr geschickt zu Werke gehen.

Eine Weile sinniert Naumann. Schließlich steht er auf und

setzt sich an den Tisch. Dann öffnete er das bislang leere Notizbuch und schreibt auf die erste Seite: »Was jetzt zu tun ist«. Er unterstreicht die Überschrift. Darunter notiert er nach einem Spiegelstrich: »Geeigneten Boten für Alerheim finden«.

***

Beim Frühstück empfängt Bergmann ihn mit den Worten: »Göring hat sich offenbar vor zwei Tagen in US-Gewahrsam begeben.«

Naumann sieht ihn verwundert an: »Woher weißt du das?«

»BBC.« Naumann brummt, und Bergmann hebt entschuldigend die Arme. »Was soll man machen? Bleibt einem ja nichts anderes übrig.«

Bergmann nimmt den Brotlaib und schneidet sich vor der Brust eine Scheibe ab. »Offenbar hat er in Kitzbühel für die internationale Presse eine Pressekonferenz gegeben. Dabei hat er erklärt, dass Adolf Hitler aus Krankheitsgründen nicht mehr in der Lage gewesen sei, sein Amt zu erfüllen, und dass Göring als zweiter Mann im Reich sich bereit erklärt habe, die Verantwortung zu übernehmen und Verhandlungen mit den Westalliierten aufzunehmen, was aber durch eine Intrige von Martin Bormann verhindert worden sei, der auch veranlasst habe, ihn, Göring, von der SS-Kommandantur auf dem Obersalzberg wegen Hochverrats verhaften zu lassen. Und weißt du, was Göring am Ende sagt? Er betrachte den Krieg als ein Fußballspiel, an dessen Ende sich die Gegner die Hände geben würden.« Bergmann legt den Brotlaib beiseite und schüttelt den Kopf. »Ich frage dich, was ist da los? Sind am Ende alle verrückt geworden?«

***

Später am Tag – er hat einen längeren Spaziergang in der Umgebung gemacht – wird Naumann klar, was ihm in seiner gegenwärtigen Situation überdies zu schaffen macht: Ihm fehlt die Arbeit, die Routine im Ministerium, die Hektik der Telefonate, Diktate, Besprechungen, das Tempo, die Effizienz, mit der im Minutentakt Dinge erledigt werden. Hier auf dem Land geht alles seinen gemächlichen Gang. Niemand ist in Eile. Ob man eine Arbeit heute erledigt oder morgen, scheint nicht so wichtig zu sein.

Naumann hat inzwischen gemerkt, dass auch seine eigene Produktivität nur langsam wieder zu entwickeln sein wird. Noch gestern Abend hat er geglaubt, er würde eine Liste mit Aufgaben erstellen und diese dann systematisch Punkt für Punkt abarbeiten. Das war ein Trugschluss. Er muss sich in Geduld üben. Er verfügt über keinen Mitarbeiterstab wie im Ministerium. Ja – ein solches Netz von Mitarbeitern wieder aufzubauen, ist *eine* seiner Aufgaben und sicherlich nicht die leichteste.

Zur Untätigkeit verdammt sein, will Naumann indes auch nicht. Als er beim Haupthaus auf Hannes Bergmann trifft, bittet er ihn um Arbeitskleidung und Stiefel.

»Was hast du vor?«, fragt Bergmann belustigt.

»Ich habe gesehen, dass dein Pferdestall in einem erbärmlichen Zustand ist. Ich kann mich darum kümmern, wenn du willst. Du erinnerst dich vielleicht, dass ich ein leidenschaftlicher Reiter bin. Besser gesagt, gewesen bin. Wir haben zwar gern auf dem hohen Ross gesessen, aber zum wirklichen Reiten bin ich schon seit Jahren nicht mehr gekommen. Das könnte mich ein bisschen ablenken, und ich mach mich nützlich.«

Bergmann muss lachen. Der nüchterne Werner Naumann mit einem Anflug von Selbstironie, das ist neu. »Sehr gern«, sagt er. »Und ein paar Reithosen besorg ich dir auch.«

***

Die nächsten Tage verbringt Werner Naumann damit, sich um die Pferde zu kümmern und zu reiten. Kontakt zu anderen Personen auf dem Hof meidet er. Bergmann hat ihn beim Bürgermeister, den er gut kennt, als »Karl Fischer«, einen entfernten Verwandten aus den Ostgebieten gemeldet und Naumanns gefälschten Ausweis vorgelegt. Als entfernter Verwandter des Gutsherrn und Flüchtling wird der neue »Landarbeiter« auf dem Hof von allen akzeptiert.

***

Wie inzwischen üblich sitzen Bergmann und Naumann ein paar Tage später nach dem Abendbrot bei einer Tasse Tee, den die Küchenmagd serviert, im Wohnzimmer, das von einem imposanten Kachelofen sowie von einem gut bestückten Bücherschrank dominiert wird. Bergmann, das weiß Naumann, ist belesen.

Der nimmt einen Schluck von seinem Tee, den er mit reichlich Sirup gesüßt hat, und sagt: »Du hast mir erzählt, dass Günther Schwägermann in der Gruppe gewesen ist, die du aus dem Bunker der Reichskanzlei herausgeführt hast. Hast du nicht gesagt, dass Schwägermann versuchen wollte, sich zu seiner Frau nach München durchzuschlagen? Hat er dir nicht sogar eine Adresse gegeben? Von München aus kann es doch nicht weit zu Ursula und den Kindern sein. Soll ich mich einmal darum kümmern, ob wir vielleicht zuverlässige Kameraden in und um München herum haben, die mit Schwägermann reden können?«

Werner Naumann ist überrascht. Er hätte nicht gedacht, dass Bergmann sich Gedanken um seine Belange machen würde. Die Idee ist sehr gut, und Naumann wundert sich, dass er nicht selbst auf Schwägermann gekommen ist. Er stimmt zu.

Bergmann trinkt erneut einen Schluck Tee, bevor er fragt: »Was den Kreis der Getreuen angeht, den du um dich scharen willst – an wen denkst du da?«

Naumann zuckt mit den Schultern. »Nun, es gibt da ein paar kluge Leute in der SS – Alfred Six etwa oder Werner Best. Und auch einige Mitarbeiter aus dem Propagandaministerium natürlich. Da waren ein paar gute Strategen dabei. Auf meiner Liste stehen auf jeden Fall Wolfgang Diewerge und Heinrich Hunke, natürlich auch Hans Fritzsche, von dem ich allerdings nicht weiß, ob er aus Berlin herausgekommen ist. Auch Karl Scharping oder, warum nicht, mein alter Freund aus Berlin Heinrich Haselmayer …«

Hannes Bergmann unterbricht Naumann. Er springt auf und geht zum Bücherschrank. Er entnimmt ihm einen Band, den Naumann auch aus der Distanz als eine Ausgabe mit »Aufsätzen aus der Kampfzeit« von Goebbels erkennt, die 1934 unter dem Titel *Der Angriff* erschienen ist. Naumann hat keine Ahnung, worauf Bergmann hinauswill.

»Ein Jammer, dass er nicht mehr zur Verfügung steht«, sagt Bergmann. »Aber Goebbels hätte sich in diesen Tagen schwerlich hier bei mir auf dem Hof verbergen können. Oder sonst wo. Sie hätten ihn aufgespürt, würden ihm einen Schauprozess machen und der Meute zum Fraß vorwerfen.« Er wiegt versonnen das Buch in Händen. »Ich habe gestern erst wieder darin gestöbert. Ich habe auch das Vorwort von Hans Schwarz van Berk mit ganz neuen Augen gelesen. Als Schriftsteller steht er Goebbels kaum nach. Um den solltest du dich kümmern, wenn du nach guten Leuten für die kommende Zeit suchst. Und die wird kommen. Hoffentlich.«

Wieder kann Naumann nur staunen über die klugen Gedanken des Gutshofbesitzers. Schwarz van Berk ist Mitarbeiter im

Propagandaministerium gewesen und hat als Hauptschriftleiter der Zeitung *Der Angriff* gearbeitet.

Bergmann hat das Buch aufgeschlagen und beginnt mit warmer Stimme zu lesen: »Zeitungen zu schreiben, gehört zu den öffentlichen Künsten. Ein öffentlicher Beruf muss mit öffentlichen Maßen gemessen werden, und das sind immer politische Maße. Der Schriftleiter ist kein Plauderer, kein Dolmetscher der Kurzweil und auch kein Handlanger der Unterhaltung. Er ist immer mit anderen Vollmachten ausgestattet. Seine Sprache soll bestimmend wirken. Was er zu sagen hat, darf nicht nur unterrichten, es muss gewinnen und innerlich bewegen. Die Konterbande des Herzens muss überall durchblicken. Die Strenge einer Überzeugung soll hinter jeder Aussage stehen. Ein Gewissen soll schlagen.« Bergmann sieht auf. »Das ist doch einfach großartig geschrieben!«

Naumann trinkt einen Schluck Tee, nickt. »Auf jeden Fall«, sagt er. »Schwarz van Berk ist ein guter Mann. Psychologisiert manchmal ein bisschen viel …«

Bergmann will den Einwand nicht gelten lassen. »Hör dir nur einmal an, was er über den Journalisten schreibt: ›Sucht man nach ihm, so findet man ihn am ehesten in Zeiten, die politisch fordernde Zeiten sind, die nichts an Sicherheiten bieten und die Menschen gemeinhin von einer Verlegenheit zur anderen treiben. In ihnen ist Raum für gebieterische Naturen, denn es öffnet sich ein Feld für den beherzten Mann, Worte zu sagen, die sich wie Gebote erheben und Taten beschwören.‹

Und dann kommt Schwarz van Berk auf Goebbels zu sprechen. Er sagt: ›Denn auch er begann seine Zeitung zu schreiben, weil ihm die anderen Mittel öffentlicher Wirkung genommen waren, weil die Zeitung Stellvertreter der Fahnen und Uniformen, der Reden und Kundgebungen wurde. Goebbels traf in Berlin eine Masse an, aus der er sich erst einmal eine Gefolgschaft suchte. Er ging über Straßengefechte und Saalschlachten, aber er ging. Erst floss Blut, erst brannten Wunden, dann brach das Verbot herein, und danach erst wurde der Ausweg der Presse gesucht, um das letzte Wort zu behalten. Das ist in seiner Reihenfolge so wichtig, wenn man den Ausgang verstehen will. Denn immer standen hinter diesem Blatt, dem *Angriff*, Menschen, denen es mehr war als irgendeine Zeitung. Für sie bedeutete es ein Sinnbild, eine Fahne, um die man sich scharen musste. Weil solche Scharen da waren und die Polizei auf Schritt und Tritt in Berlin spürte, dass sie nicht auseinanderzuprügeln waren, darum blieb auch das Blatt. Es war das letzte, das man nicht zu verbieten wagte, weil man sonst Ausbrüche wilder Verzweiflung befürchten musste. Man ließ diesem Blatt eine fast unglaubliche Freiheit, zu sagen, was es wollte, und diese Großzügigkeit war allein aus Angst, Unsicherheit und Feigheit der Zensur zu begreifen, ein zerfallender Staat brachte keinen Schneid mehr auf. Erst nach mehr als drei Jahren erfolgte ein erstes Verbot.«

Bergmann ist jetzt in Fahrt, seine Wangen glühen. Er fährt fort. »Und hier! ›Goebbels hatte ja den Mut, einen Feigling wirklich beim Namen zu nennen und auf einen Schelmen anderthalbe zu setzen. Er besaß einen Augenblick später, wenn die Luft brenzlich roch, die Geschmeidigkeit, mit wohlverpackten Worten das Gleiche anzudeuten und eine noch stärkere Wirkung zu erzielen, weil es noch immer unter Verschworenen besondere Freude machte, sich mit geschlüsselten, fingierten, verkleideten Worten zu ergötzen und den Gegner meuchlings lachend zu erledigen.‹«

Bergmann muss selbst lachen. Vergnügt legt er das Buch auf die Anrichte, dann setzt er sich wieder zu Naumann an den Tisch. »Werner, wenn es irgend geht, sollte Schwarz van Berk ausfindig gemacht werden. Ich hoffe, er lebt noch.«

Dann berichtet Bergmann davon, dass auch seine Frau

immer viel vom *Angriff* und von Goebbels gehalten habe. Bis auf seine Frauengeschichten mit den jungen Schauspielerinnen, die hätten ihr nicht gefallen. Sie habe immer an die arme Magda Goebbels denken müssen, die mit den Kindern zu Hause gesessen und auf ihren Mann gewartet habe.

Das hat auch Werner Naumann immer mehr gestört. Nicht zuletzt, weil ihm bald die Rolle des Trösters für Magda Goebbels zugefallen war. Und dass Magda sich im Laufe der Zeit sogar in ihn verliebt und ihm heimlich Liebesgedichte zugesteckt hat, das hat die Sache nicht besser gemacht. Aber das ist nun wirklich kein Thema, über das er mit Hannes Bergmann reden möchte. An diesem Abend dankt er dem Freund für seine klugen Überlegungen und fügt in Gedanken auf seiner Liste den Namen Schwarz van Berk hinzu.

***

Den nächsten Tag verbringt Naumann vor allem mit einem längeren Ausritt. Auf den Wald- und Wiesenwegen begegnet ihm kein Mensch. Auch auf den Straßen ist kaum ein Auto zu sehen.

Einigermaßen zufrieden, sofern man in diesen Zeiten von Zufriedenheit sprechen kann, aber nach einigen scharfen Galoppritten zumindest körperlich gefordert, befindet sich Werner Naumann gerade im Stall, um das von ihm zum Lieblingspferd erkorene Tier zu striegeln und zu füttern, als Bergmann zu ihm kommt. Er ist bei einem Treffen der Großgrundbesitzer gewesen, wie er es nennt, und er ist noch ganz aufgeregt.

»Du glaubst nicht, wen ich getroffen habe! Unseren SS-Kameraden August Heißmeyer und seine Frau – Gertrud Scholtz-Klink. Ich brauch jetzt einen Schnaps. Die Geschichte ist unglaublich. Ich habe ihnen noch nichts von dir erzählt. Ich wollte das erst mit dir besprechen.«

Beide gehen ins Haupthaus, wo Naumann sich zunächst auf seine Zimmer zurückzieht, um sich zu waschen und umzuziehen. Eine halbe Stunde später sitzen beide allein in der Küche, und Bergmann berichtet: Die Frauenführerin im Kreis Magdeburg und ihr Mann, die einen großen Hof bei Leitzkau besitzen, haben zwei Flüchtlinge aufgenommen. Ein Ehepaar Stuckenbrock, Maria und Heinrich, wie sie sich nannten, aus dem Osten, die im Lager Leitzkau festgehalten worden waren, bis man sie nach fünf Tagen entlassen hatte. Beide sind bei Herta Gronau vorstellig geworden, der Frauenführerin hier im Kreis, auf der Suche nach Arbeit und einer Bleibe.

Bergmann lächelt triumphierend. »Und wie sich herausstellt, verbirgt sich hinter besagter Frau Stuckenbrock niemand anders als Gertrud Scholtz-Klink! Den Namen Stuckenbrock haben sie angenommen, nach dem Geburtsnamen von Heißmeyers Mutter.«

Das ist wirklich ein unglaublicher Zufall. Die Reichsfrauenführerin Scholtz-Klink ist nach Magda Goebbels wohl die bekannteste Frau des Landes.

»Ich bin als Parteigenosse und SS-Mann eingeweiht worden«, fährt Bergmann fort. »Herta vertraut mir und hofft, dass ich behilflich bin. Die beiden wollen vorerst hierbleiben und dann zu ihren elf Kindern zurückkehren, die im Moment von Verwandten in ihrem Schloss Bronnen betreut werden. Wenn du willst, könnte ich die beiden zu uns einladen. Was meinst du, Werner?«

Naumann überlegt. Persönlich mag er Scholtz-Klink nicht besonders. Er ist es gewohnt, mit Männern zusammenzuarbeiten. Frauen in Führungspositionen sind ihm suspekt. Scholtz-Klink entspricht darüber hinaus so gar nicht seinem

Frauentyp – mit ihrer altbackenen Frisur, den zu einem Dutt geflochtenen Haaren und ihren Ansprachen auf den Parteitagen, die für ihn immer etwas Klerikales gehabt haben. Andererseits hat sie Auftritte auf jedem Parteitag gehabt mit gebührender Resonanz auch in den Zeitungen. Anerkennen muss er auch, dass sie meist den Ton traf, der Frauen in der Partei angesprochen hat. Sie ist in der Tat auch mutig und zuweilen geistreich aufgetreten. Und natürlich freut Naumann sich darüber, dass sie und ihr Mann leben. Es macht ihm Hoffnung, dass ein Überleben möglich ist. Wenn man sich schon hier, an diesem kleinen Ort, wiedertrifft, verleiht es ihm die Zuversicht, dass noch sehr viel mehr wichtige Parteifreunde die Katastrophe überlebt haben könnten.

Naumann nickt: »Natürlich. Lade Sie nur ein. Je früher, desto besser.«

Zu einem Treffen kommt es bereits am folgenden Sonntag. Hildegard Bergmann und ihre Küchenmagd haben im Wohnzimmer die Kaffeetafel gedeckt und sogar einen Kuchen gebacken. Die Gäste erscheinen um drei Uhr. Hannes holt sie ab, auch Herta Gronau ist dabei.

Naumann weiß, dass die Reichsfrauenführung, deren Zentrale in Berlin ganz in der Nähe des Führerbunkers in der Derfflingerstraße liegt, Ende April die Arbeit eingestellt hat. Und dass Heißmeyer, dessen Hauptaufgabe die Koordination und Inspektion der Nationalpolitischen Erziehungsanstalten im Reich war, sich am Ende auch in Berlin aufhielt. Wie war ihnen die Flucht gelungen, und was wussten sie über die anderen Führungspersonen?

August Heißmeyer trägt schlichte Zivilkleidung, natürlich nicht seine SS-Uniform wie sonst üblich. Er sieht erschöpft aus. Auch die Reichsfrauenführerin ist einfach gekleidet. Die Zöpfe sind verschwunden. Sie trägt das Haar halblang, was ihr eher etwas Knabenhaftes verleiht. Aber auch an Gertrud

Scholtz-Klink sind die anstrengenden Tage nicht spurlos vorbeigegangen. Sie hat dunkle Ringe unter den Augen.

Werner Naumann drückt Heißmeyer die Hand. Sie sind sich bei verschiedenen SS-Treffen begegnet und duzen sich. Das ist für Werner Naumann durchaus nicht üblich. Im Propagandaministerium hat er als Staatssekretär nur zu solchen Personen ein vertrautes Verhältnis gepflegt, die er in früheren Zeiten kennengelernt hatte. Selbst Joseph Goebbels und er sind bis zum Schluss beim Sie geblieben.

Gertrud Scholtz-Klink kennt Naumann bisher nur von offiziellen Gelegenheiten. Trotz aller Vorbehalte freut Naumann sich ehrlich, sie wiederzusehen. Er begrüßt sie überschwänglich: »Es ist mir eine Freude, Sie wohlbehalten hier zu sehen – Frau Stuckenbrock.«

Unwillkürlich hat er den rheinländischen Charme seines alten Chefs parodiert. Die Runde muss lachen.

Als sie am Tisch Platz genommen haben und alle mit Kaffee und Kuchen versorgt sind – einer Art Lebkuchen, in Ermangelung von Zucker mit Sirup gebacken –, berichtet Heißmeyer, wie es ihnen ergangen ist.

»Nach der Auflösung der Reichsfrauenführung haben wir uns mit zehn Mitarbeiterinnen nach Spandau zur dortigen Napola durchgeschlagen.« In der Nationalsozialistischen Erziehungsanstalt hat sich August Heißmeyer zumeist aufgehalten, wenn er in Berlin war. »Dort hatte sich eine Gruppe von Soldaten und Schülern gebildet, die die Schule als Stützpunkt ausbauten und bis zum Schluss verteidigten. Die Schule besteht aus einigen mächtigen Gebäuden, einer ehemaligen preußischen Hochschule für Leibesübung. Sie ist beinahe wie eine Festung. Und wir waren gut bewaffnet. Auf Dauer gelang es aber nicht, die Stellung zu halten.«

Am 22. April eroberte die Rote Armee Kaulsdorf und

Köpenick. Vier Tage später war sie in Kreuzberg, und am 27. April brachte sie auch Spandau unter ihre Kontrolle.

»Außerdem hatten wir leider einige Verluste, darunter mehrere Schüler. Die Rote Armee bot uns eine Übergabe mit freiem Abzug an. Noch in der Napola erhielten wir dann von der Reichskanzlei den Befehl, den Anschluss an die Hauptkampflinie zu suchen, um uns dort zur Armee Wenck durchzuschlagen. Aber die Soldaten im Rathaus Spandau hatten den Kampf bereits aufgegeben. Die verbliebene Einheit macht sich in der Nacht wieder auf den Weg nach Westen.«

Nach dem Rückzug aus Spandau beschloss das Ehepaar, sich von der Einheit zu trennen, um zur Reichskanzlei zu gelangen. Scholtz-Klink berichtet: »Zwei Tage lang durchstreiften wir die Wälder um Berlin, um auf diesem Weg schließlich die Deutschlandhalle zu erreichen und zu versuchen, dann zum Funkhaus zu gelangen. Wir wollten immer noch zur Reichskanzlei kommen, um Hitler dort zu unterstützen.« Ein unmögliches Unterfangen, wie Werner Naumann weiß.

Im Funkhaus verschafften sich die beiden dann ein genaueres Bild der Situation in der Stadt und kamen zu dem Schluss, dass ein Vordringen zur Reichskanzlei nicht nur zwecklos, sondern unmöglich gewesen wäre. Scholtz-Klink erfuhr im Funkhaus, dass sich am 23. April die Nachricht verbreitet hatte, sie und ihr Mann hätten sich umgebracht.

Am 30. April, dem Tag, an dem Hitler sich das Leben nahm, kletterten Scholtz-Klink und Heißmeyer über die Barrikaden und versuchten aus Berlin zu flüchten. Nach Dönitz' Ansprache, der erklärt hatte, dass er den Kampf gegen die Bolschewisten fortsetzen werde, folgten die Eheleute dessen Befehl, den Anschluss an die Westarmee zu suchen. Sie gerieten dabei in einen Schusswechsel, der die ganze Nacht andauerte. Scholtz-Klink wurde verwundet. Zwei Tage später, noch während der Flucht aus Berlin, wurden sie von einem Sanitätswagen aufgenommen, der nach Ketzin bei Magdeburg zu gelangen suchte. Auf ihrem Weg durch die russischen Linien wurden sie von Rotarmisten angehalten und gerieten zusammen mit Hunderten anderer Soldaten in Gefangenschaft. Ihre Papiere hatten sie befehlsgemäß noch am Abend zuvor vernichtet, zudem hatten sie ihre Waffen zurückgelassen.

Die Kontrolle durch die Russen war allem Anschein nach sehr lax. Obwohl beide immer noch Tarnuniformen trugen und August Heißmeyer darunter sogar seine SS-Uniform anbehalten hatte, wurden sie nicht erkannt und als Zivilisten behandelt. Die Russen trennten die Verwundeten von den Unverletzten, gleichwohl konnte Scholtz-Klink bei ihrem Mann bleiben, da ihre Verwundung unbemerkt geblieben und sie sogar zunächst nicht einmal als Frau erkannt worden war. Nachdem sie sich ihrer Uniformen entledigt hatten, wurden sie in ziviler Kleidung entlassen.

In einer Kolonne führte man sie zu Fuß bis zum nächsten Ort. Gertrud Scholtz-Klink erzählt, wie es weiterging: »Ich bat darum, mich in Begleitung meines Mannes kurz in einem Haus ausruhen zu können, da ich sehr erschöpft sei. Die russischen Aufsichtsoffiziere gaben diesem Wunsch statt, marschierten dann unerwartet mit der Kolonne weiter und kümmerten sich nicht mehr um uns.«

So zogen sie nach einer kurzen Verschnaufpause wieder los.

Auf dem Weg zur Elbe wurden beide erneut von den Russen festgenommen, diesmal aber in ein Lager gebracht. Dort gaben sie an, dass sie aus Berlin kämen und jetzt nach Süddeutschland wollten.

»Zehn Tage später kamen wir frei und haben unseren Weg

in Richtung Leitzkau fortgesetzt. Dort konnten wir uns allerdings nicht aufhalten, da in diesem Gebiet die russische politische Polizei zu erwarten war, die alle Leute ohne Papiere festnahm. Und tatsächlich fielen wir der politischen Polizei in die Hände und wurden schließlich in das Lager Leitzkau gebracht. Hier entschlossen wir uns, zum ersten Mal den falschen Namen anzunehmen.«

Nach fünf Tagen entließ man sie aus dem Lager. Und da sie vorgaben, keine Wohnung mehr zu haben, nahmen sie Kontakt zu der ihnen bekannten Bäuerin in Leitzkau, Herta Gronau, auf. Scholtz-Klink kennt sie aus der gemeinsamen Arbeit.

In den nächsten Tagen hörten sie immer wieder die Nachricht, dass sich die Reichsfrauenführerin das Leben genommen habe. Daher entschied sich das Paar, den Namen Stuckenbrock zu behalten. Vom Bürgermeister Leitzkaus haben sie sich unter diesem Namen Ersatzpapiere ausstellen lassen.

»Doch genug von uns«, sagt Heißmeyer. »Wie ist es dir ergangen, Werner. Und was genau ist im Führerhauptquartier geschehen?«

Naumann berichtet in nüchternen Worten, was sich in den letzten Wochen und Monaten in der Reichskanzlei und im Bunker zugetragen hat. Als er zur Schilderung der Ereignisse vom 30. April kommt, rinnen den anwesenden Frauen die Tränen über die Wangen, und auch Heißmeyer ist tief erschüttert, als er so aus erster Hand vom Sterben des geliebten Führers erfährt.

Von seiner Flucht berichtet Naumann nur in groben Zügen. Als er geendet hat, fragt er die Eheleute nach ihren weiteren Plänen.

Scholtz-Klink erklärt, sie wollten sich bald mit ihren Kindern in Verbindung setzen. Ihr jüngstes und einziges gemeinsames Kind war im Juni 1944 in einem Bunker der Charité geboren worden. Zu dieser Zeit befanden sich die übrigen zehn Kinder auf Schloss Bronnen. Scholtz-Klink gehörte zu denjenigen nationalsozialistischen Spitzenfunktionären, die von Adolf Hitler mit Schenkungen von Immobilien und Ländereien geehrt worden waren. Über das Frauenwerk hat sie das Schloss für fünfzig Jahre pachten können und aufwendig restaurieren lassen. Hier befinden sich im Moment Verwandte von Scholtz-Klink und Heißmeyer mit den Kindern, die sie dort betreuen.

»Und wie wollen Sie dorthin gelangen?«, fragt Naumann.

»Ich habe einen guten Kontakt zur Fürstin Pauline zu Wied«, antwortet Scholtz-Klink, »der Tochter des ehemaligen Königs Wilhelm II. von Württemberg. Sie ist bis jetzt die Vorsitzende des Roten Kreuzes in der Rheinprovinz gewesen, und über meine Führungsstellung im Roten Kreuz haben wir einen freundschaftlichen Kontakt. Ich versuche über sie für die nächste Zeit einen Unterschlupf zu finden.«

Werner Naumann ist hellhörig geworden. Vielleicht kann auch er bei Gelegenheit das Rote Kreuz mit seinen Verbindungen und Transportmöglichkeiten nutzen. Es ist gut zu wissen, dass Gertrud Scholtz-Klink hier über gute Beziehungen verfügt.

An diesem Nachmittag vereinbaren Naumann und Bergmann mit den Eheleuten, sich möglichst regelmäßig zu treffen, um sich auszutauschen und gegebenenfalls gegenseitig zu unterstützen.

***

Ein paar Tage später kommt Hannes Bergmann in das Zimmer von Werner Naumann gestürmt, der am Schreibtisch sitzt und in sein Notizbuch schreibt. »Jetzt machen sie ernst«, ruft er. »BBC hat gerade gemeldet, dass Heinrich Himmler auf der Flucht nach seiner Festnahme in der Nähe von Bremerhaven verhaftet worden ist und sich kurz darauf durch das Zerbeißen einer Zyankalikapsel das Leben genommen hat.«

Diese Nachricht vom Ende des Reichsführers SS ist für die beiden SS-Männer ein Schock. Werner Naumann hatte zu Himmler stets ein gutes Verhältnis gehabt. Himmler selbst war es, der gegenüber Bormann schriftlich vermerkte, dass er Naumann für eine Gauleiterstelle befähigt halte. Joseph Goebbels hat stets kritisch auf die SS-Mitgliedschaft seines Staatssekretärs geblickt, aber im Laufe der Zeit festgestellt, dass dieser dadurch eine wichtige Vermittlerfunktion übernehmen konnte. Außerdem war Naumann im Führerbunker zugegen gewesen, als Martin Bormann den Führer darüber informierte, dass Himmler Kontakte zu dem Schweden Graf Folke Bernadotte aufgenommen hatte, mit dem Ziel, Verhandlungen mit den Westalliierten zu führen. Vor zwei Tagen nun, am 21. Mai, ist Himmler in britische Gefangenschaft geraten. BBC meldet, dass er einen »vorläufigen Entlassungsschein« aus dem Wehrdienst vorgelegt habe, ausgestellt auf einen Feldwebel namens Heinrich Hitzinger, und damit zunächst unerkannt geblieben war. In den folgenden zwei Tagen wurde Himmler über mehrere Stationen nach Lüneburg gebracht. Am Nachmittag hat er seine wahre Identität preisgegeben. Daraufhin wurde er in eine Dienststelle des britischen Nachrichtendienstes gefahren. Vor seiner Vernehmung sollte Himmler ärztlich untersucht werden. Bei der Überprüfung seiner Mundhöhle zerbiss er eine Zyankalikapsel und verstarb wenig später.

Werner Naumann weiß, dass sowohl Heinrich Himmler als auch der Führer über eine große Anzahl von Zyankalikapseln verfügten, die sie ihren engsten Mitarbeitern in den letzten Wochen angeboten hatten, damit sie in zugespitzter Lage nicht dem Feind zum Opfer fielen. Er selbst besitzt auch drei Kapseln, die er stets bei sich trägt, für den Fall der Fälle.

»Jetzt greifen sie durch«, stellt Hannes Bergmann fest. »Kurz zuvor haben sie auch die Verhaftung von Alfred Rosenberg vermeldet. Ich glaube, wir müssen ab jetzt doppelt vorsichtig sein, um dich zu schützen.«

Etwa zur selben Zeit werden Offiziere und Soldaten der Wehrmacht im Gebäude der Sportschule der Marine in der Kriegsschule Mürwik bei Flensburg von der britischen Armee verhaftet. Über BBC wurde mitgeteilt, dass der von Hitler in seinem Testament als Nachfolger genannte Großadmiral Dönitz sowie Generaloberst Jodl, Generaladmiral von Friedeburg und die Geschäftsführende Reichsregierung, die als solche von den Alliierten nicht anerkannt worden war, wie auch das gesamte Oberkommando der Wehrmacht mit sofortiger Wirkung aufgelöst wurde und die einzelnen Personen ab sofort als Kriegsgefangene betrachtet und behandelt werden. Das betraf auch Albert Speer, den Dönitz als Wirtschaftsminister eingesetzt hat, sowie den zum Außen- und Finanzminister ernannten Johann Ludwig Schwerin von Krosigk, den ehemaligen NSDAP-Gauleiter Wegener und eine Reihe von Staatssekretären. Vermeldet wurde auch, dass sich Generaladmiral von Friedeburg durch Zerbeißen einer Zyankalikapsel selbst getötet habe.

Hannes Bergmann und Werner Naumann hören, wie der Feindsender mitteilt, dass alle festgenommenen Personen in das örtliche britische Hauptquartier im Polizeipräsidium Flensburg arretiert wurden, um sie später mit anderen prominenten Nationalsozialisten und Militärs an einem nicht benannten Ort zusammenzuführen. Da weiß Werner Naumann, was sein näheres Schicksal gewesen wäre, wenn er den Auftrag übernommen hätte, sich mit Martin Bormann von Hitlers Piloten Hans Baur mit dem Testament des Führers nach Flensburg fliegen zu lassen .

Bergmann hat sich auf das Bett gesetzt. Er sieht niedergeschlagen aus. »Wenn wir nur wüssten, was die Alliierten mit Deutschland vorhaben. Wie sind die Pläne? Gibt es überhaupt eine gemeinsame Richtung? Oder kommt jetzt die große Auseinandersetzung zwischen den Russen und den Amerikanern und Engländern? Ihr habt doch sicher genau verfolgt, in welche Richtung die Gespräche der Großen Drei gelaufen sind?«

Schon bei Bergmanns Ausdrucksweise – »die Großen Drei« – überkommt Werner Naumann Übelkeit. Er schließt sein Notizheft und erhebt sich. Er tritt ans Fenster, sieht hinaus. Eine warme Junisonne bescheint den Hof mit den Scheunen und Stallungen. Das Fenster ist nur angelehnt. Eine milde Brise bewegt die Vorhänge sacht.

Naumann dreht sich zu Bergmann um. Er sagt: »Natürlich haben wir das verfolgt. Das erste Mal haben sich Roosevelt und Churchill im August 1941 geheim auf einem Schlachtschiff im Atlantik getroffen. Aber vor uns bleibt nichts geheim. Es ging um das, was sie ›Demokratie‹ nennen, um das Selbstbestimmungsrecht der Völker … Nichts als Geschwätz und Heuchelei.« Naumann schnaubt verächtlich. »Stalin hat schon vier Monate später gegenüber dem britischen Außenminister Eden in Moskau Klartext geredet. Österreich sollte als selbstständiger Staat wiederhergestellt werden und die Sudetengebiete an die ebenfalls wiederherzustellende Tschechoslowakei zurückgegeben werden. Die Gebietserwerbungen aus der Zeit des Hitler-Stalin-Paktes wollte Stalin selbstverständlich nicht wieder rückgängig machen. Estland, Lettland und Litauen, die polnischen Gebiete … Daran siehst du, dass jeder sein eigenes Spiel spielte. Es ist kaum zu glauben, dass die sich jetzt einigen werden. Aber trotzdem wird sicher alles zu unserem Nachteil geregelt.«

Naumann hat die Arme vor der Brust verschränkt. Er sieht wieder hinaus in die sommerliche Idylle, die so gar nicht zu seiner Gemütslage passen will. Er muss an das Treffen von Roosevelt und Churchill Anfang 1943 in Casablanca denken – unmittelbar nach Stalingrad. Etwa 150 000 deutsche Soldaten sind gefallen, 90 000 in Gefangenschaft geraten. Zweifellos der Wendepunkt in diesem Krieg. Schon in Casablanca haben Roosevelt und Churchill die bedingungslose Kapitulation Deutschlands gefordert. Schwere Zeiten für das Propagandaministerium.

Werner Naumann setzt sich wieder an den Tisch. Dann fährt er fort: »Am meisten habe ich mich darüber aufgeregt, was in Teheran Ende November 1943 besprochen wurde, als Roosevelt, Churchill und Stalin erstmals zusammenkamen und gemeinsam am Konferenztisch saßen. Da wurde von Stalin angeregt, Polen nach Westen zu verschieben, also die sowjetischen Ansprüche auf polnisches Gebiet im Osten durch deutsche Abtretung an Polen im Westen zu kompensieren. Eine Katastrophe für meine alte Heimat. Und die Amerikaner schlugen vor, Deutschland zu zerstückeln. Roosevelt dachte daran, Deutschland in fünf selbstständige Staaten aufzugliedern und die schwerindustriellen Gebiete an der Ruhr und an der Saar unter internationale Verwaltung zu stellen. Churchill propagierte seine Lieblingsidee der Trennung Preußens vom übrigen Deutschland und der Errichtung einer bayrisch-österreichisch-ungarischen Föderation entlang der Donau. Stalin war diesbezüglich zurückhaltend. Völlig verrückt war der Plan des amerikanischen Finanzministers Morgenthau, nach dem eine nahezu totale Demontage der Industrie und die Umwandlung Deutschlands in ein Agrarland durchgeführt werden sollte. Das Ziel war es,

Großdeutschland ein für alle Mal zu zerschlagen, endgültig zu vernichten. Das hat unsere militärischen Anstrengungen noch mal verstärkt, allerdings ohne den nötigen Erfolg, wie man leider sieht. Einig sind sich die Alliierten offenbar darin, dass es nach der Kapitulation zu immensen Reparationszahlungen kommen muss.«

Hannes Bergmann sieht die Erschütterung seines Freundes. So kennt er ihn gar nicht. Naumann blickt sonst immer nach vorn. Resignation ist ihm eigentlich fremd.

»Das einzig Positive«, fährt Naumann fort, »war die Meldung von Roosevelts plötzlichem Tod am 12. April. Das hat noch einmal die Lebensgeister des Führers geweckt. Leider zu spät. Er hatte schon lange den Blick für die Realitäten verloren.«

***

Hat Werner Naumann zu Beginn seines Aufenthalts in Burg noch das Gefühl gehabt, die Zeit würde stillstehen, so scheint sie jetzt fast wieder dahinzueilen wie einst in der Stadt. Das ist gewiss dem strikten Tagesablauf geschuldet, dem er sich verschrieben hat: am Vormittag Ausritt, dann Mittagessen. Nach dem Essen Arbeit im Stall. Danach führt er für gewöhnlich sein Notizbuch, das sich inzwischen zu einem Tagebuch entwickelt hat, und abends, nach dem Essen, wird der Tag mit Gesprächen im Wohnzimmer beschlossen. Aber vielleicht war es auch einfach nur die Gewöhnung an das ruhige Landleben, was Werner Naumann nie für möglich gehalten hätte.

Am 14. Juni überrascht Bergmann ihn mit der Mitteilung, dass BBC gerade die Verhaftung des ehemaligen deutschen Außenministers Joachim von Ribbentrop gemeldet hat. Werner Naumann empfindet kein Mitleid mit dem Mann. Er hat ihn nicht ausstehen können. Er war sich mit Goebbels immer darin einig gewesen, dass Ribbentrop ein blasierter, sich selbst überschätzender Blender sei, der überraschenderweise fast bis zum Schluss die Wertschätzung des Führers genossen hat. Naumann gegenüber nannte Goebbels ihn stets den »Sektreisenden«, in Anspielung auf Ribbentrops Frau, der Tochter des Weinhändlers Otto Henkell. Als Weinhändler war Ribbentrop in Berlin in die bessere Gesellschaft aufgestiegen und hatte es zu Vermögen und einer eleganten Villa in Dahlem gebracht. Mit großem Vergnügen erzählte Goebbels seinem Staatssekretär, wie Ribbentrop das Adelsprädikat »von« erworben hat. Von einer entfernten Verwandten, einer Gertrud von Ribbentrop, deren Vater Karl Ribbentrop im Jahr 1884 geadelt worden war und von daher den Namen »von Ribbentrop« führte, hatte sich der Weinhändler adoptieren lassen und im Gegenzug verpflichtet, ihr dafür fünfzehn Jahre eine Rente zu zahlen.

»Stell dir vor, Werner«, sagt Bergmann, »BBC berichtet, dass es Ribbentrop als einer der ganz wenigen bekannten Persönlichkeiten gelungen sei, aus Berlin zu fliehen. Er soll vorher Goldbarren im Wert von fünf Millionen Reichsmark nach Schleswig-Holstein geschafft haben. Und zwei Eisenbahnwaggons gefüllt mit wertvollem Cognac soll er nach Hamburg geschickt haben. Am 20. April, ausgerechnet an Führers Geburtstag, soll er der Ware hinterhergereist sein. In Hamburg sei er in einer Pension untergetaucht, eingemietet unter dem Namen ›Riese‹. Mithilfe eines befreundeten Weinhändlers wollte er die Ladung eines Cognac-Waggons zu Geld machen, um seine Flucht über Schweden nach Südamerika zu finanzieren. Den Rest sollte sein Bekannter für seine Hilfeleistung und Verschwiegenheit kassieren. Doch der Hamburger Schwarzmarkt blüht, die Menschen sind gierig. Der befreundete Weinhändler hatte sicherlich andere

Interessen und natürlich die Hoffnung, beide Waggons zu bekommen. Vielleicht hat er auch nicht eingesehen, warum er Ribbentrop schützen sollte. Sein Sohn soll sich dann an die britische Besatzungsbehörde gewandt und Ribbentrops Aufenthaltsort genannt haben. Die britische Militärpolizei ist anscheinend gemeinsam mit dem britischen Geheimdienst in das Zimmer eingedrungen. Ribbentrop hatte eine Giftkapsel bei sich, die er aber nicht geschluckt hat. Er soll wohl gleich beteuert haben, dass er zu den Briten doch immer ein gutes Verhältnis gepflegt habe.«

Werner Naumann ist sprachlos. Das Gehörte passte ins Bild, das er von Ribbentrop hat. Und es erfüllt ihn mit Genugtuung, dass es Ribbentrop nicht gelungen ist, nach Südamerika zu fliehen. Aber es sagt ihm auch, wie wichtig es für ihn selbst ist, vorsichtig zu sein, seine Identität geheim zu halten und sich nur sehr wenigen, absolut vertrauenswürdigen Personen zu öffnen.

»Ashcan«

Der Zweite Weltkrieg endete nicht wie ein Fußballspiel mit einem Händeschütteln der Gegner, wie Hermann Göring vielleicht gehofft hatte. Die Alliierten verständigten sich noch während des Krieges in vielen mühsamen Treffen darauf, dass es nach einem siegreichen Ende über Nazi-Deutschland eine gemeinsame Abrechnung geben würde. Nach der Kapitulation Deutschlands war der Krieg für die Alliierten gewonnen, aber erst einmal mussten die deutschen Hauptverantwortlichen gefasst und gefangen genommen werden.

Die Amerikaner akquirierten im Kurort Bad Mondorf in Luxemburg am 30. April das Palace-Hotel, um es in ein geheimes Gefängnis zu verwandeln. Das Codewort dafür war »Ashcan«, zu Deutsch »Ascheimer«. Die Wahl des Standortes hing wohl damit zusammen, dass Luxemburg von amerikanischen Streitkräften unter hohen Verlusten befreit worden war und man auf eine wohlgesinnte Bevölkerung und Regierung hoffte. Außerdem lag Bad Mondorf nicht weit entfernt von General Eisenhowers Hauptquartier im nordfranzösischen Reims, von wo die Verhöre der Gefangenen koordiniert werden sollten. Mithilfe von deutschen Kriegsgefangenen und lokalen Handwerkern wurde das infolge der deutschen Besatzung heruntergekommene Gebäude für den neuen Zweck umgerüstet. Die Fenster wurden vergittert und mit Plexiglas versehen, das Mobiliar in den Zimmern ersetzt durch eine einfache militärische Grundausstattung mit Feldbett, Stuhl und zwei Bettlaken. Dennoch wirkte das Gebäude von außen immer noch wie ein hochherrschaftliches Hotel, sodass die Sorge der vom US-Hauptquartier entsandten Inspektoren groß war, es könnte der Vorwurf erhoben werden, hochrangige NS-Verbrecher genössen den Luxus eines Kurhotels. Diese Befürchtung war nicht unbegründet, wie sich herausstellen sollte.

Mitte Mai 1945 wurde das Gefangenenlager in Betrieb genommen und die ersten Gefangenen eingeliefert. Bis August 1945 waren etwa fünfzig NS-Gefangene interniert.

Am 20. Mai wurde Hermann Göring hierhergebracht, der seit seiner Festnahme am 9. Mai von den Amerikanern verhört worden war. Er erschien mit sieben Koffern, wie eine Diva, mit lackierten Fuß- und Fingernägeln, auffallend nervös, mit zitternden Händen. In einer Reisetasche führte er zwanzigtausend Paracodin-Tabletten mit sich, ein Morphiumersatzmittel. Ebenfalls in seinem Gepäck: sieben wertvolle Uhren, kostbare Ringe, Broschen, seine Orden, zahlreiche Uniformen und 81.268 Reichsmark. Bei der Durchsuchung seiner Kleidung fand man zwei Ampullen Zyankali. Alles wurde sofort konfisziert. Hermann Göring wirkte aufgedunsen. Er wog zweihundertvierzig Pfund.

In den nächsten Tagen wurde ein Großteil der politischen NS-Prominenz aus Regierung und Militär in dem Hotel interniert.

Am Nachmittag des 22. Mai erhielt Großadmiral Karl Dönitz, die Aufforderung, am nächsten Tag um 9.45 Uhr mit den Generälen Jodl und von Friedeburg vor der Alliierten Kontrollkommission zu erscheinen, und allen war klar, was das bedeutete.

Die geschäftsführende Reichsregierung und das Oberkommando der Wehrmacht wurden an diesem Morgen verhaftet. Dabei fand eine Leibesvisitation statt, um zu verhindern, dass die Verhafteten sich mit Gift das Leben nehmen konnten. Zwei Frachtmaschinen brachten die Verhafteten nach Luxemburg.

Unter den Gefangenen befanden sich Joachim von Ribbentrop, Walther Funk, Wilhelm Frick, Arthur Seyß-Inquart, Albert Speer, Hans Frank, Lutz Schwerin von Krosigk, Robert Ley, Fritz Sauckel, Julius Streicher, die Staatssekretäre Lammers und Meissner, Alfred Rosenberg sowie neben Karl Dönitz die Generäle Keitel, Jodl und Kesselring.

Die Gefangenen nahmen ihre Mahlzeiten gemeinsam im Speisesaal des ehemaligen Hotels ein und konnten ihre freie Zeit im Lesesaal oder mit Spielen verbringen. Viele saßen an sonnigen Tagen auf der Terrasse oder im Garten. Die Unterbringung war unvergleichlich besser als in den normalen Kriegsgefangenenlagern, woran insbesondere die Sowjets Anstoß nahmen. So schrieb der Kommissar der Staatssicherheit Serow in einem Bericht an Josef Stalin am 30. Juni 1945: »Es stellt sich heraus, dass die Gefangenen sich in einem der besten Kurorte aufhalten. Sie leben in einem hervorragend ausgestatteten vierstöckigen Gebäude. Die Fenster waren nur mit schwachen Gittern versehen. In diesem Gebäude hat jeder Gefangene sein eigenes Zimmer mit einem guten Bett und anderen Annehmlichkeiten des Alltags. Die Isolation ist nur bedingt gegeben, denn im Laufe des Tages haben sie mehrmals die Möglichkeit, einander zum Essen zu treffen, aber auch während einer Schachpartie oder anderen Spielen. Keine der verhörten Personen macht den Eindruck eines Gefangenen, der bereit ist, für seine Verbrechen Verantwortung zu tragen. Sie sehen alle gut aus und sind gebräunt wie Kurgäste. Alle sind in vollständige Uniform gekleidet, mit Gradabzeichen und dem Hakenkreuz.«

Das entsprach nicht ganz den Tatsachen: Ein fünf Meter hoher Stacheldrahtzaun, behängt mit Stoffbahnen und Tarnnetzen, umgab das Hotelgelände, auf Wachtürmen standen schwer bewaffnete Posten mit Maschinengewehren. Im Hotelgarten aber spazierte in der Tat die Nazi-Elite oder sonnte sich in den Liegestühlen auf der Terrasse. Die Situation ähnelte einem bizarren Kammerspiel. Schnell zerfielen die Insassen – oder wie amerikanische Journalisten sie nannten: die »Big Fifty-Two« – in Cliquen. Da waren die Militärs, die »Alten Kämpfer« und die Bürokraten. Nur Göring schnitten sie alle. Niemand wollte im Speisesaal einen Tisch mit ihm teilen. Besonders die Konkurrenzsituation zwischen Göring und Dönitz wirkte grotesk und zeigte sich auch daran, dass sie sich demonstrativ aus dem Weg gingen.

Das US-Kriegsministerium entsandte eine Kommission, die die Gefangenen befragte. Es waren allerdings reine Befragungen, keine Verhöre, sodass die Offiziere selbst bei Ungereimtheiten und offensichtlichen Lügen selten nachhakten. Es gab auch kaum Fragen, die auf die persönliche Schuld und Verstrickung in die Verbrechen des Regimes zielten. So wurden die Befragungsprotokolle aus Bad Mondorf für spätere Anklagen als unbrauchbar abgetan.

Die größte Veränderung fand bei Hermann Göring sichtbar statt. Drogenabhängig und stark übergewichtig war er in Bad Mondorf angekommen. Nachdem ihm das Morphiumpräparat Paracodin abgenommen worden war, unterzogen ihn die amerikanischen Militärärzte einer drastischen Entziehungskur. Dank der Gefängniskost, die den von der Genfer Konvention für Kriegsgefangene vorgeschriebenen tausendsechshundert Kalorien am Tag entsprach, verlor er bald deutlich an Gewicht. Im November 1945 wird er sich in der besten körperlichen Verfassung seit Jahren befinden.

Alte Netzwerke

Seit ihrer ersten Begegnung auf dem Gutshof haben sich Werner Naumann und Hannes Bergmann mit August Heißmeyer und Gertrud Scholtz-Klink regelmäßig im vierzehntägigen Abstand getroffen, um sich gegenseitig auf dem Laufenden zu halten. Immer wieder ist das Rote Kreuz das Thema.

»Das Rote Kreuz wird noch eine große Bedeutung bekommen«, sagt Heißmeyer, »bei der Suche nach Familienangehörigen, die ausgebombt oder auf der Flucht sind. Und auch die Frage, wer von unseren Soldaten überlebt hat, wer sich möglicherweise in Kriegsgefangenenlagern befindet, das wird ein neues großes Aufgabenfeld werden.«

Seine Frau ergänzt: »Ich fürchte nur, dass in dieser Situation die Alliierten unsere Strukturen nicht so belassen werden. Immerhin sind die meisten der leitenden Personen eng mit der Partei oder der SS verbunden.« Sie weiß aber, dass viele Fahrzeuge noch funktionsfähig sind und darüber hinaus auch manche Fernsprechverbindungen noch bestehen, zumindest dort, wo die Amerikaner und Engländer keine Flächenbombardements durchgeführt haben. »Das werden wir in der nächsten Zeit herausbekommen, auch um zu sehen, was für uns weiter nutzbar ist.«

Heißmeyer sagt: »Soweit ich das sehe, sind die Strukturen des Roten Kreuzes an vielen Stellen noch sehr stabil. Gertrud verfügt dank ihrer Arbeit mit dem Roten Kreuz über gute Kontakte zu wichtigen Personen. Wir setzen nicht zuletzt auf die Verbindung zu Pauline zu Wied.«

»Wir sind seit Langem gut befreundet«, erläutert Scholtz-Klink. »Pauline ist schon seit 1902 beim Roten Kreuz tätig. Seit 33 ist sie in der Partei. Sie hat die besten Kontakte nach Württemberg, verfügt dort über Besitz und genießt ein hohes Ansehen. Wir haben schon während des Krieges darüber geredet, dass wir nach Württemberg zurückkehren würden, wenn eine politische Wende nicht mehr zu erreichen ist. Unser Ziel ist erst einmal, wie schon gesagt, zu unseren Kindern nach Schloss Bronnen zu gelangen. Dann werden wir sehen, was für uns über den Kontakt zu Pauline zu Wied möglich ist.«

Werner Naumann erklärt, er werde noch eine Weile hierbleiben. Er wolle abwarten, was politisch in den nächsten Wochen und Monaten geschehe, und dann wisse man vielleicht auch, wer von den alten Mitstreitern den Krieg überlebt hat oder wer nicht. Mittelfristig werde es ihn aber auch in Richtung Süden ziehen. Nach Bayern oder Württemberg. Und da bestehe vielleicht die Möglichkeit, gemeinsame Kontakte zu nutzen.

Er wendet sich an Heißmeyer. »Eine Person, die ich kontaktieren könnte, wäre Günther Schwägermann, den du ja auch kennst. Er war die letzten Jahre Adjutant von Goebbels. Mit ihm bin ich aus dem Führerbunker herausgekommen und die ersten Tage auf dem Weg hierher zusammen gewesen. Er wollte danach zu seiner Frau zurück, die in München lebt. Vielleicht besteht die Möglichkeit, über das Rote Kreuz Kontakt zu ihm aufzunehmen, damit er meiner Frau einen Hinweis geben kann, dass ich am Leben bin. Vielleicht können wir einmal herausfinden, wie die Kontakte nach München sind.«

»Erst einmal ist es doch erfreulich, dass ihr es geschafft habt, aus Berlin herauszukommen. Die Berichte über die Zerstörung in Berlin und die unsagbar vielen Toten, auch unter unseren Parteigenossen, lassen einen ja kaum schlafen«, stellt Hannes Bergmann fest.

»Was sind denn deine langfristigen Pläne, Werner?«, fragt Heißmeyer.

Naumann zögert. Doch er weiß, dass er Heißmeyer ebenso wie dessen Frau vertrauen kann. Darum sagt er: »Nun, ich will versuchen, alte Verbindungen wiederherzustellen – zu SS-Führern und Männern aus dem Propagandaministerium. Noch ist nicht klar, ob ich unter meinem Namen agieren kann. In jedem Fall wird es notwendig sein, einen guten juristischen Beistand zu haben.«

»An wen hast du gedacht? Du hast doch sicher Kontakt zu Grimm gehabt, oder?«

»Ja, Grimm wäre ideal.« Friedrich Grimm war *der* Anwalt des Dritten Reichs gewesen, zudem ein großer Ideologe, gleichermaßen aufs Höchste geschätzt von Goebbels wie vom Führer. »Aber wir haben auch gute Juristen im Propagandaministerium gehabt«, fährt Naumann fort, »auch wenn die bei uns andere Funktionen innehatten. Peter Gast zum Beispiel. Ich denke auch über Personen nach, die eher im Hintergrund gearbeitet haben und die vielleicht weniger schwer unter Beschuss geraten werden. Etwa den stellvertretenden Abteilungsleiter der Rundfunkpolitischen Abteilung im Außenministerium. Mit ihm hatte ich oft zu tun, um zu schlichten, wenn es zwischen Ribbentrop und Goebbels mal wieder zu Reibereien kam. Kurt Georg Kiesinger. Ich habe ihn schon während des Studiums in Berlin kennengelernt. Er ist ein spezieller Typ, manchmal etwas weitschweifig und salbadernd, aber politisch klug und gewandt. Gehörte während des Studiums einer katholischen Verbindung an, der Askania-Burgundia. Ich war im NS-Studentenbund stellvertretender Gruppenleiter und musste ökonomisch studieren, mir fehlte neben der politischen Arbeit die Zeit. Kiesinger hat nach dem Studium 1931 als Repetitor Kurse angeboten. Da bin ich hingegangen, wie auch Wolfgang Diewerge und Horst Huisken, die später bei uns gearbeitet haben. Kiesinger ist in jedem Fall ein guter Jurist und ja auch schon 1933 in die Partei eingetreten. Und er war rundfunkpolitisch ein kluger Propagandist. Ich hoffe, dass er es schafft, sich in der jetzigen Lage durchzulavieren, nicht zuletzt, weil er auch über gute Kontakte in Württemberg verfügt.«

***

Viele Gespräche dieser Art führt Werner Naumann im kleinen Kreis mit den Eheleuten Heißmeyer/Scholtz-Klink oder mit Hannes Bergmann allein. Doch Hannes ist nicht immer nach politischen Themen zumute. Vor allem, wenn seine Frau anwesend ist, lenkt er das Gespräch gern auf vermeintlich heitere Themen, zum Vergnügen seiner Frau und sehr zum Verdruss von Naumann.

Einmal, als sie gerade mit dem Mittagessen fertig sind, kommt Hannes auf das Thema Witze zu sprechen. Er sagt, dass es gerade in schweren Zeiten gut für die Seele sei, auch einmal herzlich zu lachen, nicht zuletzt über »die da oben«. Er könne nicht verstehen, dass die Regierung derart drakonisch gegen Witzeerzähler vorging.

Seine Frau hat auch gleich einen parat: »Frage: Was gibt es für neue Witze? Antwort: Sechs Monate Dachau.«

Hannes lacht schallend und sieht Naumann schalkhaft an, doch der verzieht keine Miene.

»Was ist paradox?«, versucht es nun Hannes. »Wenn im Dritten Reich der zweite Mann als erster türmt.« Jetzt lachen beide Eheleute. Dass sie ihren Gast quälen, scheint ihnen nicht klar zu sein.

Naumann will etwas sagen – die Sache ist ihm wirklich zu

dumm –, doch Hildegard plappert schon aufgeregt drauflos wie ein kleines Mädchen: »Rudolf Heß wird nach seinem Englandflug Churchill vorgestellt. Der sagt: ›Also, Sie sind der Verrückte?‹ Darauf Heß: ›Nein, ich bin nur sein Stellvertreter.‹«

Werner Naumann ist sprachlos. Natürlich ist es absolut notwendig, gegen solche Bemerkungen vorzugehen, gegen offene Anfeindungen und Beleidigungen der Staatsführung. So etwas ist nicht »gut für die Seele«, so etwas ist Wehrkraftzersetzung der übelsten Sorte. Er, Naumann, hat aus nächster Nähe erlebt, wie Adolf Hitler und viele andere Männer unermüdlich ihre Pflicht getan haben, um Deutschland zum Sieg zu führen. Respektlose Witze entlasten nicht vom Alltag, nein, sie entweihen den heiligen Ernst dieser Männer …

Naumann hat einen Moment nicht auf das Gespräch der Eheleute geachtet. Jetzt hört er die joviale Stimme von Hannes sagen: »In Berlin ist ein Mann verhaftet worden, der in einem Lokal diesen hier erzählt hat: Goebbels hält eine Rede auf einer Versammlung und sagt: ›Das deutsche Volk ist wie der deutsche Adler, der Kopf ist unser Führer, der rechte Flügel die SS, der linke Flügel die SA.‹ Da steht hinten im Saal ein Arbeiter auf und schreit: ›Und das Arschloch, das bist du!‹«

Jetzt wird es Naumann zu viel. Er steht auf, bedankt sich für das Essen und sagt, dass er gerade dabei sei, ein paar wichtige Aufzeichnungen zu machen.

Seither werden auf dem Gutshof in Gegenwart von Naumann keine Witze mehr erzählt.

Potsdam und Neubabelsberg

Am 17. Juli kommen in Potsdam Churchill, Truman und Stalin zusammen – die »Großen Drei«. Seit Tagen kauft Bergmann alle zugelassenen Zeitungen und fast stündlich verfolgen sie die Nachrichten auf BBC und Radio London.

Werner Naumann macht sich indes keine Illusionen darüber, was bei dieser Konferenz herauskommen wird. Die Deutschen haben es nach dem Ersten Weltkrieg bereits leidvoll erlebt. Zerschlagung, Degradierung, Verhöhnung und ein hohes Maß an zu leistenden Reparationen.

In Potsdam macht alsbald eine Nachricht die Runde, die auch das hundert Kilometer entfernte Burg erreicht und Naumann auf sonderbare Weise beunruhigt. Bekannt war, dass die Beratungsdelegationen sich im Potsdamer Schloss Cecilienhof treffen werden, einem von Kaiser Wilhelm II. 1912 in Auftrag gegebenen recht schlichten Backsteinbau. Doch logieren werden sie dort nicht. Naumann erfährt, dass Harry Truman und Winston Churchill in unmittelbarer Umgebung des bisherigen Wohnhauses von Naumann in Neubabelsberg Quartier beziehen. Truman in der Straße der SA Nr. 2, dem bisherigen Haus Erlenkamp, in derselben Straße, in der Naumann mit seiner Familie die letzten Jahre gewohnt hat. Unmittelbar neben der Villa Quandt, in der Magda Goebbels in ihrer ersten Ehe mit Günther Quandt und dessen Kindern gelebt hat und die diesem immer noch gehört. Auch Winston Churchill wird in der Nähe einquartiert, in der Villa Urbig ein paar Meter weiter, auch ein herrliches großes Gebäude.

Beide direkt am Griebnitzsee. Franz Urbig war ein Bankier der Deutschen Bank gewesen, der nach 1933 dazu beigetragen hat, die jüdischen Mitglieder des Vorstandes der Deutschen Bank aus dem Vorstand zu entfernen, obwohl er selbst kein Mitglied der NSDAP gewesen war. Für Josef Stalin, der unter Flugangst leidet und deswegen nicht mit dem Flugzeug, sondern mit einem Expresszug aus Moskau zum Potsdamer Hauptbahnhof gebracht wird, hat sein Geheimdienst die Villa Herpich ausgewählt, in der Straße der SA Nr. 27. Der Gedanke jagt Naumann einen Schauer über den Rücken. In der Straße der SA Nr. 24 haben Werner Naumann und seine Familie in den letzten Jahren gelebt. In seinem Garten, direkt neben der Zufahrt, gibt es eine Besonderheit: einen aus Beton gegossenen Ein-Mann-Bunker mit Sichtschlitzen, in dem immer ein sie bewachender SS-Mann stationiert war. Was Werner Naumann zu diesem Zeitpunkt nicht weiß: Die sowjetische Delegation hat eine große Anzahl von Gebäuden in der unmittelbaren Umgebung beschlagnahmt. Und dazu gehört auch das Haus in der Straße der SA Nr. 24.

Naumann ist aufgewühlt und macht sich auf die Suche nach Bergmann. Er trifft dessen Frau in der Küche an, die erklärt, dass ihr Mann zu Besprechungen unterwegs ist. Naumann entschließt sich, das Pferd zu satteln und einen Ausritt zu machen. Normalerweise hilft das, auf andere Gedanken zu kommen. Doch das will diesmal nicht gelingen. Die Vorstellung, dass diese drei Männer, die sich anschicken, die Welt neu aufzuteilen, sich im Moment unmittelbar dort befinden, wo er die letzten Jahre gelebt hat, ist schwer erträglich.

Die Villenkolonie Neubabelsberg ist spätestens seit den Dreißigerjahren zu einem Ort der Schönen und Reichen geworden. Die meisten der Häuser sind Ende des 19. Jahrhunderts gebaut worden. Bankiers und Industrielle lebten dort, zu einem großen Teil Juden, die 1933 enteignet wurden, wenn sie nicht schon vorher das Weite gesucht haben. Joseph Goebbels gefiel es, dass sich viele Stars der Ufa in den arisierten Häusern niederließen – Brigitte Horney in der Villa des jüdischen Seidenfabrikanten Fritz Gugenheim, Marika Rökk im Haus des jüdischen Ufa-Filmproduzenten Alfred Zeisler. Es gibt auch ein kleines weißes Schlösschen, gebaut von dem Bruder des Luftfahrtpioniers Otto Lilienthal, das von der Ufa als Gästehaus für Schauspieler verwendet wurde. Heinz Rühmann, Hans Albers und Marlene Dietrich haben dort gewohnt. Letztere hat Joseph Goebbels mit astronomisch hohen Honoraren gelockt, damit sie nach Deutschland zurückkehrte, doch ohne Erfolg.

Naumann treibt das Pferd zum Galopp an, aber die düsteren Gedanken wollen nicht weichen. Seit er aus Berlin geflohen ist, hat sich alles um die Sicherung der nackten Existenz gedreht. Das Überleben. Er gehört zu den Menschen, die den materiellen Dingen keine große Bedeutung beimessen. Gewiss, weil er nie in seinem Leben materiellen Mangel erleben musste. Anders als Adolf Hitler und Joseph Goebbels ist er in gutbürgerlichen Verhältnissen aufgewachsen. Es geht ihm nicht um Statussymbole und repräsentativen Besitz. Doch nach dem unrühmlichen Ende des Krieges und dem aufopferungsvollen Tod von Menschen, die ihm alles bedeutet haben, denkt er zum ersten Mal auch an das, was er und seine Familie verloren haben. Das Haus in Neubabelsberg, die Einrichtung, um die sich seine Frau Ursula in den letzten Jahren so bemüht hat, seine Bücher, die farbenfrohen Kinderzimmer, ihr gemeinsames Leben.

Als Naumann zum Hof zurückkehrt, dämmert es bereits. In Bergmanns Arbeitszimmer brennt Licht. Naumann geht zu ihm.

Hannes sitzt an seinem Schreibtisch, die aktuellen Zeitungen vor sich. Naumann weiß, sein Freund interessiert sich vor allem darum, wie es für ihn und seinen Hof weitergeht. Wenn Deutschland in Besatzungszonen aufgeteilt werden sollte, würde das auch das Leben der Bergmanns entscheidend verändern. Seit Tagen trifft er sich mit den anderen Großbauern der Umgebung, um zu reden, Neuigkeiten auszutauschen. Was sie bislang nur befürchtet haben, scheint jetzt Gewissheit zu werden, dass die Region um Magdeburg zur sowjetischen Besatzungszone gehören wird und dass es zu einer Kollektivierung der Landwirtschaft nach Muster der Sowchosen kommt. Es wird auch gemunkelt, dass Landgüter über hundert Hektar komplett enteignet und aufgeteilt würden.

Bergmann empfängt seinen Freund mit einem matten Lächeln. »Sieh dir das an«, sagt er und weist auf die Zeitung in seiner Hand, »in Magdeburg gibt es jetzt schon eine von der Roten Armee herausgegebene *Tägliche Rundschau,* und auch die *Berliner Zeitung* habe ich bekommen.«

Werner Naumann setzt sich auf den einzigen Stuhl neben Bergmanns Schreibtischstuhl. Er nimmt die Zeitung. Skeptisch betrachtet er das Erzeugnis der sogenannten demokratischen Presse. Er sieht das Foto auf Seite eins: die »Großen Drei«, triumphierend. Der neue US-Präsident Truman in der Mitte, nicht nur für Naumann ein unbeschriebenes Blatt, lächelnd und mit überkreuztem Händedruck – in der einen Hand die Hand von Winston Churchill, in Uniform, und in der anderen die Hand von Josef Stalin, sogar in Galauniform. Die Überschrift lautet: »Cecilienhof Potsdam 1945«.

»Mir kann man nichts vormachen. Das Foto ist eindeutig nicht vor dem Schloss aufgenommen worden, sondern vor der Villa Urbig, in der der Whiskysäufer Churchill residiert. Ich kenne doch das Portal. Wenn sie schon bei solchen Fotos tricksen, wie wird das dann erst bei den Texten sein!«

»Du hast im Propagandaministerium gearbeitet, du kennst dich mit solchen Sachen aus«, sagt Hannes Bergmann.

Die leicht mitschwingende Ironie im Tonfall des Freundes entgeht dem aufgebrachten Naumann.

***

Am 28. Juli wird der britische Premierminister Winston Churchill nach der verlorenen Wahl bei den britischen Unterhauswahlen von seinem Amtsnachfolger Clement Attlee in Potsdam abgelöst.

»Das ist doch eine Farce, die sich Demokratie nennt«, schimpft Werner Naumann. »Da wird das russische Schlitzohr Stalin alleingelassen mit zwei unerfahrenen Laien, die jetzt über die Welt entscheiden. Es ist unfassbar.«

Naumann sitzt mit Bergmann in dessen Arbeitszimmer, wie fast jeden Abend in diesen Tagen. Er hält die *Tägliche Rundschau* in Händen. »Und hör dir das an: ›Es ist nicht die Absicht der Alliierten, das deutsche Volk zu vernichten oder zu versklaven. Die Alliierten wollen dem deutschen Volk die Möglichkeit geben, sich darauf vorzubereiten, sein Leben auf einer demokratischen und friedlichen Grundlage von Neuem wieder aufzubauen.‹ Wie generös!«

Was ihn aufgebracht hat, ist allerdings eine andere Meldung. In einer offiziellen Bekanntmachung heißt es: Die NSDAP und alle Untergruppierungen werden »als verbrecherisch eingestuft und verboten«. Alle »durch das nationalsozialistische Regime erlassenen Gesetze werden aufgehoben«. »Nachweisliche Befürworter des Nationalsozialismus werden aus öffentlichen Ämtern enthoben«, und »sämtliche nationalsozialistischen Symbole werden verboten«. Und es wird verkündet: »Die Hauptkriegsverbrecher sollen vor Gericht gestellt werden und sich für ihre Taten verantworten.« Es ist von einem Internationalen Militärtribunal die Rede.

»Das ist eine Kampfansage«, stellt Naumann fest. »Aber es musste ja so kommen. Die Frage ist nur, wie das konkret aussehen soll. Wer sind diese ›Hauptkriegsverbrecher‹?«

»Ich glaube, du solltest es nicht drauf ankommen lassen, das herauszufinden, Werner. Da sie Joseph Goebbels nicht in die Finger bekommen haben, würden sie an dir als seinem Staatssekretär sicherlich ein Exempel statuieren. Jetzt, wo es schwarz auf weiß feststeht, musst du doppelt vorsichtig sein.«

Werner Naumann hat kaum hingehört. »Die Alliierten wollen Deutschland klein machen«, fährt er zu schimpfen fort. »Sie nennen es ›Dezentralisierung‹, ›lokale Selbstverwaltung stärken‹, ›die politischen Zuständigkeiten wieder an Gemeinden und Städte übertragen‹. Wie soll man sich denn das vorstellen? Es ist keine zentrale deutsche Regierung vorgesehen! Auch die Wirtschaft soll dezentralisiert werden.« Er holt tief Luft. »Nun, damit ist natürlich in erster Linie die deutsche Rüstungs-und Waffenindustrie gemeint.« Denn auch die Demontage der deutschen Industrieanlagen ist vorgesehen, wie zu erfahren war. Und im Kontext der eingeforderten Reparationen bedeutet das wohl die Verlagerung dieser Industrie in die jeweiligen Besatzungsländer.

»Wir hätten es auch nicht anders gemacht, wenn der Krieg anders ausgegangen wäre«, wendet Bergmann ein.

Naumann nickt. »Zugegeben. Aber was mich am stärksten trifft, ist, dass die Russen sich tatsächlich durchgesetzt haben bei der Neufassung der Grenzen. Leiben sich einen Teil Polens ein, und wir müssen die Russen dafür entschädigen. Königsberg geht an Russland und Ostpreußen an die Polen. Stettin und Swinemünde werden polnisch. Das ist bitter und unerträglich. Breslau! Meine Geburtsstadt Guhrau – alles polnisch! Das ist für mich wie eine Amputation.«

Werner Naumann hat sich in Rage geredet, doch die Nachrichten wühlen auch Hannes auf, und er nimmt sich vor, im Wohnzimmer erst einmal einen Schnaps zu trinken. Aber wie tröstet man einen Abstinenzler?

***

Ganz unverhofft erhält Werner Naumann in diesen Tagen Besuch. Am frühen Nachmittag sieht er aus dem Fenster und erblickt Heinz Gutzeit, der mit Hannes Bergmann über den Hof schlendert. Naumann hat ihn seit dem 8. Mai nicht mehr gesehen. Er freut sich, und schon bald sitzen sie zu dritt in der Küche, um zusammen Tee zu trinken und über die Lage zu reden.

»Ich freue mich, dich wohlauf zu sehen«, sagt der Arzt aus Berlin. »Offensichtlich ist es dir bisher gut ergangen.«

»Ich kann mich wirklich nicht beklagen, jedenfalls, was meine Unterbringung hier betrifft. Mit Sorge betrachte ich allerdings, was da draußen passiert, wie sich die Welt gegen uns verbündet hat.«

»Lieber Werner, wenn du die Welt aus meiner Perspektive sehen würdest, dann wüsstest du, in welcher Weise andere zu leiden haben. Berlin hat den Überlebenskampf noch nicht gewonnen. Die vielen schwer verletzten und entkräfteten Menschen und jetzt noch die massenhaften Flüchtlinge aus dem Osten. Unsere Klinik kämpft Tag und Nacht darum, die Menschen wiederherzustellen. Die Wohnungsnot ist groß. Dabei geht es noch gar nicht um die Fragen, die dich sicher bewegen. Wie entwickelt sich alles politisch weiter? Wollen die Sieger Rache? Und wie wird die aussehen?« Gutzeit seufzt. »Aber erst einmal: Wie geht es deiner Frau und den Kindern? Hast du etwas von ihnen gehört?«

»Leider nein. Nach wie vor gibt es keine Telefonverbindung, und nach allem, was die Siegermächte gerade planen, muss ich äußerst vorsichtig sein. Ich gehe davon aus, dass Ursula und ihre Wohnung von Geheimdiensten observiert werden. Selbst wenn ich nach München gelangen würde, ich könnte keinen direkten Kontakt aufnehmen. Es ginge nur über eine unverdächtige Mittelsperson.«

»Das ist der Grund, warum ich gekommen bin. Über die Krankenhäuser haben wir die Möglichkeit, Kontakte herzustellen, zum Teil auch zu telefonieren. Und ich habe einen guten Freund, der in einem Krankenhaus in Nördlingen arbeitet. Du hast gesagt, dass deine Familie in Alerheim ist. Nördlingen liegt nur ein paar Kilometer davon entfernt. Der Freund von mir wäre bereit, sie dort aufzusuchen. Für ihn wäre es ein Katzensprung.«

Werner Naumann, der sonst nicht zum Überschwang neigt, springt auf und umarmt den Freund. »Das wäre großartig«, ruft er aus. Dann setzt er sich wieder, und seine Miene wird sogleich wieder ernst. »Es muss aber wirklich diskret ablaufen. Ursula müsste in der Lage sein, es vor den Kindern geheim zu halten. Sie sind noch zu klein und könnten die Nachricht nicht für sich behalten.«

Gutzeit nickt. »Da stimme ich dir zu. Aber mein Freund hat selbst Kinder. Ich glaube, er kann mit der Situation gut umgehen. Ich habe es mit ihm schon besprochen. Ich brauche nur noch dein Einverständnis. Dann kann das in den nächsten Tagen über die Bühne gehen.«

Werner Naumann fällt ein Stein vom Herzen. Er spürt, wie ihn neuer Mut erfüllt.

Gutzeit scheint die Veränderung, die im Innern des Freundes vor sich gegangen ist, bemerkt zu haben. Er fragt: »Und wie ist es mit dir? Solltest du nicht darüber nachdenken, im Laufe des Jahres in eine andere Zone zu wechseln?

In die amerikanische oder französische? Du könntest auch noch einmal zu mir zurück an den Schwielowsee kommen. Berlin, der Westteil, wäre auch eine Möglichkeit. Du verfügst über Papiere. Und mit deinem Bart siehst du wirklich nicht mehr aus wie der ehemalige Staatssekretär Dr. Naumann.«

Hannes kann nur zustimmen. »Ich glaube, selbst deine engsten Mitarbeiter würden dich nicht so leicht wiedererkennen.«

Werner Naumann nickt. »Ich werde darüber nachdenken. Noch bin ich nicht so weit.«

Dann sprechen sie über das naheliegende Thema: die gerade zu Ende gegangene Potsdamer Konferenz. In Berlin geht man davon aus, dass ein großes Tribunal inszeniert wird, womöglich sogar in Berlin selbst, wenn die Stadt nicht zu sehr zerstört ist, um dafür geeignete Räumlichkeiten zu finden.

Während sie noch reden, kommt eine völlig aufgeregte Hildegard Bergmann in die Küche gelaufen: »Habt ihr schon gehört? Die Amerikaner haben auf die Stadt Hiroshima in Japan eine Atombombe geworfen. Es muss Zehntausende von Toten gegeben haben. Hier bei uns spielen sie sich als Friedensapostel auf, und dort werfen sie die grausamste Bombe auf die Menschen. Und die wollen uns erzählen, was Moral ist?«

Die Männer begeben sich umgehend in Bergmanns Arbeitszimmer, wo Bergmann versucht, BBC-Nachrichten zu empfangen. Tatsächlich bekommen sie bald die aktuellen Nachrichten zu hören. Demnach war es offenbar die Rache der Amerikaner für den Angriff japanischer Kampfflugzeuge auf den amerikanischen Flottenstützpunkt Pearl Harbor im Dezember 41, der den Krieg der Amerikaner mit Japan ausgelöst hat. Nach den ersten Meldungen sollen über fünfzigtausend Menschen getötet worden sein. Es wird berichtet, es sei nicht ausgeschlossen, dass die Amerikaner noch eine zweite Atombombe zünden werden. Außerdem heißt es, Präsident Truman habe die Entscheidung für den Bombenabwurf während der Potsdamer Konferenz im Haus Erlenkamp gefällt.

Naumann hat die Fäuste geballt. »Ich fasse es nicht. Da sitzt dieser Friedensapostel Harry Truman in seiner Villa am Griebnitzsee, wo sie über Deutschlands Schicksal bestimmen und uns als Kriegsverbrecher bezeichnen, und entscheidet darüber, im Krieg gegen Japan die schlimmste Bombe zu zünden, die je von Menschen ersonnen wurde.«

Es scheint, als drohte Werner Naumann selbst zu explodieren.

Heinz Gutzeit, dem die Erschütterung ins Gesicht geschrieben steht, sieht starr vor sich hin und sagt mit tonloser Stimme: »Was wäre gewesen, wenn die Amerikaner drei Monate früher diese Bombe auf Berlin geworfen hätten?«

Eine Steigerung der Katastrophenszenarien scheint immer noch denkbar.

***

Ende August erreicht Werner Naumann eine Nachricht von seiner Frau. Ursula hat mit dem Kollegen von Heinz Gutzeit gesprochen. Sie war außer sich vor Freude, zu hören, dass ihr Mann lebt. Sie lässt ausrichten, dass sie es nicht erwarten könne, ihn wiederzusehen. Von den Kindern erfährt Naumann nur, dass es ihnen gut geht. Dass sie ihren Vater vermissen würden, sagt Ursula nicht.

***

Knapp einen Monat später – der Herbst kündigt sich bereits an – steht Hannes Bergmann im Hof und ruft zu Naumanns Zimmer hinauf: »Werner, komm schnell mit in mein Arbeitszimmer. Das musst du dir anhören.«

Wenig später sitzen sie in Bergmanns Zimmer vor dem Radiogerät. Die Nachricht ist ungeheuerlich: Der Chefkonstrukteur der V-2-Rakete ist übergelaufen. Laut Radio London ist Wernher von Braun mit sechs seiner engen Mitarbeitern in die USA geflogen worden. Ein großer Teil der Gruppe, die jahrelang in Peenemünde an dem Raketenprogramm gearbeitet hat, soll per Schiff ebenfalls in die Vereinigten Staaten unterwegs sein.

»Ich habe es befürchtet«, sagt Naumann. »Dabei haben wir bis zum Ende alle Hoffnungen in diese Truppe gesetzt. Und nicht nur Hoffnungen, sondern auch viele Arbeitskräfte und eine Menge Geld. Der Führer war zunächst skeptisch, aber spätestens nach seinem Besuch in Peenemünde hat er umgedacht. Er brauchte einen Erfolg. Der Russlandfeldzug war ins Stocken geraten, dann kam Stalingrad. In Peenemünde hat man ihm den ersten Start der A-4-Rakete vorgeführt. Das war im Oktober 42. Vor Begeisterung hat Hitler persönlich von Brauns Ernennung zum Professor unterschrieben. Mit der V-2-Rakete – der Wunderwaffe – sollte die große Wende geschafft werden. Erst sollten London und Paris bombardiert werden, dann Antwerpen und Brüssel. Der Führer hatte Produktionszahlen von hunderttausend Stück pro Jahr gefordert. Der Leiter der Heeresversuchsanstalt Peenemünde Walter Dornberger hat diese Zahl sogleich auf fünfhundert reduziert.«

Naumann ist aufgestanden und läuft in dem kleinen Raum auf und ab. Bergmann schaltet das Radio ab. Naumann hebt offenbar zu einem längeren Vortrag an.

»Und wenn von Braun jetzt zum Feind übergelaufen ist«,

doziert er weiter, »dann bewahrheitet sich doch, was der Führer stets betont hat, dass dem Adel nicht zu trauen ist, dass die adeligen Generäle uns verraten haben und schuld sind an dem ganzen Desaster. Du weißt, Hannes, dass der Vater von Wernher von Braun Verwaltungsjurist und Politiker in der Deutschnationalen Volkspartei gewesen ist? Er hat den letzten beiden Regierungen der Weimarer Republik angehört, als Reichsminister für Ernährung und Landwirtschaft bei Reichskanzler Franz von Papen und auch in der Folgeregierung von Kurt von Schleicher. Der Führer wollte Magnus von Braun in seine Regierung nicht übernehmen. Und es zeigt sich noch einmal, wie richtig das war.« Werner Naumann bleibt stehen und schüttelt verächtlich den Kopf. »Alles haben wir ihnen zur Verfügung gestellt. Wernher von Braun war ein begabter, wenn auch eitler Forscher der Raketentechnik. Er hat in Berlin studiert und 1934 eine Dissertation zum Problem der Flüssigkeitsrakete veröffentlicht. Was er dort entwickelt hatte, war so, dass es geheim gehalten werden musste. Dafür bekam er eine Schlüsselstellung in der Raketenforschung. Wobei von Braun mehr an der Raumfahrt interessiert war als an der Nutzung von Raketen für die Kriegsführung. Aber es ist schließlich gelungen, von Braun für die Arbeiten an der Raketentechnik in Peenemünde zu verpflichten. Er wusste, dass wir Raketen brauchen, die in einem möglichen Krieg eingesetzt werden können. Der Bau der Anlagen in Peenemünde hat immerhin rund fünfhundert Millionen Reichsmark gekostet. Und von Braun war gerade fünfundzwanzig Jahre alt, als er 1937 technischer Direktor wurde.« Naumann setzt sich, sieht versonnen zum Fenster hinaus. Durch das Fenster ist die große Linde im Hof zu sehen. Ihre Blätter sind bereits gelb verfärbt. »Wenigstens ist von Braun dann auch Parteimitglied geworden und später dann Mitglied der SS. Das hat dazu geführt, dass auch Himmler sich beim Führer dafür einsetzte, zur Unterstützung der enormen Produktionszahlen Tausende von Arbeitskräften aus den Konzentrationslagern für diese kriegswichtige Tätigkeit zu mobilisieren. Beim Besuch im Juli 1943 im Führerhauptquartier konnten sie mit einem Film über die Produktion der A-4-Raketen den Führer begeistern. Darauf wurde vereinbart, die monatlichen Produktionszahlen zu erhöhen. Dann aber kam es in der Nacht vom 17. zum 18. August zu diesem bestialischen Angriff der britischen Luftwaffe. Ein Großteil der Anlagen wurde zerstört. Über siebenhundert Kriegsgefangene und Zwangsarbeiter wurden getötet. Nun, und dann wurde die Produktion bekanntlich nach Thüringen verlagert. Am Südrand des Harzes entstand das getarnte ›Arbeitslager Dora‹ in einer Stollenanlage. Häftlinge aus Buchenwald haben dort gearbeitet und auch gelebt. Viele dieser Häftlinge hatten eine fachliche Vorbildung, die für die Arbeit gut zu gebrauchen war.«

Hannes Bergmann fragt: »Was glaubst du, zu welchem Zeitpunkt von Braun beschloss, sich abzusetzen?«

Naumann zuckt die Schultern. »Ich glaube, erst relativ spät. Er hat wahrscheinlich erkannt, dass die Erwartungen an seine Raketen nicht erfüllt werden konnten. Wenn man es vergleicht, hat das Bombardement von Dresden eine verheerendere Wirkung gehabt als die Raketen, die wir gegen England geschickt haben. Und am Ende war es sicher reiner Opportunismus. Man verlässt das sinkende Schiff, um sich mit seinen Erkenntnissen und Fähigkeiten dem Feind anzudienen.«

***

Eines Abends sitzt Werner Naumann wie gewohnt nach dem Essen noch mit seinem Freund zusammen. Da auch Hildegard Bergmann anwesend ist, bemüht sich ihr Mann darum, das Gespräch auf ein Thema zu lenken, das weder Naumann zu sehr in Erregung versetzt noch seine Frau langweilt.

»Hildegard und ich haben uns neulich über euer Ministerium unterhalten«, beginnt er. »Wir haben uns gefragt, wie es euch all die Jahre gelungen ist, die Anforderungen der Unterhaltungsbranche und die, sagen wir einmal, Interessen der Partei unter einen Hut zu bringen.« Als Naumann ihn nur fragend ansieht, fährt er fort. »Ich meine, es muss doch schwierig gewesen sein, mit Musikern, Komponisten, Schauspielern zusammenzuarbeiten, die in Mischehen gelebt haben, mit Jüdinnen verheiratet waren. Denn das gab es ja, nicht wahr?«

Jetzt nickt Naumann. »Nun, ihr wisst, dass das eigentlich nicht das Hauptfeld meiner Betätigung ist – das heißt, war. Das Problem bestand zweifellos, aber der Führer hat die Künstler nun einmal über die Maßen verehrt, vor allem, wenn sie auch noch aus Österreich kamen – selbst wenn sie mit jüdischen Frauen verheiratet waren. So Franz Lehár, der mit seiner Frau in Wien lebte und von Hitler besonders geschätzt wurde. Lehár war nicht nur mit einer Jüdin verheiratet, sondern auch umgeben von zahlreichen jüdischen Musikern und Textbuchverfassern. Den Anfeindungen des Amtes Rosenberg haben Goebbels und Hitler bald ein Ende gesetzt. Lehár war einfach zu wichtig für das Reich. Und Lehár stellte sich dann ja auch für Propagandakonzerte zur Verfügung.« Naumann hebt einen Finger. »Oder man denke an das Beispiel Hans Moser. Goebbels hatte ihn noch abgelehnt – wegen seiner nuscheligen Sprechweise. Aber der Führer mochte ihn. 1938 hat er sich an Hitler gewandt und diesem freiheraus erklärt, dass er seit fünfundzwanzig Jahren glücklich mit einer Jüdin verheiratet ist und wegen der antijüdischen Gesetze tief betrübt und seelisch zermürbt sei.

Nun, er hat den Führer darum gebeten, die für Juden geltenden Sonderbestimmungen für seine Frau ›gnadenweise‹ außer Kraft zu setzen. Heißt, er wollte, dass im Pass seiner Frau die Kennzeichnung ›J‹ verschwindet und als Vorname nicht ›Sarah‹, sondern ihr richtiger Name steht – Blanca. Der Führer hat dem stattgegeben. Und auch Moser wirkte ja in Propagandafilmen mit. Ist am Ende sogar auf der ›Gottbegnadeten-Liste‹ gelandet, neben Hans Albers und Heinz Rühmann und Theo Lingen.«

»Der blonde Hans?«, wirft Hildegard Bergmann ein. »War der nicht auch mit einer Jüdin verheiratet?«

»Nicht verheiratet. Liiert. Mit der Jüdin Hansi Burg. Albers ist wirklich ein sehr eigenwilliger Mensch! Erscheint einfach nicht zu Preisverleihungen, weigert sich, an Fotoauftritten mit Persönlichkeiten der Parteiführung teilzunehmen. Es ist nicht einfach mit ihm. Auf den Ruhm und das Geld will er dennoch nicht verzichten. Für seine Rolle in *Große Freiheit Nr. 7* hat er über vierhunderttausend Reichsmark erhalten. Das hat vor ihm noch niemand bekommen.«

»Aber von der Jüdin hat er sich getrennt, oder?«, fragt Hildegard.

Naumann schüttelt den Kopf. »Er hat Goebbels 1935 mitgeteilt, dass er seine Beziehung zu Hansi Burg gelöst habe. Diese hat zu der Zeit einen Norweger geheiratet und die norwegische Staatsbürgerschaft angenommen. Goebbels war zufrieden und teilte Albers mit, dass dieser nach der ›veränderten Sachlage‹ selbstverständlich, wie jeder andere Künstler, den Schutz des Staates genießen würde. Durch den Geheimdienst erfuhr Goebbels aber bald, dass die Trennung von Hans und Hansi nur eine Inszenierung war. Sie haben weiterhin in der Villa am Starnberger See gelebt und auch heimlich gemeinsame Reisen unternommen.«

»War es nicht dasselbe wie bei Heinz Rühmann?«, fragt Hildegard Bergmann, die sich sehr für diese persönlichen Geschichten interessiert.

»Nicht ganz. Heinz Rühmann hat sich wirklich von seiner Frau getrennt. Danach stand seiner atemberaubenden Karriere nichts mehr im Weg. Kein anderer Schauspieler ist wohl so häufig privat zu Gast bei Goebbels gewesen wie Rühmann.« Naumann überlegt. »Das heißt, abgesehen von Viktor de Kowa vielleicht.«

»Und wie war das mit Max Schmeling?«, fragt Hannes, wo Werner Naumann gerade am Plaudern ist. »Der war ja ein großer Held für alle, nachdem er den Kampf gegen Joe Louis gewonnen hatte.«

»Das kann man wohl sagen. Joseph und Magda Goebbels hatten die Frau von Max Schmeling, Anny Ondra, zu sich nach Schwanenwerder eingeladen, in der Nacht vom 19. Juni 36, als der Kampf im Rundfunk übertragen wurde. Und mein Chef hatte einen Fotografen dabei, der exklusive Bilder machte. Ihr habt das Foto vielleicht gesehen – Anny Ondra vor dem Volksempfänger, die ihrem Mann die Daumen drückte, Magda lauschend hinter ihr und Joseph Goebbels gespannt mit einem Arm auf dem Radiogerät.«

Der Sieg von Max Schmeling über den als unschlagbar geltenden Schwarzen Joe Louis war als eine triumphale Demonstration der Überlegenheit der arischen Rasse propagandistisch aufwendig in Szene gesetzt worden.

»Es sollte über diesen Kampf ein Film gedreht werden«, fährt Naumann fort, »auch für die Wochenschau mit Kommentaren wie: ›Ein Wille hart wie Kruppstahl vermag alles zu erreichen!‹ Bei dieser Gelegenheit hat Schmeling dem Führer übrigens von seinem Arzt Theo Morell erzählt, der darauf dann Leibarzt des Führers wurde.«

»Anny Ondra war doch eine gute Freundin ihrer Landsmännin Lída Baarová, oder nicht?«, sagt Hildegard. »War Goebbels dieser Kontakt nicht ein wenig unangenehm – ich meine, nach der Baarová-Affäre und dem ganzen Skandal?«

Das ist für Werner Naumann das Stichwort, sich zu erheben und den Freunden eine gute Nacht zu wünschen. Er ist ohnehin viel zu sehr ins Plaudern geraten, und das ist einfach nicht seine Art.

Der Prozess

Schon seit Tagen, ja seit Wochen ist Werner Naumann von innerer Unruhe getrieben. Genau genommen seit dem 18. Oktober, als das Internationale Militärtribunal in Berlin zu einer Eröffnungssitzung zusammengekommen ist. Die große Abrechnung naht!

Zu Naumanns Überraschung haben sich die Russen nicht durchsetzen können mit ihrem Wunsch, den eigentlichen Prozess in Berlin durchzuführen. Da der Justizpalast in Nürnberg weitgehend unbeschädigt von den Bombardements geblieben ist und daran angrenzend ein großes Gefängnis für die Angeklagten zur Verfügung steht, sollen die Verhandlungen dort stattfinden. Wie symbolisch! Der Ort der Reichsparteitage, der großen Aufmärsche, Verkündungsort der Nürnberger Gesetze!

Dieser Prozess stellt fraglos etwas völlig Neuartiges dar. Naumann hätte nicht gedacht, dass es den Alliierten gelingen würde, sich auf eine gemeinsame Anklageschrift zu verständigen, schon gar nicht in dieser relativ kurzen Zeit

Vorab ist bereits darüber berichtet worden, auf welche Anklagepunkte sich die vier Hauptankläger geeinigt haben, die für die USA, die Sowjetunion, Großbritannien und Frankreich, also die sogenannten Siegermächte, standen. Als da wären: Verschwörung, Verbrechen gegen den Frieden, Kriegsverbrechen und Verbrechen gegen die Menschlichkeit.

Werner Naumann gerät unweigerlich in Wallung, wenn er solche Begriffe nur liest. Und wenn er bedenkt, dass auch er in Nürnberg auf dieser Anklagebank sein könnte. Er war nur froh, dass der Führer und Joseph Goebbels sich diesem Spektakel entzogen haben.

Der Prozess ist breit angelegt. Es sind nicht nur die wichtigsten Persönlichkeiten der Partei angeklagt, sondern auch hochrangige Militärs und Wirtschaftsführer. Vielleicht auch, weil die Personen, die den Alliierten als Haupttäter gelten, nicht zur Verfügung stehen, nämlich Hitler, Goebbels und Heinrich Himmler.

Zunehmende Achtung empfindet Naumann für den längst nicht mehr so dicken Hermann Göring. Der Drogenentzug in Bad Mondorf hat Wirkung gezeigt. Göring wirkt hellwach und energischer denn je. Selbst die ausländische Presse räumt ein, dass Göring sich durch Souveränität und Schlagfertigkeit auch in Kreuzverhören auszeichnet. Er scheint den Prozess zum Teil zu genießen, weil er sich in Szene setzen kann, wenn er nicht durch betonte Langeweile demonstriert, wie gleichgültig ihm der ganze Rummel ist.

Am Tag der Prozesseröffnung, als sie vor dem Radiogerät sitzen, fragt Hannes seinen Freund Naumann: »Sie klagen auch Martin Bormann an. Machen sie das, weil mindestens einer aus der Spitze der Partei die Verantwortung übernehmen muss, stellvertretend? Aber du hast gesagt, dass Bormann bei eurem Ausbruch in Berlin nicht überlebt hat. Was ist das nun? Soll er der Watschenmann für die Partei in Nürnberg sein? Oder haben sie wirklich keine Information darüber, was mit Bormann passiert ist?«

Naumann zuckt die Schultern. »Ich weiß es nicht. Möglicherweise ist die Lage in Berlin noch immer so unübersichtlich, dass sie keine verlässlichen Hinweise auf sein Ableben haben. Ich weiß es ja nur, weil er in meiner Ausbruchsgruppe war. Und definitiv kann es auch nur noch Artur Axmann bestätigen, der Bormann tot auf dem Boden liegend gesehen hat, mit einer zerbissenen Zyankalikapsel im Mund, nachdem Stumpfegger und er von den Rotarmisten verfolgt worden sind und sie keinen anderen Ausweg gesehen haben. Ich glaube nicht, dass die Russen wussten, wen sie da verfolgen. Sie haben unsere ganze Gruppe nicht für wichtig und bedeutend gehalten. Sie dachten wohl, wir wären Leute vom Volkssturm.«

Die große Frage, die für Naumann und Bergmann im Raum steht, ist, wie die Angeklagten sich verteidigen werden. Auch Rudolf Heß ist angeklagt. Wie wird er auftreten? Nach seinem eigenmächtigen Flug nach England, um dort Friedensverhandlungen zu führen, gilt er als verwirrt. Und wie ist es mit dem Chef der Sicherheitspolizei und des SD Ernst Kaltenbrunner? Was wird er sagen? Die Generäle Keitel und Jodl oder Rosenberg und Speer, Karl Dönitz, Walther Funk, Reichswirtschaftsminister und vorher Staatssekretär von Joseph Goebbels, lange vor Naumanns Zeiten. Oder Ribbentrop, von dem sie beide, Naumann und Bergmann, nichts halten. Auch Gustav Krupp von Bohlen und Halbach ist angeklagt, für die Rüstungsindustrie. Und der fanatische Judenhasser Julius Streicher, der Herausgeber des *Stürmer*, oder Hjalmar Schacht und Franz von Papen – eine wahrlich illustre Versammlung.

***

Nachdem der Prozess in Nürnberg begonnen hat, sitzen Werner Naumann und Hannes Bergmann am Abend im Wohnzimmer zusammen. Vor ihnen auf dem Tisch alle Zeitungen, die Bergmann nur irgend auftreiben konnte. Sie haben den Radioempfänger jetzt hier angeschlossen. BBC fasst noch einmal zusammen, wie die ersten Aussagen und Eindrücke der Prozesseröffnung gewesen sind. Es wird beschrieben, wie die Hauptangeklagten in Nürnberg platziert wurden, Hermann Göring vorne auf der Anklagebank ganz links, neben ihm Rudolf Heß, dann von Ribbentrop und Keitel, hinter ihnen Dönitz, Raeder, von Schirach, Sauckel und die anderen.

Zu Beginn ergreift der amerikanische Hauptankläger Robert Jackson das Wort und hält eine mehrstündige Rede, von der es heißt, dass er wochenlang daran gearbeitet habe.

Jackson hat seine Rede wie folgt begonnen:

> Das Privileg, eine Gerichtsverhandlung über Verbrechen gegen den Frieden der Welt zu eröffnen, wie sie hier zum ersten Mal in der Geschichte abgehalten wird, legt eine ernste Verantwortung auf. Die Untaten, die wir zu verurteilen und zu bestrafen suchen, waren so ausgeklügelt, so böse und von so verwüstender Wirkung, dass die menschliche Zivilisation es nicht dulden kann, sie unbeachtet zu lassen, sie würde sonst eine Wiederholung solchen Unheils nicht überleben. Dass vier große Nationen, erfüllt von ihrem Siege und schmerzlich gepeinigt von dem geschehenen Unrecht, nicht Rache üben, sondern ihre gefangenen Feinde freiwillig dem Richtspruch des Gesetzes übergeben, ist eines der bedeutsamsten Zugeständnisse, das die Macht jemals der Vernunft eingeräumt hat.

Auch im Weiteren zeichnet er ein Bild, das Werner Naumann ganz und gar nicht gefällt. Er fühlt sich unmittelbar angesprochen, obwohl er – zu seinem Glück – nicht auf der Anklagebank sitzt:

> Da die Angeklagten unheilvolle Gewalten vertreten, die noch lange in der Welt umherschleichen werden, wenn

sie selbst schon zu Staub geworden sind, ist diese Verhandlung von solcher Wichtigkeit. Sie sind, wie wir zeigen werden, lebendige Sinnbilder des Rassenhasses, der Herrschaft des Schreckens und der Gewalttätigkeit, der Vermessenheit und Grausamkeit der Macht. Sie sind Sinnbilder eines wilden Nationalismus und Militarismus und all jener ständigen Umtriebe und Kriegstreiberei, die Generationen auf Generationen Europa in Kriege verstrickt, seine Männer vernichtet, seine Heime zerstört und sein Leben arm gemacht haben. Sie haben sich so sehr mit den von ihnen erfundenen Lehren und den von ihnen gelenkten Gewalten gleichgesetzt, dass jede Weichheit ihnen gegenüber gleichbedeutend wäre mit einer triumphierenden Aufmunterung zu all den Schandtaten, die mit ihrem Namen verbunden sind.

Wenn ich sage, dass wir einen Schuldspruch nur für erwiesene Verbrechen verlangen, meine ich nicht eine bloße äußere oder zufällige Verletzung internationaler Abkommen. Wir erheben Anklage wegen eines Verhaltens, das nach Plan und Absicht im moralischen und im rechtlichen Sinne Unrecht bedeutet.

So redet man als Vertreter einer Siegermacht. Aber dann findet Jackson differenziertere Worte, wie zumindest Hannes Bergmann feststellt:

Wir möchten klarstellen, dass wir nicht beabsichtigen, das ganze deutsche Volk zu beschuldigen. Wir wissen, dass die Nazi-Partei bei der Wahl nicht mit Stimmenmehrheit an die Macht gelangt ist. Wir wissen, dass ein unseliges Bündnis sie an die Macht gebracht hat, ein Bündnis, zu dem sich die Besessenen des wütenden Umsturzwillens unter den Nazi-Revolutionären

> mit der Hemmungslosigkeit unter den deutschen Reaktionären und der Angriffslust unter den deutschen Militaristen zusammengetan hatten. Wenn die breite Masse des deutschen Volkes das nationalsozialistische Parteiprogramm willig angenommen hätte, wäre in den früheren Zeiten der Partei die SA nicht nötig gewesen, und man hätte auch keine Konzentrationslager und keine Gestapo gebraucht.

Auch die schwierige Situation in Deutschland während der Weimarer Zeit und insbesondere nach dem verlorenen Krieg schildert Jackson sehr differenziert. Das entgeht auch Naumann nicht, der es gegenüber Bergmann aber nicht eingesteht:

> Die Deutschen der Zwanzigerjahre waren ein durch Niederlage und Zerfall ihrer überlieferten politischen Anschauungen enttäuschtes und verwirrtes Volk. Die demokratischen Teile dieses Volkes, die an der Entwicklung des neu errichteten und schwächlichen Staatsgebildes der Weimarer Republik arbeiteten, wurden von den demokratischen Kräften der übrigen Welt, einschließlich meines eigenen Landes, nur unzureichend unterstützt.
>
> Man kann nicht leugnen, dass Deutschland, als eine allgemeine Krise in der Welt seine Schwierigkeiten noch vermehrte, sich in seinem wirtschaftlichen und politischen Leben einem so starken und verworrenen Druck ausgesetzt sah, dass kühne Maßnahmen notwendig waren.

Die nächste Aussage ist verständnisvoll und demagogisch zugleich, da sind sich die Freunde einig:

> Das deutsche Volk sollte inzwischen erfahren haben, dass das amerikanische Volk ihm ohne Furcht und ohne Hass gegenübersteht. Es ist richtig, dass die Deutschen uns die Schrecken der modernen Kriegsführung erst gelehrt haben; aber die Verwüstung vom Rhein bis zur Donau zeigt, dass wir – gleich unseren Verbündeten – nicht ungelehrige Schüler gewesen sind. Wenn uns daher auch die Tapferkeit und die Tüchtigkeit der Deutschen im Krieg nicht in Schrecken versetzen konnten, und wenn wir auch von ihrer politischen Reife nicht überzeugt sind, so haben wir doch Achtung vor ihrer Geschicklichkeit in den Künsten des Friedens, vor ihren technischen Fähigkeiten und vor dem nüchternen Fleiß und der Selbstzucht der Massen des deutschen Volkes.

Naumann ist verwirrt. Nein, eine Propagandarede ist dies nicht. Aber er ist nicht bereit, sich täuschen zu lassen. Vielleicht kommt das dicke Ende noch. Man wird abwarten müssen. Positiv registriert Naumann immerhin, dass der Amerikaner offenbar nicht für die totale Vernichtung der Deutschen und des deutschen Vaterlandes plädiert.

So kommentiert es am nächsten Tag auch die *Neue Zeitung*, die von den Amerikanern herausgegeben wird: »Diese Rede gibt den geschlagenen Deutschen endlich etwas Hoffnung, dass sie, wenn sie sich lossagen von der Vergangenheit, nicht nur nationalsozialistischer Praktiken, sondern auch des Militarismus und des gewalttätigen Nationalismus, eine Gelegenheit haben werden, zurückzukehren in die Familie der Nationen.«

Erstaunlicherweise zeigt der erste Ankläger beim Nürnberger Prozess sogar einen gewissen Respekt gegenüber der deutschen Kriegsanstrengung:

> Dieser Krieg kam nicht von ungefähr; er wurde über eine lange Zeitspanne mit nicht wenig Geschick und List geplant und vorbereitet. Die Welt hat vielleicht noch niemals ein solches Zusammentreffen und Aufpeitschen der Kräfte und Leistungen eines Volkes gesehen. Deutschland, das zwanzig Jahre zuvor niedergeworfen, entwaffnet und verstümmelt worden war, ist dann ja auch der Verwirklichung seines Planes, Europa zu beherrschen, so nahe gekommen. Was man auch sonst über die Urheber dieses Krieges sagen mag, an Kraft und Organisation haben sie gewiss Erstaunliches geleistet.

Und dann spricht Jackson über die Angeklagten:

> Einer schlimmen Brüderschaft – ihre hervorragendsten Glieder, soweit sie am Leben sind, sitzen hier auf der Anklagebank – war es gelungen, sich des Staates zu bemächtigen. Hinter dem Schutz des neuen Hauses, in das sie eingezogen waren, gingen sie nun daran, den Eroberungskrieg, den sie sich heimlich schon seit langer Zeit in ihren Plänen zurechtgelegt hatten, in Szene zu setzen.

Zum Beweis zitiert Jackson aus einer Rede Hitlers: »Es handelt sich für uns um Arrondierung des Lebensraums im Osten und Sicherstellung der Ernährung. Es entfällt also die Frage, Polen zu schonen, und bleibt der Entschluss: bei erster Gelegenheit Polen anzugreifen.« Und Jackson fährt fort:

> Am 22. August 1939 sprach Hitler zu Angehörigen des Oberkommandos der Wehrmacht und teilte ihnen mit, wann der Befehl zum Beginn der militärischen Opera-

tionen ausgegeben werde. Er sagte dabei, dass er propagandistischen Anlass zur Auslösung des Krieges geben werde: »Gleichgültig, ob glaubhaft. Der Sieger wird später nicht danach gefragt, ob er die Wahrheit gesagt hat oder nicht … Brutales Vorgehen … Der Stärkere hat das Recht.«

Bergmann seufzt. »Das war natürlich angesichts der Erfahrungen des Krieges mit allen Verlusten auf beiden Seiten nicht sehr klug«, kommentiert er.

Jackson benennt dann die Absichten des Prozesses:

> Wir wollen nun untersuchen, wie die Verschwörer, Schritt für Schritt und unter scheußlichsten Verbrechen gegen die Menschlichkeit, ihre Macht im Staate ausbauten: um Deutschland für den Angriffskrieg bereit zu machen, der nicht zu umgehen war, wollten sie ihre Ziele erreichen.

Auch die nächsten Aussagen weisen darauf hin, was in den nächsten Wochen oder eher Monaten an unangenehmen Themen zur Sprache kommen wird:

> Der Antisemitismus wurde gefördert, um die demokratischen Völker zu spalten und zu verbittern und ihren Widerstand gegen den Angriff der Nazis zu schwächen.
>
> Das Ghetto war die Versuchsstätte, Unterdrückungsmaßnahmen zu erproben. Die Ausrottung der Juden ermöglichte den Nazis, mit erfahrener Hand in ähnlicher Weise gegen Polen, Serben und Griechen vorzugehen.
>
> Die Verschwörung oder der gemeinsame Plan, die Juden auszurotten, wurde so überlegt und gründlich

> betrieben, dass dieses Ziel der Nazis trotz der deutschen Niederlage und trotz ihrem Sturze weitgehend erreicht worden ist. Nur Reste der europäischen jüdischen Bevölkerung sind in Deutschland, in den von Deutschland besetzten Gebieten und in den Ländern seiner Vasallen oder Mithelfer übrig geblieben. Von 9,6 Millionen Juden, die in dem von den Nazis beherrschten Europa lebten, sind nach amtlichen Schätzungen 60 Prozent umgekommen. Die Geschichte berichtet von keinem Verbrechen, das sich jemals gegen so viele Opfer gerichtet hat oder mit solch einer berechnenden Grausamkeit begangen worden ist.

Dass dies eine schwere Hypothek für die Angeklagten sein würde, ist sowohl Bergmann als auch Naumann bewusst. Und die Situation in dem zerstörten Nürnberg, der Stadt ihrer Parteitage, ist leider als symptomatisch für den kommenden Prozess zu betrachten:

> Es ist wahrlich nicht nötig, in den Trümmern dieser alten und schönen Stadt, unter deren Schutt noch zahllose Bürger begraben liegen, nach besonderer Begründung für den Satz zu suchen, dass es im Sittlichen das schlimmste Verbrechen ist, einen Angriffskrieg zu beginnen oder zu führen.
>
> Die Zivilisation fragt, ob das Recht so zaudernd und träge sei, dass es gegenüber so schweren Verbrechen, begangen von Verbrechern von so hohem Rang, völlig hilflos ist. Die Zivilisation erwartet nicht, dass Sie den Krieg unmöglich machen können. Wohl aber erwartet sie, dass Ihr Spruch die Kraft des Völkerrechts mit seinen Vorschriften und seinen Verboten und vor allem mit seiner Sühne dem Frieden zum Beistand geben

werde, sodass Männer und Frauen guten Willens in allen Ländern leben können, keinem untertan und unter dem Schutz des Rechts.

Diese Worte bildeten den Anfang. Es waren harte Worte, aber – wie beide Männer zugeben müssen – nicht von Hass diktiert. Doch beiden ist klar, dass am Ende nur etwas Ungutes herauskommen kann. Für die Angeklagten – wie auch für Deutschland.

Reaktion der Angeklagten

Die Amerikaner arbeiteten beim Nürnberger Prozess mit Psychologen zusammen. Einer von ihnen war Dr. Gustave M. Gilbert. Er war wegen seiner guten Deutschkenntnisse während des Krieges schon bei Gefangenenverhören eingesetzt gewesen. In Nürnberg betreute er als Gerichtspsychologe die dreiundzwanzig Gefangenen. Er fand sehr schnell Zugang zu den deutschen Hauptangeklagten, für die er offenbar ein willkommener Gesprächspartner war und auch eine Art Beichtvater.

Nach der Eröffnungsrede durch Robert Jackson und der Vorstellung der Anklage wandte er sich an die Angeklagten und übergab jedem eine Kopie der Anklageschrift mit der Bitte, diese mit einem handschriftlichen Kommentar zu versehen. Für ihn war es wichtig, zu erfahren, mit welcher Haltung sie auf die Anklage reagieren würden.

Hier seine Ergebnisse:

Hermann Göring, Reichsmarschall und Reichsluftfahrtsminister, Reichstagspräsident, Beauftragter für den Vierjahresplan usw., schrieb seine bevorzugte zynische These: »Der Sieger wird immer der Richter und der Besiegte stets der Angeklagte sein!«

Joachim von Ribbentrop, Reichsaußenminister, stellte die ausweichende Behauptung auf: »Die Anklage ist gegen die verkehrten Personen gerichtet.« Er wollte hinzufügen: »Wir standen alle in Hitlers

Schatten«, enthielt sich aber ängstlich, es schriftlich festzuhalten.

RUDOLF HESS, der sich seit seiner Ankunft in England in einem Zustand völligen Gedächtnisschwunds befunden hatte, konnte nur schreiben: »I can't remember.«

ERNST KALTENBRUNNER, Leiter von Himmlers Reichssicherheitshauptamt (Gestapo und SD), beteuerte seine formale Unschuld: »Ich fühle mich keiner Kriegsverbrechen schuldig, ich habe nur meine Pflicht als ein Abwehrorgan getan, und ich weigere mich, als Ersatz für Himmler zu dienen.«

ALFRED ROSENBERG, führender Rassentheoretiker und Reichsminister für die besetzten Ostgebiete, erklärte ebenfalls seine Unschuld: »Ich muss eine Anklage auf ›Verschwörung‹ zurückweisen. Die antisemitische Bewegung war nur eine Schutzmaßnahme.«

HANS FRANK, Hitlers Anwalt und späterer Generalgouverneur der besetzten polnischen Gebiete, dokumentierte seinen vor Kurzem erfolgten religiösen Übertritt: »Ich betrachte diesen Prozess als ein gottgewolltes Weltgericht, das bestimmt ist, die schreckliche Leidenszeit unter Adolf Hitler zu untersuchen und zu beenden.«

WILHELM FRICK, Reichsinnenminister, äußerte juristisch und spitzfindig: »Die gesamte Anklage beruht auf der Annahme einer fingierten Verschwörung.«

FRITZ SAUCKEL, Generalbevollmächtigter für den Arbeitseinsatz innerhalb des Vierjahresplans, hatte Schwierigkeiten, die Anklage mit seiner Liebe zu den Arbeitern in Einklang zu bringen: »Die Kluft zwischen dem Ideal einer sozialistischen Gesellschaft, das mir vorschwebte und das ich als früherer Seemann und Arbeiter verteidigte, und den schrecklichen

Geschehnissen in den Konzentrationslagern hat mich tief erschüttert.«

Albert Speer, Reichsminister für Bewaffnung und Munition, gab unumwunden die Schuld des Nazi-Regimes zu: »Der Prozess ist notwendig. Eine Mitverantwortlichkeit für solch grauenvolle Verbrechen gibt es sogar in einem autoritären Staat.«

Hjalmar Schacht, Präsident der Deutschen Reichsbank und Reichswirtschaftsminister vor dem Kriege, erklärte: »Ich verstehe überhaupt nicht, warum ich angeklagt worden bin.«

Walther Funk, Schachts Nachfolger als Reichswirtschaftsminister, war etwas wortreicher und gefühlsbetonter in den Beteuerungen seiner Unschuld: »Nie in meinem Leben habe ich bewusst etwas getan, was zu einer derartigen Anklage berechtigen könnte. Wenn ich mich durch Irrtum oder Unwissenheit jener Taten schuldig gemacht habe, die in der Anklage stehen, dann ist meine Schuld eine menschliche Tragödie und kein Verbrechen.«

Franz von Papen, Reichskanzler vor Hitler und Botschafter in Österreich und der Türkei während der Hitlerzeit, war sogar noch bereiter, sich gegen die Nazi-Schuld abzuschirmen: »Die Anklageschrift hat mich entsetzt, erstens wegen der Verantwortungslosigkeit, mit der Deutschland in diesen Krieg und die weltweite Katastrophe gestürzt wurde, und zweitens wegen der Anhäufung von Verbrechen, die einige meiner Landsleute begangen haben. Das Letztere ist psychologisch unerklärlich. Ich glaube, dass Gottlosigkeit und die Jahre des Totalitarismus die Hauptschuld daran tragen. Durch diese wurde Hitler im Laufe der Jahre ein pathologischer Lügner.«

Freiherr von Neurath, Reichsaußenminister in den ersten Jahren der Nazi-Zeit und später Reichsprotektor von Böhmen und Mähren, griff einen Punkt der nazistischen Gesetzlosigkeit heraus: »Ich war immer gegen Bestrafung ohne Möglichkeit einer Verteidigung.«

Baldur von Schirach, Reichsjugendführer und Gauleiter von Wien, kam zu einer verspäteten, aber anscheinend aufrichtigen Erkenntnis: »Das ganze Unglück kam von der Rassenpolitik.«

Arthur Seyss-Inquart, Bundeskanzler von Österreich und später Reichskommissar für die besetzten Niederlande, machte sich nicht die Mühe, seine Unschuld zu beteuern, sondern schrieb mit kühlem Fatalismus: »Letzter Akt der Tragödie des Zweiten Weltkrieges, hoffe ich!«

Julius Streicher, Nazi-Deutschlands »Hauptjudenfresser«, als Hauptschriftleiter der Zeitung *Der Stürmer* und Gauleiter Frankens, offenbarte seine Besessenheit sogar im Hinblick auf den Prozess: »Dieser Prozess ist ein Triumph des Weltjudentums.«

Feldmarschall Keitel, Chef des Oberkommandos der deutschen Wehrmacht, gab die von einem preußischen Offizier zu erwartende Antwort: »Für einen Soldaten sind Befehle Befehle!«

General Jodl, Chef der Operationsabteilung des OKW, betrachtete die Anklageschrift mit gemischten Gefühlen: »Ich bedaure die Mischung gerechtfertigter Anklagen und politischer Propaganda.«

Grossadmiral Dönitz, Oberbefehlshaber der deutschen Kriegsmarine und Hitlers Nachfolger nach dessen Selbstmord, versuchte das Ganze abzutun, als beträfe es ihn gar nicht: »Keiner dieser Anklagepunkte betrifft mich im Geringsten. Eine amerikanische Marotte!«

Hans Fritzsche, Chef des Rundfunksystems und der Presseabteilung in Goebbels' Reichsministerium für Propaganda, fühlte sich verpflichtet, für das deutsche Volk zu sprechen: »Es ist die schrecklichste Anklage aller Zeiten. Nur eines wird noch schrecklicher: die Anklage, die das deutsche Volk für den Missbrauch seines Idealismus erheben wird.«

Die handgeschriebenen Antworten von Admiral Raeder und Robert Ley fehlten. Admiral Raeder, der gerade aus russischer Kriegsgefangenschaft ins Gefängnis gebracht worden war, weigerte sich, sich schriftlich oder mündlich festzulegen. Der exzentrische und seelisch labile Führer der Deutschen Arbeitsfront Robert Ley hatte eine entschiedene Antwort auf die Anklage als Kriegsverbrecher gegeben – mit seinem Selbstmord.

Burg und Nürnberg

Wenn Werner Naumann Fotos von Göring in Nürnberg sieht, wenn er seine Worte im Radio hört, kann er nur staunen. Göring weiß, es ist sein letzter großer Auftritt, und er zelebriert ihn als die Nummer zwei des Reiches, als die er sich immer noch sieht.

Es gefällt Naumann durchaus, wie Göring dem Hauptankläger Jackson nicht nur gewachsen ist, sondern diesem deutlich die Grenzen aufzeigt. Göring lässt sich nicht dazu zwingen, Fragen nur mit »Ja« oder »Nein« zu beantworten, er weicht aus, und letztlich findet er Gelegenheit für umfangreiche Aussagen durch die anschließende Befragung, die jeweils von den Verteidigern mit den Angeklagten vorgesehen sind. Das ist dann keine Befragung, sondern die Verteidiger liefern Stichpunkte, und besonders Hermann Göring nutzt diese für umfangreiche Vorträge. Die Krönung war sicherlich, als Robert Jackson im Kreuzverhör Göring über ein Dokument befragen will, das »Vorbereitung der Freimachung des Rheins« betitelt ist und im Zusammenhang mit der Besetzung der entmilitarisierten Zone des Rheinlandes 1935 steht.

Jackson fragt: »Nun, dies waren Vorbereitungen für eine bewaffnete Besetzung des Rheinlandes, nicht wahr?«

Göring antwortet: »Nein, das ist durchaus falsch.«

»Sie meinen, diese Vorbereitungen waren nicht militärische Vorbereitungen?«

»Das waren allgemeine Mobilmachungsvorbereitungen,

wie sie jedes Land trifft, und nicht zum Zwecke der Besetzung des Rheinlandes.«

»Aber sie waren solcher Art, dass sie absolut dem Auslande gegenüber geheim gehalten werden mussten.«

Darauf der alte Fuchs Göring: »Ich glaube mich nicht zu erinnern, die Veröffentlichung der Mobilmachungsvorbereitungen der Vereinigten Staaten jemals vorher gelesen zu haben.«

Daraufhin verliert der erfahrene Jurist Jackson die Fassung. Er reißt sich die Kopfhörer von den Ohren und wirft sie auf das Rednerpult und wendet sich an das Gericht: »Ich habe den Eindruck, dass dieser Zeuge auf dem Zeugenstand und auch auf der Anklagebank ein arrogantes und hochmütiges Benehmen dem Gerichtshof gegenüber an den Tag legt, welcher ihm einen Prozess ermöglicht, den er niemals weder einem Lebenden noch einem Toten gestattet hätte.«

Die Zeitungen berichten, dass der Vorsitzende des Tribunals darauf eine Vertagung vorschlägt. Göring wird auf seinen Platz zurückgeführt, wo ihm die übrigen Angeklagten auf die Schulter klopfen und ihm die Hände schütteln.

Göring hatte noch darauf hingewiesen, dass es bei der Freimachung des Rheins darum ging, den Rhein von Frachtkähnen, Schleppern zu räumen, damit der Fluss für militärische Maßnahmen frei gemacht wird, passierbar. Der Schnitzer lag offenbar bei den Übersetzern von Robert Jackson, die »Freimachung« mit »*liberation*« statt »*clearing*« übersetzt hatten. Göring konnte Jackson eine schlagfertige Antwort geben, die ein Ankläger, der bei klarem Verstand war, einfach wortlos übergangen oder mit einer knappen Zurechtweisung kommentiert hätte. Aber Jackson war explodiert. Und der Selbstdarsteller Hermann Göring sonnte sich in seinem Erfolg.

Gepunktet hatte Göring auch bei den Mitangeklagten. So sagte Albert Speer in seiner Zelle zu Gustave M. Gilbert, dem Psychologen: »Sie hätten Göring früher sehen sollen: ein fauler, egoistischer, korrupter, verantwortungsloser Rauschgiftsüchtiger! Erst Ihre Gefängnisdisziplin hat ihn vielleicht ernüchtert. Aber warum ist er nicht in Berlin geblieben, bei seinem geliebten Führer? Weil es in Berlin zu heiß war, als es die Russen eingeschlossen haben!«

Das stand nicht in den Zeitungen zu lesen.

***

Werner Naumann und Hannes Bergmann treffen sich jetzt zumeist bei Bergmann im Arbeitszimmer, um die Zeitungen zu studieren und Radio zu hören. Der Raum ist leichter zu heizen als das große Wohnzimmer. Der Dezember ist vorgeschritten, und die Temperaturen sinken immer wieder unter null Grad.

Als sie an diesem Abend einschalten, hören sie noch den sowjetischen Ankläger Rudenko, der nüchtern zusammenfasst, welche Verbrechen die deutsche Wehrmacht begangen hat: Er spricht von 1710 zerstörten Städten, 70 000 niedergebrannten oder zerstörten Dörfern, sechs Millionen zerstörten Gebäuden, die insgesamt 25 000 000 Menschen obdachlos gemacht haben.

Sowohl Naumann als auch Bergmann haben den Krieg miterlebt und erbitterte Kämpfe ausgefochten, Mann gegen Mann oder bataillonsweise. Aber sie waren nicht in Stalingrad oder bei der Belagerung Leningrads dabei und sie waren nie an Massakern beteiligt. Vorgelesen wird aus einem Brief von Rosenberg an Bormann. Darin ist von der wehrwirtschaftlichen Bedeutung von Plünderungen die Rede. Naumann und Bergmann werden von den Zahlen schier erschlagen. Bis Anfang 1944 wurden aus Russland herausgeschleppt, meist per Eisenbahn:

9 Millionen 200 000 Tonnen Getreide
622 000 Tonnen Fleisch
950 000 Tonnen Ölsaaten
208 000 Tonnen Butter
3 Millionen 200 000 Tonnen Kartoffeln
1075 Millionen Stück Eier

Für den Transport wurden benötigt 1 418 000 Eisenbahnwaggons und 472 000 Tonnen Schiffsraum.

Der Angriffskrieg hatte offensichtliche Ziele.

Es wurden weitere Dokumente verlesen, wie BBC berichtet:

> Diese härtesten und rücksichtslosesten Maßnahmen werden in einem Schreiben des Inspektors für die Rüstung in der Ukraine an den Chef des Wirtschaftsrüstungsamtes näher definiert. Da heißt es: »Die Abschöpfung des landwirtschaftlichen Überschusses der Ukraine für die Ernährung des Reiches ist nur möglich, wenn folgende Maßnahmen durchgeführt werden: Die Vernichtung überflüssiger Esser, wie der Juden, oder wenn die Bevölkerung der größeren ukrainischen Städte, wie zum Beispiel Kiew, gar keine Zufuhren mehr erhält.

Hannes Bergmann schaltet das Radio aus. Es ist unerträglich.

Eine Weile herrscht Schweigen.

»Hast du davon gewusst?«, fragt er den Freund schließlich.

»Dass es im Krieg hart zuging, haben wir erlebt. Und dass es Konzentrationslager gab, das war uns auch bekannt. Aber die Dimension der Ausbeutung, der Verwertung und der Vernichtung, das übersteigt auch meine Kenntnis.«

Mit seinem Dokument hat der sowjetische Ankläger Rudenko auch die deutschen Hauptangeklagten in Nürnberg überrascht.

Filmvorführung und die Angeklagten

Der Gerichtssaal wurde auch für Filmvorführungen genutzt. Bereits im November wurde ein vom US-Signal Corps zusammengestellter Dokumentarfilm über die Konzentrationslager gezeigt. Der Gerichtspsychologe Gustave M. Gilbert und sein Assistent Kelley beobachteten während der Vorführung die Angeklagten auf ihren Bänken und protokollierten deren Verhalten angesichts der dokumentierten Gräueltaten und der Situation in den Konzentrationslagern. Hier ihre Notizen:

> Schacht protestiert, Film ansehen zu müssen, als ich ihn bitte, weiterzurücken; kehrt er sich ab, kreuzt Arme, blickt zur Galerie hinauf… (Film beginnt). Frank nickt zustimmend bei im Vorspann des Films gezeigter Beglaubigung… Fritzsche (der keinen Teil des Films vorher gesehen hatte) sieht bereits blass aus und sitzt entsetzt da, als es mit Szenen beginnt, in denen Gefangene lebend in einer Scheune verbrannt werden… Keitel wischt sich die Stirn, nimmt Kopfhörer ab… Heß starrt auf Leinwand, sieht aus wie ein Ghul mit eingesunkenen Augen über der Fußbeleuchtung… Keitel setzt Kopfhörer auf, starrt aus Augenwinkeln auf Leinwand… Neurath hat Kopf gesenkt, schaut nicht hin… Funk bedeckt Augen, scheint Qualen auszustehen, schüttelt den Kopf… Ribbentrop schließt die Augen, blickt weg… Sauckel wischt sich

Stirn ab … Frank schluckt krampfhaft, blinzelt mit Augen, um Tränen zurückzuhalten … Fritzsche sieht gebannt zu mit gerunzelter Stirn, verkrampft auf der Kante seines Sitzes, offensichtlich in Qualen … Göring lehnt weiter an der Balustrade, schaut meiste Zeit nicht zu, sieht schläfrig aus … Funk murmelt leise etwas … Streicher schaut weiter zu, außer gelegentlichem Blinzeln bewegungslos … Funk jetzt in Tränen, putzt Nase, reibt Augen, Blick zu Boden … Frick schüttelt den Kopf zu Bildern über gewaltsamen Tod … Frank murmelt: »Grausig!« … Rosenberg zappelt herum, riskiert schnellen Blick, senkt Kopf, guckt hoch, um zu sehen, wie die anderen reagieren … Seyß-Inquart ganze Zeit stoisch … Speer sieht tieftraurig aus, schluckt mühsam … Verteidiger murmeln jetzt: »Um Gottes willen – schrecklich!« Raeder schaut zu, ohne sich zu rühren … Papen hält Kopf in Händen, schaut zu Boden, bis jetzt noch nicht zum Film geblickt … Heß sieht weiter verwirrt aus … es werden Berge von Toten in Zwangsarbeitslagern gezeigt … Schirach gespannt aufmerksam, atmet schwer, flüstert mit Sauckel … Funk weint jetzt … Göring trübsinnig, lehnt auf Ellenbogen … Dönitz Kopf gesenkt, schaut nicht mehr zu … Sauckel schaudert bei Bild vom Krematoriumsofen in Buchenwald … als Lampenschirm aus Menschenhaut gezeigt wird. Streicher sagt: »Ich glaube das nicht!« … Göring hustet … Anwälte stöhnen … Jetzt Dachau … Schacht schaut immer noch nicht zu … Frank nickt erbittert: »Schrecklich!« … Rosenberg zappelt immer noch, beugt sich vor, blickt umher, lehnt sich zurück, lässt Kopf hängen … Fritzsche, bleich, beißt sich auf Lippen, scheint wirklich Qualen zu leiden …Dönitz hat Kopf in Händen begraben… Keitel lässt jetzt den

Kopf hängen ... Ribbentrop schaut, als englischer Offizier zu sprechen beginnt: 17 000 Leichen habe er schon begraben ... Frank kaut an Nägeln ... Frick schüttelt ungläubig Kopf, als Ärztin Behandlung und Experimente mit Frauen in Belsen beschreibt ... Als Kramer gezeigt wird, Funk mit erstickter Stimme: »Das dreckige Schwein!« ... Ribbentrop mit zusammengekniffenem Mund und blinzelnden Augen, schaut nicht hin ... Funk weint bitterlich, schlägt Hände vor den Mund, als nackte Frauenleichen in Grube geworfen werden ... Keitel und Ribbentrop blicken auf bei Erwähnung von Traktor, der Leichen wegräumt, sehen es, senken Köpfe ... Streicher zeigt zum ersten Mal Anzeichen von Beunruhigung ... Film zu Ende.

Nach der Vorführung bemerkt Heß: »Ich glaube es nicht!« Göring flüstert ihm zu, still zu sein, seine Lässigkeit ist ganz verschwunden. Streicher meint etwas wie: »Vielleicht in den letzten Tagen.« Fritzsche erwidert wütend: »Millionen? In den letzten Tagen? – nein!« Ansonsten herrscht düsteres Schweigen, als die Gefangenen den Gerichtssaal verlassen.

Nach der Vorführung des Dokumentarfilms gingen alle Angeklagten unverzüglich zum Gebäudetrakt hinunter, in dem sich ihre Zellen befanden. Gustave M. Gilbert und sein Assistent Kelley folgten ihnen, um über das eben Erlebte zu sprechen.

Als Erstes suchten wir Hans Fritzsche auf. Wir hatten die Tür kaum geschlossen, als dieser in Tränen ausbrach und bitterlich schluchzte: »Keine Macht des Himmels oder der Erde wird diese Schande von meinem Land nehmen! Nicht in Generationen, nicht in

Jahrhunderten!« Er wurde von Schluchzen geschüttelt und presste die Fäuste gegen die Stirn. Er konnte nur so viel Luft bekommen, um hervorzustoßen: »Verzeihen Sie, dass ich die Beherrschung verliere – aber ich musste dasitzen und es eine ganze Stunde unterdrücken!«

Wir fragten, ob er Schlaftabletten brauche für die Nacht. Fritzsche antwortete: »Nein, was hat es für einen Zweck? Es wäre nur Feigheit, all das mit Betäubungsmitteln aus dem Bewusstsein zu vertreiben!«

SCHIRACH schien ziemlich gefasst, bemerkte aber: »Ich weiß nicht, wie Deutsche derartige Dinge tun konnten!«

FRICK machte einige schwache Versuche einer verstandesmäßigen Erklärung: »Ich vermute, das Abreißen der Verbindungen in den letzten Monaten – die Bombenangriffe und das Durcheinander – ich weiß es nicht.« Dann ließ er das Thema fallen und fragte, ob sie heute nicht ihren Spaziergang machen dürften.

FUNK war deprimiert und brach in Tränen aus, als wir ihn fragten, wie der Film auf ihn gewirkt hatte. »Grauenvoll! Grauenvoll!«, wiederholte er mit erstickter Stimme. Auf die Frage, ob er eine Schlaftablette brauche, schluchzte er: »Was nützt es? Was nützt es?«

STREICHER gab ohne jedes erkennbare Gefühl zu, der Film sei »schrecklich« gewesen, und fragte dann, ob die Posten nachts nicht leiser sein könnten, damit er schlafen kann.

SPEER zeigte äußerlich keine Gefühlsbewegung, erklärte jedoch, er sei nur noch entschlossener, eine Kollektiv-Verantwortlichkeit der Parteiführerschaft zu bekennen und das deutsche Volk von der Schuld freizusprechen.

Frank war außerordentlich bedrückt und erregt. Sobald wir den Film erwähnten, begann er vor Scham und Zorn zu weinen: »Wenn man bedenkt, dass wir wie Könige lebten und an diese Bestie glaubten! Lassen Sie sich von niemandem erzählen, dass sie nichts gewusst hätten! Jeder ahnte, dass etwas ganz und gar nicht in Ordnung war mit diesem System, auch wenn wir nicht alle Einzelheiten wussten. Sie wollten es nicht wissen! Es war zu bequem, sich von diesem System ernähren zu lassen, unsere Familien in fürstlicher Weise zu unterhalten und zu glauben, es sei alles in Ordnung. Ihr behandelt uns gut«, sagte er und wies auf das auf dem Tisch stehende Essen, das er nicht berührt hatte. »Eure Kriegsgefangenen und unsere eigenen Landsleute starben vor Hunger in unseren Lagern. Möge Gott unseren Seelen gnädig sein! Dieses Gericht hat Gott gewollt. Wir fragten, ob er irgendetwas zum Schlafen brauche. Er schüttelte den Kopf: »Nein danke. Falls ich nicht schlafe, kann ich beten …«

Seyss-Inquart gab zu: »Es geht einem an die Nieren. Aber ich halte durch.«

Dönitz zitterte noch vor Erregung und sagte halb auf Englisch: »Wie können Sie mich beschuldigen, von diesen Dingen etwas gewusst zu haben? Sie fragen, warum ich nicht zu Himmler ging und die Konzentrationslager überprüfte? Das ist wahrhaftig absurd! Er hätte mich genauso hinausgeworfen wie ich ihn, wenn er angekommen wäre, um die Marine zu kontrollieren! Was hatte ich in Gottes Namen mit diesen Dingen zu tun? Ich bin nur zufällig in eine so führende Stellung gekommen und hatte niemals etwas mit der Partei zu tun.«

Wir fragten PAPEN, warum er sich den Film nicht angeschaut habe. »Ich wollte Deutschlands Schande nicht sehen«, gestand er.

SAUCKEL war völlig mit den Nerven am Ende. Es zuckte in seinem Gesicht, und er zitterte am ganzen Leibe. Er spreizte die Finger, starrte uns verstört an und rief aus: »Erwürgen würde ich mich mit diesen Händen, wenn ich dächte, ich hätte das Geringste mit jenen Morden zu tun gehabt! Es ist eine Schande! Es ist ein Schandfleck für uns und unsere Kinder – und unsere Kindeskinder.«

SCHACHT loderte vor Empörung. »Wie können Sie es wagen, mich zu zwingen, hier mit diesen Verbrechern zu sitzen und einen Film über die Schandtaten in den Konzentrationslagern mit anzusehen! Sie wissen, dass ich ein Gegner Hitlers war und selber im Konzentrationslager landete. Es ist unverzeihlich!«

NEURATH war ziemlich verwirrt und hatte nicht viel zu sagen. Er wies nur darauf hin, dass er keinen politischen Einfluss hatte, als sich dieses alles abspielte.

RAEDER sagte, er habe sogar kaum je etwas von Konzentrationslagern gehört. Nur von dreien habe er erfahren, als er sich bemüht hatte, einige Freunde herauszubekommen.

JODL war ruhig, aber sichtlich aufgewühlt. »Es ist erschütternd! Glauben Sie mir – das Schändlichste dabei ist, dass so viele Jugendliche aus Idealismus in die Partei eintraten.«

KEITEL, der gerade von einer Besprechung mit seinem Verteidiger zurückgekommen war, aß. Den Film schien er vergessen zu haben, bis wir ihn erwähnten. Er hörte auf zu essen und sagte mit halb vollem Mund: »Es ist schrecklich! Wenn ich derartige Dinge sehe, schäme ich mich, ein Deutscher zu sein. Diese dreckigen SS-Schweine waren es! Hätte ich das gewusst, so hätte ich zu meinem Sohn gesagt: ›Ich erschieße dich eher, als dass ich dich zur SS gehen lasse.‹ Aber ich wusste es nicht. Ich werde nie wieder jemandem ins Gesicht sehen können!«

Hess schien verwirrt und murmelte immer wieder: »Ich verstehe es nicht – ich verstehe es nicht.«

Ribbentrop sah äußerst bestürzt aus und seine Hände zitterten: »Hitler hätte sich nicht einmal einen solchen Film ansehen können. Ich verstehe es nicht. Ich glaube nicht einmal, dass Himmler derartige Dinge hat befehlen können. Ich verstehe es nicht.«

Rosenberg war noch nervöser als sonst. »Es ist eine grauenvolle Sache, auch wenn die Russen das Gleiche machten. Schrecklich – schrecklich – schrecklich!« Ich wies auf seine Verantwortung bei der Entwicklung der Nazi-Rassenpolitik hin. »Oh, man kann es nicht auf der Basis von Rassenpolitik erklären«, verteidigte er sich, »weil auch so viele Deutsche getötet wurden. Dadurch wird unsere gesamte Verteidigung entkräftet.«

Göring schließlich war sichtlich gekränkt, weil der Film seine Show verdorben hatte. »Es war ein so angenehmer Nachmittag, bis man diesen Film zeigte. Mein Telefongespräch über die Österreich-Affäre wurde vorgelesen, und alle lachten mit mir darüber. Und dann kam dieser grauenhafte Film und verdarb einfach alles.«

Gilbert führte vor den Verhandlungen Tests mit den Angeklagten durch, so auch einen Intelligenztest. Er schreibt dazu:

Die IQs zeigen, dass die Nazi-Führer, mit Ausnahme von Streicher überdurchschnittlich intelligent waren (Durchschnitt-IQ zwischen 90 und 110), was nur die Tatsache bestätigt, dass die erfolgreichsten Menschen auf jedem Gebiet menschlicher Tätigkeit – sei es Politik, Industrie, Militärwesen oder Kriminalität – meist über der Durchschnittsintelligenz liegen.

Dabei ist zu bedenken, dass die IQs nur die mechanische Leistungsfähigkeit des Gehirns anzeigen und nichts zu tun haben mit dem Charakter oder dem sittlichen Verhalten noch mit verschiedenen anderen Gesichtspunkten, die bei der Bewertung einer Persönlichkeit zu berücksichtigen sind. Der wahre Charakter wird vor allem durch den persönlichen Wertmaßstab und die Grundmotive enthüllt.

Prozessberichte

Anfang Februar tritt nach den USA, Großbritannien und Frankreich zum ersten Mal die Sowjetunion ans Rednerpult. Hannes Bergmann findet Auszüge aus der Eröffnungsrede von Roman Rudenko am nächsten Tag in der von den Sowjets herausgegebenen *Täglichen Presse*. Eine Weile liest er stumm. Dann kann er sich nicht mehr zurückhalten. »Das musst du dir anhören, Werner. Die Rede von Rudenko.«

Werner Naumann legt die *Berliner Zeitung* beiseite und sieht seinen Freund an. Dessen Miene verrät nichts Gutes.

Bergmann liest vor: »Als letzter der vier Anklagevertreter hielt Roman Rudenko, Hauptankläger für die Sowjetunion, seine Eröffnungsrede. Der Gerichtssaal war zum ersten Mal seit Wochen wieder voll besetzt. Die Pressevertreter waren vollzählig anwesend. Rudenko schilderte noch einmal die Eroberung der Tschechoslowakei, Polens, Jugoslawiens und der Sowjetunion. Für große Überraschung und Aufregung sorgte der sowjetische Hauptankläger, als er Generalfeldmarschall Friedrich Paulus in den Zeugenstand rief. Paulus hatte im September 1940 den Auftrag erhalten, den Operationsplan für den Angriff auf die Sowjetunion durch eine deutsche Armee von etwa 130 bis 140 Divisionen auszuarbeiten, mit dem Ziel, die in Westrussland befindlichen Teile der sowjetischen Streitkräfte zu vernichten und eine Linie zu erreichen, die von Archangelsk entlang der Wolga bis zum Kaspischen Meer verlief. Paulus arbeitete einen derartigen Plan aus und übernahm in der Folge noch zahlreiche weitere ähnliche Aufgaben. Über diese Tätigkeiten sollte er in Nürnberg aussagen, und dies aus folgendem Grund: Ende 1941 hatte Paulus den Oberbefehl über die 6. Armee erhalten, die zu dieser Zeit gerade in Südrussland kämpfte. Es kam zur heftigen Schlacht von Stalingrad, in deren Verlauf die 6. Armee eingekesselt wurde. Hitler befahl Paulus, bis zum letzten Mann auszuhalten, und beförderte ihn zum Generalfeldmarschall. Aber zur tiefsten Empörung von Hitler ergab sich Paulus schließlich mit den Überresten seiner Truppe den sowjetischen Streitkräften.

In der Gefangenschaft bildete Paulus' Untergebener General Walther von Seydlitz-Kurzbach eine Gruppe, die sich ›Nationalkomitee Freies Deutschland‹ nannte. Sie bestand aus emigrierten deutschen Kommunisten sowie einer großen Zahl deutscher Kriegsgefangener in der Sowjetunion. Paulus selbst schwor öffentlich dem Hitlerregime ab. Die in Nürnberg angeklagten Militärs sahen der Aussage von Paulus daher neugierig, angespannt und feindselig entgegen. Dabei gab Paulus selbst nichts wesentlich Neues von sich. Aus Dokumenten und Erklärungen war bereits unstrittig hervorgegangen, dass der deutsche Überfall auf die Sowjetunion vorsätzlich erfolgt war und keinesfalls als Verteidigungsreaktion auf sowjetische Initiativen.«

Bergmann macht eine Pause, während er die Fortsetzung auf einer Seite weiter hinten sucht.

»Warum macht Paulus das?«, fragt Werner Naumann. »Will er so sein Leben retten? Biedert er sich bei den Sowjets an? Ich weiß, dass er mit der Grundeinstellung des Führers nicht einverstanden war. Der Führer war unter keinen Umständen bereit, einen Rückzug anzutreten, wenn die Situation auch noch so schwierig und aussichtslos war. Das bereitete im Grunde allen Generälen und militärischen Befehlshabern Sorge. Ich erinnere mich noch an Heinz

Guderian, einen unserer besten Kämpfer und Befehlshaber, der im Bunker mit dem Führer in eine lautstarke Auseinandersetzung geraten war, weil er seine Leute in einer ausweglosen Situation nicht der Gefangenschaft preisgeben und lieber den Rückzug antreten wollte. Der Führer hat getobt. Es hat ihm ja fast nie jemand zu widersprechen gewagt. Auch ich selbst mit meinen militärischen Erfahrungen war immer im Zwiespalt. In einer aussichtslosen Situation ist ein Rückzug zum Luftholen und Überdenken der eigenen Strategie durchaus sinnvoll.«

Bergmann hat zu einer Seite weiter hinten geblättert. »Aber es geht noch weiter, Werner. Hör dir an, wie Friedrich Paulus in dem Zeugenverhör argumentiert!« Er liest:

> RUDENKO: Unter welchen Umständen wurde der bewaffnete Überfall auf die UdSSR durchgeführt?
>
> PAULUS: Der Angriff auf die Sowjetunion erfolgte, wie ich ausgeführt habe, nach einem von langer Hand vorbereiteten und sorgsam getarnten Plan. Ein großes Täuschungsunternehmen, das vor Norwegen und vor der französischen Küste organisiert wurde, sollte die Absicht einer Landung in England im Juni 1941 vortäuschen und die Aufmerksamkeit vom Osten ablenken.
>
> RUDENKO: Wie würden Sie die Ziele bezeichnen, die Deutschland mit dem Überfall auf die Sowjetunion verfolgte?
>
> PAULUS: Die Zielsetzung Wolga–Archangelsk, die weit über die deutsche Kraft ging, charakterisiert an sich schon die Maßlosigkeit der Eroberungspolitik Hitlers und der nationalsozialistischen Staatsführung. Strategisch hätte das Erreichen dieser Ziele die Zerschlagung der Streitkräfte der Sowjetunion bedeutet. Wie sehr es Hitler auf die Gewinnung wirtschaftlicher Ziele

in diesem Krieg ankam, dafür kann ich ein Beispiel anführen, das ich persönlich erlebt habe. Am 1. Juni 1942, gelegentlich einer Oberbefehlshaber-Besprechung im Bereich der Heeresgruppe Süd in Poltawa, erklärte Hitler: ›Wenn ich das Öl von Maikop und Grozny nicht bekomme, dann muss ich diesen Krieg liquidieren.‹ Zusammenfassend möchte ich sagen: Die gesamte Zielsetzung bedeutete die Eroberung zwecks Kolonisierung der russischen Gebiete, unter deren Ausnutzung und Ausbeutung und mit deren Hilfsmitteln der Krieg im Westen zu Ende geführt werden sollte, mit dem Ziele der endgültigen Aufrichtung der Herrschaft über Europa.

RUDENKO: Wer von den Angeklagten war aktiver Teilnehmer an der Entwicklung des Angriffskrieges gegen die Sowjetunion?

PAULUS: Von den Angeklagten, soweit sie in meinem Blickfeld lagen, die ersten militärischen Berater Hitlers. Das ist der Chef des Oberkommandos der Wehrmacht Keitel, der Chef des Wehrmachtsführungsstabes Jodl und Göring in seiner Eigenschaft als Reichsmarschall, als Oberbefehlshaber der Luftwaffe und als Bevollmächtigter auf dem rüstungswirtschaftlichen Gebiet.

Eine Weile herrscht Schweigen im Wohnzimmer. Naumann ist wie vor den Kopf gestoßen. Schließlich murmelt er: »Er will doch nur seinen Kopf retten.«

Bergmann legt die Zeitung beiseite und sieht seinen Freund an. Dass es Werner Naumann die Sprache verschlägt, kommt selten vor.

***

Beim Studium der Zeitungsberichte erfahren Hannes Bergmann und Werner Naumann, dass viele der etwa zweihundertvierzig Journalisten im sogenannten »Bleistift-Schloss«, dem protzigen Stammsitz der Schreibwaren-Fabrikantenfamilie Faber-Castell, in Nürnberg untergebracht sind. Die meisten, etwa achtzig, kommen aus den USA, fünfzig aus England, vierzig aus Frankreich und fünfunddreißig aus der Sowjetunion. Für die deutsche Lizenzpresse gibt es zweiundzwanzig Plätze im Gerichtssaal. Es sind auch bekannte Schriftsteller aus der ganzen Welt angereist, die meisten nur für kurze Zeit, um Eindrücke zu sammeln. So etwa Ernest Hemingway, John Steinbeck und Louis Aragon – bekannte Namen, von denen allerdings weder Werner Naumann noch Hannes Bergmann auch nur eine Zeile gelesen hat.

Widerwillen erweckt der Name Erika Mann bei Werner Naumann: »Ich kann sie nicht leiden, die aufgeblasene Schriftstellerfamilie von Thomas Mann. Am allerwenigsten Erika Mann, die sich auch noch dazu bekennt, nur Frauen zu lieben. Ja, jetzt kehren sie zurück und ziehen die Deutschen wieder in den Dreck. Auch Marlene Dietrich soll angekommen sein, lese ich.«

»Nun,« erwidert Hannes, »mir gefällt auch nicht alles, was Thomas Mann über unsere Bewegung und den Führer geäußert hat. Aber dass sie Deutschland verlassen haben, kann man ihnen doch wirklich nicht vorhalten. Hier hätten sie ja auch kein ruhiges Leben führen können.«

Dann stellen beide fest, dass auch Erich Kästner zu den Autoren gehört, die über den Prozess schreiben.

»Kästner hat wenigstens gute Kinderbücher geschrieben, die auch unsere Kinder gerne lesen«, sagt Naumann.

Naumann weiß, dass die Bücher von Kästner auch im Hause Goebbels gern mit den Kindern gelesen wurden. Goebbels gefiel der ironische Stil von Kästner, der hintergründige Humor. Seine gesellschaftskritischen und antimilitaristischen Gedichte und Glossen hingegen gefielen ihm ganz und gar nicht. Andererseits gehört Kästner zu den wenigen Schriftstellern von Format, die nicht aus Deutschland geflüchtet sind – obwohl er Publikationsverbot erhalten hatte. Nun, das ist ihm möglich gewesen, weil mit Goebbels eine Abmachung getroffen wurde. Kästner konnte weiter die Honorare aus den Auslandsverkäufen seiner Bücher beziehen, und er konnte Drehbücher für die Ufa schreiben – allerdings unter Pseudonym. So hat er etwa das Drehbuch für den kolossal erfolgreichen Film *Münchhausen* geschrieben, der 1943 eine wichtige Durchhaltefunktion erfüllte. Naumann weiß noch, wie Goebbels ihm von der Vorführung des Films auf dem Obersalzberg erzählte. Der Führer fand den Film sehr gelungen, bekam aber einen Wutanfall, als er erfuhr, wer sich hinter dem Pseudonym »Berthold Bürger« verbarg. Daraufhin hat Hitler ein totales Veröffentlichungsverbot für Kästner verfügt. So muss der Autor wohl einige Zeit von der Substanz gelebt haben.

Und jetzt hat er also einen Leitartikel für die *Neue Zeitung* verfasst. Naumann liest:

> Wenn ich als Kind in der Schule von Kriegen und Siegen zu hören bekam – und unsere Schulstunden waren ja mit Usurpatoren, Feldherren und dergleichen vollgestopft wie überfüllte Straßenbahnen –, hatte ich stets den gleichen Gedanken. Ich dachte: »Wie haben diese Kriegsherren nur nachts in den Schlaf finden können?« Ich sah, wie sie sich ruhelos auf ihren Lagern wälzten. Ich hörte sie im Traum und Halbschlaf stöhnen und beten. Die Reihen der Gefallenen zogen blutig durch ihre Schlösser und Purpurzelte … Dabei schliefen diese Mordgenossen wie die Murmeltiere.

Oberrichter Jackson, der aus Amerika entsandte Hauptkläger, hat festgestellt: »Sie stehen nicht vor Gericht, weil sie den Krieg verloren, sondern weil sie ihn begonnen haben.«

Dem Globus wäre viel Blut und Leid erspart geblieben. Aber die Menschen sind unheimliche Leute. Wer seine Schwiegermutter totschlägt, wird geköpft. Das ist ein uralter verständlicher Brauch. Wer aber Hunderttausende umbringt, erhält ein Denkmal. Straßen werden nach ihm benannt. Und die Schulkinder müssen auswendig lernen, wann er geboren wurde und wann er friedlich die gütigen Augen für immer schloss.

Einen einzigen Menschen umbringen und hunderttausend Menschen umbringen ist also nicht dasselbe? Es ist also ruhmvoll? Nein, es ist nicht dasselbe. Es ist genau hunderttausendmal schrecklicher! – Nun werden die vierundzwanzig Angeklagten sagen, sie hätten diese neue, aparte Spielregel nicht gekannt. Als sie ihnen später mitgeteilt wurde, sei es zu spät gewesen. Da hätten sie nicht aufhören können. Da hätten sie wohl oder übel noch ein paar Millionen Menschen über die Klinge springen lassen.

Es sind übrigens nicht mehr vierundzwanzig Angeklagte. Ley hat sich umgebracht. Krupp, heißt es, liegt im Sterben. Und Martin Bormann? Ist er auf dem Wege von Berlin nach Flensburg umgekommen? Oder hat er sich irgendwo im deutschen Tannenwald einen Bart wachsen lassen und denkt, während er die Zeitungen liest: »Die Nürnberger hängen keinen, sie hätten ihn denn?«

Nein, das gefällt Naumann nicht, nicht die ironischen Formulierungen und auch die Bilder nicht, hinter denen er stets versteckte Kritik vermutet. Immerhin ist der Artikel nicht in dem Stil der Besserwisser verfasst, der sich sonst überall in der Berichterstattung breitmacht.

Wirklich aufregen kann sich Naumann etwa über einen Artikel des langjährigen Korrespondenten der Amerikaner William L. Shirer, der schon Ende der Dreißigerjahre in Berlin als Berichterstatter für CBS gearbeitet hatte. Shirer ist jetzt wieder in Deutschland, in Nürnberg. Was er schreibt, ist für Naumann an Impertinenz nicht zu überbieten:

> Die Stadt ist verschwunden! Das lieblich mittelalterliche Nürnberg ist fast völlig zerstört. Es ist nur noch ein riesiger Trümmerhaufen, kaum zu beschreiben und wohl kaum wieder aufzubauen. In der prosaischen Formulierung der US-Army ist Nürnberg »zu 91 Prozent tot«. Die Altstadt jedoch – Heimat von Dürer, Hans Sachs und den Meistersingern – mit ihren ehrwürdigen Kirchen St. Lorenz und St. Sebald, mit dem historischen Rathaus und meinem Lieblingslokal »Bratwurst-Glöckl« (aus den Jahren 1400) ist zu 99 Prozent »tot«.
>
> Ich lief heute stundenlang durch die Ruinen und suchte nach vertrauten Wahrzeichen. Nur wenige sind übrig geblieben, keins davon intakt. Am Marktplatz (als ich zum letzten Mal hier war, hieß er Adolf-Hitler-Platz) stehen noch Fassadenteile der gotischen Frauenkirche, gestützt von Resten der Seitenmauern. Ansonsten ist die Kirche zu Staub versunken. Die Hälfte der wunderschönen alten Fachwerkhäuser entlang der Pegnitz sind wegrasiert und teilweise in den Fluss gestürzt. Die meisten der gewundenen Kleinstraßen des alten Nürnbergs sind völlig verschwunden. Das Hotel »Deutscher Hof«, wo Hitler während der jährlichen Nazi-Parteitage residierte, konnte ich gar nicht wiederfinden. Der ganze Straßenzug ist ausgelöscht.

Die anrührende Schönheit, der große Charme, die eigentliche Seele der Altstadt waren bereits verflogen, als die Nazis kamen. Das hatte ich immer gespürt. Geistig war Nürnberg damals bereits gestorben. Die Nazis hatten es zur Stadt ihrer Reichsparteitage gemacht, jener obszönen Orgien einer teutonischen Herde, bei denen deutsche Männer und Frauen freudig ihre Individualität, ihren Anstand, ihre Würde als menschliche Wesen aufgegeben hatten und Bestandteil einer verdorbenen, inhumanen Masse wurden, wie sie Hitler formte.

Oh, das hatte ich mit eigenen Augen gesehen! 1934 und erneut 1937 hatte man mich als amerikanischen Zeitungsmann nach Nürnberg geschickt, um die widerwärtigen Veranstaltungen zu schildern. Abend für Abend hatte ich unter den Strahlen der Scheinwerfer (die in Wirklichkeit für den herannahenden Krieg installiert worden waren), im Licht der barbarischen Fackeln und inmitten des blutrünstigen Gebrülls der Masse (»Wir sind stark und werden noch stärker sein!« drang es immer wieder durch die Nacht) Hitler rasen und Göring brüllen gehört, hatte den miserablen Judenfresser Streicher mit seiner kleinen Peitsche wippen sehen. War es nicht Beweis für den äußersten Verfall und letztlichen Tod, dass in diesem einst bedeutenden Zentrum europäischer Kultur, wo der unvergleichliche Albrecht Dürer gelebt und gearbeitet hatte, nun der abscheuliche und verdorbene Julius Streicher (der sich mit seinen pornografischen Publikationen, seiner pornografischen »Bibliothek« und seiner eigenen wollüstigen Unzucht brüstete) oberster politischer Herrscher geworden war, in der Tat der erste Mann von Nürnberg?

Naumann wirft die Zeitung weg. »Das ist doch eine ungeheure Verlogenheit. Da schildert er die Schönheit der Stadt Nürnberg, die kulturellen Werte und behauptet, dass *wir* die Stadt zerstört hätten! Wer hat denn alles in Schutt und Asche gelegt? Es waren die Luftangriffe durch die britische Royal Air Force und die amerikanischen Bomber.«

Die größten Zerstörungen haben die Engländer am 2. Januar 1945 mit über fünfhundert Bombern erzielt, die innerhalb von einer halben Stunde sechstausend Sprengbomben und eine Million Brandbomben abwarfen. In der Bevölkerung hatte es fast zweitausend Tote und hunderttausend Leute ohne Bleibe gegeben, und bis 1945 gab es weitere zigtausend Tote durch den Luftkrieg. Dabei wurde doch die Nürnberger Altstadt fast vollständig zerstört und nicht etwa ausgehend von den Parteitagen. Naumann kann es nicht fassen! So was schreibt ausgerechnet einer aus dem Land, das für die Luftangriffe in Nürnberg mitverantwortlich war und das die verheerenden Atombomben in Japan abgeworfen hat.

Werner Naumann hat genug für heute Abend. Er steht auf und wünscht seinem Freund eine gute Nacht.

Endlösung

Die Tage und Wochen vergehen. Längst treffen sich die Freunde nicht mehr jeden Abend zur »Lagebesprechung«. Naumann hat die Arbeit im Stall wieder aufgenommen und unternimmt tägliche Ausritte. Der Frühling ist zurück. Überall sprießt und blüht es.

Mitte April sucht Bergmann ihn in seinem Zimmer auf. Er wirkt verstört. Reicht ihm eine Zeitung.

»Weißt du, Werner, ich begreife es nicht, wenn ich lese, wofür einige SS-Kameraden von uns verantwortlich sind. Lange halte ich das nicht mehr aus, solche Protokolle vom Prozess in Nürnberg zu lesen.«

Er reicht Naumann die aufgeschlagene Zeitung.

> DR. KURT KAUFFMANN: Sie waren von 1940 bis 1943 Lagerkommandant von Auschwitz. Stimmt das?
>
> RUDOLF HÖSS: Jawohl.
>
> KAUFFMANN: Und in dieser Zeit sind Hunderttausende von Menschen dort in den Tod geschickt worden. Ist das richtig?
>
> HÖSS: Jawohl.
>
> KAUFFMANN: Ist es richtig, dass Ihnen Eichmann erklärte, insgesamt seien in Auschwitz über zwei Millionen jüdische Menschen vernichtet worden?
>
> HÖSS: Jawohl.
>
> KAUFFMANN: Männer, Frauen und Kinder?
>
> HÖSS: Ja.

Kauffmann: Wie viele Menschen, Häftlinge waren zur Zeit der größten Belegung in Auschwitz?

Höss: Zur Zeit der stärksten Belegung waren in Auschwitz zirka 140 000 Häftlinge, Männer und Frauen.

Kauffmann: Ist es richtig, dass Sie 1941 nach Berlin zu Himmler bestellt wurden? Geben Sie in kurzen Zügen den Inhalt dieser Besprechung an.

Höss: Im Sommer 1941 wurde ich zum persönlichen Befehlsempfang vom Reichsführer SS Himmler nach Berlin befohlen. Dieser sagte mir dem Sinne nach, ich kann das nicht mehr wörtlich wiederholen, der Führer habe die Endlösung der Judenfrage befohlen, wir, die SS, haben diesen Befehl durchzuführen. Wenn jetzt zu diesem Zeitpunkt dies nicht durchgeführt wird, so wird später das jüdische Volk das deutsche Volk vernichten. Er habe Auschwitz deswegen gewählt, weil es bahntechnisch am günstigsten liegt und auch das ausgedehnte Gelände für Absperrmaßnahmen Raum bietet. Er sagte mir, ich dürfte auch meinem direkten Vorgesetzten, dem Gruppenführer Glücks, nichts darüber sagen. Die Besprechung wäre nur für uns beide, und ich hätte strengstens Stillschweigen jedermann gegenüber zu bewahren.

Kauffmann: Haben sie Dritten, Unbeteiligten gegenüber jemals die Ihnen auferlegte Verpflichtung verletzt?

Höss: Nein, bis Ende 1942 nicht.

Kauffmann: Warum nennen Sie diesen Zeitpunkt? Haben Sie nach diesem Zeitpunkt dritten Personen gegenüber Mitteilung gemacht?

Höss: Ende 1942 wurde meine Frau von dem damaligen Gauleiter Oberschlesiens durch Bemerkungen auf die Vorgänge in meinem Lager aufmerksam gemacht.

Meine Frau frug mich dann später, ob dies der Wahrheit entspreche, und ich gab dies meiner Frau zu. Das war mein einziger Bruch dieses dem Reichsführer gegebenen Versprechens, und ich habe sonst niemandem gegenüber davon gesprochen.

Höss erklärte weiter: Es kamen täglich zwei bis drei Züge mit zirka 2000 Personen an. Diese Züge wurden zuerst auf ein Abstellgleis des Geländes Birkenau gefahren. Die Lokomotive, die die Züge brachte, fuhr wieder zurück. Die Bewachungsmannschaften, die die Transporte begleiteten, mussten sofort das Gebiet verlassen, und die eingelieferten Personen wurden durch Wachen des Lagers übernommen. Sie wurden dort durch zwei SS-Ärzte auf Arbeitsfähigkeit geprüft. Die arbeitsfähigen Häftlinge marschierten sofort nach Auschwitz beziehungsweise nach dem Lager Birkenau, und die Nichtarbeitsfähigen wurden zuerst nach diesen provisorischen Anlagen, später dann in die neu erbauten Krematorien gebracht.

Ich befehligte Auschwitz bis zum 1. Dezember 1943 und schätze, dass mindestens 2,5 Millionen Opfer dort durch Vergasung und Verbrennen hingerichtet und ausgerottet wurden; mindestens eine weitere halbe Million starb durch Hunger und Krankheit, was eine Gesamtzahl von ungefähr 3 Millionen Toten ausmacht. Diese Zahl stellt ungefähr 70 oder 80 Prozent aller Personen dar, die als Gefangene nach Auschwitz geschickt wurden, die übrigen wurden ausgesucht und für Sklavenarbeit in den Industrien der Konzentrationslager verwendet. Der Rest der Gesamtzahl der Opfer umfasste ungefähr 100 000 deutsche Juden und eine große Anzahl meist jüdischer Einwohner aus anderen Ländern. Ungefähr 400 000 ungarische Juden wurden allein in Auschwitz im Sommer 1944 von uns hingerichtet.

Kauffmann: Haben Sie selbst jemals angesichts Ihrer eigenen Familie und Kinder Mitleid mit den Opfern gehabt?

Höss: Jawohl.

Kauffmann: Und weshalb haben Sie dennoch diese Aktion durchführen können?

Höss: Bei all diesen Zweifeln, die mir kamen, war immer wieder einzig ausschlaggebend der unbedingte Befehl und die dazugehörige Begründung des Reichsführers Himmler.

Kauffmann: Ich frage Sie, ob Himmler das Lager besichtigt hat und sich auch von den Vorgängen der Vernichtung selbst überzeugt hat.

Höss: Jawohl. 1942 besuchte Himmler das Lager und hat sich einen Vorgang von Anfang bis zu Ende genau angesehen.

Kauffmann: Gilt das Gleiche auch für Eichmann?

Höss: Eichmann war wiederholt in Auschwitz und kannte die Vorgänge genau.

»Praktisch durchführbar«

Im April 1946 suchte Gerichtspsychologe Gustave M. Gilbert Rudolf Höß in seiner Zelle auf und stellte ihm die Frage, wie es denn praktisch durchführbar gewesen sei, zweieinhalb Millionen Menschen zu vernichten.

»Praktisch?«, fragte Höß. »Das war nicht so schwierig – es wäre nicht einmal schwierig gewesen, noch mehr Menschen zu vernichten. Man müsse von einem vierundzwanzigstündigen Tag ausgehen, und es sei möglich, bis zu zehntausend Menschen im Zeitraum von vierundzwanzig Stunden umzubringen. Es waren sechs Vernichtungskammern vorhanden. In den zwei großen konnten je zweitausend Menschen und in den vier kleinen bis zu tausendfünfhundert Menschen untergebracht werden, was eine Gesamtkapazität von zehntausend ergibt. Man konnte zweitausend Menschen in einer halben Stunde erledigen, aber das Verbrennen kostete so viel Zeit. Das Töten war leicht; man brauchte nicht einmal Wachmannschaften, um sie in die Kammern zu treiben; sie gingen einfach hinein, weil sie annahmen, sie würden dort duschen, und statt des Wassers stellten wir Giftgas an. Das Ganze ging sehr schnell.«

Er berichtete über all das in einem ruhigen, apathischen, sachlichen Ton.

Ein paar Tage später führte Gilbert ein weiteres Gespräch mit Höß in seiner Gefängniszelle.

Höss: Ich nehme an, Sie wollen heute erfahren, ob meine Gedanken und Gewohnheiten normal sind.

Gilbert: Natürlich.

Höss: Ich bin völlig normal. Selbst als ich die Ausrottungsaufgabe durchführte, führte ich ein normales Familienleben und so weiter.

Gilbert: Hatten Sie im Hinblick auf andere Menschen ein normales Leben?

Höss: Nun, vielleicht ist das eine Eigentümlichkeit von mir, aber ich war immer am liebsten allein. Wenn ich Kummer hatte, versuchte ich allein damit fertigzuwerden. Das war das, was meine Frau am meisten betrübte. Ich war mir immer selbst genug. Ich hatte nie Freunde oder enge Beziehungen zu irgendjemandem – auch nicht in meiner Jugend. Ich hatte nie einen Freund. Und an Gesellschaften nahm ich zwar manchmal teil, aber nie mit dem Herzen. Ich freute mich, wenn die Leute vergnügt waren, aber ich konnte nie mitmachen.

Wilde Anarchie der Partisanenbekämpfung

Die *Nürnberger Nachrichten* haben ermittelt, dass die Hälfte der Deutschen regelmäßig die Zeitungsberichte über den Prozess in Nürnberg liest. Fast alle loben die Berichterstattung der Zeitung. Nur zehn Prozent der Befragten wünschen sich eine weniger umfangreiche Berichterstattung. Dafür würden es andere begrüßen, wenn die Protokolle der Verhandlungen als Broschüre erschienen. Zwanzig Prozent geben zu, keine Prozessberichte zu lesen, ebenfalls zwanzig Prozent sagen, der Prozess kümmere sie gar nicht.

Bei einer im Dezember durchgeführten Umfrage räumten fünfundsechzig Prozent der Befragten ein, durch den Prozess etwas gelernt zu haben, vor allem darüber, wie die Nazis die Deutschen missbraucht und belogen haben. Im Januar bezeichnen sich bereits fünfundachtzig Prozent als »geläutert«. Achtzig Prozent aller befragten Personen erklären, dass sie von einer fairen Prozessführung überzeugt seien. Das bekundeten selbst viele derer, die sich zuvor als »Prozessgegner« bezeichnet hatten.

Siebzig Prozent glauben, dass die Angeklagten die ihnen zur Last gelegten Verbrechen begangen haben. Nur etwa fünfzehn Prozent gehen davon, dass einer der Angeklagten freigesprochen wird. Rund fünfundsechzig Prozent der befragten alten PGs (oder »Parteigenossen«) sehen heute ein (und sprechen es offen aus), dass die Angeklagten schuldig sind.

Hannes Bergmann hat nicht nur die Berichterstattung von Anfang an in aller Ausführlichkeit verfolgt, er hat zudem die wichtigsten Berichte, Protokolle, Kommentare aus den Zeitungen ausgeschnitten und in Kladden geklebt und seinerseits mit Kommentaren versehen – als könnte er jederzeit selbst in den Zeugenstand gerufen werden und müsste seine Verteidigung vorbereiten. Doch in den letzten Wochen ist sein Eifer erlahmt. Zu erschütternd ist das, was die SS-Generäle – in nüchternen, banalen Worten – von den besetzten Gebieten im Osten und aus den KZs berichten. Selbst Werner Naumann kommentiert sie schon nicht mehr, wenn er auch nach wie vor jeden Artikel, jedes Protokoll liest. So hat er auch gewissenhaft die Befragung von SS-Obergruppenführer und General der Waffen-SS Erich von dem Bach-Zelewski gelesen, zuständig für die Partisanenbekämpfung im Osten.

Telford Taylor: Haben die höchsten militärischen Stellen irgendwelche ins Einzelne gehende Anordnungen über die bei der Partisanenbekämpfung anzuwendenden Methoden herausgegeben?

Erich von dem Bach-Zelewski: Nein.

Taylor: Was war die Folge?

Von dem Bach-Zelewski: Es herrschte infolgedessen, als Folge dieses Nichtbefehls, eine wilde Anarchie der Partisanenbekämpfung.

Taylor: Hatten diese Maßnahmen die unnötige Tötung einer großen Anzahl von Zivileinwohnern zur Folge?

Von dem Bach-Zelewski: Ja.

J. W. Pokrowsky: Wissen Sie irgendetwas von dem Bestehen einer besonderen Brigade, die aus Schmugglern, Wilddieben und entlassenen Sträflingen zusammengesetzt war?

Von dem Bach-Zelewski: Ende 1941, Anfang 1942 wurde zunächst ein Bataillon unter dem Befehl von Dirlewanger bei der Heeresgruppe Mitte zur Partisanenbekämpfung eingesetzt. Diese Brigade bestand zum größten Teil aus vorbestraften Verbrechern, offiziell aus sogenannten Wilddieben, aber es waren auch reine Kriminelle darunter, die bestraft waren wegen Einbruchsdiebstahls, Mordes und so weiter.

Pokrowsky: Wie erklären Sie es, dass das deutsche Heereskommando seine Truppenteile so bereitwillig durch Einstellung von Verbrechern vergrößerte?

Von dem Bach-Zelewski: Ich bin der Ansicht, dass ein klarer Zusammenhang besteht zwischen der Rede Heinrich Himmlers Anfang 1941, vor Beginn des Russlandfeldzuges, auf der Wewelsburg, wo er davon sprach, dass der Zweck des Russlandfeldzuges die Dezimierung der slawischen Bevölkerung um dreißig Millionen sein sollte, und diesem Versuch, durch solche minderwertigen Truppen auch wirklich in diesem Sinne tätig zu sein.

Pokrowsky: Wissen Sie von irgendeinem Befehl, der das Niederbrennen von Dörfern vorschrieb als Vergeltung für die Hilfe, die den Partisanen gewährt worden war?

Von dem Bach-Zelewski: Nein.

Pokrowsky: Muss ich das so verstehen, dass, wenn bestimmte Kommandeure Dörfer als Strafmaßnahmen gegen die Bevölkerung niederbrannten, diese Kommandeure dies aus eigenem Antrieb taten?

Von dem Bach-Zelewski: Ja.

Pokrowsky: Sagten Sie, dass der Kampf gegen die Partisanenbewegung ein Vorwand für die Ausrottung der slawischen und jüdischen Bevölkerung war?

Von dem Bach-Zelewski: Ja.

Pokrowsky: Wusste die Wehrmachtsführung von den Methoden des Kampfes, die zur Bekämpfung der Partisanenbewegung und zur Ausrottung der jüdischen Bevölkerung angewandt wurden?

Von dem Bach-Zelewski: Die Methoden waren allgemein bekannt, also auch bei der militärischen Führung.

Pokrowsky: Können Sie wirklich und wahrhaftig bestätigen, dass die von der Wehrmacht in den damals von den Deutschen besetzten Verwaltungsgebieten getroffenen Maßnahmen den Zweck hatten, die slawische und jüdische Bevölkerung um 30 Millionen zu verringern?

Von dem Bach-Zelewski: Ich bin der Ansicht, dass diese Methoden wirklich zur Vernichtung von 30 Millionen geführt hätten, wenn sie so weiter fortgeführt worden wären.

Massenliquidationen

Niederschmetternd auch die Befragung von SS-Gruppenführer Otto Ohlendorf zu den Einsatzgruppen der Sicherheitspolizei und des SD. Naumann kennt ihn gut. Ohlendorf war Amtschef im Reichssicherheitshauptamt und selbst Leiter einer Einsatzgruppe im Osten.

John Harlan Amen: Wie viele Einsatzgruppen gab es?

Otto Ohlendorf: Es gab vier Einsatzgruppen. Die Einsatzgruppen A, B, C und D. Die Gruppe D war keiner Heeresgruppe angeschlossen, sondern der 11. Armee unmittelbar zugeteilt.

Amen: Wer war der Befehlshaber der 11. Armee?

Ohlendorf: Befehlshaber der 11. Armee war zuerst Ritter von Schobert und später von Manstein.

Amen: Hatten Sie jemals eine Besprechung mit Himmler?

Ohlendorf: Jawohl. Im Sommer 1941 war Himmler in Nikolajew. Er ließ die Führer und Männer der Einsatzkommandos antreten und wiederholte den gegebenen Liquidationsbefehl mit dem Hinweis, dass Führer und Männer, die an der Liquidation beteiligt seien, keinerlei persönliche und eigene Verantwortung für die Durchführung dieses Befehls trügen. Die Verantwortung trüge er allein zusammen mit dem Führer.

Amen: Wissen Sie, wie viele Personen durch die Einsatzgruppe D liquidiert wurden, und zwar unter Ihrer Führung?

OHLENDORF: Von Juni 1941 bis Juni 1942 sind von den Einsatzkommandos etwa neunzigtausend als liquidiert gemeldet worden.

AMEN: Schließt diese Zahl Männer, Frauen und Kinder ein?

OHLENDORF: Jawohl.

AMEN: Worauf gründen sich diese Ziffern?

OHLENDORF: Das sind die Meldungen, die von den Einsatzkommandos an die Einsatztruppe gegeben wurden.

AMEN: Wurden Ihnen diese Meldungen vorgelegt? Sie haben Sie persönlich gesehen und gelesen?

OHLENDORF: Jawohl.

AMEN: Haben Sie persönlich Massenhinrichtungen überwacht?

OHLENDORF: Ich bin bei zwei Massenhinrichtungen inspektionsweise dabei gewesen.

AMEN: Wollen Sie dem Gerichtshof Einzelheiten beschreiben?

OHLENDORF: Der Hinrichtungsort war in der Regel ein Panzerabwehrgraben oder eine natürliche Gruft.

AMEN: In welcher Stellung wurden die Opfer erschossen?

OHLENDORF: Stehend oder kniend.

AMEN: Was geschah mit den Leichen, nachdem die Leute erschossen worden waren?

OHLENDORF: Sie wurden in dem Panzergraben oder in der Gruft beerdigt.

AMEN: Wie wurde festgestellt, ob die einzelnen wirklich tot waren oder nicht?

OHLENDORF: Die Einsatzführer hatten Befehl, darauf

zu achten und gegebenenfalls selbst den Fangschuss zu geben.

AMEN: Wurden alle diese Opfer, Frauen, Männer und Kinder auf die gleiche Art und Weise hingerichtet?

OHLENDORF: Bis zum Frühjahr 1942, jawohl. Dann folgte ein Befehl von Himmler, dass in der Zukunft Frauen und Kinder nur noch durch Gaswagen zur Tötung kommen sollten.

AMEN: Können Sie dem Gerichtshof die Konstruktion dieser Gaswagen und ihr Aussehen erklären?

OHLENDORF: Es waren praktisch geschlossene Lastwagen. Sie waren so eingerichtet, dass nach Anlaufen der Motore Gas in den Wagen geleitet wurde und dieser den Tod in etwa zehn bis fünfzehn Minuten herbeiführte.

AMEN: Welche Organisationen stellten den größten Teil des Offizierspersonals für die Einsatzgruppe?

OHLENDORF: Das Führungspersonal wurde von der Staatspolizei, Kriminalpolizei und zu einem geringen Prozentsatz vom Sicherheitsdienst gestellt.

AMEN: Konnte sich der einzelne Mann der Ausführung dieser Befehle mit Aussicht auf Erfolg widersetzen?

OHLENDORF: Nein, denn der Erfolg wäre Kriegsgericht mit entsprechendem Urteil gewesen.

FRAGE EINES VERTEIDIGERS: Hatten Sie gar keine Bedenken, dass diese Befehle ausgeführt werden?

OHLENDORF: Selbstverständlich!

FRAGE: Und warum wurden diese Befehle trotzdem ausgeführt?

OHLENDORF: Weil es mir undenkbar erscheint, dass ein untergeordneter Führer Befehle, die die Staatsführung gibt, nicht durchführt.

Hannes Bergmann spricht aus, was ihm schon lange auf der Seele lastet und auf der Zunge brennt, was er vor seinem Freund bisher aber nicht auszusprechen wagte: »Eine perfekte und effiziente Mordmaschinerie, für die der Reichsführer SS und sein Führer die Verantwortung übernehmen, damit alle untergeordneten Chargen entlastet sind.«

Werner Naumann macht ein missmutiges Gesicht – und schweigt.

Neue Perspektive

Ende April 1946 trifft Besuch ein. Heinz Gutzeit hatte eine Besprechung im Magdeburger Krankenhaus und erscheint am Nachmittag auf dem Gutshof der Bergmanns. Sie sitzen zusammen, trinken Kaffee und essen Hildegard Bergmanns köstlichen Kuchen, der vom Sonntag übrig geblieben ist. Gutzeit berichtet von der Lage in den Krankenhäusern, die noch immer dramatisch ist, zu viele Kranke und Verwundete, zu wenige Medikamente und Hilfsmittel. In Berlin herrscht große Wohnungsnot, nicht nur für die alteingesessene Bevölkerung, sondern auch für die Ströme der Menschen, die insbesondere aus dem Osten nach Berlin geflüchtet sind. Hannes Bergmann kann Ähnliches aus Magdeburg berichten. Eine Weile sprechen sie über Nürnberg. Alle sind sich einig, dass die Sache für die Angeklagten kein gutes Ende nehmen wird.

Dann wendet sich Gutzeit an Naumann. »Und wie sieht es mit dir aus? Hast du inzwischen einen konkreten Plan gefasst?«

»Es bleibt dabei, dass ich mich Richtung Süden begeben will. Aber der Prozess in Nürnberg zeigt mir einmal mehr, dass ich weiter alles tun muss, um nicht in diese Mühle zu geraten. Immer wieder werden gute Kameraden und viele, die politisch aktiv in der Öffentlichkeit standen, denunziert, aufgespürt, verhaftet und angeklagt. Das findet nicht nur auf der oberen Staatsebene statt, sondern in jeder Stadt, in jedem Dorf, überall. Da muss man sich einfach schützen.«

Gutzeit nickt. »Natürlich. Aber das kannst du natürlich auch an jedem anderen Ort tun. Hör zu, ich habe da eine Idee, über die ich auch schon mit meinem Freund in Nördlingen gesprochen habe. Eigentlich ist es seine Idee. Denn er hat einen Bruder, der einen Betrieb hat. Ein Baugeschäft. Sie brauchen Maurer, aber auch Gehilfen, für die Enttrümmerung. Du kannst dir vorstellen, dass sie jetzt alle Hände voll zu tun haben. Das Beste daran ist: Der Betrieb befindet sich in Schwabach, südlich von Nürnberg – nur siebzig Kilometer von Alerheim entfernt.«

Naumann sieht den Freund mit großen Augen an. Ihm fehlen die Worte.

Gutzeit fährt bereits fort. »Das ist aber noch nicht alles. Der Inhaber des Geschäfts, Hermann Hansen, hätte auch eine möblierte Wohnung für dich, separat, sofort beziehbar.«

Naumann ist wie benommen. Sein Blick geht ins Leere. Er ist jetzt seit fast einem Jahr auf dem Gutshof. Immer ist klar gewesen, dass er weiterziehen würde, sobald sich eine Gelegenheit dazu bieten sollte. Jetzt, wo sie gekommen zu sein scheint, fühlt es sich irreal an.

Hannes Bergmann meldet sich zu Wort. »Also, wenn du mich fragst, Werner – ich habe die Zeit mit dir sehr genossen, und unsere abendlichen Gespräche werden mir fehlen, aber du darfst dieses Angebot auf keinen Fall ausschlagen. Das ist dir hoffentlich klar.«

Naumann lächelt matt. Das klingt schon fast wie eine Verabschiedung. Er sieht Gutzeit an. »Heinz, ich weiß nicht, wie ich dir das danken soll.« Doch der macht eine abwehrende Geste.

Hannes Bergmann hat noch einen Gedanken: »Meine geografischen Kenntnisse sind nicht die besten. Aber wenn ich das richtig sehe, sind sowohl Alerheim als auch Schwabach nicht allzu weit entfernt von Tübingen, oder? Wo unsere

Freunde Heißmeyer und Scholtz-Klink inzwischen untergekommen sind. Das könnte von Nutzen sein.« Bereits im November ist das Ehepaar dorthin gezogen. Seither haben die Freunde allerdings nichts mehr von ihnen gehört.

»Hermann Hansen ist nächsten Monat in Berlin«, meldet sich jetzt wieder Gutzeit zu Wort. »Er hat dort geschäftlich zu tun. Was hältst du davon, wenn du dann zu uns an den Schwielowsee kommst? Ihr könnt euch dort treffen und alles Weitere besprechen.«

Gutzeit weist noch darauf hin, dass sowohl sein Freund und Kollege in Nördlingen als auch der Bruder treue, verdiente Parteigenossen waren. Verschwiegenheit ist also gewährleistet.

***

Bis zu seinem Treffen mit Hermann Hansen waren noch drei Wochen Zeit. Wenn ihr Gespräch zur beiderseitigen Zufriedenheit verläuft, kann er schon im nächsten Monat in Schwabach sein. Er wird seine Frau wiedersehen, die Kinder – die Kinder vielleicht nur aus der Distanz. Er wird endlich wieder sesshaft werden. Alles wird sich finden.

Bis dahin verfolgt er weiter die Verhöre in Nürnberg. Mit besonderer Aufmerksamkeit liest er die Berichte über Hans Fritzsche, seinen Kollegen im Propagandaministerium. Im Mai 45 ist Fritzsche der ranghöchste noch verbliebene Beamte in Berlin gewesen, als solcher hat er die bedingungslose Kapitulation für Berlin unterzeichnen wollen. In Nürnberg sitzt er gleichsam als Ersatz für Joseph Goebbels auf der Anklagebank.

Fritzsche gehörte im Propagandaministerium zu den kritischen Geistern. Naumann hat selbst miterlebt, wie Goebbels auf ihn geschimpft hatte. Fritzsche war nicht stromlinienförmig gewesen. Er schloss sich nach eigener Aussage der Partei erst nach seinem Eintritt in das Propagandaministerium an. Er hatte niemals ein Amt in der Partei, war nicht in der SA, nicht in der SS, hat an keinem Parteitag teilgenommen.

Naumann muss einmal mehr denken, wie es ihm erginge, würde man ihn verhaften und anklagen. Er war nicht nur Mitglied der SS, sondern Brigadeführer, und als Staatssekretär im Propagandaministerium der engste Vertraute von Joseph Goebbels. Er gehörte dem Freundeskreis des Reichsleiters SS an, des in Nürnberg als Bestie dargestellten Heinrich Himmler. Er wäre von den Anklägern ganz anders behandelt worden, darüber macht er sich keine Illusionen.

Im Radio wird der Tagesbericht von Eberhard Schütz, dem Mitarbeiter des Deutschen Dienstes der BBC, gesendet:

> Das Reichsministerium für Volksaufklärung und Propaganda war einmal die »märchenreichste Lügenfabrik aller Zeiten« genannt worden. Der Verteidiger von Hans Fritzsche forderte heute Morgen den Leiter der Abteilung Rundfunk des Propagandaministeriums auf, sich zu diesem Vorwurf zu äußern. Für sich persönlich, sagte Fritzsche, könnte er erklären, er habe keine einzige Fälschung begangen und nicht eine einzige Lüge bewusst ausgesprochen. Wie oft er selbst das Opfer der Lügen anderer geworden sei, das wage er nach den Enthüllungen dieses Prozesses allerdings nicht zu sagen. Er wolle durchaus nicht leugnen, dass er Tendenz walten ließ bei der Auswahl der Nachrichten. Es sei eben der Fluch der Propaganda, dass sie mit Schwarz-Weiß-Malerei arbeite. Nur ganz wenige große Geister hätten sich darüber erhoben. Diese Schwarz-Weiß-Malerei, das erkenne er heute, sei ein Luxus, den man sich nicht

mehr leisten dürfe. Es sei ein Irrtum, zu glauben, dass man im Propagandaministerium tausend kleine Lügen ausgearbeitet habe. Die kleinen Einzelheiten seien auch nicht das Entscheidende. Entscheidend sei die tiefe Grundwahrheit, der Glaube an die Staatsführung – und diese Grundlage einer wahrheitsgetreuen Propaganda sei allerdings tief erschüttert worden durch das, was inzwischen bekannt geworden sei über Massenmorde, sinnlose Gräuel und durch den Zweifel am Friedenswillen Hitlers.

Was ist von den Grundlagen der Propaganda Fritzsches geblieben? Seine Aussagen sind eine lange Aneinanderreihung von Zweifeln an dem, was er jahrelang gepredigt hatte und nicht nur Zweifeln – Fritzsche beugt sich der Erkenntnis der für ihn neuen Wahrheiten.

Fritzsche gibt zu, dass er nach Ausbruch des Krieges oft darauf hingewiesen habe, dass deutsche Emigranten schon gleich nach 1933 betont hätten, ein Krieg gegen Deutschland sei notwendig. Dies sei übrigens der einzige Zusammenhang gewesen, in dem von ihm eine antisemitische Bemerkung gefallen sei. Erst in diesem Prozess habe er erfahren, wie weit er damals von der Wahrheit entfernt gewesen sei, dass es nämlich im Herbst 1939 um mehr ging als eine Stadt oder eine Straße durch den Korridor und dass Hitler die Warnungen des Auslandes vor ihm durch seine eigenen Taten fürchterlich bestätigt habe. Wenn Fritzsche damals gewusst hätte, was er heute wisse, dann hätte er die Rolle dieser Propaganda anders geschildert.

Fritzsche erklärt, er sei niemals Antisemit gewesen im Sinne des Radau-Antisemitismus und auch nicht im Sinne der radikalen Theorien eines Julius Streicher.

Den *Stürmer* halte er für die wirkungsvollste antideutsche Propaganda, die es jemals gegeben habe. Er wünschte lediglich die Einschränkung des überragenden jüdischen Einflusses auf Politik, Kultur und Wirtschaft auf ein Maß, das dem zahlenmäßigen Anteil der deutschen Juden entsprach. Von den Verschickungen der Juden habe er erst sehr spät erfahren und auch dann nur von der Tatsache der Verschickung, wie er glaubte, in sogenannte »Reservate«, niemals aber von den Konzentrationslagern und der Massenvernichtung in diesen Lagern. Fritzsche glaubte auch, die ausländischen Arbeiter seien freiwillig nach Deutschland gekommen. An eine Ausplünderung der besetzten Gebiete habe er nicht geglaubt. Ihm habe ein europäischer Staatenbund vorgeschwebt.

Auf seinem Gebiet, Presse und Rundfunk, habe er sich bemüht, die Fesseln zu erleichtern, die das nationalsozialistische System auferlegte. Fritzsche erklärt, durch ihn seien Hunderte von Journalisten wieder zurückgekommen, frühere Gegner des Nationalsozialismus. Er habe ihnen gesagt: »Ihr könnt alles an Kritik in den deutschen Zeitungen schreiben, wenn ihr sie nur nicht fett in die Überschrift bringt, sondern sie elegant im Text unterbringt.«

Fritzsche sagt auch, dass er Gegner der Missbräuche des Systems gewesen sei, der Schönfärberei vor allem, der verantwortungslosen Propaganda mit den Wunderwaffen.

Am Ende erklärt der BBC-Berichterstatter Eberhard Schütz:

Wenn man bei Hans Fritzsche von Tragik sprechen will, dann liegt sie darin, dass er Propaganda unter falschen Voraussetzungen trieb. Hans Fritzsche erklärt, die Grundlagen seiner früheren Propaganda seien erschüttert, er habe den Glauben an die Grundwahrheiten verloren, die er jahrelang predigte. Die Verteidigung Fritzsches lässt sich in wenigen Worten zusammenfassen: Er hat von den Verbrechen nichts gewusst, oder er hat sie nicht als Verbrechen erkannt. Man hat ihm entweder die Wahrheit vorenthalten oder ihn belogen und betrogen. Über den Charakter der Partei wurde er getäuscht. Er glaubte, nicht einer engen Partei beizutreten. Er glaubte an eine große, fast demokratische Bewegung, die einer starren Theorie entbehrte und deren heterogene Elemente die geistige Auseinandersetzung verbürgten. Und Fritzsche erklärt, er stehe damit nicht allein.

Zu Hannes sagt Naumann: »Das macht auf mich einen authentischen und ehrlichen Eindruck. Fritzsche ist kein Schauspieler und auch kein Opportunist. Ich denke, mit seinen ernsthaften Aussagen und seiner glaubwürdigen Auseinandersetzung mit der deutschen Politik und seiner Arbeit im Propagandaministerium wird er wohl nicht zu denen gehören, die am Ende zum Tode verurteilt werden. Es sei denn, der Nürnberger Prozess ist nur eine Scheinveranstaltung, und die Urteile stehen schon lange fest.«

***

Wenige Tage später fährt Hannes Bergmann mit Werner Naumann zum Treffen ins Haus von Heinz Gutzeit am Schwielowsee. Naumann ist tief bewegt auf der Fahrt zurück fast an den Ausgangspunkt seiner Flucht aus Berlin vor rund einem Jahr. Viel ist inzwischen passiert in der Welt, und er hätte nicht gedacht, noch einmal an den schönen See zurückzukommen.

Bei ihrer Ankunft begrüßt sie Gutzeit mit seiner Frau Silke und den Kindern. Silke Gutzeit weiß offenbar, dass das Ziel der nächsten Reise von Werner Naumann auch das Wiedersehen mit seiner Frau Ursula und seinen Kindern sein wird. Sie richtet die allerbesten Grüße an die ihr gut bekannte Frau aus und auch an die Kinder. Naumann dankt, ist aber verwirrt, da er selbst noch keine Vorstellung davon hat, wie sich dieses Wiedersehen gestalten wird. Wie soll er sich mit der Familie treffen, ohne Verdacht zu erregen, ohne Geheimdienste, Späher und Denunzianten auf sich zu lenken?

Als sie gemeinsam ins Wohnzimmer treten, erheben sich zwei Männer aus ihren Sesseln.

»Darf ich vorstellen – Hermann Hansen und sein Bruder, mein geschätzter Kollege Friedrich Hansen. Schön, dass es geklappt hat, euch zusammenzuführen!«

Vor Naumann stehen zwei junge, sportliche Männer, etwa in seinem Alter.

Hermann Hansen streckt ihm mit einem freundlichen Lächeln die Hand entgegen. »Ich weiß, dass Sie ein renommierter Mann sind, der Bedeutendes geleistet hat. Aber in meiner Branche, auf dem Bau, da siezt man sich nicht. Und wenn wir zusammen in einem Haus leben und in einem Betrieb arbeiten, dann müssten wir uns duzen. Es käme den Mitarbeitern auch sonderbar vor. Einverstanden? Ich heiße Hermann.«

Die direkte Art hätte Werner Naumann im Progagandaministerium sehr missfallen. Jetzt, für sein neues Leben, scheint sie ihm sehr passend, beinahe wie ein Teil seiner Tarnung. »Werner«, sagt er daher und schüttelt Hermann Hansen die Hand.

Die Männer setzten sich an den Tisch, und Silke Gutzeit verlässt den Raum.

»Werner«, beginnt nun Hermann Hansen, »ich will das gleich klarstellen. Unsere politische Gesinnung ist unverändert. Treudeutsch. Ganz gleich was die Siegermächte jetzt für einen Zirkus veranstalten. Dein Geheimnis ist bei uns also sicher. Aber damit niemand Verdacht schöpft, musst du bei uns natürlich auch richtig mit anpacken. Hast du schon einmal handwerklich gearbeitet? Gemauert? Oder irgendwo auf dem Bau?«

Naumann lächelt. »Ehrlich gesagt, habe ich bisher weder gemauert noch auf dem Bau gearbeitet. Aber schon ideologisch wäre es fatal, zu behaupten, ich hätte zwei linke Hände.«

Alle müssen lachen.

Nun erzählt Hermann Hansen von seiner Firma, die er vor zehn Jahren gegründet hat und wo er inzwischen fünfzehn Arbeiter beschäftigt, wobei er darauf geachtet habe, dass sie auch charakterlich zueinanderpassen, und er berichtet von den Aufträgen, die er zurzeit hat. Schließlich fragt er Naumann, wann er anfangen könne.

Naumann muss nicht lange überlegen. »Sofort«, sagt er. »Ich habe nicht viel zu packen ...« Er bricht unsicher ab. Er hat sich noch keine Gedanken über die Fahrt gemacht.

Hannes Bergmann scheint seine Gedanken gelesen zu haben. »Ich fahr dich runter, kein Problem«, sagt er. »Ich bin neugierig auf deine neue Heimat. Und wann hat man schon mal die Gelegenheit, einen Staatssekretär im Blaumann zu sehen.«

Schwabach

Es ist eine Ironie der Geschichte. Werner Naumann ist einer der wenigen, die lebend aus dem Führerbunker herausgekommen sind. Er schafft es, unerkannt dem Inferno Berlin zu entkommen, und gehört damit nicht zu denjenigen, die in Nürnberg auf der Anklagebank sitzen. Und jetzt, wenige Monate bevor das alliierte Gericht im Nürnberger Prozess das Urteil spricht, fährt Werner Naumann mit Hannes Bergmann in dessen Auto nach Nürnberg. Nicht, um sich dort noch als Stellvertreter von Joseph Goebbels vorzustellen, gewiss nicht. Aber auf dem Weg nach Schwabach, wo Werner Naumann im Begriff ist, eine Maurerlehre zu beginnen, wollen sich Hannes und Werner ein Bild von der Stadt machen, in deren Zentrum, im Justizpalast, sich seit November führende Persönlichkeiten des Deutschen Reichs vor den Siegermächten verantworten müssen.

Als sie die Stadt erreichen, parken sie das Auto am Neutorgraben. Schon aus der Entfernung können sie die Zerstörungen sehen. Die einst so prächtige Altstadt liegt fast völlig in Trümmern. Es ist erschütternd. Nürnberg – die Stadt der Parteitage – ist wie Berlin ein bevorzugtes Ziel der alliierten Bomber gewesen.

Hannes sieht Werner an und fragt: »Wollen wir wirklich zum Justizpalast gehen? Der ist doch sicherlich von Militär und Wachleuten umstellt?«

»Hast du Angst, dass man mich erkennt? Sehe ich etwa wie der ehemalige Stellvertreter von Joseph Goebbels aus?«

Hannes betrachtet den Freund und muss unwillkürlich grinsen. Der bärtige Kerl mit dem zerzausten Haar in dem zerknitterten Sommeranzug sieht wirklich nicht wie der einstige Staatssekretär Dr. Naumann aus.

»Nein«, bekennt Hannes.

»Na also, dann lass uns eine Runde drehen.«

Als sie sich dem Justizpalast nähern, sind sie überrascht, wie unversehrt das riesige Gebäude geblieben ist. Zum Justizpalast gehört auch das angrenzende Gefängnis, in dem die Hauptangeklagten sitzen, und auch der Saal 600, in dem der Prozess stattfindet. Eine Weile lassen sie die Eindrücke auf sich wirken. Dann wenden sie sich ab.

Sie gehen die Fürther Straße zurück. In der Altstadt schlendern sie bis zum Hauptmarkt, wo einige Bäuerinnen inmitten der Trümmer ihre Waren anbieten. Der Anblick ist zu niederschmetternd. Werner und Hannes beschließen weiterzufahren.

Bis nach Schwabach, einer Kleinstadt mit rund 18 000 Einwohnern, sind es nur zwanzig Kilometer. Hermann Hansen hat ihnen erzählt, dass die Stadt zwar auch bombardiert wurde, größeren Zerstörungen durch eine Kapitulation am 19. April 1945 aber entgehen konnte. Als sie ankommen, sehen sie die schöne Altstadt und eine teilweise noch vorhandene mittelalterliche Stadtmauer. Fachwerkhäuser dominieren. Das Haus von Hermann Hansen liegt etwas am Rande, mit einem großen Werkshof und Betriebsgebäuden. Das Wohnhaus erscheint geräumig und hat im ersten Stock, wie Naumann weiß, zwei separate Wohnungen. Eine davon ist für ihn vorgesehen.

Als sie das Auto auf dem Hof abstellen, geht die Haustür auf, und Hermann Hansen kommt ihnen entgegen. Er begrüßt sie freundlich, stellt sie seiner hübschen blonden Frau Heike vor. Und auch die dreizehnjährige Tochter Monika ist anwesend und knickst vor den beiden Gästen.

Naumann wird als Robert Wegner vorgestellt, der in Breslau als Buchhalter gelebt hat und nun nach der Besetzung in den Westen gezogen ist. Außerdem erklärt Hansen, dass Wegner als Maurerlehrling anfangen, aber auch in der Buchhaltung und beim lästigen Schriftverkehr helfen werde.

Hansen geht mit den Männern hoch in die Wohnung, in der bis zu ihrem Ableben vor zwei Jahren Hansens Mutter gelebt hat. Naumann ist überrascht. Die Wohnung wurde modern renoviert. Es gibt ein Wohnzimmer mit Sitzecke und einem Radiogerät sowie ein gemütliches Schlafzimmer, außerdem ein kleines Arbeitszimmer, in dem sich auch ein Telefon befindet. Hermann Hansen erklärt, dass dies eines von drei Firmentelefonen sei, dass er es aber auch privat nutzen könne.

Er zeigt ihnen dann das Werksgelände, die Schuppen mit Gerätschaften, die Baustoffe. Auf dem Hof steht neben einem Kleinlastwagen auch ein Motorrad, das Naumann sofort neugierig betrachtet – eine EMW R 35. Als Hansen sein Interesse bemerkt, sagt er: »Wenn du es benutzen willst, es steht dir jederzeit zur Verfügung.«

Als sie wieder beim Wohnhaus sind, bringt Heike Hansen ihm noch zwei Garnituren Arbeitskleidung von ihrem Mann. »Die Sachen müssten Ihnen eigentlich passen«, sagt sie. »Wenn nicht, sagen Sie Bescheid, dann ändere ich Sie Ihnen.«

Naumann bedankt sich. Er kann mehr als zufrieden mit seinem neuen Domizil sein. Er hat das Gefühl, endlich wieder ins Leben zurückzukehren.

»Robert«, sagt Hermann zu Werner. »Richte dich erst einmal ein. Vor nächster Woche musst du nicht anfangen. Über alles Weitere können wir noch sprechen.« Er sieht sich um, kontrolliert, ob seine Frau außer Hörweite ist. Er hat sie nicht in Naumanns wahre Verhältnisse eingeweiht. »Wenn du eventuell Alerheim einen Besuch abstatten willst – wie gesagt, das Motorrad steht dir zu Verfügung.«

»Ich danke dir sehr, Hermann«, versucht sich Robert im Duzen.

Dann muss er sich von Hannes verabschieden. Der hat noch eine lange Fahrt zurück nach Burg vor sich.

»Wie ist dein Eindruck?«, fragt Bergmann. »Das könnte doch was werden hier, oder?«

»Ja«, antwortet Naumann. »Das könnte was werden.« Dann begleitet er den Freund bis zum Auto. »Ich danke dir für alles, was du für mich getan hast, Hannes. Richte auch deiner Frau noch einmal meinen Dank aus. Ich stehe tief in eurer Schuld. Wir bleiben in Kontakt. Komm gut nach Haus.«

***

Bereits zwei Tage später unternimmt Werner Naumann, der sich jetzt Robert Wegner nennt, eine erste Fahrt mit dem Motorrad nach Alerheim, wo er Ursula, ihren Vater und die Kinder im Februar 1945 untergebracht hat. Den Parteigenossen, in dessen Haus sie eine Wohnung beziehen konnten, kennt er gut. Dennoch hat Naumann noch immer keine Idee, wie er zu seiner Frau Kontakt aufnehmen soll, ohne in der Nachbarschaft Aufmerksamkeit zu erregen, und vor allem, ohne von den Kindern bemerkt zu werden.

Als er die kleine Gemeinde Alerheim mit ihren gut tausend Einwohnern erreicht, fährt er im Schritttempo durch die Straße, in der das Haus des Parteigenossen steht. Er fährt ein Stück weiter und stellt das Motorrad in einem Feldweg ab. Dann nähert er sich vorsichtig dem Haus. Es ist noch hell, im Haus brennen keine Lampen. Er kann nicht sagen, ob Ursula und die Kinder da sind. Auch auf der Straße ist keine Menschenseele zu sehen. Beim Haus angekommen, sieht Naumann zwei Briefkästen. Auf dem einen steht der Name »Becker« – Ursulas Mädchenname.

Naumann weiß jetzt, wie er Kontakt zu ihr aufnehmen wird. Er macht auf dem Absatz kehrt und begibt sich wieder zum Motorrad, mit dem er noch ein wenig den Ort erkundet.

Zurück in seiner Wohnung setzt Naumann sich an den Schreibtisch in seinem kleinen Arbeitszimmer. Er findet Briefpapier, nimmt seinen Füllfederhalter zur Hand und schreibt:

Liebe Ursula,

ich habe gute Neuigkeiten. Ich bin seit wenigen Tagen ganz in Eurer Nähe. Aber ich bitte Dich – kein Wort zu den Kindern und auch zu Deinem Vater nicht! Ich habe überlegt, wo wir uns unbemerkt treffen können, und schlage den Friedhof vor. Am östlichen Ende befindet sich eine Bank unter Bäumen. Dort erwarte ich dich nächsten Freitag um 19.30 Uhr. Solltest du nicht kommen können, hinterlege unter der Bank unter einem Stein eine Nachricht.

Robert

»Robert« ist sein zweiter Vorname und war schon in Zeiten ihres Kennenlernens eine Art Codename.

Am nächsten Tag, einem Samstag, tritt Naumann erneut die rund einstündige Fahrt nach Alerheim an, um den Brief im Briefkasten der Familie »Becker« zu deponieren.

***

Am Montag lernt Naumann ein paar seiner neuen Arbeitskollegen kennen, fünf Leute gemischten Alters, die ihn alle mit Handschlag begrüßen. »Verstärkung können wir immer brauchen«, sagt ein älterer Mann, der dummerweise Werner heißt, was gewiss zu gelegentlicher Verwirrung führen wird. Im Übrigen wird nicht viel geredet, was Naumann nur recht ist. Hermann hat ihnen schon erzählt, dass er zu ihnen stoßen würde, da er gerade aus Breslau eingetroffen sei, von Haus aus Buchhalter sei, jetzt aber Maurer lernen wolle.

Naumann erfährt, dass ihre aktuelle Aufgabe darin besteht, mehrere Grundstücke am Rande von Nürnberg von zerbombten Gebäuden zu befreien und für Neubauten vorzubereiten. Es ist Schwerarbeit. Restmauern müssen abgetragen, Ziegel gesichert und bearbeitet werden. Robert hat viel zu tragen, schiebt eine Schubkarre nach der anderen zur Trümmerbahn, die den Schutt schließlich zur Trümmerverwertungsanlage abtransportiert.

Es kommt keine Langeweile auf. Naumann eignet sich Routinen an, lernt die Bewegungsabläufe und nach ein paar Tagen auch das Anmischen von Mörtel und die Grundlagen des Maurerhandwerks.

Trotz des Muskelkaters, der ihm in den ersten Tagen zu schaffen macht, spürt er, dass es ihm guttut, wieder in einen Arbeitsprozess eingegliedert und körperlich gefordert zu sein. Und er genießt es, »rauszukommen«. In Nürnberg, in der Mittagspause, besorgt er sich Zeitungen, liest die Berichte über den Verlauf des Prozesses wie viele andere Arbeiter und Angestellten um ihn herum. Es sieht nicht gut aus für die Angeklagten.

***

Am Freitag nach der Arbeit – seiner ersten Woche als Maurerlehrling – setzt er sich, nach Absprache mit Hansen, aufs Motorrad und fährt nach Alerheim. Er kommt dort um kurz nach halb acht an. Er stellt das Motorrad wieder in dem Feldweg ab. Dann geht er zum Friedhof. Er kann sie schon von Weitem sehen. Als sie Schritte auf dem Kies knirschen hört, blickt sie auf. Einen Moment betrachtet sie erschrocken den bärtigen Mann in Lederjacke (einer Leihgabe von Hansen), der sich ihr nähert. Dann erkennt sie ihn. Sie stößt einen leisen Schrei aus und springt auf. Im nächsten Moment liegen sie sich in den Armen.

Eine Weile halten sie sich fest, als wollten sie sich nie wieder loslassen. Dann lösen sie sich voneinander. Sie sehen sich in die Augen. Ursula rinnen die Tränen über die Wangen.

»Ich habe so lange gedacht, du wärst im Führerbunker gefallen«, sagt sie mit erstickter Stimme. »Erst der Arzt aus Nördlingen hat uns dann berichtet, dass du am Leben bist.« Sie schluchzt. »Ach, Robert, womit haben wir all das nur verdient?«

Werner zieht sie noch einmal an sich und küsst sie lange. Schließlich setzten sie sich auf die Bank, und er erzählt in knappen Worten von den letzten Tagen im Führerbunker, seiner Flucht aus Berlin und dem Jahr in Burg bei Hannes Bergmann. Ursula hat nicht lange Zeit. Der kleine Werner, der erst hier geboren wurde, muss bald wieder gefüttert werden.

Ursula schildert die beengte Wohnsituation, betont, dass ihr Vater eine große Hilfe sei, man ihm aber sein zunehmendes Alter anmerke. Die Kinder vermissen ihren Vater, aber natürlich haben sie sich in den Kriegsjahren daran gewöhnt, dass er nur selten zu Hause ist.

»Wie soll es denn nun weitergehen?«, fragt Ursula.

»Ich weiß es nicht«, bekennt ihr Mann. »Fürs Erste kann

ich mich nicht zu erkennen geben. Du weißt, was es bedeuten würde, wenn sie mich verhaften würden. Ich könnte nicht auf so viel Nachsicht wie bei Fritzsche rechnen. Solange die Siegermächte im Land das Sagen haben, muss ich Robert Wegner bleiben, und so lange müssen wir uns heimlich treffen.«

Sie stehen auf. Werner nimmt sie noch einmal fest in den Arm und küsst sie. Dann gehen sie bis zum Friedhofsausgang. Von dort wird sie sich sicherheitshalber allein weiterbewegen. Sie verabreden, sich bis auf Weiteres alle vierzehn Tage auf dem Friedhof zu treffen.

Beim Verlassen des Friedhofs liest Naumann in einem Schaukasten die Jahreslosung der Kirche: »Jesus Christus spricht: ›Ich bin der Weg und die Wahrheit und das Leben; niemand kommt zum Vater denn durch mich.‹« Schön wäre es, denkt Naumann. Aber er glaubt nicht an Jesus Christus. Und seine anderen Lichtgestalten sind weniger geworden.

***

Die Wochen gehen dahin. Die Enttrümmerungsarbeit ist schwer, aber durchaus nicht monoton. Zwischendurch wird Naumann immer wieder mit Maurerarbeiten betraut. Er ist selbst überrascht, dass es ihn nicht stört, vom Altgesellen behandelt zu werden wie ein junger Mann, der noch ganz grün hinter den Ohren ist. Er sieht dies als Teil seiner Tarnung an, die ihm Sicherheit verleiht.

Alle vierzehn Tage gehören die Freitagabende Ursula. Einmal gelingt es ihnen auch, in die Wohnung von Werner zu fahren. Fast neidisch kommentiert sie: »Du hast viel Platz. Hier kannst du es gewiss gut aushalten.« Sie küssen sich und schlafen schließlich miteinander. Aber ohne große Leidenschaft. Die Umstände sind einfach nicht danach. Außerdem will Ursula auf keinen Fall noch einmal schwanger werden. Sie ist dreiunddreißig Jahre alt und hat bereits fünf Kinder zur Welt gebracht.

***

Ende Juli trägt Hauptankläger Jackson in Nürnberg sein Plädoyer vor. Naumann hatte der Einführungsrede Jacksons durchaus Positives abgewinnen können. Seine jetzigen Worte bereiten ihm dagegen Unwohlsein. Sie sind – wie Jackson selbst sagt – »hart und unnachgiebig«:

> Einer Sache können wir sicher sein. Die Zukunft wird niemals mit Missbilligung fragen müssen, was die Nazis zu ihren Gunsten hätten sagen können. Die Geschichte wird wissen, dass, was immer gesagt werden konnte, ihnen zu sagen gestattet war. Ihnen wurde eine Form von Prozess zugestanden, die sie in den Tagen ihres Prunkes und ihrer Macht niemals irgend jemandem zugestanden hätten.
>
> Vor uns liegt die Zusammenfassung der überprüften Beweise eines Verbrechertums, und wir haben die fadenscheinigen Entschuldigungen und erbärmlichen Ausreden der Angeklagten gehört. Das schwebende Urteil, mit welchem wir diesen Prozess begonnen haben, ist nun nicht mehr angemessen. Die Zeit ist gekommen, ein endgültiges Urteil zu fällen, und wenn der Fall, den ich hier vorbringe, hart und unnachgiebig erscheint, so ist er nur so, weil die Beweise ihn so gestalten.
>
> Die große und vielfältige Rolle Görings war halb die eines Militaristen und halb die eines Gangsters. Er hatte seine fetten Finger in jedem Kuchen. Er war genauso

behände, wenn es galt, Gegner abzuschlachten oder Skandale zu fabrizieren, um widerspenstige Generale loszuwerden. Er baute die Luftwaffe auf und schleuderte sie gegen seine verteidigungslosen Nachbarn. Er war unter den Ersten, die die Juden aus dem Lande hetzten.

Der Zelot Heß, eh ihn die Wanderlust packte, war der Maschinist, der den Parteiapparat bediente, indem er Befehle und Propaganda in das Führerkorps hinunterleitete, die Parteitätigkeit nach allen Seiten überwachte und die Organisation als ein ergebenes und immer bereites Werkzeug der Macht aufrechterhielt.

Immer wenn Besorgnis im Ausland den Erfolg der Eroberungspläne des Nazi-Regimes bedrohte, war es der doppelzüngige Ribbentrop, dieser Reisende in Betrug, der dazu ausersehen war, durch sein Predigen der Bibelworte von den begrenzten und friedlichen Absichten Öl auf die Wellen des Misstrauens zu gießen.

Keitel, das schwache und willige Werkzeug, lieferte die Wehrmacht, das Instrument zur Aggression, der Partei aus und leitete sie bei der Ausführung ihrer verbrecherischen Absichten.

Kaltenbrunner, der Großinquisitor, nahm das blutige Gewand Heydrichs auf, um die Opposition zu ersticken und Gefügigkeit mit Terror zu erzwingen. Er baute die Macht des Nationalsozialismus auf einem Fundament von schuldlosen Leichnamen.

Es war Rosenberg, der geistige Priester der Herrenrasse, der die Lehre des Hasses schuf, die den Anstoß zur Vernichtung des Judentums gab, und der seine gottlosen Theorien gegen die besetzten Ostgebiete in die Tat umsetzte. Seine verschwommene Philosophie fügte zur umfangreichen Liste der Gräueltaten der Nazis noch die Langeweile hinzu.

Der fanatische Frank, der die Nazi-Kontrolle durch Aufrichtung einer neuen Ordnung der Autorität ohne Recht befestigte, sodass der Wille der Partei der einzige Prüfstein der Rechtmäßigkeit wurde, ging dann aber dazu über, seine Rechtlosigkeit nach Polen zu exportieren, das er mit der Peitsche eines Cäsar regierte und dessen Bevölkerung er auf traurige Überreste reduzierte.

Frick, der rücksichtslose Organisator, half der Partei die Macht zu ergreifen, überwachte die Polizeibehörden, um sie an der Macht zu halten, und kettete die Wirtschaft von Böhmen und Mähren an die deutsche Kriegsmaschine.

Der giftig-vulgäre Streicher fabrizierte und verteilte obszöne Rassenschmähschriften, die die Bevölkerung aufreizten, die fortschreitend wilderen Aktionen bei der Rassenreinigung hinzunehmen und zu unterstützen.

Als Wirtschaftsminister steigerte Funk das Tempo der Aufrüstung, und als Reichsbankpräsident hielt er in seiner Bank die SS-Goldklumpen der Konzentrationslageropfer verwahrt – wahrscheinlich die dämonischste Deckung in der Geschichte des Bankwesens.

Es war Schacht, die Fassade steifer Ehrenhaftigkeit, der in der Anfangszeit das Aushängeschild, den Köder für die Zögernden abgab und dessen Hexenkunst es Hitler später ermöglichte, das kolossale Aufrüstungsprogramm im Geheimen zu finanzieren.

Dönitz, Hitlers Erbe in der Niederlage, förderte den Erfolg der Nazi-Angriffe, indem er das Rudel seiner Unterseeboot-Täter anwies, den Krieg zur See mit der gesetzlosen Wildheit des Dschungels zu führen.

Raeder, der politische Admiral, baute heimlich und unter Missachtung des Versailler Vertrages die deutsche

Marine auf und setzte sie dann in einer Reihe von Angriffen ein, an deren Planung er führenden Anteil genommen hatte.

Schirach, der Vergifter einer Generation, führte die deutsche Jugend in die Nazi-Lehre ein, bildete sie in Legionen für den Dienst in der SS und der Wehrmacht aus und überlieferte sie der Partei als fanatische bedingungslose Ausführer ihres Willens.

Sauckel, der größte und grausamste Sklavenhalter seit den ägyptischen Pharaonen, schaffte die verzweifelt nötigen Arbeitskräfte herbei, indem er fremde Völker in das Land der Knechtschaft trieb, in einem Ausmaß, das sogar in den alten Zeiten der Tyrannei im Königreich am Nil unbekannt war.

Jodl, der Verräter an der Tradition seines Berufsstandes, führte die Wehrmacht unter Verletzung ihres eigenen Kodex der militärischen Ehre, um die barbarischen Ziele der Nazi-Politik auszuführen.

Papen, der fromme Vertreter eines Regimes des Unglaubens, hielt den Steigbügel, als Hitler in den Sattel sprang, schmierte den österreichischen Anschluss und widmete seine diplomatische List dem Dienst der Nazi-Ziele im Ausland.

Wenn wir nun die Erzählungen der vorderen Reihe der Angeklagten zusammenstellen, so bekommen wir folgendes lächerliche Gesamtbild von Hitlers Regierung. Sie setzte sich zusammen aus: einem Mann Nr. 2, der nichts von den Ausschreitungen der von ihm selbst eingerichteten Gestapo wusste und nie etwas vermutete von dem Ausrottungsprogramm gegen die Juden, obwohl er der Unterzeichner von über zwanzig Erlassen war, die die Verfolgung dieser Rasse ins Werk setzten;

einem Mann Nr. 3, der nur ein unschuldiger Mittelsmann war, der Hitlers Befehle weitergab, ohne sie überhaupt zu lesen, wie ein Briefträger oder Botenjunge;

einem Außenminister, der von auswärtigen Angelegenheiten wenig und von der auswärtigen Politik gar nichts wusste;

einem Feldmarschall, der der Wehrmacht Befehle erteilte, jedoch keine Ahnung hatte, zu welchen praktischen Ergebnissen diese führen würden;

einem Chef des Sicherheitswesens, der unter dem Eindruck war, dass die polizeiliche Tätigkeit seiner Gestapo und seines SD im Wesentlichen derjenigen der Verkehrspolizei gleichkam;

einem Parteiphilosophen, der an historischen Forschungen interessiert war und keinerlei Vorstellung von den Gewalttaten hatte, zu denen seine Philosophie anspornte im 20. Jahrhundert;

einem Generalgouverneur von Polen, der regierte, aber nicht herrschte;

einem Gauleiter von Franken, der sich damit beschäftigte, unflätige Schriften über die Juden herauszugeben, der jedoch keine Ahnung hatte, dass sie irgendjemand jemals lesen würde;

einem Innenminister, der nicht wusste, was im Innern seines Amtes vor sich ging, noch viel weniger wusste von seinem eigenen Ressort und nichts von den Zuständen im Innern Deutschlands;

einem Reichsbankpräsidenten, der nicht wusste, was in den Stahlkammern seiner Bank hinterlegt und was aus ihnen herausgeschafft wurde, und einem Bevollmächtigten für die Kriegswirtschaft, der geheim die ganze Wirtschaft für Rüstungszwecke leitete, jedoch keine Ahnung hatte, dass dies irgendetwas mit Krieg zu tun hätte.

> Wenn sie von diesen Männern sagen sollten, dass sie nicht schuldig seien, so wäre es ebenso wahr zu sagen, dass es keinen Krieg gegeben habe, dass niemand erschlagen und kein Verbrechen begangen worden sei.

Deutlicher konnte Robert Jackson seine Geringschätzung aller Männer der NS-Führung nicht formulieren. Wobei der Propagandaexperte Naumann durchaus einräumen musste, dass manches davon ziemlich elegant auf den Punkt gebracht worden war. Aber für Werner Naumann war klar, die Angeklagten mussten mit dem Schlimmsten rechnen. Er konnte sich nicht vorstellen, dass die Richter sich weit von dem amerikanischen Ankläger in ihrem Urteil entfernen würden.

***

Ende August ist es so weit – die Angeklagten sprechen ihre Schlussworte. Naumann besorgt sich alle greifbaren Zeitungen. In den *Nürnberger Nachrichten* wird das Szenario wie folgt beschrieben:

> Die Angeklagten sind alle anwesend. Etwas blass fast alle, aber gut aussehend. Göring, im hellgrauen Sommeranzug, unterhält sich mit seinem Verteidiger; Heß, fahl, mustert, wie üblich, die Besucher der Galerie. Er wirkt lebendiger als sonst, während der alt gewordene Ribbentrop mit gekreuzten Armen schweigend vor sich hinstarrt. Die beiden Generale sind in ihre Papiere vertieft; die Admirale pflegen letzte Besprechungen mit ihren Anwälten. Still und interessiert auch Rosenberg und Frank. Ihr Nachbar rechts, Kaltenbrunner, erweckt einen geschäftig-aufgeregten Eindruck, nervös blättert er in seinen Dokumenten. Frick dagegen wirkt

vollkommen unberührt. Seine Unbefangenheit sticht auffallend ab von dem Wesen der neben ihm sitzenden Streicher und insbesondere Funk, die – gedrückt, meint man – geradeaus blicken. Streicher sieht verfallen aus. Dass er heute Morgen nicht kaut, darf man als Zeichen einer inneren Beengtheit werten. Kaum wird das Mikrofon später auf seinem Platz weitergereicht, ist sie gelöst – die Kiefer mahlen wieder unermüdlich. Breit lehnt Schacht mit dem Rücken an die die Reihen abschließende Glaswand, während Schirach das seit Langem an ihm gewohnte Bild der Niedergeschlagenheit auch heute bietet. Sauckel anscheinend gefasster als sonst, da man ihn oft nervös mit den Fingern auf den Knien trommelnd beobachten konnte.

Papen muss sich das erregende Fluidum besonders mitgeteilt haben. Unruhig stellt und setzt er sich, spricht nach rechts, nach links. Dort erhält er allerdings keine Antwort: Seyß-Inquart hat den Kopf in die Hände gestützt und blickt kaum auf. Speer beobachtet aufmerksam das quirlende Getriebe um sich, während Neuraths Miene nichts erkennen lässt. Gesammelt, in sich gekehrt, Fritzsche.

Dann leuchten die Tiefstrahler auf. Das Gericht betritt den Saal. Vor Göring wird als Erstem das Mikrofon platziert. Es wandert weiter, von Mann zu Mann, denn die einundzwanzig sprechen von der Anklagebank aus. Was sie sagen, bringt nichts Neues: Sie fühlen sich unschuldig im Sinne und Ausmaß der gegen sie erhobenen Anklage, haben von all den Gräueln nichts gewusst, wollten keinen Krieg, keine Judenverfolgung, hatten nur das Beste für ihr Volk, ihr Land im Auge und führten schließlich lediglich Befehle aus, Befehle, für die nur heute Tote verantwortlich zeichneten: Hitler,

Himmler, Bormann, Goebbels. Gott und die Göttin der Geschichte rufen sie als Zeugen für die Lauterkeit ihrer Absichten an.

Alle lesen von Manuskripten ab, mehr oder weniger betont. Göring allerdings schleudert förmlich seine Rede in den Saal, wenn er auch etwas weniger selbstbewusst wie vordem scheint. Auch Keitel verbirgt seinen Zorn nicht. Wenn er bei der Zurückweisung der Anklage das Kinn herrisch vorschiebt, mit der Faust den Mikrofonständer hart umklammert, vermag man noch weniger zu glauben, dass er immer nur untertäniger Jasager und Befehlsausführer gewesen sein soll. Auch Papen verleiht seiner Verärgerung über eine Bemerkung des englischen Anklagevertreters in dessen Plädoyer Ausdruck: »Dem dort droben steht darüber ein Urteil zu«, hebt er mit frommer Geste den Zeigefinger, der dann gegen Sir Shawcross sticht: »nicht Ihnen!« Sauckel versucht sich mit einer neuen Wendung erfolgreicher in Szene zu setzen, aber seine darin zu betont immer wieder vorgeschobene Herkunft aus dem Arbeiter- und Seemann-Stand allein bleibt eine recht dürftige Entschuldigung. Fritzsche spielt noch einmal meisterhaft das umfangreiche Register seiner rednerischen Begabung. Er bekennt sich wenigstens – wenn auch nur als im guten Glauben schuldig Gewordener – zu seiner Verantwortung, während Kaltenbrunner fast beschwörend das Gericht überzeugen möchte, dass ein Schuldigspruch die lange Reihe der Himmler'schen Opfer mit ihm nur um ein weiteres unschuldiges verlängern würde.

Während seine Mitangeklagten so in den letzten kostbaren Minuten nur für sich selbst sprechen, stellt Speer sein Schicksal in den Hintergrund. Er zieht es vor, in einem kleinen Privatissimum über Technik vor den Gefahren eines künftigen Atom- und Raketenkrieges zu warnen, dessen Anfänge unter Hitler schon mit solch furchtbaren Folgen für die Welt geendet hatten. Seine Schlussworte weichen folgerichtig auch von denen der übrigen Angeklagten ab. Schlossen diese meist mit der Bitte an den Allmächtigen (der merkwürdig häufig plötzlich zitiert wird), »Deutschland und sein Volk zu beschützen«, so dehnt Speer diese Bitte an die Vorsehung auf das ganze »Abendland« aus.

Die vorgesehenen zehn Minuten Redezeit ließ das Gericht stillschweigend nachsichtig nahezu von allen Angeklagten auf weit über das Doppelte überschreiten. Neurath ist der Einzige, der von diesem Entgegenkommen keinen Gebrauch macht. In knapp fünf Minuten ist er fertig. Er hatte dem Forum der Welt, zu dem zu sprechen sich den einstigen Größen des »Dritten Reiches« hier vermutlich die letzte Gelegenheit bot, nicht mehr zu sagen.

Lordrichter Lawrence verkündet dann die Vertagung.

Werner Naumann ist froh, dass der Prozess endlich zu Ende geht. Seine Hoffnung ist, dass jetzt erst einmal das Rachebedürfnis der Siegermächte gestillt sei. Natürlich weiß er, dass abseits des Prozesses immer wieder andere bewährte nationalsozialistische Kämpfer verhaftet, interniert, denunziert und verurteilt werden. Ein großer Teil derjenigen, mit denen er Kontakt aufnehmen wollte, ist nicht in Freiheit. Er muss also weiterhin geduldig sein.

Die Urteile

Am 30. September und 1. Oktober werden schließlich die Urteile verkündet. In den *Nürnberger Nachrichten* ist zu lesen:

> Die Angeklagten werden einzeln in den Gerichtssaal geführt, um in der Anklagebank stehend, den Urteilsspruch des Tribunals entgegenzunehmen. Keiner von ihnen zeigt starke Erregung. Als Erster wird Hermann Göring von zwei Wachposten in den Saal geführt. Er scheint ruhig und gefasst, setzt die Hörer auf, legt die Hände auf den Rücken und hört das Todesurteil ohne Regung an, dreht sich kurz um und verlässt den Gerichtssaal.
>
> Nach einer kurzen Pause betritt Rudolf Heß den Saal und zeigt, wie in fast allen Verhandlungen vorher, ein exzentrisches Benehmen. Als der Posten ihm die Kopfhörer reichen will, lehnt er es mit einer lässigen Handbewegung ab und lässt in verkrampfter straffer Haltung, mit erhobenem Kinn, seinen Blick mit der betonten Gleichgültigkeit eines trotzigen Kindes durch den Saal schweifen, während der Richter das Urteil verkündet, das ihn auf Lebenszeit ins Gefängnis verbannt.
>
> Erst als der Wachposten ihm auf die Schulter klopft, um ihn darauf aufmerksam zu machen, dass der Urteilsspruch verkündet sei, löst sich seine Starre, und er verlässt rasch den Saal.

Auch Joachim von Ribbentrop blickt nach Verkündung seines Todesurteils lange unbewegt vor sich hin, bis er von dem Posten hinausgeführt wird.

In militärischer Haltung mit unbewegtem Gesicht nimmt der Angeklagte Wilhelm Keitel sein Todesurteil entgegen, während Ernst Kaltenbrunner, in dessen Zügen kein Muskel zuckt, durch eine kleine Verbeugung vor der Richterbank überrascht, bevor auch er dann schnell durch die direkt hinter ihm befindliche Schiebetür verschwindet.

Als Erster gibt Alfred Rosenberg ein Zeichen der Erregung, der bei der Verkündung seines Todesurteils sichtlich zusammenzuckt, dann wartet und schließlich mit einer hastigen Bewegung den Kopfhörer herunterreißt und schnell den Saal verlässt.

Der Angeklagte Hans Frank, der schon bei den ersten Worten des Richters nervös mit seinen Händen spielt, wirft beim Ausspruch des Todesurteils mit einer ruckartigen Bewegung den Kopf in den Nacken. Bevor er den Saal verlässt, nickt er kurz mit dem Kopf zur Richterbank.

Den Angeklagten Wilhelm Frick scheint sein Todesurteil zu überraschen, er schwankt ein wenig und wendet sich dann mit einem kaum merklichen Kopfnicken rasch um, während der ebenfalls zum Tode verurteilte Julius Streicher unbewegt und ohne sein ständiges Kauen einzustellen, sein Urteil entgegennimmt.

Der Angeklagte Walther Funk lauscht in sich zusammengesunken und ein wenig verwirrt dem Urteilspruch, lebenslänglich. Schwerfällig nimmt er seine Kopfhörer wieder ab und wendet sich zum Gehen.

Karl Dönitz in seiner blauen Marineuniform, ohne Rangabzeichen, tritt aus der Schiebetür, setzt ruhig und gemessen den Kopfhörer auf, nimmt stramme Haltung an und hört das Urteil, das ihm zehn Jahre Gefängnis auferlegt. Mit derselben Ruhe nimmt er seine Kopfhörer wieder ab, dreht sich um und verlässt den Saal.

Erich Raeder, ebenso äußerlich ruhig, bewegt allerdings die Kinnbacken mit verhaltener Nervosität. Als er seine lebenslängliche Gefängnisstrafe vernimmt, blickt er aggressiv zum Gericht hinüber.

Der nächste Angeklagte, der ehemalige Reichsjugendführer und Gauleiter Baldur von Schirach, vernimmt sein Urteil zu zwanzig Jahren Haft mit erhobenem Kopf. Nachdem die Stimme des Dolmetschers in den Kopfhörern verstummt ist, bleibt er eine Weile stehen, um dann mit einem hasserfüllten Blick auf die Richter den Saal zu verlassen.

Auch Fritz Sauckel wirft einen langen Blick auf die Richterbank, nachdem er sein Todesurteil vernommen hat, während der ebenfalls zum Tode verurteilte Angeklagte Alfred Jodl zusammenzuckt und sich erst nach einer langen Pause mühsam zum Gehen wendet.

Der Angeklagte Arthur Seyß-Inquart blickt im Saal hin und her, während sein Todesurteil verlesen wird, und verneigt sich danach beim Verlassen des Saals ruckartig vor der Richterbank.

Mit einem sichtlich erleichterten und zufriedenen Gesichtsausdruck nimmt der Angeklagte Albert Speer sein Urteil, das ihm zwanzig Jahre Gefängnis auferlegt, entgegen.

Als Letzter wird der dreiundsiebzigjährige Angeklagte Konstantin von Neurath in den Gerichtssaal geführt, der seine Verurteilung zu fünfzehn Jahren Gefängnis unbewegt anhört.

Naumann ist nicht überrascht, als er von den Todesurteilen erfährt. Er hätte sogar damit gerechnet, dass es noch mehr geben würde.

Hermann Göring hat sich in Naumanns Augen eindeutig am besten geschlagen. Er hat als Einziger mutig und trotzig wie in früheren Zeiten dem Gericht die Stirn geboten und auch immer wieder einzelne Mitangeklagte aufgefordert, Haltung zu bewahren.

Natürlich freut Naumann sich darüber, dass Hans Fritzsche freigesprochen worden ist.

Mit größtem Interesse hatte Naumann auch die kleine Pressekonferenz verfolgt, die die drei Freigesprochenen Hjalmar Schacht, Franz von Papen und Hans Fritzsche nach Prozessende vor der internationalen und deutschen Presse gegeben hatten. Befragt, ob er nach seinem Freispruch damit rechne, von einem deutschen Gericht belangt zu werden, hatte sich Hjalmar Schacht erhoben und erklärt: »In der Zeit vor Hitler hat es in Deutschland ein Gesetz und freie Meinung gegeben, aber es scheint, dass es jetzt weder Gesetze noch eine freie Meinung gibt.«

Schacht, den französische Korrespondenten um ein Autogramm baten, entgegnete: »Gegen Schokolade für meine Kinder.«

Als Schacht gefragt wurde, ob er nach seiner Freilassung befürchte, von Deutschen angegriffen zu werden, schrie er förmlich: »Ich hoffe, dass mich jemand angreift.«

Vorher hatte er noch gesagt: »Ich hoffe, zu meiner Familie zu kommen und dorthin zu verschwinden, wo mich die Presse niemals mehr finden kann.«

Sowohl Papen als auch Schacht erklärten, sie hätten mit dem Freispruch gerechnet, während Hans Fritzsche äußerte, dass ihn der Freispruch überrascht habe. Fritzsche verursachte einen Sturm in der Pressekonferenz mit seiner Aussage, er hoffe, jetzt vor ein deutsches Gericht zu kommen, um sich in den Augen des deutschen Volkes rechtfertigen zu können. Von Papen dagegen fand es nicht einsichtig, erneut nach irgendwelchen »Entnazifizierungsgesetzen« belangt werden zu können, nachdem er doch von »dem höchsten internationalen Gericht« freigesprochen worden sei.

Hans Fritzsche ist eine Person, zu der er, Naumann, unbedingt Verbindung herstellen will. Aber noch nicht jetzt. Es gilt abzuwarten, was es mit dieser ominösen »Entnazifizierung« auf sich habe.

***

Noch vor einem Jahr in Burg in Mecklenburg hätte Naumann sich nicht vorstellen können, dass er sich am Tag der Hinrichtungen der zum Tode Verurteilten in der unmittelbaren Umgebung des Justizpalastes befinden würde. Tatsächlich könnte er in der Mittagspause von der Baustelle, auf der sie gerade arbeiten, zu Fuß zur Hinrichtungsstätte gehen.

Rundfunk und Zeitungen berichten ausführlich darüber. Der amerikanische Starjournalist Joseph Kingsbury Smith ist per Los als Vertreter der amerikanischen Presse zum Augenzeugen der Exekutionen ausgewählt worden. Sein Bericht erscheint auch in den *Nürnberger Nachrichten*. So kann Naumann lesen:

> Hermann Göring schlug der alliierten Jurisprudenz ein Schnippchen, indem er in seiner Haftzelle Selbstmord beging, kurz bevor die zehn anderen Nazi-Führer im Nürnberger Gefängnis hingerichtet wurden. Er legte sich auf seine Pritsche und schluckte Zyankali. Die Nummer zwei in der Nazi-Hierarchie war tot, bevor

er, wie vorgesehen, zwei Stunden später durch die Falltür des Galgens fallen konnte. Dieser war in einer kleinen, hell erleuchteten Turnhalle auf dem Gefängnisgelände errichtet worden, nur etwa dreißig Meter von dem Zellenblock entfernt, in dem Göring seine letzten Tage verbracht hatte.

Joachim von Ribbentrop rückte deshalb um eine Stelle nach vorn und war somit der Erste auf dem Schafott. Als Letzter der insgesamt zwei Stunden dauernden Hinrichtung war Arthur Seyß-Inquart an der Reihe, der frühere Gauleiter von Holland und Österreich.

Zwischen diesen beiden ehemals so mächtigen Führern traten folgende Verurteilte, in ebendieser Reihenfolge, ihren letzten Gang an: Feldmarschall Wilhelm Keitel, Ernst Kaltenbrunner (ehemals Chef der Sicherheitspolizei), Alfred Rosenberg (Verkünder der Nazi-Kultur im Ausland), Hans Frank (Generalgouverneur von Polen), Wilhelm Frick (Innenminister), Fritz Sauckel (verantwortlich für die Zwangsarbeiter), Generaloberst Alfred Jodl und Julius Streicher, der für die antisemitische Propaganda in Hitlers Reich zuständig war.

Auf dem Weg zum Galgen hatten die meisten beschlossen, Tapferkeit zu zeigen. Einige wirkten hochmütig, andere waren in sich gekehrt oder baten den Allmächtigen um Gnade. Alle außer Rosenberg sprachen auf dem Schafott noch ein paar letzte Worte. Aber der Einzige, der sich in seinen letzten Minuten auf Hitler oder die Nazi-Ideologie bezog, war Julius Streicher.

Drei schwarz gestrichene hölzerne Schafotte standen in der Turnhalle, die ungefähr zehn Meter breit und fünfundzwanzig Meter lang war und an deren Wänden sich lange Risse zeigten. Noch drei Tage zuvor hatten amerikanische Sicherheitskräfte in dieser Halle Basketball gespielt. Zwei Galgen wurden abwechselnd benutzt. Der dritte sollte nur im Notfall als Ersatz dienen. Zwar wurde immer nur ein Mann hingerichtet, aber um die Exekution möglichst schnell vonstattengehen zu lassen, brachte die Militärpolizei einen Häftling herein, während sein Vorgänger noch am Strick baumelte. Die zehn mächtigen Männer in Hitlers Reich, das tausend Jahre hätte währen sollen, mussten dreizehn Holzstufen zu einer etwa zweieinhalb Meter hohen und zweieinhalb Quadratmeter großen Plattform hinaufsteigen. Die Stricke hängen von einem Querbalken herab, der von zwei Pfosten getragen wurde. Für jeden Mann wurde ein neues Seil verwendet.

Wenn die Falltür sich öffnete, fiel der Delinquent in das Innere des Schafotts, das auf drei Seiten mit Brettern vernagelt und auf der vierten durch einen dunklen Vorhang verhängt war. Niemand sollte den Todeskampf der Männer sehen, die mit gebrochenem Hals am Strick baumelten.

Von Ribbentrop betrat nachts um 1.11 Uhr die Hinrichtungsstätte. An der Tür wurde er von zwei Army-Sergeants in Empfang genommen. Sie hielten seine Arme fest, während ein anderer Sergeant ihm die Handschellen abnahm und durch Lederfesseln ersetzte. Ursprünglich wollte man den Verurteilten erlauben, ohne Fesseln von ihren Zellen zum Hinrichtungsort zu gehen. Aber nach Görings Selbstmord hatte man es sich anders überlegt.

Es ist für Werner Naumann schwer erträglich, den so detaillierten Bericht zu lesen. Er kannte jeden der Männer. Wenn er auch nicht alle geschätzt hat, spürt er dennoch immer das Gefühl, dass ihr Schicksal auch sein Schicksal ist oder es sein könnte.

***

Mit der Vollstreckung der Todesurteile beginnt für Werner Naumann eine neue Zeitrechnung. Er konzentriert sich jetzt vor allem auf seine Arbeit. Seine Kollegen haben sich daran gewöhnt, dass er sich etwas eigenbrötlerisch verhält, kein Bier trinkt und zurückgezogen lebt, was sie darauf zurückführen, dass er als Flüchtling aus dem Osten fernab von seiner Familie leben muss.

In regelmäßigen Abständen trifft Naumann sich mit Ursula. Zwei-, dreimal ist er in Absprache mit ihr nach Alerheim gefahren, um aus der Distanz seine Kinder zu beobachten, wie sie auf der Straße spielen. Doch diese Fahrten wiederholt er nicht mehr. Es ist zu schmerzhaft, nur einen Blick auf seine Kinder werfen zu können, ohne sie in die Arme zu schließen.

Einmal fährt Naumann nach Tübingen, um das Ehepaar August Heißmeyer und Gertrud Scholtz-Klink zu besuchen. Die beiden haben sich in einer Wohnung im Schloss Bebenhausen als Ehepaar Stuckenbrock niedergelassen. Die ehemalige Reichsfrauenführerin berichtet, dass sie sich in der Öffentlichkeit ganz normal und ungezwungen verhalte und dabei positive Resonanz bekomme von Leuten, zumeist Frauen, die sie erkannten und sich gern mit ihr unterhielten. August Heißmeyer bewegt sich nach eigener Aussage zurückhaltender in der Öffentlichkeit. Auch er verfolgt die Meldungen über Rachefeldzüge gegen verdiente Parteigenossen. Werner Naumann vereinbart mit ihm, sich in Abständen darüber auszutauschen. Doch regelmäßige Besuche sind kaum möglich, dafür ist die Distanz zwischen Schwabach und Tübingen mit zweihundertachtzig Kilometern zu groß.

Die nächsten Monate vergehen ohne nennenswerte Vorkommnisse in beschaulicher Ruhe, wenn man einmal davon absieht, dass Naumann im Januar 1947 beim Abriss eines Balkons zwei Meter in die Tiefe stürzt und sich eine angebrochene Rippe zuzieht, die ihm in den nächsten Wochen stark zu schaffen machen wird.

Überraschender Besuch

Am 10. April 1947, an einem Donnerstag gegen sechs Uhr abends, ist es mit der beschaulichen Ruhe indes vorbei. An diesem Abend klingelt es an Werner Naumanns Wohnungstür.

Als er verwundert öffnet, steht vor ihm ein großer, gut gekleideter Mann, etwa in seinem Alter, der ihn freundlich ansieht.

»Was kann ich für Sie tun?«, fragt Werner Naumann argwöhnisch.

»Herr Wegner? Ich würde gerne mit Ihnen sprechen – in einer wichtigen Angelegenheit.«

Naumanns Herz beginnt zu rasen. Der Mann redet mit einem amerikanischen Akzent. Nur ein kleiner Kreis von Vertrauten weiß, dass er hier wohnt.

»In welcher Angelegenheit?«, fragt er nach.

»Bitte machen Sie sich keine Sorgen, Herr Wegner«, sagt der Mann, um Naumann zu beruhigen. »Sie haben nichts zu befürchten. Wenn wir die Sache vielleicht drinnen besprechen könnten?«

Naumann zögert. Es besteht kein Zweifel. Er ist enttarnt. Er hat keine Ahnung, was oder wer ihn verraten hat, aber dieser Mann will gewiss nicht mit dem Maurerlehrling Wegner, gebürtig aus Breslau, eine wichtige Angelegenheit besprechen. Andererseits, wenn der Mann gekommen wäre, um ihn zu verhaften, hätte er dies längst getan.

Naumann zögert noch einen Augenblick. Dann tritt er

zurück, öffnet die Tür ganz und sagt: »Also schön, kommen Sie herein.«

Sie gehen in das kleine Wohnzimmer, und Naumann weist auf einen der beiden gepolsterten Stühle. »Setzen Sie sich. Ich habe gerade einen Tee gekocht, trinken Sie auch eine Tasse?«

»O ja, ein Tee wäre gut.«

Naumann geht in die Küche, wo die Teekanne auf dem Herd steht. Einen Moment stützt er die Hände auf den Küchentisch, atmet zwei-, dreimal tief durch. Dann hat sich einigermaßen gefangen. Er nimmt ein Tablett, bestückt es mit Teekanne, Tassen, Löffeln und Zucker und begibt sich damit wieder ins Wohnzimmer.

»Wer sind Sie, und was wollen Sie?«, fragt er, als er den Tee serviert.

»Mein Name ist Louis Winter. Ich bin, wie Sie unschwer hören, Amerikaner, aber meine Eltern kamen aus Deutschland, aus Hannover. Ich habe in den USA Rechtswissenschaften studiert und bin im Laufe des Krieges wegen meiner deutschen Sprachkenntnisse angeworben worden für den amerikanischen Geheimdienst CIC. Ich war auch im Rahmen des Prozesses in Nürnberg für Betreuungsaufgaben eingesetzt. Wir wissen, wer Sie sind und welche Ämter Sie bis zum Mai 45 innehatten. Wir wissen auch, dass Sie über Informationen verfügen, die für uns von entscheidender Bedeutung sind, Informationen, die außer Ihnen nur die Russen besitzen, die am 2. Mai den Führerbunker gestürmt haben. Nach der Allianz mit den Sowjets im Krieg ist es jetzt zu einer Konfliktsituation zwischen Ost und West gekommen. Die Russen sind nicht bereit, uns, die USA, an ihrem Wissen teilhaben zu lassen. Darum wenden wir uns an Sie.«

Naumann ist überrascht, aber er bleibt argwöhnisch. »Wenn ich Sie richtig verstehe, wollen Sie von mir hören, was sich in den letzten Tagen im Führerbunker abgespielt hat?«

Der Geheimdienstmitarbeiter hat einen Schluck vom Tee genommen. Jetzt nickt er. »Ganz recht, Herr Wegner – oder besser: Herr Naumann. Deswegen bin ich hier.«

»Sie wollen mich also nicht – verhaften?«

Sein Gegenüber schüttelt den Kopf. »Im Gegenteil, wir machen Ihnen ein Angebot. Wenn Sie uns die Informationen geben, die wir benötigen, garantieren wir Ihnen, dass Ihre Freizügigkeit nicht angetastet wird. Worauf wir keinen Einfluss haben oder nehmen, ist, ob und wie die Deutschen selbst mit Ihnen weiter verfahren, falls die Ihre Identität feststellen.«

»Wie haben Sie mich gefunden?«, will Naumann wissen. Er zermartert sich schon die ganze Zeit den Kopf, wie seine Tarnung aufgeflogen sein könnte.

Der Mann hebt beide Hände. »Dazu kann ich Ihnen leider nichts sagen. Aber unser Angebot gilt. Wie lautet Ihre Entscheidung?«

Naumann überlegt fieberhaft. Den Amerikanern zu erzählen, was er weiß, wäre kein Verrat an deutschen Interessen, im Gegenteil. Sowohl der Führer als auch Goebbels hatten in den letzten Wochen ihres Lebens darauf gehofft, dass die Allianz der Siegermächte auseinanderbrechen würde, und wenn er, Naumann, nun dazu beitragen könnte, diesen Prozess zu befördern, umso besser. Also erzählt er dem Amerikaner von den letzten Tagen im Führerbunker.

Er sagt: »Ich kann Ihnen bestätigen, dass sowohl Adolf Hitler und Eva Braun als auch Joseph und Magda Goebbels mit den Kindern sich selbst getötet haben und im Hof des Führerbunkers verbrannt worden sind, auf ihren ausdrücklichen eigenen Wunsch, besser gesagt: Befehl.«

Winter nimmt dies mit Befriedigung entgegen. Er hat

noch eine andere Frage: »Wir sind außerdem daran interessiert, zu erfahren, was aus Martin Bormann geworden ist. Ist er, wie manche vermuten, auf der sogenannten ›Rattenlinie‹ nach Südamerika entkommen? Unseres Wissens ist er in der von Ihnen geleiteten Gruppe aus dem Bunker herausgelangt. Die Frage ist: Hat er es auch überlebt? Er ist danach bisher nirgendwo aufgetaucht.«

Naumann kann ihm versichern, dass Martin Bormann beim Ausbruch in der von ihm geführten Gruppe zu Tode gekommen ist. Gemeinsam mit Hitlers Arzt Ludwig Stumpfegger habe er sich in einer aussichtslosen Situation nach Umzingelung von Rotarmisten mit einer Zyankalikapsel das Leben genommen.

Der Mann hat inzwischen ein kleines Büchlein hervorgeholt und macht sich Notizen. Er will noch wissen, welche Route Naumann genommen hat und wo genau Bormann gestorben ist. Schließlich klappt er das Büchlein zu und erhebt sich. »Vielen Dank, Herr Naumann. Sie haben uns sehr geholfen. Ich kann Ihnen versprechen, dass wir Ihre Aussage auf keinen Fall veröffentlichen werden. Und Sie können sich auch darauf verlassen, dass wir unseren Teil der Abmachung einhalten werden. Ich wünsche Ihnen viel Glück für Ihren weiteren Weg, auch für Ihre Familie.«

Als der Geheimdienstmann fort ist, bleibt Naumann lange in Gedanken versunken im Wohnzimmer sitzen. Noch kann er es kaum glauben. Sollten die Amerikaner wirklich davon absehen, ihn zu verfolgen, wäre schon viel gewonnen. Immerhin befindet er sich in der amerikanischen Besatzungszone. Unheimlich berührt ihn noch immer, dass sie ihn haben finden können.

Als er sich am kommenden Samstag mit Ursula trifft und ihr davon berichtet, ist ihre Reaktion verhalten. Sie ist nicht so optimistisch wie ihr Mann, dass die Amerikaner sie wirklich in Ruhe lassen werden. Sie hat zwei Zeitungsausschnitte dabei. Sie reicht ihm den ersten.

»Hattest du nicht gerade Kontakt zu beiden?«, fragt sie und sieht ihren Mann mit banger Miene an. Naumann liest:

Das letzte Abenteuer der »Reichsfrauenführerin«

Stuttgart, 9. März. Die Festnahme der ehemaligen Reichsfrauenführerin Gertrud Scholtz-Klink und ihres Mannes, des Ex-SS-Obergruppenführers August Heißmeyer, hat einen der eigenartigsten Fälle des Verschwindens einstiger Nazi-Prominenter enthüllt. Die Tür zur kleinen Zweizimmerwohnung im Schloss Bebenhausen bei Tübingen war aufgegangen, und französische und amerikanische Militärpolizisten nahmen das Ehepaar Stuckenbrock gefangen. Die Nachbarn waren überrascht, denn seit mehr als einem Jahr lebten die Stuckenbrocks still als »Flüchtlinge« in der neuen Umgebung, arbeiteten für eine Lampenschirmwerkstatt im Heimarbeit-Kunstgewerbe und waren schon vor Monaten mit dem Bescheid »Entlastet ohne Maßnahmen« entnazifiziert worden. Aber die Stuckenbrocks hießen erst seit 1945 Stuckenbrock. Vorher kannte man den Ehemann als SS-Obergruppenführer und Chef der Nationalpolitischen Erziehungsanstalten (Napola) August Heißmeyer und seine Frau als Reichsfrauenführerin Gertrud Scholtz-Klink. Es ist nicht nur ein abenteuerliches Bild, das sich uns auftut, wenn man den Werdegang dieser »hohen« Familie seit dem Zusammenbruch verfolgt, es ist gleichermaßen komisch und symptomatisch für Deutschland. Kurz nach ihrer Einlieferung in den Gewahrsam, beantwortete das Ehepaar eine Reihe von Fragen. Sie wurden zumeist von ihr beantwortet, wahrscheinlich, weil sie in der Dienstordnung des Nazitums die wichtigere Persönlichkeit darstellte. Hier die Geschichte: Bis zum 30. April 1945 harrten Heißmeyer und Scholtz-Klink in Berlin aus, ehe sie in einen sogenannten »Stützpunkt« der Napola in Spandau gingen. Dort beteiligten sie sich wacker an den Verteidigungskämpfen gegen die Russen, die Reichsfrauenführerin wurde zweimal verwundet. Trotz der russischen Umklammerung verstanden es die beiden, auszubrechen und die Elbe zu erreichen. In Leitzkau bei Magdeburg gab es einen Bürgermeister, der glaubte, was ihm das Flüchtlingsehepaar erzählte, und prompt neue Papiere auf den Namen Stuckenbrock (den Mädchennamen der Mutter Heißmeyers) ausstellte, weil doch die alten Ausweise auf der Flucht vor den Russen verloren gegangen waren. Wie viele außer den Heißmeyers werden durch diesen Trick noch heute mit solchen Papierchen reisen, ohne verhaftet worden zu sein?

Im September landete das Paar bei Tübingen und wandte sich an die Fürstin zu Wied, eine Tochter des Königs von Württemberg, die übrigens kürzlich entnazifiziert wurde, nachdem sie lange im Internierungslager Ludwigsburg gesessen hatte. Man kannte aus den guten Zeiten den abgeschiedenen Platz Bebenhausen, das Schloss und seine Besitzerin, und ließ alte Beziehungen spielen. Die Fürstin antwortete auf das Gesuch um Unterkunft etwas ausweichend, dass ihr persönlich eine direkte Unterstützung nicht möglich sei, aber ein Handschreiben an eine ehemalige Hofdame der Königin von Württemberg, eine Baronin Falkenstein, sei beigefügt. Der uralten Hofdame wurde von der Fürstin nahegelegt, das »Ehepaar Stuckenbrock«

in dem der Familie der Fürstin zu Wied gehörenden Teil des Schlosses Bebenhausen unterzubringen. Das geschah auch prompt, denn welche Hofdame alter Schule widerspricht ihrer Fürstin! Ein zurückgezogenes Leben der »Stuckenbrocks« begann. Der Ex-Obergruppenführer bestellte wacker einen Morgen Land, der ihm vom freundlichen Ortsgewaltigen zur Verfügung gestellt worden war, und im traulichen Asylnest bastelte man sich in Heimarbeit den Lebensunterhalt zusammen. Das Schloss hatte genug unbenutzte, aber wertvolle Möbelstücke, um die beiden Zimmer recht wohnlich zu gestalten. Man könnte meinen, das Nazi-Führerpaar wäre auf dem besten Wege gewesen, eine ordentliche und ruhige Familie zu werden. Aber ihre Gedanken waren noch immer in der »guten, alten Zeit«. Die ehemalige Reichsfrauenführerin, deren Selbstmord in jenen Tagen des Jahres 1945 verbreitet wurde, erklärt, dass sie aus begreiflichen Gründen keinen Wert darauf gelegt habe, diese Nachricht zu dementieren. »Ich habe bis zuletzt an den Sieg geglaubt«, sagt Scholtz-Klink, und SS-Heißmeyer nickt bestätigend. Es bleibt zu erwähnen, dass auch die »Stuckenbrocks« Fragebogen auszufüllen hatten, in denen die Parteimitgliedschaft natürlich verneint wurde. Heißmeyer gab zu, weil »fleckenlos« immer auffallend sei, dass er 1932 die NSDAP gewählt habe. Beide wurden entlastet und damit offiziell anerkannte neue deutsche demokratische Bürger. Ihre zehn Kinder sind an verschiedenen Orten Deutschlands gut untergebracht worden, sechs davon gehören Heißmeyer aus erster Ehe, vier der Scholtz-Klink aus erster und zweiter Ehe. Das elfte Kind, ein Sprössling der dritten, letzten und Nazi-Ehe der Reichsfrauenführerin, ist ein heute dreijähriger Bub, der vor einem halben Jahr zu seinen Eltern gebracht wurde und während der Verhaftung, die in der Nacht geschah, schlief. Der ehemalige Ruhr-Bergmann und spätere Nazi-Gewaltige Heißmeyer war noch so schlaftrunken, dass er bei der überraschenden Festnahme vergaß, die Giftampulle zu zerbeißen, die er ständig bei sich trug.

Wegen der Begünstigung des Ehepaares Heißmeyer erhob das amerikanische Militärgericht in Ludwigsburg Anklage gegen die Fürstin. Deswegen wurde sie auch in Haft genommen und später gegen Kaution wieder freigelassen und unter Zubilligung mildernder Umstände zu einer Geldstrafe von 25 000 Reichsmark verurteilt.

Naumann ist schockiert. Bei seinem Besuch in Bebenhausen hatte er noch den Eindruck, dass eine Rückkehr ins öffentliche Leben durchaus möglich sei. Vielleicht ist insbesondere Gertrud Scholtz-Klink aber zu unbesorgt bei ihren Kontakten gewesen. Es gibt immer Neider und Gegner und Spitzel und Denunzianten. Da darf man sich keinen Illusionen hingeben. Das ist leider der Beweis dafür.

Aber Ursula hat noch einen zweiten Zeitungsausschnitt zum Thema »Stuckenbrock«, und der alarmiert Werner Naumann erst recht:

Die Eheleute Stuckenbrock führten in Bebenhausen ein bescheidenes Leben und verdienten sich ihren Unterhalt durch Heim- und Landarbeiten. In dieser Zeit zeigte sich die einstige Reichsfrauenführerin ohne Scheu in der Öffentlichkeit. Sie baute sogar gute Beziehungen zu den Einwohnern Bebenhausens auf.

Das Verhältnis zwischen dem Ehepaar Heißmeyer

und der Einwohnerschaft war gut. Die Betroffene hat auch ohne Entgelt in den Haushalten zugegriffen, wo es nötig war. So haben sich die beiden Personen nützlich gemacht und dadurch die Gunst der Einwohnerschaft erworben. In der Nacht vom 28. auf den 29. Februar endete das Inkognito von Scholtz-Klink und ihrem Mann. Nachdem sie von den amerikanischen Behörden über die Anwesenheit Scholtz-Klinks am Haus Klostermühle in Bebenhausen informiert worden waren, nahmen die Beamten der Französischen Sureté sie und August Heißmeyer fest. Die Verhaftung war durch die Ermittlungen eines deutschen Angestellten der »Denazification Division of the Office of Military Government for Württemberg-Baden« namens Ravensburg ermöglicht worden. Wegen der häufigen Besuche der Prinzessin zu Wied bei einer ehemaligen engen Mitarbeiterin Scholtz-Klinks, die in Ludwigsburg inhaftiert war, schöpfte er Verdacht und erfuhr, dass die Prinzessin über eine ihrer Gesellschaftsdamen in der französischen Zone das anonyme Leben Scholtz-Klinks arrangiert hatte. Er informierte das Counter Intelligence Corps (CIC), das sich umgehend mit den Franzosen in Tübingen in Verbindung setzte. Die Amerikaner waren auf der Suche nach Martin Bormann, der 1948 noch für lebendig gehalten wurde. Nur per Zufall stießen sie auf Scholtz-Klink und zu Wied, die ihrerseits zugab, für mehrere ehemalige Parteigenossen ein Leben in der Anonymität organisiert zu haben.

Naumann faltet den Zeitungsausschnitt zusammen, sieht starr vor sich hin. Die Suche nach Martin Bormann hat den CIC offensichtlich auch zu ihm geführt. Aber er hat über

Informationen verfügt, die für die Amerikaner von größter Wichtigkeit sind. Deswegen haben sie ihm einen Handel vorgeschlagen, statt ihn zu verhaften. Gut, dass er sich kooperativ gezeigt hat. Bleibt zu hoffen, dass die Amerikaner auch zu ihrem Wort stehen.

Als er Ursula anblickt, sieht er, dass sie noch etwas auf dem Herzen hat. Es geht um die Kinder. Seit fast einem Jahr ist er nun in Schwabach, und noch immer haben sie keinen Kontakt zu ihm. Ursula hat den Kindern irgendwann gestanden, dass »Onkel Führer« tot ist und auch die Familie Goebbels. Es war schon ein großer Schock für sie. Der Führer war immer reizend zu ihnen, wie auch zu den Goebbels-Kindern. Sie mochten ihn sehr.

Ursula seufzt. »Ich habe mir etwas überlegt. Die Kinder hören es täglich, dass Väter in der Gefangenschaft sind und deswegen nicht nach Hause kommen können. Das könnte ich ihnen doch auch erzählen. So wissen sie, dass du am Leben bist und dass du irgendwann wieder nach Hause kommst.«

Werner Naumann muss abwägen. Die Tatsache, dass er einen gewissen Schutz der Amerikaner genießt, spricht dafür, dieses Risiko einzugehen. Also verbleiben sie so. Naumann bittet seine Frau aber dennoch darum, der ältesten Tochter Heidi, die schon zur Schule geht, einzuschärfen, diese Neuigkeit als Geheimnis für sich zu behalten. »Sag ihr, wenn der Papa wieder nach Hause kommt, feiern wir ein großes Fest. Aber vorher darf sie niemandem verraten, dass ihr Papa noch lebt.«

Bei ihrem nächsten Treffen erzählt Ursula ihm, dass Heidi vor Freude geweint habe, als sie hörte, dass ihr Papa am Leben sei. Auch die Idee mit der großen Feier gefalle ihr sehr.

***

Im April 1948 legt Werner Naumann alias Robert Wegner seine Gesellenprüfung ab. Es ist eine große Genugtuung für ihn, und er lädt, wie es sich gehört, seine Kollegen zur Feier ein, spendiert Essen und Trinken und genehmigt sich sogar selbst drei Flaschen Bier. Als er Ursula davon erzählt, dass er einen veritablen Schwips hatte (und am nächsten Morgen ungute Kopfschmerzen), wundert sie sich sehr. Sie hat ihren Mann noch nie betrunken erlebt. Aber sie freut sich für ihn.

»Und was willst du jetzt machen?«, fragt sie. Die Maurerlehre hat in ihren Augen nur zur Tarnung gedient. Jetzt, wo sie abgeschlossen ist, erwartet sie, dass er sich anderen Zielen zuwendet. »Du willst doch nicht wieder in die Politik gehen? Ständig werden neue Parteien gegründet. Viele alte Parteigenossen tauchen wieder auf, und im nächsten Jahr soll es Wahlen geben.«

Der Hinweis auf die Wahlen macht es Werner Naumann leicht zu sagen: »Nein, ich bleibe erst einmal beim Handwerk.«

Auch er weiß, dass immer mehr ehemalige NSDAP-Mitglieder nach sogenannten Entnazifizierungsverfahren in die Politik zurückkehren. Sie sammeln sich in der neu gegründeten CDU, besonders aber in der Deutschen Partei, die sich dafür einsetzt, ehemalige Nationalsozialisten nicht zu diskriminieren. Naumann verfolgt die Diskussionen um eine mögliche Generalamnestie für ehemalige Mitglieder der NSDAP und damit ein Ende der Entnazifizierungspolitik sehr genau. Zur Sprache kommt dabei auch der mögliche Umgang mit den »Illegalen«, denjenigen Menschen, die in den vergangenen Jahren unter falschem Namen gelebt haben. In den *Nürnberger Nachrichten* liest Naumann, es solle den zahlreichen Personen, die sich bis zum heutigen Tage wegen ihrer früheren Verbindung mit dem Nationalsozialismus unter falschem Namen, mit falschen Papieren oder ohne ordnungsmäßige polizeiliche Meldung im Bundesgebiet aufhalten, Gelegenheit gegeben werden, wieder ein gesetzmäßiges Leben zu beginnen und einen auch im Interesse der öffentlichen Ordnung und Sicherheit höchst unerwünschten Zustand der Illegalität zu beseitigen. Und die Zeitung fährt fort: »Durch Deutschland geistert ein Zug von zirka 100 000 Personen mit falschen Personalien. Die Untergetauchten. Zu ihnen zählen Entnazifizierungsbetroffene, die in Verkennung der Lage Angaben gefälscht oder die Flucht ergriffen haben. Darüber hinaus sind zahllose SS- und Gestapo-Angehörige mit neuen Papieren ausgestattet worden und führen ein Doppelleben. Auf dem Schwarzen Markt haben sich viele von ihnen erfolgreich behaupten können.«

Schritte der Legalisierung

Im August 1948 tritt auf der Herreninsel in Bayern der Verfassungskonvent zusammen, der die Vorlage für das Grundgesetz der zu gründenden Bundesrepublik Deutschland erarbeiten soll. Am 1. September wird der Entwurf dem Parlamentarischen Rat in Bonn vorgelegt und am 8. Mai 1949 verabschiedet. Damit ist der Weg frei für Wahlen, die am 14. August stattfinden werden.

Naumann verfolgt die Entwicklung mit gemischten Gefühlen. Eine besondere Rolle in dem ganzen Prozess spielt der Vorsitzende des Parlamentarischen Rats Konrad Adenauer. Werner Naumann konnte den ehemaligen Bürgermeister von Köln in der Zeit der Weimarer Republik nicht leiden. Er war typisch für das System – alte Männer, die den Ton angaben. Und jetzt ist der Mann praktisch ein Greis. Aber Adenauer scheint klar zu sein, dass ein neuer Staat nicht aufzubauen ist, ohne diejenigen mit einzubeziehen, die über viel Erfahrung verfügen. Adenauer wurde mit den Worten zitiert, dass es praktisch unmöglich gewesen sei, als Teil der Verwaltung eines totalitären Staates eine weiße Weste zu behalten. Daher sei allein die Parteimitgliedschaft in der NSDAP aus seiner Sicht kein ausschließendes Kriterium. Einfache Parteigenossen ohne Schuld sollten wieder ihrer Arbeit nachgehen dürfen. Mitläufer, die nicht andere unterdrückten, die sich nicht bereicherten, die keine strafbaren Handlungen begangen haben, sollten ebenfalls nicht belangt werden. Gleiches solle generell für junge Menschen der Jahrgänge nach 1915 gelten, die teilweise oder ganz in der Zeit des Nationalsozialismus aufgewachsen seien.

Auf Zustimmung bei Naumann stößt auch, was Adenauer über die deutschen Wehrmachtsangehörigen festgestellt hatte: »Die aktiven Militaristen müssen aus ihren Stellungen entfernt werden. Der Soldat, gleichgültig welchen Ranges, der in anständiger Weise seine Pflicht erfüllt und nichts anderes getan hat, darf deswegen keine Zurücksetzung erfahren.« Dass Offiziere und Unteroffiziere, die sich nichts haben zuschulden kommen lassen, ihrer Pension verlustig gehen, sei ebenfalls Unrecht. »Wenn man harmlose Soldaten, die glaubten, ihre Pflicht zu erfüllen, deswegen zurückstößt, so züchtet man geradezu einen verstiegenen und extremen Nationalismus.«

Den Mann muss man ernst nehmen. Richtig findet Naumann auch die Kritik an der alliierten Entnazifizierungspolitik. Adenauer befürchtet, dass es zu Unruhe in der Bevölkerung führe, wenn die Menschen das Gefühl hätten, man hänge die Kleinen und lasse die Großen laufen.

In der Diskussion steht daher ein Straffreiheitsgesetz, das vorsieht, dass alle begangenen Straftaten, die mit bis zu sechs Monaten Gefängnis beziehungsweise bis zu einem Jahr mit Bewährung geahndet worden wären, amnestiert werden sollten. In den Zeitungen wird dazu festgestellt, dass, wenn das Gesetz auch NS-Straftaten umfassen würde, etwa 800 000 Menschen in Deutschland direkt von ihm betroffen wären.

Werner Naumann sieht für sich den Zeitpunkt gekommen, Schritte der Legalisierung zu prüfen, und er hat auch eine Idee, wen er dabei um Hilfe bitten kann.

Kiesinger und Todenhöfer

Es war Ursula, die den Namen Kurt Georg Kiesinger in der Zeitung fand, 1947, als dieser zum ehrenamtlichen Landesgeschäftsführer der CDU Württemberg-Hohenzollern ernannt worden war. Naumann hat den Juristen immer sehr geschätzt. Achtzehn Monate lang war Kiesinger in verschiedenen Internierungslagern inhaftiert gewesen, zum Schluss in Ludwigsburg. Am 17. September 1946 wurde er aus der Haft entlassen. Er hatte wieder begonnen, Repetitorien für Jurastudenten zu geben, wie seinerzeit in Berlin, als Naumann ihn kennenlernte – jetzt an der Universität Würzburg. Er hat ein Entnazifizierungsverfahren durchlaufen und wurde in die Kategorie V eingestuft – »entlastet«. Mit seiner Familie ist er dann nach Tübingen zurückgekehrt, um wieder als Rechtsanwalt zu arbeiten.

Naumann kennt Kiesinger nicht nur von den juristischen Repetitorien, die er zusammen mit Wolfgang Diewerge besucht hat, sondern vor allem aus der Rundfunkpolitischen Abteilung im Außenministerium, wo Kiesinger unter anderem für die Zusammenarbeit mit dem Propagandaministerium zuständig war. Da sich die Minister Ribbentrop und Goebbels nicht leiden konnten, gab es viele Situationen, wo sowohl Naumann als auch Diewerge ihren alten Kontakt zu Kiesinger nutzten, um zwischen den Ministerien zu vermitteln. Hilfreich war auch, dass Werner Naumann den unmittelbaren Vorgesetzten von Kiesinger, Gerhard Rühle, gut kannte. Rühle – Parteigenosse seit 1925, SS-Standartenführer – brach gegenüber Naumann eine Lanze für Kiesingers Kompetenzen, mit dem man alles unterhalb der großen Glocke regeln konnte.

Jetzt, im Juni 1949, hält Naumann die Zeit für gekommen, Kurt Georg Kiesinger in seiner Angelegenheit zu konsultieren.

In der Friedrichstraße in Tübingen betritt Naumann ein bescheidenes Mietshaus. Im Parterre links weist ein Messingschild auf die CDU-Geschäftsstelle hin. Naumann klingelt. Die Tür öffnet sich. Kiesinger, hochgewachsen wie Naumann, das schwarze Haar inzwischen grau meliert, öffnet.

»Ja, bitte?«, begrüßt er den Besucher höflich.

»Guten Tag«, sagt der Besucher, »Naumann mein Name. Ich melde mich bei Ihnen als Maurergeselle.«

Der Schwabe reißt die Augen auf. »Mensch, Naumann, ich glaub es nicht. Sie sind ja nicht wiederzuerkennen. Aber immer herein in die gute Stube!«

Kiesinger ist ganz offensichtlich hocherfreut. Er führt Naumann in die Zwei-Zimmer-Wohnung, die mit mehreren Schreibtischen und Aktenschränken in ein schlichtes Büro umgewandelt wurde. Kiesinger ist im Augenblick allein.

Naumann lässt den Blick schweifen. »Ich habe erfahren, dass Sie hier ein neues Betätigungsfeld gefunden haben und wollte doch gerne meine Aufwartung machen.«

Kiesinger weist auf einen der Besucherstühle, und Naumann setzt sich.

»Das freut mich sehr. Kann ich Ihnen einen Tee anbieten?«

Kiesinger holt schon die Thermoskanne, die auf einem Beistelltisch bereitsteht.

»Wie ist es Ihnen ergangen?« Kiesinger schenkt Tee in Tassen, reicht Naumann Zucker. »Seit Mai 45 hat man nichts mehr von Ihnen gehört. Es wurde spekuliert, Sie seien umgekommen. Aber wie ich sehe, sind Sie wohlauf – wenn auch äußerlich stark verändert.«

Werner Naumann berichtet in knappen Worten, wie es ihm ergangen ist und dass er seit drei Jahren in der Nähe von Nürnberg als Maurer arbeitet, wenn auch unter falschem Namen.

»Sie als Maurer – verzeihen Sie, das liegt ein wenig außerhalb meines Vorstellungsvermögens. Aber Sie haben gut daran getan, sich vorsichtig zu verhalten. Ich habe einen etwas anderen Weg hinter mir. Anderthalb Jahre Haft – das geht nicht spurlos an einem vorüber. Es war eine schwere Zeit, ohne Familie. Belastend war vor allem die unsichere Rechtslage. Aber das scheint sich ja gerade zu ändern.«

»Deswegen komme ich zu Ihnen. Was rät mir der Jurist? Glauben Sie, dass es zu einer Generalamnestie kommen wird?«

Kiesinger nickt bedächtig. »Die gesamte politische und juristische Diskussion geht in die Richtung, dass es für ein neu aufzubauendes Deutschland notwendig ist, das Land zusammenzuführen, nicht zu spalten, den Menschen Perspektiven zu bieten und sie nicht illegal im Verborgenen, praktisch außerhalb der gemeinsamen Gesellschaft, leben zu lassen. Ich bin ziemlich sicher, dass der zukünftige Bundestag etwas in dieser Richtung beschließen wird. Das wird auch Ihnen eine Grundlage bieten, wieder als Werner Naumann in Erscheinung zu treten. Als Maurer könnten Sie auch im Weiteren unter falschem Namen tätig sein, aber mit ihren Qualifikationen hat das doch keine Perspektive. Für akademische Berufe, für die Verwaltung oder die Politik werden Sie um eine Entnazifizierung nicht herumkommen. Sie kennen Gerhard Todenhöfer, der in meiner Abteilung im Außenministerium gearbeitet hat. Todenhöfer ist ohne große Schwierigkeiten wieder ins bürgerliche Leben zurückgekehrt. Ich könnte ihn kontaktieren und Sie mit ihm zusammenbringen, er wohnt ebenfalls in Tübingen, hat zurzeit eine leitende Position bei einer größeren Baufirma in Stuttgart inne. Ich selbst stehe zu sehr unter Beobachtung. Wenn Ihr Verfahren dann positiv abgeschlossen ist und Sie sich vorstellen können, wieder in die Politik zurückzukehren, wäre das bestimmt über die CDU möglich. Ich traue Ihnen ohne Weiteres ein Bundestagsmandat zu.«

Naumann ist überrascht über diese Avancen. Ihm gefällt der Gedanke, Todenhöfer zu informieren und mit Kiesinger im Gespräch zu bleiben.

Naumann holt einen Notizblock hervor und notiert seine Telefonnummer in Schwabach. Kiesinger verspricht, Todenhöfer zu kontaktieren. Dann berichtet Naumann noch über die von ihm erlebten Monate der Endphase in Berlin. Beide vereinbaren, im Gespräch zu bleiben, und Naumann scheidet in dem guten Gefühl, dass es langsam, aber sicher wieder bergauf geht.

***

Keine Woche später erhält Werner Naumann einen Anruf von Kurt Kiesinger. Er hat ein gemeinsames Treffen mit Todenhöfer in seinem Büro am nächsten Wochenende vereinbart. Naumann verspricht zu kommen.

Naumann kennt Gerhard Todenhöfer als Mitarbeiter von Kiesinger in der Rundfunkpolitischen Abteilung des Auswärtigen Amtes. Todenhöfer war ein Vertrauensmann von Martin Bormann gewesen, der ihn weiterempfohlen hatte. Er wurde dort stellvertretender Referatsleiter für »Judenangelegenheiten« und später enger Mitarbeiter von Kiesinger. Profiliert hatte er sich schon als Aktivist im Nationalsozialistischen Deutschen Studentenbund, als Gebietsbeauftragter des Reichsstudentenführers Gustav Adolf Scheel. Daher stammt auch die Bekanntschaft mit Gerhard Rühle, der vor Scheel Bundesführer des NS-Studentenbundes gewesen war. Todenhöfer galt als agiler, radikaler Studentenfunktionär, der schon 1930 in die Partei eingetreten war.

Sie sitzen in Kiesingers Büro, trinken Tee und plaudern eine Weile über belanglose Dinge. Naumann nimmt amüsiert zur Kenntnis, dass Kiesinger Todenhöfer »Kreuzerle« nennt, da dieser neben »Gerhard« den zweiten Vornamen »Kreuzwendedich« trägt.

Dann berichtet Kiesinger, dass er in den letzten Wochen als Landesgeschäftsführer zahllose Veranstaltungen in Württemberg besucht und Reden für seine neue Partei gehalten habe, die CDU. Naumann erfährt, dass Kiesinger auf einer Wahlversammlung der CDU überraschend als Bundestagskandidat aufgestellt wurde, weil die Versammlung sich in langwieriger Debatte nicht auf einen der drei Aspiranten einigen konnte, die sich um das Mandat beworben hatten. Kiesinger hat sich als ehrenamtlicher Landesgeschäftsführer offenbar bewährt, sodass er von einem der Anwesenden spontan als alternativer Kandidat vorgeschlagen worden war. Kiesinger war eigentlich nicht geneigt, darauf einzugehen, er wollte sich ganz der Arbeit als Rechtsanwalt widmen. Es ist Gebhard Müller gewesen, der Staatspräsident von Württemberg-Hohenzollern, der ihn schließlich bewogen hat, für den Wahlkreis Ravensburg zu kandidieren.

Dann wenden sie sich Naumanns Problem zu. Gerhard Todenhöfer stellt fest, dass die Zeit der Abrechnung, die Zeit der Anklage und der Ausgrenzung ihr Ende zu finden scheint. »Es wird politisch über Amnestie und Straffreiheit gesprochen und verhandelt«, fährt er fort. »Das ist Ihre Chance, Naumann. Wenn sich das im kommenden Bundestag durchsetzen wird, dann können Sie wie etwa hunderttausend andere Personen in Deutschland aus der Anonymität wieder heraustreten und Ihren Namen wieder tragen. Ich glaube, es wäre klug, aus der amerikanischen Zone in die französische zu wechseln. Die Franzosen gehen anders an die Sache heran. Wir haben da positive Erfahrungen gemacht und auch gute Verbindungen aufgebaut. Wenn das Straffreiheitsgesetz wirklich beschlossen wird, und so sieht es im Moment aus, dann könnte ein Umzug nach Tübingen sinnvoll sein. Ich würde Ihnen eine Wohnung vermitteln, die unserer Firma gehört, und Ihnen raten, sich einem deutschen Entnazifizierungsverfahren zu unterziehen. Dafür vielleicht noch einmal einen Ortswechsel vornehmen, mit Ihrem richtigen Namen in die amerikanische Zone nach Hessen gehen. Wir sollten noch einmal überlegen, welcher Rechtsanwalt Sie da begleiten kann.« Er sieht Kiesinger an. »Wie ist es mit Friedrich Grimm? Soweit ich weiß, war Grimm in französischer Gefangenschaft und danach im Zeugengefängnis für die Nürnberger Prozesse inhaftiert, aber er hat bald wieder als Rechtsanwalt praktizieren können, wenn ich recht informiert bin.« Er sieht wieder zu Naumann. »Wie auch immer. Das kann ich genauer erkunden. Eine andere Möglichkeit wäre vielleicht Peter Gast, der doch auch bei Ihnen im Propagandaministerium gearbeitet hat. Nach dem Krieg ist er in Internierungshaft gewesen, aber seit Ende 48 offenbar wieder frei. Arbeitet jetzt als Rechtsanwalt in Frankfurt. Das würde passen. Ich kann mich erkundigen.«

Kiesinger hat auch noch einen Vorschlag zu machen: »Ich habe einen guten Kontakt zu jemandem vom französischen militärischen Auslandsnachrichtendienst, vom ›Deuxième Bureau‹. Hauptmann Pernot. Er lebt auch hier in Tübingen. Ich werde ihn kontaktieren.«

Nach diesem Treffen ist Naumann so guter Laune wie

schon lange nicht mehr. Mit überhöhter Geschwindigkeit fährt er auf dem Motorrad seines Chefs über die Reichsstraße, die jetzt Bundesstraße heißt, und gelangt in Rekordzeit nach Schwabach.

***

Am nächsten Tag erhält Naumann zu später Stunde einen Anruf in seiner Wohnung. Es ist Hauptmann Pernot persönlich. Er stellt sich vor mit den Worten: »Guten Tag, Monsieur Naumann, hier ist Pernot, wie unser berühmter Anisschnaps, nur mit ›t‹.« Er teilt Naumann mit, dass er ihn zu sprechen wünsche, und Naumann vereinbart einen Termin mit dem Hauptmann in dessen Wohnung in Tübingen für den morgigen Vormittag, einem Samstag.

Als Naumann am nächsten Tag in Pernots Salon auf einem roten Louis-XVI.-Sofa sitzt, kommt dieser sofort zur Sache. Er erklärt, Hauptmann bei der französischen Besatzungsarmee zu sein und dort dem Geheimdienst »Deuxième Bureau« anzugehören. Und er möchte ihm, Naumann, ein Gentlemen's Agreement vorschlagen.

Naumann ist verblüfft. Er fragt sich, ob jetzt alle Westmächte mit ihm in derartige »Verhandlungen« eintreten wollen?

»Ich habe ein Interesse an Kontakten zu Menschen der neuen Deutschen Union, die mit Frankreich und dem Westen die Abgrenzung zu den Kommunisten und der Sowjetunion anstreben«, fährt Pernot fort. »Man sagte mir, dass Sie in dieselbe Richtung gehen wollen, und dass Sie über große politische Erfahrung verfügen, ist mir bekannt.« Pernot schlägt ein Bein über das andere und lächelt. »Nun, Monsieur Naumann, was können Sie mir über die letzten Tage in Berlin erzählen?«

Naumann holt tief Luft und beginnt einmal mehr zu berichten – vom Führerbunker, von den letzten Tagen von Adolf Hitler und Joseph Goebbels, von seiner, Naumanns, Flucht aus Berlin.

Als er geendet hat, nickt Pernot. »Ich danke Ihnen für Ihre Bereitschaft, sich so freimütig zu äußern, Monsieur Naumann. Das sind für uns sehr interessante Informationen, wie Sie sich vorstellen können. Herr Kiesinger und Herr Todenhöfer haben berichtet, dass es für Sie im Moment darum geht, aus der Anonymität herauszukommen. Ich möchte dazu auch einen Beitrag leisten und habe für Sie ein offizielles Schreiben vorbereitet, das belegt, dass Sie sich in französischer Gefangenschaft befunden haben und schließlich offiziell entlassen wurden. Das könnte hilfreich für die weiteren Verfahren sein, die bei Ihnen ›Entnazifizierung‹ genannt werden.«

Naumann ist einmal mehr verblüfft. Er nimmt das Schreiben entgegen und dankt Pernot.

Der ist bereits aufgestanden, um ihn zur Tür zu begleiten. »Danken Sie nicht mir«, sagt der Franzose und lächelt freundlich. »Danken Sie Ihrem Freund Monsieur Kiesinger. Au revoir, Monsieur Naumann.«

***

Am nächsten Tag bekommt Naumann einen Anruf von Todenhöfer: »Es ist überraschend schnell gegangen. Ich habe Friedrich Grimm erreicht. Er war hocherfreut, zu hören, dass es Ihnen gut geht. Er hat in der nächsten Woche in Stuttgart zu tun und fragt, ob sie sich bei seiner Rückreise nicht in Frankfurt treffen könnten. Als Treffpunkt schlägt er das neue Büro des Kollegen Dr. Peter Gast vor, der auch an einer Zusammenkunft interessiert ist. Was sagen Sie dazu?«

Werner Naumann antwortet: »Ich wusste bis vor Kurzem nicht, dass Gast am Leben ist, geschweige denn in Amt und Würden. Das freut mich sehr. Auch das Angebot von Grimm. Natürlich komme ich.«

Der Kontakt zu Friedrich Grimm ist Naumann wichtig. Grimm war im Dritten Reich auf verschiedenen Ebenen aktiv und sehr erfolgreich. Im April 1933 hatte er im Justizministerium an der Abfassung des Gesetzes zur Wiederherstellung des Berufsbeamtentums mitgearbeitet, der Grundlage für Entlassungen und Berufsverbote für jüdische und linke Beamte im öffentlichen Dienst. Er war als habilitierter Hochschullehrer tätig, bevor er sich als Rechtsanwalt und Reichstagsabgeordneter dafür einsetzte, Parteigenossen zu verteidigen und zu rehabilitieren, die Verräter in den eigenen Reihen in den Zeiten der Weimarer Republik aus dem Weg geräumt hatten und als Fememörder bezeichnet worden waren. Beim Reichstagsbrand-Prozess war Friedrich Grimm vom Propagandaministerium beauftragt worden, die ausländischen Beobachter davon zu überzeugen, dass der Verurteilte Marinus van der Lubbe ein Handlanger des internationalen Judentums war. Friedrich Grimm verfolgte auch mit dem Mitarbeiter Wolfgang Diewerge vom Propagandaministerium den Prozess gegen den Juden Herschel Grynszpan, der in Paris den Botschaftssekretär vom Rath erschossen hatte. Grimm sprach fließend Französisch, wurde Berater des deutschen Botschafters in Paris Otto Abetz. Er arbeitete auch nach der Kapitulation Frankreichs 1940 eng mit der Botschaft zusammen, insbesondere mit Legationssekretär Ernst Achenbach. Werner Naumann lernte Grimm bei verschiedenen Gelegenheiten kennen und wollte längst Kontakt zu ihm aufnehmen, aber das ist nicht möglich gewesen, denn Grimm war im Mai 1945 verhaftet worden und befand sich in französischer Kriegsgefangenschaft. Seit 1947 war er dann im Zeugengefängnis des Nürnberger Prozesses inhaftiert, weil er in Vorbereitung des Wilhelmstraßen-Prozesses (einem der Nürnberger Nachfolgeverfahren) als Zeuge vernommen wurde. Todenhöfer hat schließlich herausgefunden, dass Grimm danach freigelassen worden war und seither wieder als Rechtsanwalt in seiner Geburtsstadt Essen arbeitet.

Bis zu dem Treffen bleibt Naumann eine Woche, in der er sowohl mit Hermann Hansen als auch mit Ursula über die möglichen Veränderungen sprechen konnte. Hermann gegenüber hat er schon angedeutet, dass wohl ein Standortwechsel für ihn notwendig wird, auch Ursula berichtet er beim nächsten Treffen davon, dass er das Ende seiner Illegalität juristisch vorzubereiten plant und dass dieses voraussichtlich mit einem Wohnwechsel verbunden sein wird – abhängig von den jeweiligen Bedingungen in den verschiedenen Besatzungszonen und dem dann notwendigen sogenannten Entnazifizierungsverfahren.

Gast und Grimm

Die Fahrt nach Frankfurt-Eckenheim tritt Naumann mit großen Erwartungen an. Er hat sich früh mit dem Motorrad auf den Weg gemacht. Es ist Sommer, die Sonne scheint. Er schafft die rund zweihundertsechzig Kilometer lange Strecke in dreieinhalb Stunden.

Der Stadtteil, in dem Peter Gast sein Büro hat, ist weitestgehend unzerstört. Gast und Grimm erwarten ihn bereits.

Gast, mit dem er im Propagandaministerium nur selten direkt zu tun hatte, ist ungefähr in Naumanns Alter. Er begrüßt ihn mit den Worten: »Ich freue mich, Robert Wegner kennenzulernen!«

Friedrich Grimm, der berühmteste Anwalt des Dritten Reichs, muss jetzt über sechzig Jahre alt sein. Er schüttelt Naumann die Hand und sagt: »Ich bin hocherfreut, Sie, lieber Herr Naumann, begrüßen zu können, als einen, der das Inferno überlebt hat.«

Die drei Männer setzen sich an den Tisch, auf dem Kaffee bereitsteht, dazu Gebäck. Naumann betrachtet Gast. Er hat sich kaum verändert. Grimm ist grau geworden.

Einmal mehr muss Werner Naumann seine Erlebnisse schildern. Er versucht sich knapp zu fassen, aber den Tod des Führers muss er selbstverständlich in gebührender Ausführlichkeit schildern. Anschließend rekapituliert er seinen Werdegang und sein verändertes Äußeres bis heute. Grimm und Gast zeigen sich mitfühlend und betonen noch einmal ihre Freude darüber, dass wenigstens Naumann den Russen entgangen ist.

Dann schildern Grimm und Gast ihre vergangenen Abenteuer seit der Kapitulation, aber Naumann erfährt wenig Neues. Interessanter für ihn ist, was Grimm von der Gegenwart berichtet. Er sagt, sein großes Thema sei zurzeit der Kampf für die Amnestierung ehemaliger Parteigenossen. Das betreibe er auf allen Ebenen, durch Schriften, Vorträge und die Verteidigung von Beschuldigten. Ein wichtiger Verbündeter sei dabei für ihn der ihnen bekannte und von ihnen geschätzte Ernst Achenbach, der ebenfalls wieder, wie er, als Rechtsanwalt tätig sei. Achenbach habe wie Grimm in Essen sein Rechtsanwalts- und Notarbüro wieder eröffnet, nachdem er im Oktober 45 aus sowjetischer Kriegsgefangenschaft entlassen worden war. Achenbach sei daran interessiert, den Kontakt auch mit Peter Gast und Werner Naumann wiederherzustellen. Im Übrigen sei er, Achenbach, wie viele andere parteipolitisch aktiv geworden, in die neue Freie Demokratische Partei eingetreten, dort sogar in den Landesvorstand Nordrhein-Westfalen gewählt worden, und strebe an, Abgeordneter im Landtag zu werden.

Dann wendet man sich Naumanns Anliegen zu. Grimm sagt: »Für alle, die davon überzeugt sind, dass im Reich nicht alles schlecht war, sind Sie eine Lichtgestalt, ein Vorbild, weil Sie es geschafft haben, sich den Siegermächten zu entziehen. Auch darum müssen wir sehen, dass Sie unbeschadet nach draußen tragen können, was auch heute noch richtig und wichtig ist.« Diese Aussage von einer Person, die im Dritten Reich selbst ein Vorbild gewesen war, ist für Werner Naumann von großer Bedeutung. Grimm ergänzt noch: »Sie können sicher sein, dass wir alles dafür tun werden, Sie möglichst unbeschadet durch die nächste Zeit zu bringen!«

»Ich danke Ihnen sehr dafür. Ich selbst habe sowohl dem Führer als auch dem Reichspropagandaminister geschworen, alles zu tun, um die hehren Ideen der Bewegung auch in der kommenden Zeit zu verbreiten und zu verkünden. Darum haben Adolf Hitler und Joseph Goebbels mich gebeten. Mit meinem Versprechen, dies zu tun, sind die beiden großen Männer in den selbst gewählten Tod gegangen.« So hat Naumann noch nie vor jemandem gesprochen, und er nimmt überrascht zur Kenntnis, dass er von seinen eigenen Worten gerührt ist. Für einen Moment herrscht andächtige Stille.

Danach wenden sie sich wieder den naheliegenderen Dingen zu. Naumann berichtet, dass er zurzeit noch als Maurer arbeitet.

»Ich bin direkt am Wiederaufbau von Nürnberg beteiligt!«, sagt er und muss über die verdutzten Gesichter der beiden Herren lachen.

Von Todenhöfer hat Grimm gehört, dass er Naumann eine Wohnung in Tübingen angeboten habe. Er rät ihm, das Angebot auf jeden Fall wahrzunehmen. Nach Inkrafttreten des Straffreiheitsgesetzes könnte er dies auch unter seinem richtigen Namen tun. Als Nächstes sei dann ein Antrag auf Entnazifizierung zu stellen. Peter Gast schlägt vor, dies in der amerikanischen Zone zu tun, zum Beispiel in Frankfurt. Er werde den Prozess juristisch begleiten. Ein kluger Schachzug wäre es, nach angelaufenem Verfahren noch einmal die Besatzungszone zu wechseln, sodass, je nach Stand der Angelegenheit in Frankfurt, noch einmal ein neues Verfahren am neuen Wohnort eingeleitet werden müsse. Auf diese Weise könne man für Verwirrung sorgen und die Angelegenheit verschleppen.

Naumann holt ein Notizbuch hervor und hält fest:

1.) Anmeldung in Tübingen.
2.) Antrag auf Entnazifizierung in Frankfurt, Begleitung durch Peter Gast.
3.) Gegebenenfalls Wechsel des Wohnortes in eine andere Zone, dadurch notwendigerweise auch Wechsel der Entnazifizierungszuständigkeit. Prozessuale Begleitung auch durch Grimm und eventuell Achenbach.

Am Ende ihrer Beratung wartet Friedrich Grimm noch mit einer Überraschung auf. »Ich soll Ihnen sagen, dass Wolfgang Diewerge wieder erreichbar ist, ganz offiziell unter seinem Namen. Auch er hat alles unbeschadet überstanden. Er würde sich über einen Kontakt zu Ihnen freuen und könnte eine wirkliche Verstärkung sein.«

Naumann ist hochzufrieden mit diesem Treffen. Solche Männer hinter sich zu wissen, macht ihm Mut für die Zukunft.

***

Am 14. August 1949 findet in der neu gegründeten Bundesrepublik Deutschland die erste Wahl zum Bundestag statt. Die Union aus CDU und CSU wird mit 31 Prozent stärkste Fraktion, dicht gefolgt von der SPD mit 29,2 Prozent. Die FDP erringt 11,9 Prozent, die KPD 5,9 Prozent, die Deutsche Partei (DP) 4 Prozent. Konrad Adenauer bildet eine Koalition aus CDU/CSU, FDP und DP. Am 15. September wird er zum ersten Bundeskanzler der BRD gewählt. Als Werner Naumann mit Kurt Kiesinger telefoniert, schwärmt dieser. Er ist mit rund 70 Prozent Zustimmung seines Wahlkreises in den Bundestag gewählt worden und sei jetzt einer von vierhundertzehn Abgeordneten, davon achtundzwanzig Frauen. »Naumann, Sie sind noch jung und haben so viel Erfahrungen. Überlegen Sie sich doch in der nächsten Zeit, ob ein Eintritt in die CDU für Sie nicht denkbar ist.« Er erneuert das Angebot, ihm auch eine Kandidatur für den nächsten Bundestag zu vermitteln.

Doch solche Pläne stellt Naumann vorerst hintenan.

Bei einem erneuten Treffen mit Todenhöfer und Kiesinger wird der Umzug nach Tübingen in eine von Todenhöfer zur Verfügung gestellte Wohnung abgemacht. Er will sich dort zum März 1950 anmelden und dies unter seinem richtigen Namen. Mit der Absicht, etwas später mithilfe von Peter Gast einen Zweitwohnsitz in Frankfurt zu finden, um dann das amerikanisch verwaltete Hessen zum Antrag auf ein Entnazifizierungsverfahren zu nutzen.

Bei seiner Anmeldung in Tübingen kann Naumann das Schreiben von Monsieur Pernot vorlegen, in dem ihm, Werner Naumann, die Entlassung aus französischer Kriegsgefangenschaft bescheinigt wurde. Damit entfällt für ihn die Notwendigkeit, belegen zu müssen, wo er sich seit Kriegsende aufgehalten hat.

Als Naumann seiner Frau von seinen Tübinger Plänen berichtet, ist diese wenig begeistert, vor allem, da der dortige Wohnsitz offensichtlich von vornherein nur als Provisorium gedacht ist. Das bedeutet für Ursula und Werner Naumann, weiterhin eine Fernehe führen zu müssen.

Kiesinger hingegen ist angetan. Als sie in seinem Büro sitzen sagt er: »Tübingen ist eine sehr gefragte Stadt, mein lieber Naumann, in die es viele interessante Leute zieht. Elisabeth Noelle und Erich Peter Neumann haben hier eine Zeit lang gewohnt und hier 1946 auch geheiratet. Dann sind sie nach Allensbach umgezogen.«

Naumann kennt Elisabeth Noelle. Sie hatte in Amerika auf dem Feld der Meinungsforschungen Erfahrungen gesammelt und unter anderem in der Wochenzeitung *Das Reich* publiziert. Seit 1948 betreibt sie nun mit ihrem Mann das »Institut für Demoskopie Allensbach«, das erste deutsche Meinungsforschungsinstitut. Naumann hat davon gehört.

»Ihre Umfragen zu politischen Themen sind wirklich beachtlich, mein lieber Naumann«, fährt Kiesinger fort. »Das müsste Sie eigentlich interessieren …«

Naumann ist sich nicht sicher, ob in Kiesingers Worten eine Spitze verborgen ist. Er weiß nur, dass Joseph Goebbels der attraktiven, damals sechsundzwanzigjährigen Elisabeth Noelle das Angebot gemacht hatte, bei ihm als Referentin und persönliche Assistentin zu arbeiten. Daraufhin war Noelle an einem mysteriösen Leiden erkrankt, sodass sie die Stelle nicht antreten konnte. Goebbels hatte dies als Affront aufgefasst und Noelle und ihre Arbeit fortan verschmäht – während Noelle vielleicht gemutmaßt hatte, dass der Minister nicht nur an ihrer Forschung interessiert war. Goebbels erzählte Naumann später, dass die junge Elisabeth Noelle als Zellenleiterin der Arbeitsgemeinschaft Nationalsozialistischer Studentinnen den Führer auf dem Obersalzberg besucht hatte und sich bei einem Gruppenfoto begeistert und strahlend zusammen mit Hitler ablichten ließ. Aber wer hätte das damals in so einer Situation nicht getan?

Kiesinger hat unterdessen in einer Schublade gekramt und eine kleine Broschüre hervorgezogen. »Hier, für Sie«, sagt er und reicht Naumann den schmalen Band. »Ihre erste Publikation. Das sollten sie einmal lesen!«

Noelle und Neumanns Umfragen

Werner Naumann ist nach dem Besuch in Tübingen wie beschwingt. Am nächsten Morgen, es ist Sonntag, nimmt er sich die von Kiesinger erhaltene Broschüre des Allensbacher Instituts vor. Es geht um die Nachwirkungen des Nationalsozialismus und die Stimmungslage im Land nach 1945. Noelle und Neumann haben den Auswertungen ihrer Umfragen eine Einleitung vorangestellt. Da heißt es:

> Millionen standen unter Anklage. Ordentliche und außerordentliche Gerichte teilten den dunklen Menschenstrom; die Aktivisten landeten in Lagern, die Belasteten büßten mit Geld, und die übrigen, die Mitläufer, durften nach Erhalt eines weißen Papiers wieder in die Reihe der »vom Gesetz nicht betroffenen«, dem Sinne nach gleichsam als antifaschistisch eingestuften Staatsbürger zurücktreten. So wurde der Nationalsozialismus von den politischen Bürokraten der Siegermächte und den Spezialisten der deutschen Länderregierungen, die nichts dafür konnten, überwunden, liquidiert – nicht ohne dass man die Sprache schon wieder, wie im Dritten Reich, mit einigen synthetischen Wortbildungen von besonderer Hässlichkeit befleckte.
>
> Die Bevölkerung aber war dem Kalkül der Intellektuellen, das dahinterstand, gar nicht gewachsen, und da sie nicht begriff, was ihr geschah, so glaubte sie, es sei Unrecht. Sie kam ja aus einer anderen Vorstellungswelt

als die fremden Militärs, die überdies nicht einmal ganz sicher waren, ob sie sich wie Inquisitoren oder wie Erzieher gebärden sollten, und die in dem Irrtum verhielten, ein paar Plakate, Druckschriften und Rundfunksendungen könnten zwölf Jahre reellen Lebens umwerten. Indessen: Fühlen sich die Deutschen von einer abstrakten Schuld gezeichnet? Oder halten sie an jener Weltanschauung fest, von der sie so oft hörten, es sei die ihre?

Auf den folgenden Seiten wird versucht, die Nachwirkungen des Nationalsozialismus darzustellen. Dabei erhält ein typischer Querschnitt das Wort: die unentwegten Anhänger, die schroffen Gegner und die Lauen, die sich nach dem Winde richten. Es sprechen Angehörige der Jahrgänge, welche die sozialen Katastrophenjahre 1931 und 1932 schon bewusst miterlebten, und solche, die erst unter Hitler erwachsen wurden.

Das ist zwar nicht in der Sprache Naumanns gehalten, aber die Fragestellung klingt interessant. Naumann liest:

Was waren die wichtigsten Gründe, dem Streich von 1933 zuzustimmen? Vielmehr: Was halten die Menschen heute dafür, nachdem sie doch zu überschauen vermögen, wie unvorsichtig dieses Einverständnis mit Hitler gewesen war und wie verhängnisvoll es sich ausgewirkt hat?

Was später als besondere Tugend des nationalsozialistischen Regimes hervorgekehrt werden wird, sein soziales Programm, seine sozialen Leistungen, das bleibt vorerst, in der gedachten Perspektive der Gleichschaltungszeit, unsichtbar, unberührt.

Es ist beinah unheimlich, wie frisch, wie lebhaft nachempfunden die Sätze wirken, mit welchen beschrieben wird, was man vor fünfzehn Jahren politisch empfunden hat. Da ist nichts verstaubt, und auf den Worten lastet keine Resignation. »Es kam Ordnung in den Laden. Der parlamentarische Kuhhandel verschwand.« – »Weil ich froh war, dass endlich mal wieder eine starke Hand Ordnung machen wollte.« – »Es wurde etwas geschafft. Die Leute wussten, was sie wollten.« – »Das Vielparteiensystem hörte auf.«

Ein Drittel aller befragten Personen benutzt solche Formulierungen. Ein zweites Drittel spricht ähnlich von den Hoffnungen auf ein starkes Deutschland, ein geeintes Deutschland, ein Deutschland mit Weltgeltung: »Ich war der festen Überzeugung, dass dies der einzige Weg zu einem großen Deutschland war, wie ich es mir aus tiefstem Herzen wünschte.« – »Weil damals selbst jeder Mann auf der Straße sagte: Jetzt hat die Stunde der Befreiung geschlagen.« – »Weil Deutschland sich damals wieder einigte.«

Kiesinger hat recht, denkt Naumann, das ist in der Tat hochinteressant:

»Hat Ihnen am Nationalsozialismus etwas besonders gefallen?« Ein Beamter sagte: »Die Sorge für die arbeitende Bevölkerung, Kraft durch Freude, die NSV und so weiter.« Ein Angestellter: »Die ganzen sozialen Fürsorgeeinrichtungen für den Arbeiter.« Eine selbstständig berufstätige Frau: »Dass er für die Arbeiter sorgte, den wirklich schaffenden Menschen aller gesellschaftlichen Schichten einen freien Weg gab.«

Werner Naumann hat den Eindruck, hier das Material zu finden, mit dem er mit Gleichgesinnten wieder erfolgreich in die Politik gehen könnte. Die Gedanken sind ihm durchaus vertraut, die Zielsetzung stimmt, nur an der Umsetzung müsste gearbeitet werden.

> Wenn mehr als die Hälfte der Versuchspersonen dieser Befragung erklären, die soziale, sozialistische, arbeiterfreundliche Tendenz des Nationalsozialismus habe ihnen »gefallen«, so muss man überlegen, wie viel Egoismus im Spiel ist. Der Wunsch nach allgemeiner, innerer Sicherheit, im Schatten der großen Erwerbslosenkrawalle entstanden, machte den bürgerlichen Menschen gefügig, an der theoretischen, wortreichen Schmeichelei des Systems gegenüber dem Arbeiter gutwillig teilzunehmen. Es ist interessant, dass sich einige Versuchspersonen mit gutem Gedächtnis daran erinnern, die »Beseitigung des Bettlerunwesens« als »besondere Leistung« der Nationalsozialisten empfunden zu haben. Tatsächlich war die Polizeiaktion gegen die Bettler, die im Frühjahr 1933 begann, damals in weiten Kreisen populär. Der Bettler war ja beunruhigend, eine unordentliche Erscheinung, der man misstrauen musste. Diese Stimmen sagen im Detail auch nichts anderes, als was 20 Prozent aller Befragten pauschal zum Ausdruck brachten, indem sie erklärten, die Einführung von »Disziplin und Ordnung« hätte sie zu den Nazis hingezogen. Disziplin und Ordnung – verkörpern sie nicht das Sicherheitsbedürfnis einer nervösen Schicht, vielleicht sogar eines nervösen Volkes?

Naumann ist Kiesinger dankbar dafür, ihm diese Broschüre von Noelle und Neumann gegeben zu haben. Will die CDU darauf fußend ein Programm erstellen? Dann kommt noch ein anderer brisanter Punkt:

Am häufigsten wird gegen die »Behandlung der Judenfrage« angegangen, und zwar ausdrücklich von einem Viertel der befragten Personen (unter denen sich wiederum zur Hälfte ehemalige Parteimitglieder befanden). Viele lehnten den Rassenhass in Bausch und Bogen ab, andere meinten aber mehr die Methoden, die angewendet wurden. »Man hätte die Juden ruhig fortschicken können, aber man hätte ihnen mehr Geld mitgeben müssen«, sagt ein älterer Kaufmann. Ein anderer: »Das allzu radikale Vorgehen gegen die Juden, obwohl ich kein Judenfreund bin.«

Es ist vielleicht die tiefgreifendste Nachwirkung des nationalsozialistischen Systems, dass es die Masse lehrte, Grausamkeit hinter einer ordentlichen Titulatur zu verbergen. Von dieser Bequemlichkeit machen alle Gebrauch. Sie reden von: Judenverfolgung, Judenfrage, radikalem Vorgehen gegen die Juden, von der »Judensache«, der Judenliquidierung. Keiner spricht von Mord oder Tötung, keiner wagt, auch nur ungefähr den Umfang dieser Massenvernichtung anzudeuten. Von diesen Gräueln will man sich nicht verfolgen lassen, und man will nicht daran erinnert werden: Handelt es sich um eine Verdrängung großen Stils?

Dann geht es um die Frage, warum die Menschen der Partei beigetreten sind:

Die Meinung, es sei eine Dummheit gewesen, der NSDAP beizutreten, kommt kaum vor, auch gibt nur eine Minderheit zu, dass dies ein echter »Fehler« gewesen sei. Stattdessen haben alle Antworten auf die Frage nach den Motiven für den Parteibeitritt einen eifrig erklärenden Charakter. »In gutem Glauben an die Richtigkeit der Sache.« Oder: »Ich habe ein Buttergeschäft. Die besten Kunden wollten ab 1931 nur beim Nationalsozialisten kaufen, da bin ich auch eingetreten. 2,50 RM hat das damals gekostet.« Oder: »Weil ich musste.«

Fast die Hälfte der früheren Parteiangehörigen gibt ohne Umschweife zu, aus Überzeugung zur Partei gegangen zu sein. Vergegenwärtigt man sich, wie dieser Gruppe in den letzten Jahren zugesetzt worden ist, so wirkt dieses klare Eingeständnis bemerkenswert.

Die Frage, inwieweit man den Nationalsozialismus für eine »gute Idee« hält, die nur »schlecht ausgeführt« wurde, sollte vor allem Antwort darauf bringen, was die Entnazifizierung – wie es mit einem Sprachungetüm heißt – eigentlich angerichtet hat. Haben sich die Menschen innerlich vom Nationalsozialismus gelöst, oder meinen sie, Hitler habe nur Pech gehabt? 65 Prozent der früheren Parteigenossen glauben, der Nationalsozialismus sei an sich eine gute Idee gewesen. Überraschend ist, dass 49 Prozent der »Nichtparteigenossen«, also der »vom Gesetz nicht betroffenen« Personen, die gleiche Ansicht vertreten.

Wenn Werner Naumann sich tatsächlich wieder ins politische Getümmel stürzen sollte, wird er Noelles und Neumanns Erkenntnisse gewiss als Grundlage für seine programmatischen Überlegungen nutzen:

Was ihnen den Nationalsozialismus schmackhaft gemacht hat, wissen wir: die Sicherheit der Lohntüte, die Ordnung, die Reibungslosigkeit, mit der die alte politische Apparatur funktionierte. »Alles war geregelt« – diese Aussage eines jungen Angestellten zeigt, dass gefiel, was das eigene Leben erleichterte. Und so bedeutet der »Nationalsozialismus« Arbeit, ausreichende Ernährung, Kraft durch Freude, kein »Durcheinander« im politischen Leben. Dieser Nationalsozialismus ist noch jetzt eine »gute Idee«, und wenn man hinzufügt, sie sei schlecht ausgeführt worden, so meint man, dass eben »die ewige Sammelei«, »der Zwang« und die »kleinen Hitler« diese schlechte Ausführung repräsentierten. Die Konzentrationslager und die »Judenfrage«: sie gehören gleichfalls dazu, weil man seit 1945 so viel Schlechtes darüber gehört hat. Aber sonst war alles in Ordnung. Es war besser als in der Weimarer Republik. Damals hatte man ebenso viele Parteien wie auch jetzt wieder und auch genau wie heute so viel Geschrei um nichts.

Nur Personen, die studiert haben, die Akademiker also, bezeichnen mit klarer Mehrheit den Nationalsozialismus als eine schlechte Idee. Aber die Politik wird mit Menschen gemacht, die keine Universität besucht haben, und diese Menschen vermögen nicht mehr Ursache und Wirkung in der Politik zu unterscheiden. Sie sind zu müde, zu wenig intelligent, im Sinne ihrer neuen Inquisitoren oder Erzieher zu »charakterlos«. Es ist dies nicht ihre Schwäche, es ist die Schwäche der Epoche. Sie sind immer wieder durch den Wolf gedreht worden, und nun lockt sie nichts mehr als die Vorstellung von Ruhe, Ordnung, Sicherheit und einem reichlich gedeckten Tisch.

Das Fazit von Noelle und Neumann:

Politik muss dekorativ und symbolträchtig sein, um die Menschen zu erwärmen. Sie muss simpel sein und

> selbst in der Banalität imponierend wie die Parteitage in Nürnberg. Welcher Unterschied zwischen einer Reichstagssitzung mit schulfrei und Girlanden und den Tagungen des Parlamentarischen Rates in Bonn – der Unterschied übrigens, der sich darin ausdrückt, dass die Weimarer Republik in schlechter Erinnerung, der Nationalsozialismus aber trotz allem in erträglichem Andenken steht.

Diese Ausführungen haben Werner Naumann schwer beeindruckt, und er zieht eine Lehre daraus: Noch scheint für Deutschland nicht alles verloren.

Treffen mit Harald Quandt

In diesem Frühjahr des Jahres 1950 steht Werner Naumann ein schwerer Gang bevor. Nach der Anmeldung in Tübingen unter seinem richtigen Namen hat er die Adresse von Harald Quandt, Magda Goebbels' ältestem Sohn, ermittelt, der nach seiner Kriegsgefangenschaft 1947 in Stuttgart ein Maschinenbaustudium begonnen hatte. Harald Quandt besitzt dort eine kleine Wohnung, in die er Werner Naumann eingeladen hat. Quandt, 1921 geboren, war nach der erneuten Eheschließung seiner Mutter häufig Gast im Hause Goebbels. Naumann und er sind sich regelmäßig begegnet, und Naumann weiß, dass der kleine blonde Junge in Hitlerjugend-Uniform in ihm, Naumann, ein Idol gesehen hatte. Insbesondere das Gardemaß von Naumann, der außer bei privaten Treffen stets in SS-Uniform auftrat, hatte Vorbildfunktion für den kleinen Harald. Im Hause Goebbels musste Naumann immer wieder von den Ereignissen am Klidi-Pass erzählen, als er seine Kompanie im Kampf gegen die feindliche Übermacht vor der Vernichtung bewahren konnte.

Als Harald Quandt ihm jetzt die Wohnungstür öffnet, sieht Naumann sich einem gestandenen Mann gegenüber, und er folgt einem für ihn ungewöhnlichen Impuls: Er breitet die Arme aus und nimmt Quandt in den Arm.

Naumann hat sich vorgenommen, Harald zu schildern, was genau am 30. April 1945 im Führerbunker geschah. Was waren die Motive von Joseph und Magda Goebbels gewesen? Sie haben beide Abschiedsbriefe an Harald geschrieben, die ihn über Hanna Reitsch auch erreicht haben. Aber wie soll es für den Sohn nachvollziehbar sein, alle Geschwister verloren zu haben, denen er sich trotz des Altersunterschiedes sehr innig verbunden fühlte.

Als sie kurz darauf in einem geschmackvoll eingerichteten, modernen Wohnzimmer sitzen, erklärt Werner Naumann ihm, dass seine Mutter und Joseph Goebbels befürchtet hatten, dass die siegreichen Feinde sie dem öffentlichen Spott preisgegeben hätten und dass die Kinder in ein Umerziehungslager gesteckt worden wären. Dies wollten beide – auch Magda Goebbels – um jeden Preis verhindern. Dann berichtet Naumann von den tiefen Gefühlen sowohl von Magda als auch von Joseph Goebbels ihm, Harald, gegenüber und von der Hoffnung, dass wenigstens er den Krieg überleben würde, auf dass die Familie durch ihn weiterexistiere.

Harald Quandt dankt Naumann einmal mehr für sein Kommen und für seine tröstlichen Worte. Dann erzählt er von seinen eigenen Erlebnissen in den letzten Monaten des Kriegs, von den Zweifeln am Endsieg, die ihm bald gekommen waren. Er sagt, er sei froh, dass alles vorüber sei. Er versuche jetzt nach vorn zu blicken. Er wolle sein Maschinenbaustudium abschließen, in den Konzern einsteigen und ihn mit seinem Bruder Herbert unter Leitung des Vaters Günther Quandt weiterführen. Sein Vater sei 1946 verhaftet worden und zwei Jahre lang interniert gewesen, worunter seine Gesundheit gelitten habe. Ein Grund mehr, das Studium schnell zu beenden, um die Zügel in die Hand zu nehmen.

Als Naumann Anstalten macht zu gehen, sagt Quandt: »Herr Naumann, sollten Sie je eine Ihnen würdige Stelle in einem großen Unternehmen suchen, werde ich dafür sorgen, Ihnen eine solche in unserem Konzern zu verschaffen. Darauf können Sie sich verlassen!«

Angebot mit Perspektive

Ende Mai erhält Werner Naumann überraschenderweise ein weiteres verlockendes Angebot. Er ist gerade aufgestanden, als das Telefon klingelt.

»Ich grüße Sie, Herr Naumann. Hier spricht Ernst Achenbach. Sie erinnern sich an mich? Als ich noch im Außenministerium gearbeitet habe, hatten wir verschiedene Besprechungen mit dem Propagandaministerium die gemeinsamen Ziele für das besetzte Frankreich betreffend. Ich habe Ihre Telefonnummer von Friedrich Grimm bekommen, mit dem ich in der Frage der Amnestieanstrengungen zusammenarbeite.«

»Guten Tag, Herr Achenbach! Natürlich weiß ich, wer Sie sind, wir haben ja nicht nur einmal miteinander gesprochen. Ich freue mich, von Ihnen zu hören.«

»Ich habe eine gute Nachricht für Sie. Wie Sie wissen, arbeite ich seit einigen Jahren auch mit Herbert Lucht zusammen. Im Moment bin ich der Anwalt seiner Firma, die er gemeinsam mit seiner Frau in Meerbusch-Büderich bei Düsseldorf betreibt. Ich soll Ihnen ausrichten, dass er daran interessiert ist, mit Ihnen zusammenzukommen. Er möchte Sie gerne für eine leitende Stellung in der Firma gewinnen. Was halten Sie davon, in der nächsten Woche in die Villa Lucht zu kommen?« Naumann will schon antworten, doch Achenbach fährt bereits fort. »Ich hörte von Herrn Grimm, dass Sie leidenschaftlicher Motorradfahrer sind, sodass es für Sie doch ein Vergnügen sein müsste, diesen etwas längeren Weg auf sich zu nehmen. Ich würde auch dabei sein.«

Werner Naumann ist überrascht. Lucht war im Krieg Propagandaoffizier und Anfang der Vierzigerjahre nach Paris geschickt worden, um dort nach dem erfolgreichen Frankreichfeldzug und der Besetzung von Paris als Vertreter des Propagandaministeriums eine Abteilung zu leiten, die das kulturelle Leben in ihrem Sinne beobachten und beeinflussen sollte. Er hat Lucht seit 44 nicht mehr gesehen und auch keine Ahnung, wie er die Katastrophe von 45 überlebt hatte.

»Ich bin jederzeit in der Lage, mich mit Herbert Lucht und auch mit Ihnen zu treffen.«

Sie verabreden einen Termin in der ersten Juliwoche.

Etwas später ruft ihn Herbert Lucht selbst an und spricht ihm seine Einladung noch einmal persönlich aus. Herbert Lucht sagt, dass er sich freue, Werner Naumann am Leben zu wissen. Dann erzählt er, dass er mit seiner Frau Lea, die Naumann bisher nicht kennt, in Meerbusch-Büderich ein schönes, großes Haus habe bauen können, von wo sie eine belgisch-deutsche Import-Export-Firma betrieben, Cominbel. Die guten Kontakte nach Belgien und in andere Länder, die florierende Aufbauphase kämen ihnen zugute. Bislang habe Lucht die Geschäfte zusammen mit seiner Gattin betrieben. Jetzt wolle er sich aus gesundheitlichen Gründen aus dem operativen Geschäft zurückziehen. Er suche einen neuen Geschäftsführer und habe da an ihn, Naumann, gedacht.

Naumann ist überwältigt. Das Jahr 1950 hat sich für ihn bis jetzt wirklich gut entwickelt. Die Anmeldung in Tübingen im März ist zu seiner vollen Zufriedenheit verlaufen. Er wurde aufgefordert, einen Meldebogen auszufüllen, der Grundlage für ein Entnazifizierungsverfahren ist. Darin hat Naumann wahrheitsgemäß seine Mitgliedschaften in der

NSDAP angegeben, aber auch, dass er 1934, im Zuge des »Röhm-Putsches«, aus der SA ausgeschlossen wurde. In der Regel ist eine solche Angabe für die zuständigen Behörden die Grundlage für ein personenbezogenes Entnazifizierungsverfahren, für das weitere Erkundigungen eingeholt werden müssen, bei Bundesbehörden und in Staatsarchiven. Zusammen mit Peter Gast hat Naumann ferner überlegt, welche unverdächtigen Persönlichkeiten ein Leumundszeugnis für ihn, Naumann, ausstellen könnten. Dabei sind sie auf einen ehemaligen Mitarbeiter von ihnen im Propagandaministerium gekommen, Horst Huisgen. Der war damals Leiter des Referates Jugend und Sport und gleichzeitig HJ-Verbindungsführer zum »Promi«, nunmehr aber Hauptgeschäftsführer bei der neu gegründeten Freien Demokratischen Partei im Landesverband Niedersachsen. Gast hat Huisgen kontaktiert, und dieser war sofort bereit, ein Leumundszeugnis (im Volksmund auch »Persilschein« genannt), für Werner Naumann abzugeben. Auf dem Briefbogen der FDP Niedersachsen schreibt Huisgen:

> Als derzeitiger Hauptgeschäftsführer der Freien Demokratischen Partei und ehemaliger Außenstellenleiter im Landesverband Nordrhein-Westfalen erkläre ich hiermit, dass mir Herr Dr. Werner Naumann seit dem Jahre 1930 bekannt ist. Ich habe Dr. Naumann stets als einen Idealisten und einen gerecht denkenden Menschen kennengelernt. Bei meiner Tätigkeit in den Behörden hatte ich gelegentlich auch mit Dr. Naumann zu tun. Er hat hier stets den Belangen der Selbstverwaltung im Gegensatz zu den sonstigen Gepflogenheiten der NSDAP Rechnung getragen und im Besonderen sich außerordentlich loyal und verständnisvoll gegenüber den Wünschen kirchlicher und karitativer

Verbände gezeigt. Mir ist, allerdings nicht im Einzelnen, bekannt, dass Dr. Naumann auch erhebliche Differenzen mit den Machthabern in der Vergangenheit hatte. Bei Ausbruch des Krieges wurde er sofort Soldat und mehrere Male schwer verwundet.

Soweit mir bekannt ist, hat Dr. Naumann nach der Kapitulation als Handlanger und später als Maurergeselle gearbeitet und damit bewiesen, dass er gewillt ist, am Aufbau unserer Demokratie mitzuarbeiten.

Ich selbst war in der NSDAP und bin in Gruppe V eingestuft.

H. Huisgen
Hauptgeschäftsführer

Naumann kann zufrieden sein. Das klingt wie ein offizielles Schreiben der niedersächsischen FDP. Es ist auch noch ein zweites Schreiben eingereicht worden, am 17. Mai 1950, von Professor Dr. Dr. Nöll von der Nahmer, auf dem Briefpapier des Deutschen Bundestags für Abgeordnete. Von der Nahmer ist inzwischen in Bonn ansässig und als Abgeordneter der FDP im Bundestag. Er nimmt wie folgt Stellung:

Der frühere Staatssekretär im Propagandaministerium, Herr Dipl. Volkswirt Dr. rer. pol. Werner Naumann, ist mir seit dem Sommersemester 1935 bekannt. Er nahm damals an der Universität Breslau sein unterbrochenes Studium wieder auf, nachdem er aus der Haft im Zusammenhang mit den Ereignissen des 30. Juni 1934 entlassen worden war. Obgleich von mir bekannt war, dass ich bis zuletzt Mitglied der alten Deutschen Demokratischen Partei und ihrer Nachfolgerin, der Deutschen Staatspartei, gewesen war, was bei meiner Habilitation 1934 zu erheblichen Schwierigkeiten geführt hatte, trat mir Herr Naumann sehr rasch als Schüler näher. Er gehört, wie ich gerne hier feststelle, zu der Zahl meiner Hörer, die ich sowohl nach ihrem Können und Wissen, wie nach ihren einwandfreien charakterlichen Eigenschaften am meisten schätze und mit denen ich auch nach Abschluss des akademischen Studiums immer in Fühlung geblieben bin.

Nach gut bestandenem Diplomexamen hat dann Herr Naumann eine ausgezeichnete Doktorarbeit über Probleme der Einkommenspolitik unter meiner Leitung angefertigt und wurde dann auch mein Assistent. Ihn für die wissenschaftliche Laufbahn zu gewinnen, scheiterte an seiner Berufung in den Reichsdienst, der er sich nicht entziehen wollte, wohl auch mit Rücksicht auf seinen Wunsch nach Gründung eines eigenen Hausstandes, was bei einer Fortsetzung seiner wissenschaftlichen Laufbahn schwierig gewesen wäre.

Als ich während des Krieges Zensurschwierigkeiten wegen Veröffentlichung einer zinstheoretischen Studie bekam, hat Herr Naumann versucht, diese Schwierigkeiten aus dem Wege zu räumen, und es ist nicht seine Schuld, wenn die Schrift trotzdem verboten blieb. Als ein umfangreiches geldtheoretisches Werk fertig gesetzt war, wurde die Druckerei zerstört und die dafür vorgesehenen Papiervorräte vernichtet. Herr Naumann hat dann dafür gesorgt, dass nochmals für das Werk Papier bewilligt wurde. Als der Satz fertig war, wurde auch diese Druckerei durch einen anderen Luftangriff mit dem fertigen Satz und allen Papiervorräten vernichtet. Herr Naumann hat jedenfalls ohne Rücksicht auf politische Gesichtspunkte bei allen diesen Entscheidungen sich lediglich von sachlichen und wissenschaftlichen

Erwägungen leiten lassen und darüber hinaus eine menschlich schöne und anerkennenswerte Dankbarkeit gegenüber seinem früheren Lehrer bewiesen.

Herr Naumann war während seines Studiums bei seinen Kommilitonen allgemein beliebt. Während seiner Assistententätigkeit genoss er durch sein liebenswürdiges und kameradschaftliches Verhalten das volle Vertrauen der Studenten. Auch innerhalb des Lehrkörpers der rechts- und staatswissenschaftlichen Fakultät Breslau war er durch sein Wissen, seine angenehmen Umgangsformen, seine Hilfsbereitschaft und sein allgemein als sympathisch empfundenes Wesen ausgesprochen beliebt. Auch meine Fachgenossen bedauerten es allgemein, als Herr Naumann von der Fakultät fortging.

Ich habe mit vielen Herren der Ministerialbürokratie über Herrn Naumann gesprochen. Ich habe immer nur anerkennende Urteile gehört. Dabei muss man berücksichtigen, dass gerade die alten Berufsbeamten innerhalb der Ministerialbürokratie mit Recht außerordentlich skeptisch gegen die oft sehr jungen Außenseiter eingestellt waren, die in den Dreißigerjahren von der Partei in die Ministerien berufen wurden. Ich kann nach bestem Wissen und Gewissen meinem früheren Schüler nur das denkbar beste menschliche Zeugnis ausstellen. Ich halte ihn irgendwelcher verbrecherischer Handlungen für völlig unfähig.

Dr. Dr. Nöll von der Nahmer
Mitglied des Bundestages und ordentlicher Professor der Volkswirtschaftslehre und Finanzwissenschaft an der Johannes-Gutenberg-Universität Mainz, Hessischer Ministerialdirektor a. D.

Solche Leumundszeugnisse werden in diesen Tagen massenhaft eingereicht, und es verwundert nicht, dass aufgrund der notwendigen Erkundigungen, die von dem Ausschuss für die Entnazifizierung in den nächsten Monaten einzuholen sind, von diesem nichts zu hören ist – kein Ergebnis und kein Bescheid. Das ist gewiss nicht von Nachteil für Werner Naumann, der sich kurze Zeit später schon in einem anderen Bundesland angemeldet hat, wodurch die Zuständigkeit für die Verfahren sich wiederum ändert.

Seit Werner Naumann offiziell als Werner Naumann in Tübingen gemeldet ist, will er im Übrigen auch wie Werner Naumann aussehen. Seither rasiert er sich wieder, das Haar ist gestutzt und akkurat gescheitelt. Der Maurergeselle Wegner gehört der Vergangenheit an.

»Sind Sie noch dran?«

Die Stimme von Herbert Lucht reißt Naumann aus seinen Gedanken. »Ja, ich bin noch dran.« Er räuspert sich. »Das klingt wirklich vielversprechend.«

»Das will ich meinen«, sagt Lucht. »Wir sehen uns dann also im Juli.«

In der Villa Lucht

Für die Fahrt von Schwabach nach Meerbusch-Büderich braucht Naumann auf der EMW R 35 gut sechs Stunden. Er erreicht die Villa Lucht gegen Mittag. Der renommierte Architekt Emil Fahrenkamp hat sie im Auftrag der Luchts im Stil eines bäuerlichen Gehöfts entworfen. Vor zwei Jahren ist sie fertiggestellt worden. Naumann passiert eine Tordurchfahrt und gelangt in einen Innenhof mit kleiner Gartenanlage. Naumann ist erstaunt über die Großzügigkeit der repräsentativen Anlage.

Empfangen wird er von einem grau gewordenen Herbert Lucht und seiner Frau Lea, die, etwa in Naumanns Alter, Lebensfreude, Charme und Neugierde ausstrahlt, modisch angezogen und geschminkt ist, mit grellen roten Lippen, wie es Naumann nach dem Krieg noch nirgendwo gesehen hat. Er wird ins Haus gebeten. Lea Lucht zeigt ihm die Räumlichkeiten, und er stellt dabei fest, dass Teile des Hauses offenbar noch nicht in Gebrauch sind. Das Haus ist gleichzeitig der Sitz der Firma Cominbel. Stolz berichtet Lea Lucht, dass sie darüber hinaus in der Düsseldorfer Innenstadt im Gebäude des neu errichteten Hotels Breidenbacher Hof eine Confiserie, »Die Praline«, besitzt, die auf belgische Schokoladenköstlichkeiten spezialisiert ist. Als sie später bei Kaffee und Kuchen im Salon sitzen, bietet ihm Lea Lucht auch eine kleine Auswahl aus der Confiserie an.

Naumann bemerkt zu seiner nicht geringen Verwirrung, wie sehr die Hausherrin ihn fasziniert und anzieht. Dies umso mehr, als er mit nichts dergleichen an diesem Ort gerechnet hätte.

»Achenbach wird etwas später kommen«, erklärt Herbert Lucht, der auf Naumann behäbiger wirkt, als er ihn in Erinnerung hat. »Er ist Landtagsabgeordneter der FDP und gerade für die Partei unterwegs, aber er freut sich ebenfalls auf unsere Begegnung.«

Somit finden sie Zeit, sich gegenseitig zu erzählen und zu berichten, wie sie das Ende des Krieges erlebt haben.

Bei Herbert Lucht und Lea, die er »Sliky« nennt, verlief die Flucht unspektakulär. Sie haben sich rechtzeitig aus Paris abgesetzt und nach Norddeutschland begeben, wo sie einige Zeit in der Kleinstadt Meldorf an der Nordseeküste untergekommen waren.

»Sehr eng und provinziell«, sagt Lea Lucht. Sie spricht mit einem reizenden belgischen Akzent. »Es war gewöhnungsbedürftig, besonders für mich. Ich gehe nie ungeschminkt aus dem Haus. Die Leute haben mich angestarrt und mir unflätige Namen hinterhergerufen. Aber ich habe mich nur umso stärker geschminkt. Irgendwann war dann Ruhe.« Sie lacht.

Danach muss Werner Naumann erzählen, wie er es geschafft hat, aus Berlin herauszukommen. Die Anwesenheit von Lea Lucht führt dazu, dass Naumann wortreicher berichtet, als es eigentlich seine Art ist. Er lässt sich über das Potsdamer Abkommen aus, äußert sich empört über den Skandal, dass sich die Entourage der »Großen Drei« in Neubabelsberg breitgemacht hatte, und schildert seine Eindrücke vom zerstörten Nürnberg wie ein Berichterstatter zur Zeit des ersten Prozesses.

Als Lea damit beschäftigt ist, das Kaffeegeschirr in die Küche zu bringen, erklärt ihr Mann, dass er gesundheitlich angeschlagen sei und nicht zuletzt deswegen hoffe, ihn, den

Volkswirt Werner Naumann, dafür zu gewinnen, in ihrer Firma einzusteigen.

»Der Standort ist ideal, und die Firma verfügt über sehr gute Verbindungen in Europa, vor allem nach Spanien, nach Madrid, zu den kanarischen Inseln, Ausgangspunkt für Handelsbeziehungen mit Afrika.« Als Naumann hört, dass Luchts Mittelsmann in Spanien Otto Skorzeny ist, glaubt er seinen Ohren nicht zu trauen. Skorzeny, österreichischer Offizier der Waffen-SS, ist berühmt und berüchtigt durch seine Befreiungsaktion von Benito Mussolini aus der Haft und andere Bravourstücke. Naumann hat Skorzeny bei verschiedenen Gelegenheiten getroffen und schätzen gelernt. Die Möglichkeit, jetzt mit ihm zusammenzuarbeiten, beflügelt ihn regelrecht.

Lucht lehnt sich zu Naumann vor und wechselt unvermittelt ins vertrauliche Du. »Hör zu, Werner, wenn du als Geschäftsführer bei uns einsteigst, bieten wir dir nicht nur ein anständiges Salär. Du kannst hier wohnen, hast natürlich dein eigenes Telefon und einen Dienstwagen. Wenn du vorhast, alte Kontakte aufzufrischen, findest du hier alle technischen Möglichkeiten dazu.« Er lehnt sich wie erschöpft zurück. »Gleich wird Achenbach zu uns stoßen. Er ist nicht nur ein guter Rechtsanwalt, sondern auch ein umtriebiger politischer Mensch. Ist in die FDP eingetreten und hat es auf Anhieb geschafft, Abgeordneter im Landtag zu werden. Das muss nicht dein Weg werden, aber er kann auch dir sehr nützlich sein. Also – was meinst du?«

Naumann ist angetan von dem Angebot und den Möglichkeiten, die sich ihm damit eröffnen. Er hat das Gefühl, endlich in der neuen Zeit angekommen zu sein. »Ich danke dir für das großzügige Angebot«, sagt er daher. »Ich glaube, dass das etwas für mich sein könnte. Aber gib mir ein paar Tage Bedenkzeit. Ich muss mit Peter Gast darüber reden – und natürlich mit meiner Frau.«

»Selbstverständlich. Kein Problem«, sagt Lucht und lächelt. Er weiß, dass er den Fisch an der Angel hat.

Als Lea wieder ins Zimmer kommt, sagt Lucht: »Werner überlegt sich unser Angebot, er kann sich aber gut vorstellen, die Stelle anzunehmen.«

Dann passiert etwas, womit der nüchterne Naumann nicht gerechnet hat. Lea Lucht beugt sich zu ihm herab, umfasst seine Schultern und drückt sie: »Das würde mich sehr freuen!«, ruft sie aus und strahlt. Sie nimmt wieder auf ihrem Stuhl Platz. »Herbert hat mir erzählt, was du im Ministerium in Berlin geleistet hat. Sagt mir Bescheid, wenn ich Champagner zum Anstoßen holen soll.«

Herbert Lucht hat ihr offenbar nicht alles über Werner Naumann erzählt. In Berlin, im »Promi«, war allgemein bekannt, dass sowohl Goebbels als auch sein Schatten keinen Alkohol tranken. Aber für eine Frau wie Lea Lucht würde Naumann sogar eine Ausnahme machen.

Schließlich trifft Ernst Achenbach ein. Er ist Naumanns Jahrgang, 1909 geboren, wirkt mit seiner Glatze, dem runden Schädel und der schweren Hornbrille aber älter, gesetzter. Naumann und er sind sich oft begegnet, haben allerdings nie länger miteinander gesprochen. Er ist sichtlich erfreut, Werner Naumann zu sehen und begrüßt ihn herzlich.

Eine Weile tauschen sie Höflichkeiten aus, doch Achenbach kommt schnell auf Naumanns Entnazifizierungsprozess zu sprechen. Der Anwalt weist darauf hin, dass Naumann, wenn er in der Firma arbeiten und hier wohnen würde, in die britische Besatzungszone wechseln und der Prozess noch einmal von vorne beginnen würde. Naumann entgegnet darauf, dass Kiesinger und Friedrich Grimm ihm genau zu diesem Verwirrspiel geraten haben.

Achenbach spricht das Thema Politik an: »Sie haben sicherlich schon gehört, dass ich als Abgeordneter der FDP in den Landtag gewählt worden bin. Ich wollte Sie fragen, ob Sie uns nicht gute Leute vermitteln könnten, die bei uns als Referenten und Mitarbeiter infrage kommen. Es fehlen uns an allen Ecken und Enden zuverlässige Leute, die Erfahrungen haben und nicht unbedarft in die Politik einsteigen.«

»Wolfgang Diewerge fällt mir da als Erstes ein«, sagt Naumann. Er hat von Friedrich Grimm erfahren, dass Diewerge wieder aufgetaucht ist. Auch ihm sei es gelungen, bis zum Straffreiheitsgesetz ein Leben unter falschem Namen zu führen.

Als er Achenbach davon erzählt, runzelt dieser die Stirn: »Bis 45 hat es 8,5 Millionen NSDAP-Mitglieder gegeben. Und auch die SS hatte fast eine Million Mitglieder. Da muss doch einfach einmal Schluss gemacht werden mit den Verfolgungen und Nötigungen und Rechtfertigungen. Ohne Tabula rasa kann es keinen wirklichen Neuanfang geben.«

***

Auf der Fahrt zurück nach Schwabach ist für Naumann längst klar, dass er dieses Angebot annehmen *muss*. Sorgen macht er sich nur darüber, wie Ursula auf seine Entscheidung reagieren wird. Es ist offensichtlich, dass er allein nach Meerbusch ziehen wird. Die Dienstwohnung und das ganze Ambiente sind nicht auf eine vielköpfige Familie ausgerichtet. Naumann könnte ihr jetzt immerhin eine finanzielle Absicherung bieten. Sie könnte sich eine größere Wohnung oder sogar ein Haus suchen. Vielleicht in der Nähe Düsseldorfs. Dann könnte man sich regelmäßiger sehen. Denn er muss sich auch überlegen, wie jetzt ein Wiedersehen mit den Kindern zu gestalten wäre – ein Wiedersehen, das zugleich ein neues Abschiednehmen wäre.

Dann wandern seine Gedanken zu Wolfgang Diewerge.

Er hat keine Ahnung, in welchen Arbeits- und Lebensverhältnissen Diewerge sich gerade befindet. Er und Naumann kennen sich seit dem Studium in Berlin, beide hatten mit Rechts- und Staatswissenschaften angefangen, bevor Naumann in die Volkswirtschaft wechselte, wenn auch eher pro forma, da er fast durchgehend politisch aktiv war. Auch Diewerge hatte das Studium unterbrochen, weil er lieber journalistisch und propagandistisch arbeiten wollte. Naumann war damals durchaus eifersüchtig auf Diewerge, weil der ein geschickter Demagoge war, mit einem Gespür dafür, wo man beim Gegner den Hebel ansetzt. Er publizierte Broschüren und Bücher, die in hohen Auflagen gedruckt wurden. Er verschrieb sich nur den skandalträchtigsten Themen und wurde von Goebbels auch gezielt für diese eingesetzt. So war er Sonderberichterstatter beim Kairoer Judenprozess, er hatte über den Fall Gustloff geschrieben, die Bluttat von Davos, über den Prozess gegen den Mörder David Frankfurter und auch über Herschel Grynszpan. Als der verrückte amerikanische Jude Theodore N. Kaufman 1941 die Broschüre *Germany must perish!* veröffentlichte, sah Goebbels sofort die Möglichkeit, daraus eine große antijüdische und antiamerikanische Geschichte zu machen. Es war im »Promi« bekannt, dass Kaufman ein fanatischer Wirrkopf und Einzelgänger war, aber im Auftrag von Goebbels machte Diewerge aus ihm einen prominenten Deutschenhasser und geheimen Berater von Präsident Roosevelt. Diewerge, als gelehriger Schüler Goebbels', nannte Kaufman ausschließlich Theodore »Nathan« Kaufman, obwohl das »N« für »Newman« stand. Dem stets so nüchternen Werner Naumann ging das alles ein bisschen zu weit. Aber Diewerge versteht zweifellos sein Handwerk. Naumann beschließt, ihn zu kontaktieren, sobald seine eigene Situation geklärt ist.

Erstes Treffen mit den Kindern

Am nächsten Sonntag um zehn Uhr steht Naumann vor der Tür in Alerheim. Er hat sich telefonisch bei Ursula angekündigt. Ihr Vater und auch die Kinder wissen Bescheid. Naumann ist nervös. Er hat einen großen Korb mit Geschenken und einen Blumenstrauß dabei. Die Geschenke waren ein Problem. Er weiß nichts von den Vorlieben seiner Kinder, was sie gernhaben, was zu ihrem Alter passt. Heidi ist jetzt elf Jahre alt, Klaus-Peter gerade zehn geworden, Mizi und Sisi werden demnächst acht, und der kleine Werner, den der große Werner noch gar nicht gesehen hat, ist fünf. In seiner Not hat sich Naumann an Hermann Hansen gewandt, der seine Frau Heidi zurate zog. Sie machte schließlich Vorschläge für altersgemäße Geschenke, Spielsachen, Kleidungsstücke, Süßigkeiten, eine Flasche Frankenwein für den Schwiegervater, und Naumann hat alles in Nürnberg eingekauft.

Die Tür wird von der ältesten Tochter Heidi geöffnet. Sie sieht ihn erstaunt an und ruft nach kurzem Zögern: »Papa?«, worauf aus der Küche ein Sturmlauf beginnt, die älteren zuerst, die kleinen ungläubig hinterher. Ursula erscheint ebenfalls, ihr Gesicht verrät Rührung und Sorge zugleich. Auch ihr Vater tritt hinzu, gemessenen Schrittes mit ernstem Blick. Es ist ein großes Tohuwabohu. Die Kinder drängeln sich in seinen Armen, bringen ihn fast zu Fall.

Werner Naumann ist ein einziges Mal in der Wohnung gewesen, als er die Familie im Frühjahr 45 hierhergebracht hat. Sie ist klein, aber nicht ungemütlich. Sie begeben sich ins

Wohnzimmer. Wie Knecht Ruprecht holt Werner Naumann erst einmal die Geschenke aus dem Korb, dann beginnt ein Auspacken, Schreien und Jubeln, während sich Werner zu Ursula setzt und ihr die Hand drückt, nachdem er ihr die Blumen überreicht hat.

Kurz darauf beginnen die Fragen: Wo kommst du her? Wo bist du gewesen? Wohnst du jetzt bei uns?

Naumann antwortet ausweichend, stellt seinerseits Fragen: Wie geht es euch? Habt ihr Freunde gefunden? Wie läuft es in der Schule? Naumann merkt, dass besonders der kleine Werner ihn aufmerksam mustert. Er ist für ihn ein Fremder. Wenn er in diesem Moment wieder ginge, wäre es dem kleinen Kerl einerlei.

Irgendwann verliert auch die größte Attraktion ihren Reiz – die Kinder gehen nacheinander in ihre Zimmer oder in die Küche, und Werner findet Gelegenheit, seiner Frau und ihrem Vater zu erzählen, welche Veränderung sich bei ihm ergeben hat, dass er eine sehr gut bezahlte Stelle beim ehemaligen Kollegen aus dem »Promi« gefunden habe, der eine große Firma bei Düsseldorf besitzt und ihn als Geschäftsführer einstellen will. Damit sei die materielle Existenz der Familie gesichert, schließt Naumann seinen Bericht.

Ursulas Vater gratuliert Naumann. Ursula selbst nickt nur stumm. Sie ist hin- und hergerissen. Die große Distanz bereitet ihr Sorgen. Auch fürchtet sie, Werners politische Ambitionen könnten wieder erwachen, jetzt, da er offenbar wieder mit alten »Promi«-Kollegen zusammenarbeiten wird. Gleichzeitig ist sie froh und erleichtert, dass die Kinder ihren Vater wiederhaben, dass sie sehen, dass er lebt, dass er sie besucht und vielleicht wenigstens an den Wochenenden für sie da ist.

Später essen sie gemeinsam zu Mittag. Eine Suppe ist vorbereitet. Im Anschluss nimmt Naumann sich die Zeit, mit den Kindern zu sprechen. Er lässt sich ihre Kinderzimmer zeigen, ihre Betten, ihre Spielsachen, ihre Schulsachen.

Am frühen Abend verabschiedet er sich von der Familie. Er nimmt jedes Kind einzeln in den Arm. Nur der kleine Werner fremdelt und versteckt sich hinter den Beinen seiner Mutter. Als Naumann wieder auf dem Motorrad sitzt, startet er den Motor und lässt ihn im Leerlauf laut aufbrausen. Die Kinder johlen vor Begeisterung. So, als schneidigen Motorradfahrer, kennen sie ihn noch nicht, aber was wissen sie denn schon von ihm?

***

Bereits am nächsten Tag ruft Werner bei Herbert Lucht an. Er teilt ihm mit, dass er das Angebot gerne annimmt, und sie vereinbaren den 1. August 1950 als Arbeitsbeginn. Es bleiben Naumann noch fünfzehn Tage. Er kann schon am Wochenende davor einziehen und sich mit den Gegebenheiten vertraut machen. »Für den Umzug benötige ich nicht mehr als einen Karton und einen Koffer, den ich auf dem Motorrad transportieren werde.« Das ist Realismus, keine Bescheidenheit. Vor Ort werde er sich dann polizeilich anmelden. Der dritte Wechsel innerhalb eines halben Jahres. Über die Einzelheiten werden sie dann sprechen.

***

An diesem Tag tätigt er noch einen Anruf. Er erreicht Haselmayer in seiner Arztpraxis in Hamburg.

»Doktor Haselmayer. Was kann ich für Sie tun?«, hört er den Freund sprechen.

»Dr. Naumann hier. Es ist wohl an der Zeit, dass wir einander mal wieder konsultieren«, antwortet er.

»Mensch, Werner, bist du das, alter Zausel? Nach allem, was man aus dem Führerbunker gehört hat, musste man ja das Schlimmste befürchten. So eine Überraschung! Ich fasse es nicht!«

Naumann und der aus Franken stammende Haselmayer kennen sich aus ihrer gemeinsamen Studienzeit in Berlin. Naumann berichtet in knappen Worten, wohin es ihn verschlagen hat und dass er gerade dabei sei, Richtung Düsseldorf zu ziehen.

Haselmayer bietet sofort an, ihn in seinem neuen Domizil als Erster besuchen zu kommen, er verfüge über ein leistungsfähiges Automobil. »Ist ein schneller Hirsch.«

Man verabredet sich für den 30. Juli. Haselmayer ist voller Vorfreude.

***

Werner Naumann hat nie zu Sentimentalität geneigt, dennoch ist es ihm ein Bedürfnis, am Tag vor seiner Abreise aus Schwabach noch einmal nach Nürnberg zu fahren. Er sieht sich die Stadt an, insbesondere auch die Häuser, an deren Bau oder Renovierung er beteiligt gewesen ist. Es überrascht ihn, was in dieser kurzen Zeit an Aufbauarbeit geleistet werden konnte. Ein schlagender Beweis dafür, was Menschenhand bewirken kann. Ein gutes Zeichen für Deutschland. Und ein gutes Gefühl für ihn, dabei gewesen zu sein.

Auch von Hermann und Heike verabschiedet er sich mit jeweils einer Umarmung. Er dankt Ihnen sehr für ihre Unterstützung und für ihr Verständnis, dass er doch mit den Gedanken häufig ganz woanders gewesen sei. Sie wünschen ihm für sein Leben das Beste.

Ernst Achenbach

Als Werner Naumann gegen Abend in Meerbusch eintrifft, wird er bereits erwartet. Lea Lucht umarmt ihn herzlich wie einen alten Bekannten, und Herbert drückt ihm fest die Hand. Zu seiner Überraschung ist auch Ernst Achenbach bei ihnen – ob zufällig oder seinetwegen, ist Naumann nicht klar.

Naumann bringt zunächst seine Habseligkeiten in die Wohnung. Sie befindet sich im nördlichen Flügel der Villa mit einer Tür zum Innenhof und einer zur Straßenseite hin – drei Zimmer, Küchenecke, Bad. Die Mahlzeiten wird er – so ist es abgemacht – in der geräumigen Küche der Luchts zu sich nehmen. Frühstück und Abendbrot nach Belieben, Mittagessen wird von einer Haushälterin zubereitet.

Nachdem Naumann sich frisch gemacht und umgezogen hat, begibt er sich über den Innenhof in den östlichen Flügel, der das eigentliche Haus der Luchts bildet. Er findet Herbert und Lea Lucht mit Ernst Achenbach im Salon vor. Sie sitzen bei einer Flasche Rotwein um einen niedrigen Sofatisch. Bei seinem Eintreten erhebt sich Herbert Lucht.

»Werner, bitte, setz dich!« Er weist auf einen weiteren Sessel. »Was darf ich dir zu trinken anbieten? Noch immer keinen Alkohol? Trotz Maurerlehre?«

»Eine Limonade, wenn es recht ist«, antwortet Naumann.

Lucht tritt an eine niedrige Anrichte, auf der zahlreiche Spirituosen sowie in Kübeln eisgekühlte Erfrischungsgetränke und offensichtlich auch eine Flasche Schaumwein stehen. »Coca-Cola oder Fanta?«

Naumann nimmt eine Fanta.

Dann sprechen sie erneut über Naumanns Situation. Ernst Achenbach sagt: »Sollte es mit der sogenannten Entnazifizierung hier weitergehen, bin ich gerne bereit, Ihnen juristische Hilfe zu leisten. Der Kollege Kiesinger hat im Moment anderes zu tun und vom Prinzip her ist es immer gut, Juristen aus dem Bundesland und der jeweiligen Besatzungszone dabei zu haben, die sich mit den Verhältnissen auskennen. Außerdem glaube ich, dass in wenigen Wochen niemand mehr von der Entnazifizierung reden wird. Wir haben mittlerweile ganz andere Probleme und müssen andere Schwerpunkte setzen.«

Dann fragt er: »Und wie sieht es mit Ihren politischen Ambitionen aus? Ein Vollblutpolitiker mit Ihren Erfahrungen wird sich doch nicht von früh bis spät – verzeih, Herbert – mit Zollbestimmungen herumschlagen wollen.«

Naumann nimmt einen Schluck von seiner Limonade und schüttelt den Kopf. »Nun«, sagt er, »ich denke, in einer Firma wie Cominbel werde ich mich nicht nur um Zollformalitäten kümmern.« Er sieht zu Herbert und Lea Lucht, die ihm ein dankbares Lächeln zuwirft. »Aber was einen Wiedereinstieg in die Politik betrifft, so bin ich zögerlich, nicht zuletzt angesichts der unübersichtlichen Parteienlandschaft. Die vielen kleinen Parteien und ihre Tendenz zur Abspaltung erinnern mich doch sehr an die unzumutbaren Zustände der Weimarer Republik.«

»Um so mehr scheint es doch sinnvoll, hier aktiv zu werden«, wirft Achenbach ein. »Das politische System ist instabil, das heißt, man kann Einfluss nehmen.«

»Auf ein Einparteiensystem dürfen wir aber dennoch vorerst nicht hoffen. Das wäre ein langer Weg, und ich bin zu alt für so etwas, mal abgesehen davon, dass die Gesundheit nicht mehr mitspielt«, stellt Herbert Lucht fest.

Naumann sagt, dass er sich zunächst von der Deutschen Reichspartei DRP einiges versprochen habe. Immerhin hat sie es zu fünf Abgeordneten im Bundestag gebracht, unter ihnen Adolf von Thadden und Fritz Dorls. Aber dann ist es kurz nach der Bundestagswahl bereits zur Spaltung gekommen. Aus dem nationalistischen Flügel entstand die Sozialistische Reichspartei um Otto Ernst Remer und Fritz Dorls.

»Auch eine vielversprechende Partei«, gesteht Naumann. »Die SRP ist die einzige Partei, die sich mutig zur Tradition der NSDAP bekennt. Und der Name Otto Ernst Remer spricht natürlich für sich.« Remer war maßgeblich daran beteiligt gewesen, den Putsch nach dem Attentatsversuch vom 20. Juli 1944 niederzuschlagen.

In diesem Zusammenhang erwähnt Herbert Lucht, dass auch Hans-Ulrich Rudel zu den Unterstützern der SRP gehört, der legendäre Kampfflieger der Wehrmacht, den auch Naumann kennt und verehrt.

»Aber für mehr als eine Sammelbewegung scheint mir die SRP nicht geeignet«, fährt Naumann fort. Vielversprechend scheine ihm da die DP, die Deutsche Partei, die wenigstens regional sehr erfolgreich ist. Bei der Bundestagswahl hat sie in den vier Ländern, in denen sie angetreten ist, jeweils mehr als 5 Prozent der Stimmen erhalten. In Niedersachsen fast 18 Prozent, auch in Bremen. Dadurch hat sie fünf direkte Wahlkreise erringen können. Ihr Vorsitzender, Heinrich Hellwege aus Niedersachsen, der auch Mitglied der Bundesregierung geworden ist, scheint ein fähiger Mann zu sein. Ansonsten ist er für Naumann allerdings ein unbeschriebenes Blatt, offenbar war er auch kein Parteigenosse. Da die Deutsche Partei in den Stadtstaaten im Norden, also in Hamburg 13,1 Prozent und in Bremen 18 Prozent der Stimmen bekommen hat, ist sie auf jeden Fall nicht zu vernachlässigen.

»Wenn ich noch mal in die Politik gehen würde, ich glaube, ich würde mich dem BHE anschließen«, sagt Herbert Lucht.

Naumann nickt. Der »Bund der Heimatvertriebenen und Entrechteten« ist in Anbetracht der großen Zahl der Flüchtlinge und Vertriebenen eine interessante und ernst zu nehmende Partei. Gegründet im Januar in Schleswig-Holstein, hat er bei der Landtagswahl auf Anhieb 23,4 Prozent der Stimmen bekommen.

»Ihr Vorsitzender ist Waldemar Kraft«, erklärt Lucht, »stammt aus Posen, war in der Partei und auch in der SS.«

Achenbach schüttelt den Kopf. »Nein, ich glaube, dass Organisationen wie der BHE keine Perspektive bieten. Sie agieren viel zu eindimensional. Eine Sammlungsbewegung müsste das große Ganze ins Auge fassen. Nun, aber ich gebe dir recht, Herbert, vorerst wird es kein Einparteiensystem geben. Adenauer ist für den Moment als Bundeskanzler durchaus nicht die schlechteste Lösung. Mittelfristig würde ich aber allen ehemaligen Parteigenossen, die über politische Erfahrung verfügen, raten, es wie ich zu machen und in die FDP einzutreten. Mit nur zweihundert Personen kann man da den ganzen Landesvorstand beerben und dadurch großen Einfluss gewinnen.«

Es entsteht eine kleine Pause, als Lea Lucht, die bislang aufmerksam zugehört hat, aufsteht und verkündet, dass sie sich zurückziehen werde, und den Herren eine gute Nacht wünscht.

Als sie gegangen ist, fährt Achenbach an Naumann gewandt fort: »Um es nur freiheraus zu sagen: Ich könnte Sie mir als Generalsekretär bei uns vorstellen.«

»Wie sieht es denn mit der Parteiführung aus?«, will Naumann wissen.

Achenbach zuckt die Schultern: »Es gibt keine zentrale

Führung in der Partei, anders als in der SPD und in der KPD. Blücher, unser Parteivorsitzender, ist ein unmöglicher Mensch, an dessen Zurechnungsfähigkeit ich zweifle.« Achenbach gibt einige Beispiele, die Naumann höchst verwunderlich findet. Blüchers Staatssekretär nenne ihn »Herr Vizekanzler« und er ihn »Herr Staatssekretär«. Blücher habe keinerlei Grundsätze. Er sei ein Lavierer, aber belesen und immer um Ausgleich der Meinungen bemüht.

Naumann äußert Bedenken ganz anderer Art gegen die FDP. »Sie wird nie für die Arbeiter und für die Jugend sprechen können. Die FDP gilt nun mal als Partei des Besitzbürgertums.«

Achenbach widerspricht. Durch den Eintritt von politisch zuverlässigen Männern könne sich dieses Meinungsbild schnell ändern, sagt er und lächelt Naumann vielsagend an. »Der Vorteil der kleinen Parteien ist«, fährt er fort, »dass man mit geringen personellen Veränderungen viel bewegen kann. Aber sicherlich ist es für Sie erst einmal wichtig, in der Firma Fuß zu fassen. Ich will Sie bestimmt nicht drängen.«

Am Ende hat Ernst Achenbach noch ein Geschenk für den Gastgeber. Aus seiner Aktentasche holt er ein Buch hervor und reicht es Lucht.

»Otto Abetz. ›Das offene Problem – Ein Rückblick auf zwei Jahrzehnte deutscher Frankreichpolitik‹«, liest der.

Abetz war Botschafter in Paris. Das Propagandaministerium hat eng mit ihm zusammengearbeitet.

»Abetz ist nach seiner Flucht aus Frankreich 1944 bei der Invasion der Alliierten in seine Villa nach Baden-Baden zurückgekehrt«, erklärt Achenbach, »und hat sich dann im Schwarzwald verborgen. Dort ist er im Oktober 45 verhaftet und vor ein Pariser Militärtribunal gezerrt worden. Nach ewig langen Verfahren wurde er zu zwanzig Jahren Zwangsarbeit verurteilt. Zurzeit sitzt er im Pariser Cherche-Midi-Gefängnis. Dort hat er dieses Buch geschrieben: sehr aufschlussreich. Ich habe das Vorwort verfasst. Man hätte ein Motto über das Ganze setzen können: ›Undank ist der Welten Lohn‹. Tja, man kann nicht zuletzt daraus ersehen, dass es anderen noch viel schlechter geht als uns.«

Meerbusch-Büderich

Am nächsten Morgen, es ist Sonntag, erscheint Naumann um neun Uhr zum Frühstück. Lea Lucht hat es zubereitet. Sie präsentiert sich frisch, geschminkt und charmant wie immer.

»Dies ist eine Ausnahme«, sagte sie. »Heute bist du noch Gast, ab morgen gehörst du zum Inventar, und dann machen wir es individuell unterschiedlich, je nach Arbeitsbelastung.«

Achenbach hat in der Villa übernachtet, ist aber schon in aller Frühe abgereist.

Als kurz darauf Herbert in der Küche erscheint, hat er das Buch von Otto Abetz in der Hand. Er sagt, dass er fast die ganze Nacht darin gelesen habe. Abetz beschreibe darin die Versuche der Zusammenarbeit zwischen Deutschland und Frankreich aus der Sicht eines Mannes, der schon früh eine Affinität für Frankreich entwickelte und sich sehr häufig in Frankreich aufgehalten hat. Schwerpunktmäßig geht es natürlich um die Zeit nach dem deutschen Feldzug, als der deutsche Einfluss auf das Geschehen in Frankreich groß geworden war und Otto Abetz im Vichy-Regime unter Führung des Marshall Pétain entscheidenden Einfluss hatte. Es war die Zeit auch von Herbert Lucht in Frankreich – und natürlich von Ernst Achenbach. Der war von Dezember 1936 bis zum 3. September 1939, dem Tag des Kriegsausbruchs, als diplomatischer Beamter des Reichs an der deutschen Botschaft in Paris tätig gewesen. Während des Kriegs von 1940 bis April 1943 erneut.

Herbert Lucht hat das Vorwort aufgeschlagen. »Hier, hör dir das an«, sagt er: »›Botschafter Otto Abetz war nicht nur mein Chef, er war und ist mein persönlicher Freund. Diejenigen, die die Lauterkeit und Aufrichtigkeit der Gesinnung dieses deutschen Patrioten in Bezug auf unser Nachbarland Frankreich anzweifeln, kennen ihn nicht. Das französische Gericht, das ihn zu langer Gefängnishaft verurteilt hat, hat aus politischer Verblendung und Instinktlosigkeit ein Urteil gesprochen, das neben dem Urteil gegen den Präsidenten Laval als einer der klassischen Justizirrtümer in die Geschichte eingehen wird.‹ Dann spricht Achenbach von dem gemeinsamen Interesse, das wir und die Franzosen haben – besser gesagt, haben sollten. Denn es geht darum …« Er sucht die Stelle im Text: »Hier: ›dem Ansturm des Bolschewismus heldenmütig die Stirn zu bieten, um nicht gemeinsam im Viehwagen nach Osten zur Sklavenarbeit im Ural oder in Sibirien in Marsch gesetzt zu werden‹. Achenbach beklagt auch, dass die Deutschen ›mit Zustimmung der Westmächte zu Millionen aus ihrer Heimat vertrieben wurden, zu Tausenden interniert und in ihrer freien Betätigung behindert worden sind, weil sie gutgläubig einer Partei angehörten, die von 1933 bis 1945 jedenfalls die einzige legale Partei ihres Landes war, die den Arbeitern und Angestellten, die ihre Produktionsstätten einer sinnlosen Demontage zum Opfer fallen sahen, den Soldaten insbesondere, die eine unwürdige und ehrverletzende Behandlung erfuhren‹. Und Achenbach fragt, ob man als Deutscher Vertrauen in die Ehrlichkeit und Bereitschaft aufseiten des Westens haben kann, dass sie für die wirklichen Interessen des deutschen Vaterlandes eintreten.«

Lucht legt das Buch beiseite. Er sagt: »Ich kann gut verstehen, dass Männer wie Achenbach für die Freilassung von Otto Abetz kämpfen, aber dass es in Frankreich Ressentiments gegen die französische Kollaboration mit den deutschen Besatzern gibt, ist auch nachvollziehbar. Wie wäre es andersherum gewesen? So gesehen glaube ich nicht, dass mit Achenbachs Argumentation viel zu erreichen sein wird.«

***

Nach dem Frühstück begeben sich die Männer in den Westflügel der Villa, wo Herbert und Lea Lucht – und jetzt auch Naumann – ihre Büros haben, von denen aus sie die Geschicke der Firma lenken. Lucht hat in Naumanns Büro mehrere Ordner bereitgestellt, in denen sich alle Unterlagen zu den aktuellen Vorgängen befinden. Im Übrigen verweist Lucht auf seine Frau, die die Arbeitsabläufe aus dem Effeff beherrsche. Sie werde ihn noch im Detail einweisen.

Wie Naumann jetzt erfährt, ist die Firma, die auch eine Niederlassung in Belgien hat, auf unterschiedlichen Feldern aktiv. Nachkriegsdeutschland befindet sich im Aufbau und hat einen enormen technischen Nachholbedarf. Ein Entwicklungsschwerpunkt für die Firma ist der Bau und die Vermittlung von Telefonapparaturen. Daneben gibt es ein Projekt, das die Konstruktion und den Bau von Holzhäusern in Belgisch-Kongo vorantreibt. Man steht in Verhandlung mit der »Verkehrsbahn-Studiengesellschaft« in Köln. Man will die »Alweg-Einschienenbahn« im großen Stil in Belgisch-Kongo testen. Lucht hofft außerdem auf Naumanns gute Beziehung zu dem umtriebigen Otto Skorzeny in Spanien, um die Lieferung von Zement, Beton und anderem Material für Großbauprojekte, Ferienkolonien, auf den Kanarischen Inseln auf den Weg zu bringen, an denen Skorzeny maßgeblich beteiligt ist. Die Beziehung zu Skorzeny, der sich in Madrid niedergelassen hat, könnte auch für andere Projekte auf der iberischen Halbinsel nützlich sein.

Naumann ist beindruckt von der Reichweite der Firmenaktivitäten. Er merkt schnell, dass er hier nicht nur als Volkswirt und Buchhalter benötigt wird, sondern auch als Kommunikator mit einer interessanten Perspektive über die deutschen Grenzen hinaus.

***

Beim gemeinsamen Mittagessen in der Küche erwähnt Naumann, dass er morgen, am Montag, unbedingt nach Düsseldorf fahren müsse, um sich neu einzukleiden. Schließlich sei er kein Maurergeselle mehr, sondern seriöser Geschäftsführer eines internationalen Unternehmens. Lea ist angetan und bietet an, mitzukommen, um ihn zu beraten. Naumann zeigt sich erleichtert und erfreut. Seine bevorzugte Kleidung ist bis 1945 die Uniform gewesen. In Burg und vor allem in Schwabach hat er Arbeitskleidung getragen. Außerdem hat er in seinem Leben noch nie ohne weibliche Hilfe einen Anzug gekauft.

Alte Kameraden

Großes Getöse vor der Einfahrt. Heinrich Haselmayer ist angekommen und steigt mit Schwung aus seinem dunkelblauen Opel Rekord. Er hat sich tatsächlich auf den Weg gemacht. Aber dem Franken war immer schon alles zuzutrauen. Naumann und er kennen sich aus der Zeit im Nationalsozialistischen Deutschen Studentenbund, NSDStB, in Berlin. Haselmayer tat so, als studierte er Medizin, und Werner machte auch mehr Politik als in den Juraseminaren zu erscheinen. Heiner, wie er von seinen Freunden genannt wird, ist immer ein Draufgänger gewesen, der gern einen über den Durst trank. Werner wirkte dagegen fast langweilig, schien sich nur für Politik zu interessieren. Trotzdem mochten sich beide. Ihre Gemeinsamkeit war der Glaube an die Bewegung, an Adolf Hitler und die Partei. Und an das Spektakel. Haselmayer sorgte immer wieder für Skandale und musste mehrfach die Universität wechseln. Zuletzt verschlug es ihn nach Hamburg, wo er Organisationsleiter des NSDStB wurde. Sein Medizinstudium schloss er in Hamburg mit einer Dissertation zur »Sterilisationsfrage Schwachsinniger« ab.

Jetzt sitzen sie in Naumanns Wohnzimmer, und Haselmayer erzählt, wie es ihm seither ergangen ist. »Im Juni 45 wurde ich verhaftet und erst ins Internierungslager Neumünster und später nach Eselheide bei Paderborn überführt. War kein Spaß, auch wenn ich dort jede Menge interessante Parteigenossen getroffen habe. Wir haben Kultur- und Gesprächskreise organisiert. Das war sehr nett. Aber es war trotzdem eine elendig lange Zeit. Weihnachten 47 bin ich entlassen worden. Von der britischen Militärregierung wurde ich in Kategorie III eingestuft. Ende Januar 48 hat mich dann das Spruchgericht Bielefeld von der Anklage der Zugehörigkeit zu einer verbrecherischen Organisation freigesprochen.« Haselmayer lacht laut auf. »Und im Mai konnte ich meine Praxis in Bergedorf wieder eröffnen. Ich habe mich in dem Verfahren einfach dumm gestellt, auf mein jugendliches Alter hingewiesen, auf meine intensiven medizinischen Studien. Wie sollte ich mich daneben denn noch mit Politik beschäftigen? Und von der Judenverfolgung habe ich natürlich auch nichts mitbekommen.« Er lacht. »Der ehemalige Reichsärzteführer in Hamburg hat mir einen glänzenden Persilschein ausgestellt. Insofern konnte ich unbeschadet weiterarbeiten und wurde vor ein paar Monaten auch wieder als Kassenarzt zugelassen. Aber dir scheint es auch nicht schlecht zu gehen.«

Dann ist es an Naumann zu berichten. Mit amüsierter Verwunderung nimmt Haselmayer zur Kenntnis, dass der ehemalige Staatssekretär Dr. Werner Naumann im Schweiße seines Angesichts als Maurergeselle gearbeitet hat. Doch Naumann verweilt nicht lange bei seiner eigenen Geschichte. Ihn interessiert vor allem, in welchen Kreisen Heiner jetzt in Hamburg verkehrt.

Haselmayer nennt als wichtigen Kontakt Gustav Adolf Scheel. Scheel war seit Ende 1941 Gauleiter in Salzburg gewesen. Um sinnloses Blutvergießen zu vermeiden, hat er Salzburg am 4. Mai 1945 kampflos an die Amerikaner übergeben. Zehn Tage später wurde er verhaftet und war anschließend nacheinander in verschiedenen Gefängnissen interniert, zuletzt in Nürnberg, weil er als Zeuge vor dem Internationalen Gerichtshof aussagen sollte. Er blieb auch im Anschluss daran interniert, bis zu seiner Entnazifizierung, für die er wieder nach Heidelberg kam. Dort stufte ihn die Spruchkammer in die Gruppe I, also als »Hauptschuldigen«, ein und verurteilte ihn zu fünf Jahren Arbeitslager sowie zum Einzug eines Teils seines Vermögens. Dann kam er wieder in Haft, nach Ludwigsburg, wo er zu Weihnachten 48 vorzeitig entlassen wurde. Zunächst hat er am Hamburger Hafen gearbeitet, bis er im Amalie Sieveking Krankenhaus in Hamburg eine Stelle als Assistenzarzt fand.

»Heinrich Kunstmann ist da Chefarzt«, erklärt Haselmayer. »Der hat ihm die Stelle beschafft.« Er grinst verschmitzt. »Kunstmanns Sprechstundenhilfe ist übrigens Ingeborg Dönitz – die Frau von *unserem* Karl Dönitz.«

Kontakt hat Haselmayer außerdem zu Karl Kaufmann, dem ehemaligen Gauleiter von Hamburg, der bis Oktober 48 in britischer Haft im Internierungslager Neuengamme war.

»Während der Internierung hat er sich der ›Bruderschaft‹ angeschlossen«, berichtet Haselmayer – einem Geheimbund aus ehemaligen Parteifunktionären und SS-Offizieren. »Aus gesundheitlichen Gründen ist er aus der Haft entlassen worden. Beim Transport auf dem Weg zur Zeugenaussage vor dem Militärgerichtshof in Nürnberg wurde er bei einem Autounfall schwer verletzt. Nun, die beiden freigelassenen ehemaligen Gauleiter Scheel und Kaufmann sind auf jeden Fall übereingekommen, in Hamburg einen ›Herrenklub‹ zu gründen, der in regelmäßigen Abständen zusammentritt.« Haselmayer sieht Naumann herausfordernd an. »Du siehst, Werner, es tut sich was. Der einzige namhafte überlebende Parteigenosse, der noch fehlt, bist eigentlich du!«

Was er hört, gefällt Naumann. Dennoch muss er sich zunächst vor allem um die Firma kümmern. Daneben kann er aber sicher Zeit finden, erste Kontakte zwischen Düsseldorf und Hamburg zu knüpfen.

Haselmayer bleibt zwei Stunden, dann springt er plötzlich auf, um die gut fünfstündige Rückfahrt nach Hamburg anzutreten. Er dankt für das Angebot, über Nacht zu bleiben, aber er habe am nächsten Tag Verpflichtungen zu Hause.

Haselmayer ist umtriebig wie immer.

***

Auf der Autofahrt nach Düsseldorf am nächsten Vormittag erzählt Lea – am Steuer ihres DKW F 89 sitzend – von ihrem Onkel Leon Degrelle, einem belgischen Rexisten der wallonisch-faschistischen Bewegung, der im Krieg auf deutscher Seite Mitglied der SS geworden war, Sturmbannführer in der Waffen-SS und Kommandeur der Freiwilligen-Brigade Wallonien, ein mutiger und tollkühner Kämpfer, nicht nur in Naumanns Augen. Degrelle waren im Krieg alle deutschen Ehrenzeichen verliehen worden. Naumann war dabei gewesen, als Degrelle Ende August 1944 vom Führer mit dem Eichenlaub zum Ritterkreuz des Eisernen Kreuzes ausgezeichnet und damit zu einem der höchstdekorierten Ausländer in der Wehrmacht wurde.

Lea hat wieder losen Kontakt zu ihm, seit er sich aus dem spanischen Exil gemeldet hat. Sie überlegt, Degrelle und Skorzeny in Spanien einmal zu besuchen und die spanische Sonne zu genießen.

Knapp drei Stunden später ist Werner Naumann im Besitz von drei Anzügen samt passender Krawatten sowie einem halben Dutzend Hemden. Auch Unterwäsche und Socken wurden gekauft. Im Anschluss sitzen sie in einem Café und lassen sich ein Stück Schwarzwälder Kirschtorte munden.

Lea wirkt nachdenklich. Schließlich sagt sie: »Ich mache mir Sorgen um Herbert. Er gibt es nicht zu, aber ich weiß, dass seine Magenprobleme schlimmer geworden sind. Die

Tatsache, dass er dich in die Firma geholt hat, ist für mich auch ein Indiz dafür. Ich sage ihm immer wieder, dass er sich in ärztliche Behandlung begeben, wenigstens eine Kur machen soll, aber er will davon nichts hören und erklärt nur, es sei alles in Ordnung. Vielleicht könntest du einmal mit ihm darüber sprechen?«

Werner nickt und sagt ihr zu, die Sache bei Gelegenheit zur Sprache zu bringen.

Lea legt ihre Hand auf seine. »Danke. Er vertraut dir. Auf dich wird er hören.«

Zu Hause finden sie Herbert munter vor. Er scherzt, dass der Einkauf schrecklich lange gedauert habe, nächstes Mal werde er mitkommen, dann ginge so etwas »zack-zack«.

***

Die Tatsache, dass der frühere Staatssekretär im Reichsministerium für Volksaufklärung und Propaganda Dr. Werner Naumann nicht nur aus der Versenkung wieder aufgetaucht, sondern in der Villa Lucht in Meerbusch-Büderich fest installiert ist, spricht sich in den Kreisen der ehemaligen Parteigenossen schnell herum. Schon wenige Tage nach dem Besuch Heinrich Haselmayers macht ihm Artur Axmann, der ehemalige Reichsjugendführer, seine Aufwartung. Sie treffen sich in Naumanns Wohnung zum Kaffee.

Als Naumann ihm vor dem Haus entgegengeht, fallen sich beide ergriffen in die Arme. Sie haben sich zuletzt im Mai 45 gesehen, als sie gemeinsam den Ausbruch aus dem Führerbunker unternahmen. Axmanns Ortskenntnisse in Berlin waren Naumann eine große Hilfe. Als Axmann in einem Wohnhaus eine Arbeitskollegin seiner Mutter aufsuchen wollte, war sein unten wartender Adjutant Weltzin verhaftet worden.

»Haben Sie von Weltzin noch einmal etwas gehört?«, fragt Naumann.

»Ich habe später erfahren, dass er im Oktober 45 in russischer Gefangenschaft umgekommen ist. Schrecklich – wie leider so viele. Ich bin nach dem Krieg auch für tot erklärt worden – war es bei Ihnen nicht auch so? Offizielle Meldung im Radio. Umso glücklicher, dass wir uns heute mit leichter Verspätung hier treffen können. Wie ist es Ihnen ergangen?«

Naumann berichtet von seiner Flucht und der Zeit der Illegalität.

»Da haben Sie es besser getroffen als ich«, sagt Axmann. »Auch ich bin einige Monate unter einem Decknamen unerkannt in Mecklenburg gewesen. Bei der versuchten Kontaktaufnahme zu ehemaligen Funktionären der Hitlerjugend wurde ich Mitte Dezember in Lübeck festgenommen. Aus der Internierung heraus musste ich als Zeuge in Nürnberg aussagen und wurde ausführlich zur Flucht aus dem Bunker und zu den Todesumständen von Martin Bormann befragt. Nur wir beide haben ja miterlebt, dass Bormann auf der Flucht in unserer Gruppe mit Stumpfegger, von Rotarmisten umzingelt, eine Zyankalikapsel zerbissen hat. Die Richter in Nürnberg wollten meine Version nicht glauben und haben Martin Bormann in Abwesenheit zum Tode verurteilt. Ich wurde im Oktober 46 erst einmal aus der Haft entlassen, aber im Juli 47 erneut inhaftiert und verhört. Dann hatte ich im April 49 ein Entnazifizierungsverfahren. Ich bin dabei als Hauptschuldiger zu über drei Jahren Arbeitslager verurteilt worden, aber die Untersuchungshaft wurde angerechnet. Seitdem versuche ich, mir etwas aufzubauen. Ich will ein Handelsunternehmen gründen.«

Naumann fragt ihn nach seinen Kontakten und erfährt, dass auch Axmann Kontakt zu Otto Skorzeny hergestellt hat. Axmann freut sich zu hören, dass Skorzeny ebenfalls mit

Luchts Firma zusammenarbeitet. Politisch orientiert sich Axmann vornehmlich an der Bruderschaft, die Karl Kaufmann initiiert hat. Auch Gustav Adolf Scheel sei dabei, der bei Prof. Kunstmann in einem Hamburger Krankenhaus in seinem eigentlichen Beruf als Arzt arbeitet. Das weiß Naumann bereits. Und auch der Gauleiter von Wien, Alfred Frauenfeld, habe an einem Treffen teilgenommen. Er wohnt inzwischen offenbar auch in Hamburg.

Frauenfeld ist Naumann ebenfalls bekannt. Zum Kriegsbeginn hatte Goebbels ihn zum Geschäftsführer der Reichskulturkammer ernannt.

Naumann fragt, ob Axmann Heinrich Haselmayer kenne, was dieser bejaht, er habe ihn unlängst bei einem Treffen in Hamburg gesehen.

Als Axmann sich verabschiedet, sind beide voller Enthusiasmus. Die alten Banden existieren noch, und sie festigen sich gerade wieder.

Zu Naumanns unaussprechlicher Freude meldet sich in diesen Tagen am Telefon der Bildhauer Arno Breker bei ihm. Breker hat Anfang der Zwanzigerjahre an der Düsseldorfer Kunstakademie studiert und später erste Erfolge in Frankreich gefeiert, bevor er ab 1936 in Deutschland zu einem der prominentesten Künstler wurde, unmittelbar protegiert durch den Führer. In dessen Auftrag wirkte er vor allem am Skulpturenwerk für die geplante Welthauptstadt Germania. Sein markanter Stil wurde prägend für die Ästhetik des Nationalsozialismus. Hitler veranlasste 1944 die Aufnahme von Brekers Namen in die Gottbegnadeten-Liste, die im Propagandaministerium unter Goebbels' Regie geführt wurde.

Breker, der sich nach dem Krieg in Bayern aufgehalten hatte, ist jetzt nach Düsseldorf zurückgekehrt und sucht den Kontakt zu Werner Naumann, um sich im Hause Lucht zu einem Gedankenaustausch zu verabreden.

Naumann, der, seit er in der Villa Lucht ist, wieder regelmäßig Tagebuch führt, notiert über den Besuch von Arno Breker: »Er spricht davon, dass von allen Menschen, die er kenne, nur ein einziger die Situation meistern könne, und das sei ich. Von mir müsste eine Konzeption kommen, die das Gute von früher übernehme und das hinzufüge, was eine neue Zeit fordert.« Und Naumann merkt an: »Seine Worte liegen schwer auf mir, und ehrliche Zweifel tauchen auf, ob ich seine Erwartungen werde erfüllen können.«

Immer mehr erheblich belastete ehemalige PGs erscheinen wieder auf der Bildfläche. Der frühere Waffen-SS-General Felix Steiner ruft Naumann an, will ihn für die Mitarbeit bei der Gründung einer Flüchtlingspartei in Bayern gewinnen. Und Gottfried Griesmayr, letzter Amtschef für »Weltanschauliche Schulung« der Reichsjugendführung, sucht seine Unterstützung für die neu gegründete »Deutsche Union«. Werner Naumann äußert sich zurückhaltend. In keiner dieser rechten Splittergruppen sieht er das Potenzial für eine große Sammlungsbewegung.

Rückkehr zu alten Ideen

Seit Juni 1950 herrscht zwischen Nord- und Südkorea Krieg – ein Stellvertreterkrieg, in dem es gilt, machtvoll dem Bolschewismus entgegenzutreten, wie ein Jahrzehnt zuvor. Die Auswirkungen sind bis in die westdeutsche Politik zu spüren. Unerwartete Handlungsspielräume tun sich auf. Allerorten werden Remilitarisierungspläne geschmiedet. Ehemalige Soldatenführer wittern Morgenluft. Naumann plädiert in seinem Umfeld, trotz der zugespitzten weltpolitischen Lage abzuwarten. Für Naumann müssen sich die ehemaligen Nationalsozialisten erst »ihrer geistigen Grundlagen, für die wir kämpfen, vergewissern, dann das Ziel fixieren, welches uns lockt, und erst dann kann die Bereitschaft der Massen in von uns vorbereiteten und geordneten Bahnen gelenkt werden«. Er notiert in seinem Tagebuch, was vorderhand vonnöten ist:

»1. Das Flussbett schaffen, in das die stürmischen Gewalten unseres Volkes, wenn sie eines Tages aufgerufen werden, einmünden können, und 2. Den Glauben an die Freiheit, die noch nicht verloren ist und nie verloren gehen darf, wachhalten.«

Naumann führt diverse Gespräche und macht sich viele Gedanken, die er gewissenhaft festhält: »Es muss eine Rückkehr zu den Ideen von 1933 geben, die eine dritte Lösung im Konflikt zwischen dem existenzbedrohenden weltrevolutionären Bolschewismus und den nicht nur militärisch durch die Abkommen von 1945 (Jalta, Potsdam) geschwächten USA anbietet.« In diesem Glauben an die »richtige« Idee liege die Überlegenheit über innenpolitische Konkurrenten wie gegenüber den Westmächten begründet: »Die Substanz dieser Idee beruht insbesondere in der Besinnung auf die völkische Eigenart, im Festhalten an rassischen Grundsätzen (Weiterentwicklung der mit Blut und Boden verbundenen Kräfte), im Eintreten für das Persönlichkeitsprinzip gegen die Gefahr der ›Vermassung‹, in der Absage an ›parlamentarische Mehrheitswahlen‹ und an jeglichen Anspruch des Kollektivismus, auch im Eintreten für die Einordnung des Individuums in die Schutzgemeinschaft eines Volkes (Gemeinnutz geht vor Eigennutz). Einer solchen Weltanschauung, die durch die gewaltigen Erfolge Hitlers legitimiert ist, haben die die gegenwärtige politische Szene der jungen Bundesrepublik bestimmenden politischen und gesellschaftlichen Kräfte wenig oder nichts entgegenzusetzen. Ihnen mangelt es nicht nur an einer weltanschaulichen Fundierung, sie besitzen auch keinerlei Legitimation und Handlungsfähigkeit: Die Regierung ist ein ohnmächtiger Befehlsempfänger der Besatzungsmächte, die Oppositionsrolle der SPD erweist sich als undefinierbar, Kirche und Gewerkschaften vertreten Machtpositionen lediglich aus dem Gesetz der Beharrung heraus, und die Kräfte der Rechten sind völlig zersplittert, untauglich für einen längst obsoleten Sammlungsversuch à la Harzburger Front.«

»Diese Einschätzung«, so Naumann, »nötigt zu einer Strategie, die – trotz der dramatischen weltpolitischen Lage – nicht, wie im ›rechten Lager‹ immer wieder zu hören ist, auf sofortige Reaktion abzielt, sondern auf den Faktor Zeit setzen kann. Denn die Zeit für politisches Handeln ist so lange nicht reif, wie die Bundesrepublik sich in einem jeden Spielraum nehmenden ›Kolonialstatus‹ befindet und solange sich noch keine Erlöseridee, keine politische Elite formiert hat, eine kleine in sich geschlossene und verschworene Gruppe, die durch Rückbesinnung auf die NS-Ideen sich der bolschewistischen ›Erlöseridee‹ entgegenstellen kann.«

Die Eintragung endet mit den großen Worten: »Ich bekenne mich zu einer Idee, nicht weil sie erfolgreich ist, sondern weil sie richtig ist! Wichtig ist, dass sie wahr ist, die ganze Weite unserer Seele umfasst.«

Wofür die weite Seele noch keinen Platz gefunden hat, ist die in Alerheim gebliebene Familie. Ursula und die Kinder haben den Ehemann und Vater seit seinem Umzug nach Meerbusch-Büderich nicht mehr wiedergesehen.

Generalamnestie

Kaum ein Thema beschäftigt Naumann und die Seinen in diesen Tagen so sehr wie die Forderung nach einer »Generalamnestie«, für die sich neben Friedrich Grimm vor allem Ernst Achenbach in der FDP einsetzt. In einem Gespräch mit Naumann bemerkt Herbert Lucht dazu: »So ganz uneigennützig ist es bei Achenbach nicht. Als wir zusammen in Frankreich in der Besatzungszeit in der Botschaft gearbeitet haben, war Achenbach als enger Mitarbeiter von Abetz der Leiter der politischen Abteilung der Botschaft. Und als solcher war er natürlich auch für die Vergeltungsaktionen mitverantwortlich, die Judendeportation aus Frankreich. Als im Februar 43 zwei Offiziere vom Stab des Luftwaffenkommandos auf dem Weg in ihre Unterkunft im Pariser Hotel Louvre von hinten erschossen wurden, erfolgte die Anweisung, zweitausend Juden zu verhaften und zu deportieren. Darüber herrschte in der Botschaft Einverständnis, aber das Telegramm an das Auswärtige Amt in Berlin hatte Achenbach unterzeichnet. Wenn so etwas veröffentlicht wird, könnte ihn das die Nachkriegskarriere kosten.«

Lucht ist empört angesichts der Sanktionen gegen viele verdiente Parteigenossen. Völlig willkürlich werden Einzelne herausgegriffen, andere unbehelligt gelassen. Lucht sei daher froh, dass er in der Pariser Botschaft nur für die Kulturpolitik zuständig war. Er hat wenige Entscheidungen getroffen, die heute skandalisierbar wären.

Das Thema ist brisant. Als im Düsseldorfer Industrieklub

ein Vortrag von Friedrich Grimm mit dem Thema »Generalamnestie als völkerrechtliches Postulat« angekündigt wird, beschließen Herbert und Lea Lucht, mit Naumann hinzufahren.

Sie haben es nicht weit. In dem kleinen Saal finden sie etwa fünfzig Personen vor – die feine Düsseldorfer Gesellschaft und interessierte Journalisten.

Als Friedrich Grimm hinter das Rednerpult tritt, ist es schlagartig still im Raum. Grimm macht es sich zur Aufgabe, zu erläutern, dass die Forderung nach einer allgemeinen Befriedungsamnestie »eine unabdingbare, notwendige und selbstverständliche Klausel jedes Friedensvertrages ist«. Es sei somit nicht eine bloße Gnade der Sieger eines Krieges, sondern schon seit dem Dreißigjährigen Krieg gängige Praxis. »Der Frieden soll einen Schlussstrich unter die bewegte Zeit des Krieges und der Kriegs- und Nachkriegswirren ziehen«, so Grimm. »Es soll reiner Tisch, Tabula rasa, mit der Vergangenheit gemacht werden. Eine allgemeine Befriedung nach innen und außen soll eintreten. Man will wieder aufbauen. Die Wunden des Krieges sollen geheilt werden. Die friedlichen Beziehungen zwischen den Völkern, die sich gestern bekriegt haben, besonders die Handels- und Wirtschaftsbeziehungen, aber auch die kulturellen Beziehungen, sollen wiederhergestellt werden. Das geht nur, wenn die Leidenschaften, welche der Krieg hervorgerufen hat und die in den modernen Kriegen durch die Propaganda, die zu einer wichtigen Kriegswaffe geworden ist, in gefährlicher Weise gesteigert worden sind, abgebaut und die Gefühle von Hass, Rache und Vergeltung überwunden werden.«

Naumann gefällt die Herabstufung der Propaganda absolut nicht, ihm ist aber klar, dass man in diesen Tagen vorsichtiger formulieren muss, um sich in der Öffentlichkeit Gehör zu verschaffen.

Grimm fährt fort: »Die Bereinigung all dieser Kriegsfolgen durch eine allgemeine Befriedungsamnestie ist damit zu einer Forderung des Völkerrechts geworden. Die Völker haben auf diese Amnestie einen Rechtsanspruch gegenüber der eigenen Regierung, aber auch den Ländern, die früher ihre Gegner waren.«

Das Publikum nickt beifällig. Niemand hat wohl geahnt, dass eine Generalamnestie ein historisch verbürgtes Recht sei. Das sind gute Neuigkeiten.

»Diese Erkenntnis besteht seit dem Frieden von Münster und Osnabrück, dem Frieden, der die deutsche Zersplitterung und Ohnmacht besiegelte, aber trotzdem als eine Wohltat im Gedächtnis des deutschen Volkes haften geblieben ist, weil er eben nach einer furchtbaren Wirrnis Frieden gebracht hat: Frieden, das heißt Beendigung des Zustandes von Unrecht und Gewalt, Gräuel und Grausamkeit, Zuchtlosigkeit und Willkür. Nie ist den Völkern das so zu Bewusstsein gekommen wie damals, dass der Frieden das höchste Rechtsgut ist, und deshalb ist der Westfälische Frieden den Völkern trotz aller Bitterkeit, die er brachte, als etwas Heiliges, als ein ewiges Grundgesetz erschienen, als welches er sich selbst bezeichnet. Er brachte Ordnung und Frieden nach dreißigjähriger Drangsal. Er erfüllte die Sehnsucht der Völker, die, des Krieges müde, nur eines wünschten: Freiheit von Furcht, Wiederherstellung von Recht und Sicherheit.«

Es ist still im Saal. Alle sind geeint in ihrer strikten Ablehnung von Unrecht und Gewalt, Gräueln und Grausamkeit, Zuchtlosigkeit und Willkür. Naumann kann Grimms Rednerqualitäten nur bewundern.

»Wir werden heute schaudernd gewahr, dass wir nach dem furchtbaren Zusammenbruch, den wir erlebt haben, froh sein müssen, wenn wir aus der Not der Zeit wenigstens das von diesem ewigen Grundgesetz von Münster retten können, was daran gut war, den Gedanken des Friedens und der Völkerversöhnung. In Paragraf 2 des Friedens von Münster steht das folgendermaßen geschrieben: ›Beiderseits soll all das ewig vergessen und vergeben sein, was von Beginn dieser Unruhen an, wie und wo nur immer, von der einen oder anderen Seite, hinüber und herüber, an Feindseligkeiten geschehen ist.‹ Und weiter heißt es: ›Vielmehr sollen alle und jede, von hier und von dort, sowohl vor dem Kriege als während des Krieges zugefügten Beleidigungen, Gewalttätigkeiten, Feindseligkeiten, Schäden und Unkosten ohne jedes Ansehen der Person oder der Sache derart gänzlich abgetan sein, dass alles, was auch immer der eine von dem anderen unter diesem Namen beanspruchen könnte, in ewiger Vergessenheit begraben sei.«

Das Publikum macht große Augen. Man staunt, welch kluge Sätze schon vor vierhundert Jahren formuliert worden sind.

Dann kommt Grimm auf den Frankfurter Frieden von 1871 nach dem deutsch-französischen Krieg zu sprechen: »Kein Bewohner der abgetretenen Gebiete durfte wegen seiner politischen oder militärischen Handlungen während des Krieges in seiner Person oder seinen Gütern verfolgt oder verhaftet werden.«

Doch wie anders wurde in Versailles verfahren! »Versailles enthielt keine Amnestieklausel, sondern eine Bestimmung, in der die Auslieferung des Kaisers, der Generäle und Staatsmänner verlangt wurde. Dabei ist die Lehre von der allgemeinen Befriedungsamnestie als eine notwendige Klausel jedes Friedensvertrages besonders stark von französischen Autoren des Völkerrechts entwickelt worden.«

Der Vortrag dauert über eine Stunde. Werner Naumann hört aufmerksam zu. Er würde es kürzer und zugespitzter formulieren, aber es gefällt ihm durchaus, was Grimm ausführt. Etwa wenn er betont: »Die Amnestie ist ein genereller Akt, der im Gesetzeswege erfolgt und ganze Kategorien von Menschen erfasst, ohne dass im Einzelnen nachgeprüft wird, ob die betreffende Person, der sie zugutekommt, der gewährten Wohltat auch würdig ist. Die Amnestie führt also den erstrebten Erfolg der Tabula rasa, schneller, allgemeiner und restloser durch, während die Einzelbegnadigung den Vorteil, aber auch den Nachteil hat, dass die besonderen Umstände des Einzelfalles, die Persönlichkeit des Betroffenen, der Gesundheitszustand, gute Führung und sonstige Momente berücksichtigt werden können.«

Zum Schluss wartet Grimm noch mit einer geschickten Volte auf: »Man wird mir entgegenhalten: So wollen Sie auch wirkliche Verbrecher amnestieren? Darauf ist zu erwidern: Das ist aber doch immer so, dass bei einer Generalamnestie auch wirkliche Verbrecher freikommen, die das nicht verdienen. Glauben Sie wirklich, dass es den Friedensmachern von Münster und Osnabrück leichtfiel, alle Schandtaten auszulöschen, die damals die deutschen Lande mit Grauen erfüllt haben? Man versetze sich in die Zeit des Dreißigjährigen Krieges. Auch damals sind furchtbare Dinge vorgekommen, und die Schrecken dieser Zeit sind in manchen Gegenden Deutschlands bis heute lebendig geblieben. Dennoch hat man sich in Münster und Osnabrück zur Generalamnestie entschlossen.«

Der Vortrag endet, und dem Rechtsgelehrten wird reichlich Applaus gespendet. Hinterher geht man in das gemütliche Restaurant des Industrieklubs. Zahlreiche Sympathisanten umdrängen den berühmten Mann. Darunter ist auch der Landesvorsitzende der FDP in Nordrhein-Westfalen und einer der vehementen Unterstützer einer Amnestie-Politik – Friedrich Middelhauve. Grimm stellt ihn Naumann vor, und sie sprechen über die Möglichkeiten, ob und wie eine Generalamnestie in Nordrhein-Westfalen umzusetzen wäre. Die Diskussion kommt zu keinem klaren Schluss.

Werner Naumann trinkt unterdessen Kaffee, während sich die Luchts eine Flasche Wein genehmigen. Der Abend ist ganz nach Naumanns Geschmack, und doch geht ihm die ganze Zeit der Gedanke durch den Kopf: Wie anders würden wir das alles sehen, wenn wir den Krieg gewonnen hätten?

***

Seit seinem Treffen mit seinem Freund Haselmayer beschäftigt sich Naumann verstärkt mit der »Bruderschaft der deutschen Offiziere und Soldaten«. 1949 in Hamburg von dem ehemaligen Major der Division Großdeutschland Helmut Beck-Broichsitter und dem ehemaligen SS-Führer Alfred Franke-Gricksch gegründet, stellt sie in Naumanns Augen den ersten ernst zu nehmenden Versuch dar, die alte Elite neu zu vereinen. Bei konspirativen Sitzungen wird die Treue zur NSDAP beschworen. Noch hat die Bruderschaft nur zweihundert Mitglieder, aber die Sympathisanten im Hamburger Raum gehen in die Tausende. Zu den Mitgliedern gehören Gustav Adolf Scheel, Alfred Frauenfeld und Artur Axmann. Karl Kaufmann fungiert als »Hochmeister«, und Ernst Achenbach macht den Kassenwart. Erklärtes Ziel ist es, alle Schlüsselpositionen des öffentlichen Lebens sowie der Parteien mit zuverlässigen Männern zu besetzen und so am Ende unter nationalsozialistische Kontrolle zu bringen. Naumann hält die Zeit dazu noch nicht für gekommen, aber der grundsätzliche Plan findet seinen Beifall.

Naumanns Kontakte zur Bruderschaft sind gut. Er lernt auf diesem Weg Karl-Friedrich Bornemann kennen, ehemaliger HJ-Führer und Propagandabeamter in der NSDAP-Gauleitung Köln. Bornemann betreibt einen Presseservice, den »Deutschen Unabhängigen Zeitungsdienst« (DUZ), außerdem einen politischen Informationsdienst, »Kommentare, Berichte und Informationen« (KBI), finanziert von der Bruderschaft, der Nationalen Union, der Deutschen Rechtspartei sowie anderen kleineren Gruppen der nationalen Rechten. Für Naumann wird der KBI zum wichtigen Forum. Unter Pseudonym schreibt er Leitartikel und Kommentare, propagiert seine Ideen und nimmt Fühlung auf zu Gleichgesinnten und möglichen Kandidaten für die ultimative Sammlungsbewegung. Er wird schon bald zum wichtigsten Autor des KBI.

***

Naumann ist bereits über einen Monat in Meerbusch, als er erstmals wieder seine Familie besucht. Die Kinder sind begeistert, erneut hat er Geschenke für sie – und belgische Schokolade, die Lea Lucht ihm mitgegeben hat. Diesmal ist er mit dem Dienstwagen gekommen. Sie unternehmen eine Spritztour und besichtigen die Hohenzollernresidenz Ansbach. Mit Ursula bespricht er, dass es sinnvoll wäre, wenn sie mit den Kindern und ihrem Vater nach Düsseldorf ziehen würde. Ursula ist einverstanden, ihre Reaktion bleibt aber kühl. Naumann spürt die Entfremdung, die zwischen ihnen eingetreten ist, und er ist froh, als er sich am Abend wieder auf den Heimweg begeben kann.

***

Im Oktober erhält Naumann Besuch von Hans-Ulrich Rudel. Der berühmte ehemalige Kampfflieger ist illegal aus seinem Exil in Argentinien nach Deutschland eingereist. Sie sitzen mit den Luchts im Salon der Villa. Im Kamin knistert ein gemütliches Feuer. Man spricht zunächst von Rudels Heldentaten als Kampfflieger, die ihm die höchsten Tapferkeitsauszeichnungen eingebracht haben. Bei 2530 Feindflügen hatte er 519 russische Panzer vernichtet, ein Schlachtschiff, einen Kreuzer, einen Zerstörer, 70 Landungsboote und über 800 motorisierte Fahrzeuge, Artillerie, Flakstellungen und zahlreiche Brücken. Er selbst wurde dreißigmal abgeschossen und fünfmal verwundet. Rudel war in Kriegsgefangenschaft gewesen und ist 48 über die Rattenlinie nach Argentinien geflohen. Dort hat er in Buenos Aires das »Kameradenwerk« gegründet, eine Hilfseinrichtung für verfolgte Nationalsozialisten. Werner Naumann sieht in Rudel nicht nur einen Bruder im Geiste, sondern auch einen Krieger, der noch verwegener war als er selbst. Rudel verspricht, Naumann zu unterstützen, sollte er in Deutschland wieder politisch aktiv werden.

»Naumann, Sie wären genau der Richtige, um den alten Geist wieder zu beleben und unsere Vorstellungen zu verwirklichen«, sagt er. Aber er selbst werde vorerst wieder nach Südamerika zurückkehren.

***

Neben seiner propagandistischen Tätigkeit für den KBI-Dienst, seinen schriftlichen und fernmündlichen Korrespondenzen, seinen Treffen mit Gleichgesinnten, den Veranstaltungen und Reden, die er besucht (oder selber hält), nimmt sich der Aufwand, den Naumann für die Firma Cominbel betreibt, eher bescheiden aus. Dies mit ausdrücklicher Billigung von Herbert und Lea »Sliky« Lucht, die voll und ganz hinter seinen Bemühungen um »die alten Kameraden« und die neue Sammlungsbewegung stehen. Bei den Verhandlungen mit Belgisch-Kongo, die viel Zeit in Anspruch nehmen, sind ohnehin Sprachkenntnisse gefragt, und das ist die Domäne von Sliky.

***

Im Frühjahr 1951 erhält Werner Naumann einen Telefonanruf von einem weiteren alten Bekannten – Albert Urmes. Urmes war Parteimitglied seit 1928, später auf verschiedenen Ebenen Propagandaleiter und Gauleiter des Mosellandes, im Bereich Koblenz-Trier. Nach 1940 fungierte er als Gauamtsleiter im besetzten Luxemburg. Wie Werner Naumann hat er nach 1945 unter falschem Namen gelebt, bis er im Oktober 1946 enttarnt und vor dem Luxemburger Gerichtshof zu drei Jahren Haft verurteilt worden war. Jetzt wendet er sich an Naumann mit der Frage, ob Cominbel womöglich Arbeit für ihn habe. Nach Rücksprachen mit den Luchts kann Naumann ihm die Stelle eines Handlungsreisenden für die Koblenzer Region anbieten.

Urmes ist weiterhin auch politisch aktiv. Bei einem ihrer Telefonate macht er die für Naumann denkwürdige Bemerkung, »dass die Partei der Nichtwähler alle anderen überfliege und jetzt 50 Prozent aller Wahlberechtigten ausmacht«. An diesem Tag notiert Naumann in seinem Tagebuch: »Man kann ein Ideal, an das man so lange wie ich geglaubt hat, nicht einfach ablegen. Vielleicht enthalten die Ruinen der Reichskanzlei größere Werte, als sich die harsche Kritik erträumt.« Dann hebt er zu einem großen Rundumschlag aus. Er notiert:

> Die Hauptkrankheiten der Welt sind der dialektische Materialismus und Nihilismus, der Bolschewismus und die liberale Demokratie. Die liberale Demokratie ebnet den Weg für den Bolschewismus. Die heutige Situation gleicht jener von 1933. Freiheit ist nur eine Verdeckung der Kultur der Barbarei, des Kubismus, von misstönender Musik, Homosexualität, eine Degradierung der alten Werte und Traditionen, Chaos und Arbeitslosigkeit. Die NSDAP ist ein Protest gegen all

dies gewesen, eine Bewegung, um eine eingeschworene Gemeinschaft oder Elite zu formen. Sie hat für eine Idee und einen Führer mit einer »magnetischen Persönlichkeit« gekämpft, der die alten Werte Disziplin, Selbstopfer, Kameradschaft, Loyalität, Spaß an der Gefahr, Kampf und Sieg gefordert hat. Ihr Ziel ist das nationale und sozialistische Reich der Deutschen und die Kontinuität der deutschen Geschichte bezüglich einer gemeinsamen europäischen Ordnung gewesen. Nur mit dieser Idee können die materiellen und spirituellen Werte der westlichen Welt bewahrt werden. Ein deutscher Sieg im letzten Krieg hätte Europa Atemfreiheit für Jahrzehnte verschafft und eine friedliche Zukunft für die Welt. Es ist falsch zu glauben, westliche Ideen von Freiheit und parlamentarischer Demokratie allein seien gut. Die Kirche als autoritäre Institution zeigt, dass die Geschichte aller Demokratien auch eine Geschichte der Angriffe gegen die natürliche und ethische Ordnung ist und gegen Gott. Für den Parlamentarismus gegen die Diktatur zu kämpfen, führt in Wirklichkeit zu brutalem Terror und menschlicher Degradierung. Siehe die Internierungslager, das Schicksal der deutschen Kolonien und vierzehn Millionen Flüchtlinge. Um die Probleme der Welt zu lösen, ist die Herrschaft von Obrigkeiten notwendig …

Naumann schreibt gerade den Satz: »Sollte es sich herausstellen, dass sich unsere Idee nicht durchsetzen lässt, dann ist es besser, die Deutschen gingen unter« – wobei er an seine Heroen im Führerbunker denkt –, als Sliky in sein Büro gestürmt kommt und aufgeregt ruft: »Werner, komm schnell! Herbert geht es nicht gut.«

Zusammen eilen sie in den Salon, wo Herbert Lucht

wimmernd auf der Couch liegt. Der Freund hält sich den Bauch, er ist weiß wie die Wand hinter ihm, bekommt keine Luft, kann kaum sprechen. Sie sind sich sofort einig, dass sie ihn nach Düsseldorf in die Klinik bringen müssen. Sliky packt schnell Kleidung für eine Übernachtung in eine große Tasche. Mit Werners Unterstützung wird Herbert Lucht in die Garage gebracht und ins Auto verfrachtet.

Naumann ist ein rasanter Autofahrer. Nach zwanzig Minuten erreichen sie die Klinik. Herbert Lucht ist kaum noch ansprechbar. Unter Tränen erklärt Sliky dem Arzt in der Notaufnahme, dass ihr Mann schon seit längerer Zeit über Magenschmerzen geklagt habe. Vor zwei Jahren habe er auch eine Operation am Zwölffingerdarm gehabt.

Herbert Lucht wird auf einer Rolltrage in die Station gebracht. Wenig später werden die besorgten Wartenden vom Arzt darüber informiert, dass man einen Magendurchbruch befürchte und sofort operieren müsse. Da sie in der Nähe wohnen, empfiehlt der Arzt, nicht hier im Krankenhaus zu warten, man werde sie zu Hause anrufen.

Zwei Stunden später klingelt das Telefon, und Sliky erfährt, dass ihr Mann tatsächlich einen Magendurchbruch gehabt habe. Die Operation sei gut verlaufen, der Patient aber sehr geschwächt und zurzeit nicht ansprechbar. Man müsse abwarten, wie die Nacht verlaufe.

Diese vage Aussage ist nicht dazu angetan, Sliky zu beruhigen. Sie überlegt, sofort ins Krankenhaus zu fahren, aber Naumann rät ihr ab. Sie kann in diesem Moment doch nichts für ihren Mann tun, sie soll den morgigen Tag abwarten.

Am nächsten Morgen sitzt Werner Naumann am Schreibtisch, als Sliky schluchzend in sein Zimmer kommt: »Herbert … Er ist tot … Er hat die Nacht nicht überlebt.«

Werner ist entsetzt. »Aber wie kann das sein? Es hieß doch, die Operation sei gut verlaufen.«

»Der Arzt sagt, dass die Narbe von der Operation des Zwölffingerdarmgeschwürs perforiert war und Herbert innerlich dabei verblutet ist.«

***

In den kommenden Tagen herrscht in der Villa Lucht Ausnahmezustand. Dokumente sind vorzulegen, Formulare auszufüllen, Traueranzeigen müssen formuliert werden, eine Adressenliste für die Einladung zur Beerdigung und den anschließenden Leichenschmaus wird erstellt. Sliky verrichtet die Arbeit wie in Trance, mechanisch. Naumann hilft ihr, so gut er kann. Die Beerdigung findet in zehn Tagen im engsten Freundeskreis statt.

***

Auch Ernst Achenbach kommt zur Beerdigung. Beim anschließenden Leichenschmaus drehen sich die Gespräche zunächst ausschließlich um den Verstorbenen, aber bald auch um andere Themen. Achenbach berichtet Naumann, dass er überlegt, seine Rechtsanwaltskanzlei personell zu verstärken. Er denke dabei an Werner Best.

Naumann ist begeistert. Best war einer der größten Organisatoren und Strategen der Partei, der eine überaus wechselhafte Karriere hinter sich hat.

Achenbach sagt: »Ich kenne Werner Best aus guter Zusammenarbeit seit 1940 in Paris. Nach der Eroberung von Paris ist er Leiter der Abteilung Verwaltung beim Militär-Befehlshaber in Frankreich gewesen. Das war General Otto von Stülpnagel. Ich war damals Leiter der politischen Abteilung in der deutschen Botschaft in Paris. Herbert Lucht wurde Leiter der Abteilung Kultur der Propagandastaffel in diesem Kreis, daher kennen wir uns alle. Aufregend und gefährlich wurde es, als der Widerstand der Résistance zunahm. Der Führer befahl damals drakonische Vergeltungsmaßnahmen. Best fürchtete allerdings, den Kooperationswillen der französischen Stellen zu verlieren. Statt umfangreicher Geiselerschießungen plädierte er für die Deportation französischer Juden in den Osten. Ich habe diese Entscheidung damals unterstützt. Aber es war mir wichtig, mich auf Werner Best berufen zu können. Best erwies sich als ein kühler Stratege, der die Sache mit großer Gelassenheit anging. Er war ja zuvor Stellvertreter von Heydrich gewesen, und auch da wirkte er schon, verglichen mit Heydrich, eigentlich als der bessere Mann. Aber wem erzähl ich das, Sie kennen ihn aus Berlin ja wohl gut genug.«

»Nicht so gut wie Sie. Nach Frankreich ist er auf Vorschlag von Himmler Reichsbevollmächtigter im besetzten Dänemark geworden, wenn ich mich recht erinnere, und nach dem Ende des Krieges dort interniert gewesen, oder? Ich habe gelesen, er sei als Zeuge von Dänemark nach Nürnberg gebracht worden, um im Prozess verhört zu werden.«

»Ja, das ist richtig. Aber danach wurde er wieder nach Kopenhagen gebracht und 1948 zum Tode verurteilt. 1950 dann in einem Revisionsverfahren zu zwölf Jahren Haft verurteilt. Auch auf deutschen Druck und mit dem Argument, nach der Aufarbeitung der Besatzungsgeschichte in Dänemark müsse auch einmal ein Schlussstrich gezogen werden, ist er jetzt tatsächlich vorzeitig aus der Haft entlassen und in die Bundesrepublik abgeschoben worden. Ich habe Kontakt zu ihm aufgenommen und ihm angeboten, als Jurist in meiner Kanzlei in Essen zu arbeiten. Ich könnte mir keinen besseren Mann für eine juristische Generalamnestie-Kampagne vorstellen.«

Naumann teilt Achenbachs Einschätzung voll und ganz.

Achenbach ergänzt: »Es gab in meinem Leben nicht viele Männer, auf die ich mich wirklich verlassen konnte. Werner Best ist ein solcher Mann – aufrecht, klug, furchtlos.« Dann sieht er Naumann an und lächelt. »Für mich gehören auch Sie zu den vertrauenswürdigen Männern. Weswegen ich Sie ja immer wieder beknie, endlich in die Politik einzusteigen – und zwar bei uns in der FDP. Glauben Sie mir, es tut sich etwas in der Partei. Ich bin sehr optimistisch.«

Naumann zuckt die Schultern: »Solange mein sogenanntes Entnazifizierungsverfahren nicht abgeschlossen ist, werde ich mich zurückhalten müssen. Danach sehen wir weiter.«

Um sie herum sind die Gespräche lauter geworden. Längst ist die gedämpfte Trauerstimmung verflogen. Allerhand geistige Getränke haben das Ihrige dazu beigetragen. Als Lea Lucht zu ihnen an den Tisch tritt, ist im Hintergrund gerade eine schallende Lachsalve zu hören. »Das Leben muss ja weitergehen«, sagt die Witwe mit einem wehmütigen Lächeln.

Naumann geht an diesem Abend früh zu Bett. Er liest noch einige Aufzeichnungen, macht sich Notizen – als sich plötzlich die Tür zu seinem Schlafzimmer öffnet. Sliky kommt im Negligé herein und legt sich zu ihm.

»Ich weiß nicht, ob das eine gute Idee ist«, sagt Naumann.

»Die beste«, sagt Sliky. »Ich brauch jetzt einen Mann.«

***

Es hat sich viel verändert für Werner Naumann, seit er von Schwabach nach Meerbusch gezogen ist. Es überrascht ihn selbst, wie vorteilhaft sich sein Leben entwickelt hat. Seit drei Monaten sind Sliky und er ein Paar. Er hätte gedacht, es würde sich früher oder später das schlechte Gewissen melden – dem toten Freund gegenüber, Ursula gegenüber –, aber das ist nicht der Fall. Naumann sieht die Kinder in unregelmäßigen Abständen, wie gehabt, und sie freuen sich, wenn er kommt. Ursula scheint sich erst einmal damit abgefunden zu haben, ohne dass sie Genaueres weiß.

Nach seinem Gespräch mit Achenbach auf der Beerdigung hat Naumann viel über die FDP nachgedacht. Achenbach ist fest davon überzeugt, dass die Partei geeignet sei, eine umwälzende nationale Bewegung anzuführen. Naumann bleibt nach wie vor skeptisch, beobachtet die Entwicklung aber aufmerksam.

Er weiß, dass sich der Landesverband Nordrhein-Westfalen seit Ende 1947 zunehmend dem Nationalliberalismus zugewandt hat, was zu Parteieintritten von nationalistisch orientierten Personen und auch ehemaligen Nationalsozialisten geführt hat. Beim Landesparteitag in Münster im Juli 1951 hat der Landesvorsitzende Friedrich Middelhauve dies noch einmal betont: »Für das Recht der Entrechteten, für die Achtung der Missachteten, für die Ehre der Entehrten mit allem Ernst und Eifer einzutreten, darin sah die FDP vom ersten Tage ihres Bestehens an ihre Ehrenpflicht. Wir waren es, die zuerst von der Ehre des deutschen Soldaten sprachen, davon, dass er sie nie verloren hat, dass sie ihm niemand streitig machen kann, dass er mindestens ein ebenso ehrlicher und anständiger Soldat war wie seine Gegner! Wir sprachen aus, dass man den Geist des Nazismus nicht durch Entnazifizierung, nicht durch Kategorisierung, nicht durch Diffamierung überwinden kann.«

Auf diesem Parteitag nun wurden folgende Leitlinien verabschiedet:

1.) Alle Straftaten, die aus politischen Motiven oder im Zusammenhang mit Kriegsvorgängen vor und nach 1945 begangen wurden, werden amnestiert.

2.) Die im Rahmen der Spruchgerichtsverfahren in der britischen Zone ausgesprochenen Verurteilungen sind in den Strafregistern zu löschen, anhängige Verfahren sind einzustellen und neue nicht mehr einzuleiten. Sühnegelder werden nicht mehr eingezogen, Freiheitsstrafen nicht mehr vollstreckt.

Mit Interesse nimmt Naumann überdies zur Kenntnis, dass der Leiter des »Presse- und Propagandareferats« der nordrhein-westfälischen FDP Siegfried Zoglmann den Posten des Chefredakteurs der parteieigenen Wochenzeitung *Die deutsche Zukunft* übernommen hat. Zoglmann war im Dritten Reich Hauptschriftleiter der Zeitschrift *Die HJ – das Kampfblatt der Hitler-Jugend.*

Naumann ist auch nicht entgangen, dass auf dem Münchener Parteitag der FDP der rechte Flügel alle drei Strophen des Deutschlandliedes gesungen hat. Freiherr von Rechenberg, der dem NRW-Landesverband angehörte, bemerkte, dass nun einmal jedes Lied mit der ersten Strophe anfange.

Bereits im vergangenen Jahr hatte die Partei bei den Landtagswahlen in Nordrhein-Westfalen mit dem Slogan geworben: »Die Partei der nationalen Sammlung«.

Sein alter Studienkollege, der allseits geschätzte Wolfgang Diewerge, ist im Übrigen inzwischen Friedrich Middelhauves Sekretär und verantwortlich für die Rednerschulungen in der FDP Nordrhein-Westfalen.

Nun, vielleicht hat Ernst Achenbach recht, vielleicht tut sich wirklich etwas in der Partei.

Naumanns Entnazifizierungsverfahren

Werner Naumann hat schon fast nicht mehr daran gedacht. Doch dann, im November, liegt plötzlich das Schreiben der Hessischen Zentralen Spruchkammer im Briefkasten. Sie hat sich viel Zeit gelassen, aber Naumann hat es ja genau so gewollt. Dann hält er die Klageschrift in der Hand. Er soll in die Gruppe I eingeteilt werden, die höchste Stufe, als Hauptschuldiger. Das sind laut Kontrollratsdirektive diejenigen Deutschen, »die aus politischen Beweggründen Verbrechen gegen Opfer oder Gegner des Nationalsozialismus begangen haben oder in einer führenden Stellung der NSDAP oder in der Regierung des Reiches eine führende Stellung innegehabt haben«. Offensichtlich hat man sich die Mühe gemacht, alle Daten und Dokumente zu ermitteln, die in den entsprechenden Archiven und Verwaltungen über ihn, Naumann, zu finden waren. Beginnend mit seiner Parteimitgliedschaft ab dem 1.10.1928, der Mitgliedschaft in der SA und den Funktionen, die er dort hatte (Brigadeführer). Dann wurde aufgezählt, dass er auch in der SS im Jahr 1943 den Rang eines Brigadeführers gehabt hat, ab 1940 der Waffen-SS angehörte, seit 1944 als Sturmbannführer. Alle Ämter in der Partei werden benannt, so auch die Bezirksleiterfunktion in der NSDAP Oberlausitz 1931. Dann folgt seine Stelle als persönlicher Referent von Reichsminister Dr. Goebbels ab dem 1. Dezember 1937 bis zur Ernennung zum Staatssekretär 1944 – mit allen Ehrenzeichen, vom Goldenen Parteiabzeichen bis zum SS-Totenkopfring, dem SS-Ehrendegen, dem Deutschen Kreuz und dem Ritterkreuz. Eine stolze Liste. Sein zwischenzeitlicher Ausschluss aus der SA wird erwähnt, aber nicht bewertet, zumindest nicht als Entlastungsargument.

»Naumann gilt als Hauptschuldiger«, steht da zu lesen. »Die von ihm innegehabten führenden Stellungen konnten nur von bewährten Nationalsozialisten bekleidet werden. Es wird besonders auf ein persönliches Schreiben des ehemaligen Reichsführers-SS Himmler vom November 1942 verwiesen, in dem dieser den Betroffenen dem Reichsleiter Bormann zum Gauleiter vorschlägt.«

Naumann nimmt an, dass auf dieser Grundlage eine mündliche Verhandlung angeordnet wird. Kopien aus Akten und Archiven zum Beleg der Klageschrift sind beigefügt.

»Das könnte ernst werden«, ist seine erste Reaktion. Aus allem, was er von anderen Freunden und Mitstreitern erfahren hat, könnte das der Anfang einer langwierigen Internierung sein, auch jetzt noch.

Nun wird sich zeigen, ob die von Kiesinger und Todenhöfer vorgeschlagene Strategie der Wohnortwechsel über zwei oder drei unterschiedliche Besatzungszonen erfolgreich sein wird. Sein Anwalt Peter Gast muss dazu Stellung nehmen. Naumann befürchtet vor allem, auf unabsehbar lange Zeit von jeder politischen Betätigung ausgeschlossen zu werden.

Er telefoniert mit Peter Gast, kündigt ihm die Übermittlung der Klageschrift an.

Gast bleibt gelassen. »Ich werde darauf hinweisen, dass du seit mehr als einem Jahr gar nicht mehr in Frankfurt oder Hessen wohnst. Der hessische Kläger ist also gar nicht mehr zuständig, und die Zustellung der Klageschrift hat noch überhaupt keine Wirkung.«

Wenige Tage später bekommt er von Peter Gast das

Schreiben, das dieser der hessischen Zentralspruchkammer geschickt hat. Er teilt der Kammer mit, dass er den Betroffenen vertrete, und beantragt, »die Eröffnung des Verfahrens wegen Unzuständigkeit der Kammer abzulehnen«.

Gast geht davon aus, dass die Spruchkammer sich mit seiner Antwort erst einmal beschäftigen muss. Bei der großen Anzahl von Verfahren rechnet er damit, dass es bestimmt einige Monate dauern wird, bevor es zu einer Entscheidung kommt, die voraussichtlich in Naumanns Sinne ausfällt. Ob die Angelegenheit dann in der britischen Zone aufgenommen wird, ist sehr unwahrscheinlich, weil die Entnazifizierungsverfahren bis dahin eigentlich abgeschlossen sein werden.

Herrenklub in Hamburg

In diesem Herbst besucht Naumann erstmals Heinrich Haselmayer in Hamburg. Angeregt durch den Vortrag von Friedrich Grimm im Industrieklub Düsseldorf hat er die Idee entwickelt, einen Klub in Düsseldorf zu bilden, der in mehr oder weniger regelmäßigen Abständen zusammenkommt, um politische Fragen zu diskutieren, und von Haselmayer hatte er erfahren, dass die beiden Gauleiter Scheel und Kaufmann etwas Ähnliches in Hamburg ins Leben gerufen haben. Im Hamburger »Herrenklub« trifft sich eine kleine Gruppe von Ärzten, zu denen neben Haselmayer Heinrich Kunstmann und Gunnar Berg gehören, aber auch der ehemalige Generalstaatsanwalt in Hamburg und jetzige Rechtsanwalt Hans Haack.

Werner Naumann ist mit der Bahn gefahren und wird von Heiner mit dem Auto vom Bahnhof abgeholt. Das Treffen wird in Haselmayers Haus in Bergedorf in der Chrysanderstraße Nr. 32 stattfinden, wo der Arzt auch seine Praxis hat.

Haselmayer begrüßt Naumann fröhlich und lebhaft wie immer. Es geht ihm bestens, die Praxis läuft gut. Er habe gute Kontakte in Bergedorf, viele neue, aber auch immer mehr zu alten Kameraden. Er berichtet, dass Karl Kaufmann trotz seiner angeschlagenen Gesundheit nach dem Autounfall in Nürnberg an dem Treffen teilnehmen wird. Er übernimmt organisatorische Aufgaben für den Herrenklub, ist bei den Gesprächen aber nur selten und dann auch nur kurz dabei.

Gustav Adolf Scheel hingegen, der in Hitlers Testament

als Minister für den Bereich Kultur vorgesehen war und jetzt in der Klinik von Heinrich Kunstmann als Assistenzarzt arbeitet, sei überaus aktiv.

Es ist ein illustrer Kreis, der sich neben Kaufmann und Scheel in der Chrysanderstraße zusammenfindet: mit dem ehemaligen SA-Oberst und Arzt Gunnar Berg, Karl Scharping, der im Propagandaministerium tätig war, dem ehemaligen Generalstaatsanwalt für Bremen und Hamburg Hans Haack, jetzt Rechtsanwalt, dem ehemaligen Gauschulungsleiter für Danzig Wilhelm Löbsack sowie Alfred Salat, der als Verlagsleiter die *Hamburger Neuesten Nachrichten* geführt hat. Alle sind sie gekommen, denn der Besuch des ehemaligen Staatssekretärs von Joseph Goebbels ist natürlich eine kleine Sensation.

Als man bei Tee und Kaffee und hier und da einem Weinbrand in der Haselmayerschen Stube beisammensitzt, muss Naumann wie üblich zunächst über die letzten Tage im Bunker berichten. Aber der Ton, in dem er erzählt, hat sich im Laufe der Jahre geändert. Er ist weniger wehmütig als am Anfang. Alle Anwesenden sind sich einig, dass Jammern keinen Zweck hat. Wichtiger ist es, nach vorn zu blicken. Man will keine neue Partei gründen, aber Kräfte bündeln – über Parteigrenzen und die verschiedenen Interessenvertretungen hinweg.

So erklärt Karl Kaufmann gleich zu Beginn, dass er Gespräche mit dem ehemaligen Parteigenossen und jetzigen BHE-Vorsitzenden Waldemar Kraft und dem niedersächsischen FDP-Landesvorsitzenden Artur Stegner geführt habe und weiterhin führen werde, die in den Nachbarbundesländern wichtige politische Ämter und Funktionen eingenommen haben.

»Kraft und ich sind uns darüber einig, dass bei einer Mitarbeit früherer Anhänger der NSDAP deren erste und zweite

Garnitur ausgeschaltet bleiben müsste. Diese dürfen nur Leute, die sich um Rat und Auskunft an sie wenden, beraten, aber selbst keine führende Rolle spielen. Das ist natürlich für alle hier Anwesenden gleichermaßen von Bedeutung.«

Gustav Adolf Scheel ergänzt: »Im Moment kann es nur darum gehen, initiierende, koordinierende und beratende Funktionen zu übernehmen. Was daraus wird, werden wir dann sehen. Ich für meinen Teil bin jedenfalls froh, dass wir jetzt schon zwei wichtige Kreise bilden konnten, in Hamburg und bei euch in Düsseldorf.«

Durch Scheels Arbeit in Norddeutschland hat man auch die niedersächsische FDP im Visier. Im Frühjahr 1952 wollen sich Repräsentanten der Freien Demokraten mit Scheel treffen, unter anderem der Hauptgeschäftsführer Horst Huisgen sowie der Landesvorsitzende Artur Stegner.

»Treffen sind auch mit Adolf von Thadden geplant«, wirft Kaufmann ein. Von Thadden ist der führende Mann der Deutschen Reichspartei DRP.

Das Treffen dauert gut drei Stunden. Dann geht man befriedigt auseinander. Naumann bleibt danach noch eine Stunde bei Heiner und seiner Familie. Er fühlt dabei ein schlechtes Gewissen, da es der Freund offenbar versteht, seine Aktivitäten mit seiner Familie und den Kindern zu koordinieren, doch als ihn ein gut gelaunter Heiner Haselmayer wieder zum Bahnhof bringt, ist der Anfall von Selbstkritik bereits wieder verflogen. Auf der Rückfahrt notiert sich Werner die wichtigsten Äußerungen der Männer des Herrenklubs in sein Tagebuch.

Schleyers Prognose

Einen Tag vor der nächsten Zusammenkunft des Herrenklubs, auf dem Naumann referieren soll, ist neben ihm noch Hanns Martin Schleyer anlässlich Scheels 44. Geburtstages zu Gast. Dazu hat Scheel auch Heinrich Haselmayer eingeladen. Das ist insofern gut, weil es aufgrund ihres Ranges und ihrer Bedeutung in der nationalsozialistischen Zeit durchaus Konkurrenzen zwischen Naumann und Scheel geben könnte. Hitler hatte sie beide jeweils als Propagandaminister und Kulturminister in seinem Testament bedacht. Hinzu kommt, dass Scheel sich immer noch mit Berufungsverfahren vor der Zentralspruchkammer in Tübingen abplagen muss. Auch das könnte ein Grund für Missgunst sein, da Werner Naumann offenbar völlig unbeschadet durch die schweren Zeiten gekommen war. Und ein dritter Grund: Gustav Adolf Scheel hatte zwar über Heinrich Kunstmann an dem von ihm geleiteten Krankenhaus in Hamburg eine Assistenzarzt-Stelle bekommen, doch für jemanden, der bis 1945 in vielen führenden Stellungen gearbeitet hatte, konnte das natürlich schon als sozialer Abstieg empfunden werden.

Naumann nimmt aber keine Konkurrenzsituation wahr. Im Gegenteil. Sie sprechen sich beide ab und fühlen sich für die jeweiligen lokalen Kreise verantwortlich. In Hamburg ist es Scheel, da Karl Kaufmann gesundheitlich geschwächt ist.

Sicherlich musste Gustav Adolf Scheel erst einmal die nervigen Verfahren hinter sich bringen, aber mit 44 Jahren ist er im besten Alter und hatte alle Möglichkeiten.

Naumann gefällt die Wohnlage der Scheels. An der Alster heißt die Straße und sie liegt tatsächlich direkt an der Hamburger Außenalster. Er freut sich auch, Heinrich Haselmayer wiederzusehen und merkt sehr schnell, dass Schleyer, der von Scheel „Ham" genannt wird, eine imposante Persönlichkeit ist. Beide haben an der Universität Heidelberg eng im Nationalsozialistischen Deutschen Studentenbund zusammengearbeitet – Scheel in der führenden Funktion, aber in enger Zusammenarbeit mit Schleyer. Sie studierten Medizin und Jura, wobei ihr Schwerpunkt in der politischen Arbeit lag. Dabei haben sich sehr schnell die organisatorischen Macherqualitäten von Schleyer herausgestellt, der die Leitung des Studentenwerks übernahm. Beide waren auch Mitglieder in der SS, Scheel, 7 Jahre älter, wurde bald Reichsstudentenführer, der Organisator Schleyer leitete das Studentenwerk. Gustav Adolf Scheel setzte Schleyer 1941 in Prag ein, wo dieser ebenfalls die Leitung des Studentenwerks an der deutschen Karls-Universität übernahm. Später, während des Krieges, wurde Schleyer Sachbearbeiter im Zentralverband der Industrie für Böhmen und Mähren, wo es viel zu organisieren gab, unter anderem die Arisierung der tschechischen Wirtschaft und die Beschaffung von Zwangsarbeitern für das Deutsche Reich. Schleyer wurde Leiter des Präsidialbüros und blieb in Prag bis Anfang Mai 1945, als der Prager Aufstand sich formierte. Dann floh er zu seinen Eltern nach Konstanz, wo er im Juli 1945 von französischen Soldaten verhaftetet wurde und danach in amerikanische Kriegsgefangenschaft geriet. Dies lag nun schon ein paar Jahre zurück, war aber natürlich ein Anknüpfungspunkt für das Gespräch. Wie ist es uns ergangen?

Schleyer war zwischenzeitlich Referent bei der Industrie- und Handelskammer in Baden-Baden, nachdem er die dreijährige Internierung hinter sich gebracht hatte und im

Dezember 1948 im Entnazifizierungsverfahren nur noch als Mitläufer eingruppiert wurde. Zuvor hatte er seinen Rang in der SS durch Angabe eines niedrigeren Dienstgrades verschleiert. „Schnee von gestern", bemerkte Haselmayer dazu. Inzwischen ist Hanns Martin Schleyer als Sachbearbeiter bei der Daimler-Benz AG gelandet, wohl mit besten Aufstiegsmöglichkeiten.

Es wird gut gegessen und bis auf Werner Naumann auch dem köstlichen Wein zugesprochen.

Gustav Adolf Scheel erzählt von seinem ersten Wiedertreffen mit Ham Schleyer 1949, als er diesen fragte, ob er nicht auch Ambitionen habe, wieder politisch tätig zu werden. Daraufhin sah ihn Schleyer entgeistert an und fragte: „Glaubst du etwa ernsthaft, dass wir mit unserer politischen Vergangenheit und unseren Aktivitäten jemals politisch wieder eine Chance haben? Das halte ich für ausgeschlossen." Davon war Schleyer absolut überzeugt und allein den Gedanken, sich wieder in das politische Getümmel zu werfen, fand er absurd. Dies bekräftigt er auch zwei Jahre später in Hamburg.

Daran muss Werner Naumann immer wieder denken. Noch ist die mangelnde Erfolgsmöglichkeit nicht bewiesen.

Skorzeny-Besuch in Madrid

Es ist Lea Luchts Idee gewesen, für ein paar Tage nach Madrid zu fliegen. Nach dem Tod ihres Mannes hat sie das Gefühl, dass ihr die Decke auf den Kopf fällt. Ein Besuch bei Otto Skorzeny sei ohnehin überfällig. Naumann hat vier Nächte im Hotel »Vincci Centrum« reserviert, ganz in der Nähe von Skorzenys Ingenieurbüros in der Calle de Alcalá, seinem festungsartig ausgebauten konspirativen Hauptquartier.

Skorzeny holt sie vom Flughafen ab. Naumann hat ihn seit fast zehn Jahren nicht mehr gesehen, aber er wirkt kaum verändert. Noch immer gut aussehend wie ein Filmschauspieler, und viele der Abenteuer, die der ehemalige SS-Obersturmbannführer erlebt hat, waren ja in der Tat filmreif. Er fährt mit ihnen erst in ihr Hotel und danach gleich weiter ins Restaurant Horcher. Eine angenehme Überraschung für Werner Naumann. Er kennt den Wirt Otto Horcher aus dessen Schlemmerlokal in der Nähe des Kurfürstendamms in Berlin, in dem die führende Funktionärsriege der Partei gern gegessen hat. Nach dem Krieg hat Horcher ein ähnlich exklusives Restaurant im Zentrum von Madrid aufgemacht. Dort erwartet sie eine weitere Überraschung im blauen Separee. Es ist noch ein Gast anwesend, ein paar Tage vor ihnen ebenfalls aus Düsseldorf angereist: kein Geringerer als Hjalmar Schacht, der schon seit einiger Zeit mithilfe der »Deutsch-Spanischen Gesellschaft« in Madrid gute Geschäfte macht – für die Klöckner AG, den Otto-Wolff-Konzern, den Papierkonzern Feldmühle und natürlich für die

Firma Krupp. Der Handel zwischen Deutschland und dem faschistischen Spanien blüht.

Schacht erweist sich als charmanter Plauderer. Er kondoliert der Witwe Lucht und gratuliert Werner Naumann, dass es ihm gelungen ist, sich dem Prozess in Nürnberg zu entziehen. Schacht selbst hat da weniger Glück gehabt. Doch ähnlich wie in Hamburg hält man sich nicht mit alten Geschichten auf, sondern kommt schnell auf Geschäftliches zu sprechen. Geplant ist eine Lieferung von Zement und Beton sowie Stahl für Bauprojekte auf den Kanarischen Inseln. Aber auch die Kontakte von Skorzeny und Paul Zimmermann im Vorderen Orient, insbesondere in Ägypten, sind Thema. Zimmermann hat als Vertreter von deutschen Eisen- und Stahlfirmen die Verbindungen hergestellt.

Naumann und Sliky Lucht berichten ihrerseits von ihrem derzeitigen Großprojekt mit belgischen Geschäftsfreunden.

Es ist ein anregender und vergnüglicher Abend, auch wenn Naumann nicht den köstlichen Wein genießt, dafür umso mehr später die Nacht mit Sliky Lucht in der schönen Hotelsuite.

Der nächste Tag ist touristischen Attraktionen vorbehalten, was Werner eigentlich nicht behagt, aber Prachtstraßen wie die Calle de Alcalá und Bauten wie der Palacio Real und die Almudena-Kathedrale verfehlen ihre Wirkung auch auf Naumann nicht.

Am Abend treffen sie sich erneut mit Otto Skorzeny in einem Lokal in der Innenstadt. Skorzeny ist in Begleitung seiner neuen Lebensgefährtin Ilse Finck von Finckenstein. Naumann und Sliky Lucht erfahren, dass Skorzeny auch ein Haus auf Mallorca hat, in der Bucht von Alcudia: »Ihr müsst unbedingt einmal kommen. Die Insel ist wunderschön, und sie hat Potenzial.«

Ähnlich wie auf den Kanarischen Inseln bieten sich auf

Mallorca beste Chancen, Ferienhäuser und Hotelanlagen zu bauen. Skorzeny ist bereits im Gespräch mit einheimischen Baufirmen, die an Zement und Stahl interessiert sind.

Von Skorzeny erfährt Sliky auch Neues über ihren Onkel Leon Degrelle. Die beiden Männer stehen in gutem Kontakt. Degrelle muss aber vorsichtig agieren, weil er als Kollaborateur mit den Nationalsozialisten von der belgischen Regierung gesucht wird. Er ist Ende 1944 in Belgien in Abwesenheit zum Tode verurteilt worden und deswegen nach Spanien geflüchtet, wo er als Immobilienmakler aktiv ist.

Die Soldatenbünde

Zurück in Meerbusch, macht sich Naumann erfrischt und gestärkt daran, weitere Kontakte zu knüpfen. Er wendet sich jetzt gezielt den neu gegründeten Soldatenbünden zu. Die nationalsozialistisch gesinnten ehemaligen Soldatenführer sind, ganz im Sinne Naumanns, bestrebt, einen einheitlichen Soldatenbund zu schaffen, durch den die Kriegsgeneration eine Stimme in der Bundesrepublik erhalten soll. Vor allem im Hinblick auf die offiziellen Remilitarisierungspläne hofft der Kreis um Naumann über einen solchen Soldatenbund direkten politischen Einfluss nehmen zu können.

Spätestens seit Beginn des Koreakrieges geht es in Sachen Wiederaufrüstung nicht mehr um die Frage des »Ob«, sondern nur noch um das »Wann« und »Wie«. Die USA rechnen damit, laut einer Denkschrift aus dem Jahr 1950, dass von 10,4 Millionen männlichen Einwohnern zwischen fünfzehn und neunundvierzig in Westdeutschland rund 7,25 Millionen wehrtauglich seien. Vier Millionen haben in der Wehrmacht gedient, von denen geschätzt drei Millionen bereit sind, wieder Uniform zu tragen. Nach fünf Jahren Abstinenz vom Militär könnten die Deutschen mit einem relativ kurzen militärischen Training gewiss wieder einsatzfähig gemacht werden, so die Meinung der Experten. In diesem Zusammenhang sind auch die streng gehandhabten Bestimmungen bezüglich des Verbots von Zusammenschlüssen ehemaliger Soldaten gelockert worden. Mit der Aufhebung des Versammlungsverbots für ehemalige

Soldaten im Kontrollratgesetz Nr. 34 wurde Ende 1949 das letzte Hindernis für die schon lange beabsichtigte Bildung von Notgemeinschaften auf Länderebene beseitigt. Am 28. April 1950 fand in Bonn eine Vertreterversammlung der bereits vorhandenen Länder- und Notgemeinschaften statt, die sich zunächst zu einem »Bund versorgungsberechtigter ehemaliger Wehrmachtsangehöriger und deren Hinterbliebenen« (BvW) zusammenschlossen. Den Vorsitz übernahm der ehemalige Leiter des Luftwaffenlehrstabs im Oberkommando der Kriegsmarine, Admiral Gottfried Hansen. Es kam allerdings zur Spaltung, aus der 1951 der »Schutzbund ehemaliger deutscher Soldaten« in Norddeutschland hervorging. Der Schutzbund gewann die neu gegründete *Deutsche Soldaten-Zeitung* als Mitteilungsblatt und verfügt damit über ein wirksames Werbemittel in Soldatenkreisen. Eine Verschmelzung beider Verbände ist trotz mehrfacher Versuche bislang nicht gelungen. Für Naumann hat die Vereinigung der Soldatenverbände oberste Priorität.

Am 17. August 1951 sucht er in dieser Sache Heinz Guderian in dessen Heimatort Schwangau in Bayern auf. Zu Beginn des Gesprächs versichert Naumann dem ehemaligen Generaloberst, wie sehr er dessen Mut und Standhaftigkeit bei den Lagebesprechungen im Führerbunker bewundert und geschätzt habe. »Sie sind der einzige Militärführer gewesen, der es gewagt hat, den Führer auf Fehleinschätzungen aufmerksam zu machen und darauf, wie anders die militärische Lage und die jeweiligen Kräfteverhältnisse an der Front tatsächlich waren. Wenn das vorher auch andere getan hätten und dies zu einem entschieden früheren Zeitpunkt, der Kriegsverlauf wäre gewiss ein anderer gewesen.«

Sie sitzen auf der Terrasse von Guderians Eigenheim, und der alte Militärführer wiegt bedächtig den Kopf. »Das weiß ich nicht. Aber man hätte aussichtslose Situationen und auch das Drama von Stalingrad vermeiden können. Für strategische Entscheidungen wäre die Expertise der erfahrenen Militärführung manchmal notwendig gewesen. Es war ja nicht nur der Führer, auch die unmittelbaren politischen Berater verfügten nicht über militärische Erfahrung. Ihr Chef, der Propagandaminister, war gewiss ein guter Rhetoriker, aber auf dem militärischen Schlachtfeld fehlte ihm jegliche Praxis. Da entscheidet man nicht mit Worten und den besseren Argumenten. Bei Ihnen habe ich geschätzt, dass Sie selbst Erfahrungen an der Front in schwieriger Lage gesammelt haben.«

Nach diesen Bekundungen des gegenseitigen Respekts erörtern Naumann und Guderian ihr eigentliches Thema.

»Wenn es nach mir ginge«, sagt Naumann, »dann würden Sie sich, Herr General, ausschließlich um den Soldatenbund kümmern, ohne selbst politisch aktiv zu werden. Ein Soldatenbund ist eine ideale Möglichkeit, das Misstrauen des Auslands zu zerstreuen. Wir könnten auf legalem Weg Beziehungen zu den verschiedenen außen- und innenpolitischen Führern herstellen. Das schließt, ganz im Vertrauen gesprochen, einen neuen Krieg oder eine Machtergreifung durch einen Staatsstreich durchaus nicht aus.« Der Bund der Soldaten, der von aller Parteipolitik unabhängig bleiben müsse, solle, so Naumann, die ideellen und materiellen Interessen der Soldaten vertreten. »Mein vorrangiges Ziel ist eine starke Dachorganisation der Militärangehörigen, für die Sie, Herr General, eine entscheidende Rolle spielen könnten.« Naumann ist sich dabei sehr bewusst, dass Guderian in der Generalität und im hohen Offizierschor viele Feinde hat. Erst in den mittleren Offiziersrängen beginnt seine, dann allerdings sehr zahlreiche Anhängerschaft. »Wie auch immer«, fährt Naumann fort. »Wir müssen auf jeden Fall verhindern, dass es zu einer offen sichtbaren Radikalisierung der zukünftigen Dachorganisation kommt. Unser Motto muss sein, alles zu erfassen und zu sammeln, was anständig ist, ob nun ehemaliger Parteigenosse oder nicht. Ich plädiere dafür, von ›konservativen Revolutionären‹ zu sprechen.«

»An welche Männer aus den Reihen der alte Soldatenführer haben Sie gedacht?«, fragt Guderian.

Naumann muss nicht lange überlegen. »Ich denke vor allem an General Hermann-Bernhard Ramcke, Generaloberst Johannes Frießner und Joseph Harpe, SS-Obergruppenführer Paul Hausser und die Admiräle Otto Schniewind und Helmut Heye.«

Guderian sagt zu, dass er diese Männer gern kontaktieren werde, und er fügt an, dass die prospektive Dachorganisation sich scharf gegen Bonn richten müsse, ohne Rücksichtnahme auf die alliierte Hohe Kommission.

Naumann nickt: »Diese Führungsschicht ist für uns ein Unglück. Vor uns stehen die Millionenheere der Entrechteten und protestieren jeden Tag lauter. Die Herren in Bonn aber schließen die Türen, ziehen die Gardinen vor und glauben, weil sie selbst nun nichts mehr sehen, damit die raue Wirklichkeit beseitigen zu können. Eine neue Führungsschicht muss sie ablösen.«

Guderian und Naumann sind sich einig, dass aus einem geeinten Soldatenverband eine Massenpartei entstehen würde, mit der man bei der Wahl 1953 antreten könne, ja müsse.

Sie trennen sich, und Naumann sagt zu, umgehend an einem Text für die Gründung des Verbands zu arbeiten.

***

Bereits im September kommt es in Bonn zur Gründungsveranstaltung, bei der rund fünfzig Generäle, Stabsoffiziere und Soldaten als Vertreter aller Soldatenverbände eingeladen sind. Das vierundzwanzigköpfige Präsidium des »Verbands deutscher Soldaten« (VdS) besteht unter anderem aus dem ehemaligen Generaloberst Johannes Frießner, dem ehemaligen SS-Generaloberst Paul Hausser, dem ehemaligen General der Fallschirmtruppe Hermann-Bernhard Ramcke, dem ehemaligen General der Panzertruppe Hasso von Manteuffel, dem ehemaligen Generalmajor Kurt Student, dem ehemaligen SS-General Herbert Otto Gille sowie Heinz Guderian. Vorsitzender der Dachorganisation ist Johannes Frießner.

Naumann hat unterdessen auch entscheidenden Einfluss auf die »Hilfsgemeinschaft auf Gegenseitigkeit der Angehörigen der ehemaligen Waffen-SS« (HIAG) nehmen können, einen im Januar gegründeten Soldatenbund der Waffen-SS. Doch was folgt, ist eine Enttäuschung: Obwohl es in Westdeutschland mindestens drei Millionen ehemalige Soldaten gibt, treten nicht einmal 10 Prozent von ihnen in den VdS ein. Mit einer derart niedrigen Quote hat Naumann nicht gerechnet.

Auch Naumanns Plan, Guderian als Galionsfigur zu präsentieren, gelingt nicht. Der ehemalige Generaloberst, Jahrgang 1888, ist bereits zu Beginn des Jahres an einer Gallenentzündung erkrankt. Im Oktober verschlechtert sich sein Zustand. Er wird im Krankenhaus behandelt, ist seither arbeitsunfähig. Ein herber Rückschlag für Werner Naumann, der alles auf den charismatischen und durchsetzungsfähigen Generaloberst gesetzt hat.

Andere Schwierigkeiten kommen hinzu. Der VdS-Vorsitzende Frießner agiert öffentlich unklug, sodass er am 10. Dezember zurücktreten muss. Gottfried Hansen wird zum Vorsitzenden des neu organisierten VdS/BvW gewählt, zu dem Naumann nicht das nötige Vertrauensverhältnis hat.

Als Naumann später mit Arno Breker darüber spricht,

ist er überrascht, dass dieser das Ausscheiden von Guderian durchaus nicht als Verlust empfindet. Breker ist überzeugt, dass nur junge Kräfte eine Wende in der Politik erreichen können und dass die alte Garde dabei nur ein Klotz am Bein sei.

Infolgedessen verstärkt Naumann die Aktivitäten mit Hans-Ulrich Rudel und Adolf von Thadden und auch die Zusammenarbeit mit Gustav Adolf Scheel.

***

Hans Fritzsche hat es als Wertschätzung angesehen, von Werner Naumann in die Villa Lucht eingeladen zu werden. Streng genommen waren er und Naumann stets Konkurrenten gewesen. Der neun Jahre ältere Fritzsche war mit seiner wöchentlichen Radiosendung *Hier spricht Hans Fritzsche* lange Zeit die bekannteste Gestalt im Propagandaministerium neben Goebbels, und er hat sich gewiss Hoffnungen auf eine größere Karriere gemacht. In der Zeit, als Goebbels bei Hitler wegen seiner Affäre mit Lida Baarová in Misskredit geriet, mag er sogar spekuliert haben, den Minister zu beerben. Fritzsche war mit seiner umgänglichen, humorvollen Art im Ministerium überaus beliebt. Allerdings nicht so sehr bei Joseph Goebbels und auch nicht immer bei Werner Naumann. In Nürnberg saß er dann gleichsam stellvertretend für Goebbels und auch für Naumann auf der Anklagebank. Jetzt, rund fünf Jahre später, ist es Naumann ein Bedürfnis, Fritzsche dafür seinen aufrichtigen Dank abzustatten.

Naumann, der Fritzsche ein wenig steif empfangen hat, erzählt ihm im Salon der Villa Lucht, was er bisher noch niemandem anvertraut hat. »Ich war bis zuletzt nicht sicher, ob ich den Führerbunker lebend würde verlassen können. Doch am Ende trugen mir der Führer und auch Goebbels auf, alles dafür zu tun, um lebend aus Berlin herauszukommen, um den Geist des Nationalsozialismus wachzuhalten.« Er drückt Fritzsche die Hand und fährt fort: »Ich weiß, welche Leiden Sie auf sich genommen haben, dadurch, dass Sie geblieben sind, Leiden und Entbehrungen, die mir so erspart blieben. Ich stehe deswegen tief in Ihrer Schuld.«

Damit ist das Eis gebrochen. Fritzsche seinerseits erzählt von den Bedingungen der Einzelhaft in der gefürchteten Lubjanka in Moskau und auch von den Erfahrungen in Nürnberg. Als Journalist hat er die Ereignisse immer auch mit einem professionellen Blick betrachten können, was ihm geholfen hat, selbst schwere Zeiten gut zu überstehen.

Dann kommen sie auf die Gegenwart zu sprechen. Naumann berichtet von den verschiedenen Wegen, auf denen die ehemaligen Parteigenossen inzwischen wandeln. Er erzählt von Ernst Achenbach und dessen Bemühungen um die Generalamnestie, von Werner Best, der jetzt in Achenbachs Kanzlei tätig ist, und davon, dass innerhalb der FDP an einem Programmentwurf gearbeitet werde, mit dem Ziel, ein »Deutsches Programm« für eine nationale Sammlungsbewegung zu verfassen. Er berichtet von ihrem ehemaligen Kollegen Wolfgang Diewerge, der jetzt Referent des FDP-Vorsitzenden von Nordrhein-Westfalen sei.

Natürlich erzählt Naumann all dies, um Fritzsche zu animieren, sich ebenfalls in der Politik zu engagieren, doch der hält sich bedeckt. Es sagt, für ihn gelte es immer noch, den Weg ins Leben zurückzufinden. Er berichtet von seiner Heirat mit Hildegard Springer und ihrem gemeinsamen Verlag und seiner Arbeit an seinen Lebenserinnerungen, die ihm geholfen hat, die letzten Jahre zu überstehen.

***

Fast ein halbes Jahr ist es her, dass Naumanns Rechtsanwalt Peter Gast Einspruch bei der hessischen Zentralspruchkammer eingelegt hat. Jetzt haben sie Antwort erhalten. Mit Freude und Genugtuung erfährt Werner Naumann von der Einstellung seines Entnazifizierungsverfahrens, »weil die Zentralspruchkammer Hessen nach Artikel 29 des Befreiungsgesetzes nicht zuständig ist«. Bei dem Wort »Befreiungsgesetz« muss Naumann schmunzeln. Als er liest: »Die Kosten des Verfahrens fallen der Staatskasse zur Last. Der Streitwert wird auf DM 8400 festgesetzt«, muss er laut lachen.

Die Strategie von Kiesinger und Todenhöfer ist aufgegangen, die Argumentation von Peter Gast wurde akzeptiert. »Der vorübergehende Aufenthalt des Betroffenen in Frankfurt a. M. begründet keine Zuständigkeit der Zentralspruchkammer Hessen, weil zu dieser Zeit der Wohnsitz des Betroffenen in Tübingen bestehen blieb. Da sich der Betroffene zu keiner Zeit im Lande Hessen betätigt hat und auch kein Anhalt dafür besteht, dass sich Vermögen des Betroffenen im Lande Hessen befindet und das Verfahren durch den öffentlichen Kläger zu einer Zeit eingeleitet wurde, in der sich der Betroffene nicht mehr im Land Hessen befand, ist die Zentralspruchkammer Hessen für das Verfahren nicht zuständig.«

***

Werner Naumanns herausragende Eigenschaften sind sein Arbeitseifer und seine unerschöpfliche Energie. Bis Ende des Jahres 1952 steht er in Kontakt mit wenigstens tausend Personen innerhalb und außerhalb Deutschlands, mit denen er korrespondiert, telefoniert und sich regelmäßig trifft, bei öffentlichen Veranstaltungen oder im Privaten. Naumann spürt, welche Bedeutung seine Person für die anderen hat. Die Tatsache, dass er den Untergang in der Reichshauptstadt allem Anschein nach unbeschadet überlebt hat, macht ihn zu einer Art Lichtgestalt. Er ist nahezu der Letzte aus dem Zentrum der Macht, auf jeden Fall der Einzige, der bereit ist, die Fäden wieder in die Hand zu nehmen. Andere ehemalige Führungspersonen wie Gustav Adolf Scheel oder Karl Kaufmann mögen damit ein Problem haben oder nicht, sie haben sich schließlich mit Naumann arrangiert und ihn akzeptiert.

Anfang Februar 1952 organisiert Werner Naumann, zusammen mit Karl-Friedrich Bornemann, Betreiber des KBI-Nachrichtendienstes, und Paul Zimmermann, inzwischen Handlungsreisender in Sachen Stahl, einen ersten »Stammtisch« nach Vorbild des Hamburger Herrenklubs im Hotel Eden in Düsseldorf, in dem Gerda Christian, die ehemalige Privatsekretärin des Führers, arbeitet. Auf der zweiten Sitzung im März 1952 wird beschlossen, regelmäßige Treffen am ersten Mittwoch eines jeden Monats zu veranstalten. Die Organisation liegt in der Hand von Bornemann. Zimmermann ist verantwortlich für die Tagesordnung. Im Zentrum aller Veranstaltungen steht eindeutig Werner Naumann. Er bildet gleichsam das geistige Zentrum oder integrative Kraftfeld, das dem Hamburger Herrenklub so gänzlich fehlt. In Hamburg werden akademische Aufsätze vorgetragen, aber keine Strategien entwickelt. Ein Grund mehr für Naumann, seinen Einfluss auch auf die Hamburger Gruppe auszudehnen.

Im Oktober lässt Naumann von Bornemann eine Liste mit den Repräsentanten sämtlicher Interessenverbände und Parteien erstellen und lädt zu einer ersten Hauptkonferenz des Verbindungsnetzes am 1. und 2. November in Düsseldorf und am 18. und 19. November in Hamburg ein. Vorträge werden gehalten, die in enger Absprache mit Naumann speziell für diese Treffen verfasst wurden. Wichtige Reden stammen von Naumann selbst.

In einer dieser Reden erklärt er: »Wir stehen nicht bei denen, die nach außen hin in unseren Farben schillern, in Wirklichkeit aber auf der Lüge der deutschen Schuld und von Hitler als dem Sündenfall der deutschen Geschichte bestehen.«

Der Titel seiner Rede ist Programm: »Ein neuer Anfang und das alte Ziel.« Naumann ist sich sicher, dass das Volk bereit für diesen Neuanfang ist: »Millionen unseres Volkes sind politisch rat- und heimatlos. Sie warten auf eine Parole und auf das persönliche Vorbild.«

Dass dieses Vorbild – der »ideologische Kern«, wie Naumann auch sagt – nicht die derzeitige Demokratie sein kann, daran lässt er keinen Zweifel: »Schaffen wir einen solchen Kern. Dieser muss von Anfang an – um aus den traurigen Beispielen dieser Tage zu lernen – unter der Parole ›Befehlen und gehorchen‹ stehen.«

Die Menschen müssen das Gefühl haben, einer großen Idee zu dienen, wie dies im Dritten Reich der Fall war, auch wenn die Ankläger im »KZ-Prozess in Nürnberg« dies nicht wahrhaben wollten. Die Menschen haben Organisationen wie »Kraft durch Freude« oder das »Winterhilfswerk« sowie den Bau von Autobahnen als große gemeinsame Ziele erkannt und an der Erreichung dieser Ziele mitgewirkt. Gleichzeitig sei sich das Volk heute einig »in der Ablehnung der Exzesse und der höchst unangenehmen Pubertätserscheinungen, wie sie bei revolutionären Bewegungen dieser Art auf der Welt bisher leider nicht zu verhindern waren«.

Naumann bricht mit der Tradition des Nationalsozialismus und distanziert sich von der Sozialistischen Reichspartei SRP, die sich als Nachfolgeorganisation der NSDAP sieht. »Wir sind schon deshalb keine Neofaschisten, weil das Frühere für uns Vergangenheit ist. Die Gedanken des Nationalsozialismus, von denen unser Volk und zwölf Jahre deutsche Politik entscheidend beeinflusst waren, haben wir weiterentwickelt.« Er stellt fest: »Mit dem ›Badenweiler-Marsch‹ und mit einer neuen Fahne ist nichts getan. Wir brauchen einen neuen Stil, neue Parolen, neue Begriffe und eine neue Sprache, wenn wir unser Volk wieder politisch formen und uns durchsetzen wollen. Dieser Stil wird nicht emphatisch, propagandistisch oder superlativisch sein, sondern streng, sachlich und ernst, ein getreues Abbild unserer Lage.«

Schon früher hatte Naumann festgestellt, dass die Rechten hoffnungslos zersplittert seien. »Sie begnügen sich mit Antiparolen ohne konstruktives Gedankengut. Hier wiederholt sich die Tragödie des völkischen Bruderkampfes von 1920. Die Bonner Kolonie zu stürzen, in wenigen Wochen anhand der vielen Skandalfälle dieser Institution bei unserem Volk unmöglich zu machen, ist keine Kunst. Wem aber wäre damit gedient? Können die Splittergruppen morgen die Regierung übernehmen und was würden sie wohl tun, wenn die Gewerkschaft den Streik ausruft? Hier sind Kinder am Werk. Von diesen kommt nicht die Rettung.« Rettung könne nur von einer großen Bewegung kommen, einer »Nationalen Opposition«.

Nach wie vor lehnt Naumann ab, eine neue Partei zu gründen. Er plädiert dafür, existierende Parteien zu unterwandern und dort Machtpositionen zu übernehmen. »Die primäre Aufgabe einer politischen Gruppierung ist«, so Naumann, »Einfluss auf die Massen zu nehmen, die eigenen Ideen den derzeit herrschenden entgegenzusetzen und damit das Volk in den Bann des neuen politischen Evangeliums zu ziehen.«

Doch zunächst gehe es darum, die politischen Führungskader zu organisieren, bevor irgendein Ruf an die Massen ergehe.

Konkret empfiehlt er, wie folgt vorzugehen: »Mehr sein als scheinen! Begnügen wir uns dieses Mal noch mit einer Übergangslösung, an die wir als Unterstützung und vielleicht auch als Korsettstangen unsere Freunde hineindelegieren können. Wir sollten uns in den Gemeinden zu Wort melden, dort um Bürger- und Oberbürgermeister-Positionen ringen und dann diese Männer der praktischen Arbeit zusammenfassen in einem Amt für Kommunalpolitik. Vielleicht auch den einen oder anderen Landesverband dieser oder jener Partei. Kurz: Durchdringen wir das Gemeinwesen in allen seinen Verästelungen, und wenn diese alle oder auch nur zum Teil bereit und erobert sind, dann ist die Stunde der Einheitsfront gekommen.«

Auch zu den Parteien äußert er sich: »CDU und SPD sind als Alternativen abzulehnen, weil sie zu viel gemeinsam haben. Beide sind von den Siegern eingesetzte Lizenzparteien, die sich durch ihr Engagement bei den Nürnberger Prozessen, durch die Entnazifizierung und die Anerkennung der Kriegsschuld ins Aus befördert haben. Ich selbst werde mich nie für die SPD engagieren, finde es aber gar nicht schlecht, wenn dort Naumann-Sympathisanten aufgestellt werden würden. Diese können später wieder aus der SPD austreten. Was die FDP, die DP und den BHE betreffen, so sind sie in ihrer Heterogenität schwer einzuschätzen. Ob man eine liberale Partei wie die FDP wirklich in eine nationalsozialistische Streitkraft umwandeln und damit großdeutsch handeln kann, da habe ich meine Zweifel. Wenn es nur darum geht, die SPD von der Macht fernzuhalten, dann wähle die FDP oder ähnliche Parteien. Wollen wir aber mehr, zum Beispiel, dass sich eine kleine Mannschaft von uns schon als Vorkommando im Bundestag umsieht – dass für viele von uns die Wahl nicht zu einem Seelenschmerz wird, weil wir dort etwas ankreuzen müssen, was wir nicht wollen, dann sollten wir unter Zuhilfenahme einer schon vorhandenen Gruppe wie der Deutschen Reichspartei – möglichst nach Vornahme einer Änderung des allzu verpflichtenden Namens vom ›Deutschen Reich‹ in eine ›Liste der Unabhängigen‹ – dort unsere Freunde kandidieren lassen. Wir werden dann diese Wahl nicht zu einer Haupt- und Staatsaktion machen, wohl aber niemanden unserer Freunde im Unklaren lassen, welche Partei unseren Wünschen am meisten entspricht.«

Alles ist damit auf die Wahl im September 1953 zum zweiten deutschen Bundestag ausgerichtet, der für Naumann nur ein »Übergangsparlament« sein kann – »und hoffentlich das letzte«.

***

Werner Naumanns die FDP betreffende Skepsis scheint sich bestätigt zu haben. Auf dem Bundesparteitag in Bad Ems vom 20. bis 22. November 1952 hat sich der nationale Flügel mit dem »Deutschen Programm« nicht durchsetzen können. Es hat vielmehr einen Gegenentwurf gegeben: das »Liberale Manifest«, vom Landesverband Hamburg eingebracht, das stark in klassischen liberalen und demokratischen Traditionen verwurzelt ist und in dem, zumindest vom Anspruch her, das Konzept einer Partei der Mitte vertreten wird. Am Vorabend des Parteitages ist der Bundesvorstand zusammengetreten, und die Positionen sind unversöhnlich aufeinandergeprallt. Nach heftigen Diskussionen entschied man sich, die Anträge nicht zur Abstimmung zu stellen, sondern sie einer Programmkommission zu überweisen, am nächsten

Tag aber trotzdem einen Parteivorstand zu wählen. Damit ist zwar die Spaltung der Partei vermieden worden, aber der innerparteiliche Konflikt ist nicht gelöst. Immerhin wurde am Ende Friedrich Middelhauve zum stellvertretenden Bundesvorsitzenden gewählt.

Adolf von Thadden

In dieser Situation sucht Werner Naumann Kontakt zu Adolf von Thadden, der seit 1949 im Bundestag als Abgeordneter für die Deutsche Rechtspartei (DKP-DRP) sitzt, später der Deutschen Reichspartei (DRP). Von Thadden, Jahrgang 1921, entstammt einem alten pommerschen Adelsgeschlecht, war seit dem 1. September 1939 Mitglied der NSDAP und Oberleutnant im Zweiten Weltkrieg gewesen, in dem er schwere Verwundungen davontrug, dafür das goldene Verwundetenabzeichen und das Eiserne Kreuz I. und II. Klasse verliehen bekam. 1945 wurde er in Polen bei dem Versuch, seine Mutter aus Pommern in den Westen zu bringen, verhaftet. Im November 1946 gelang ihm die Flucht aus Polen. Es verbindet ihn mit Werner Naumann, dass beide in Städten geboren wurden, die jetzt »polnisch einverleibt« worden sind, wie sie es nennen.

1947 ist von Thadden nach Göttingen gezogen, wo er publizistisch und als Herausgeber von rechtsgerichteten Zeitungen arbeitet. 1948 hat die DKP-DRP bei den Kommunalwahlen 10,8 Prozent der Stimmen erhalten. 1949 wurde er zweitjüngster Abgeordneter im ersten Bundestag. In Anspielung auf sein jugendliches Alter sprach ihn ein Abgeordneter als »Bubi« an – ein Spitzname, der haften geblieben ist.

Im Herbst 1952 treffen Naumann und er sich mehrfach. Im November nimmt er an einer Sitzung des Düsseldorfer Stammtisches im Hotel Eden teil, wo Naumann als Redner einen Vortrag hält zum Thema »Wo stehen die ehemaligen Nationalsozialisten?«.

Es sind dreizehn Personen anwesend. Von Thadden kennt bereits Naumanns Mitarbeiter Bornemann und Zimmermann. Ihm gefällt die Art und Weise, wie Naumann agiert. Der ist ein guter Redner, oft ironisch, aber immer klar in der Argumentation. Das Thema des heutigen Vortrags beschäftigt auch von Thadden sehr: Sollen rechte Kräfte sich am Parlamentarismus beteiligen? Ihn boykottieren? Oder ihn von innen her sprengen?

Naumann kommt auch auf die Idee zu sprechen, die FDP zu unterwandern, die von einigen verfolgt wurde. Er macht unmissverständlich klar: »Einen Plan, durch die Unterwanderung der Parteien von der DRP über den BHE, die DP und die FDP das Fundament für einen neuen totalitären Staat zu legen, hat es nie gegeben. Allerdings muss es sehr wohl darum gehen, die Millionenzahl der ehemaligen Angehörigen der NSDAP und ihre zahlreichen Untergliederungen in den neuen Staat zu integrieren. Schließlich ist es doch nicht möglich, das deutsche Volk in zwei Klassen zu teilen, nämlich in solche, die ›dabei‹ waren und daher weniger gut seien als solche, die ›nicht dabei‹ waren und daher besser seien.«

Bezug nehmend auf das Verbotsverfahren gegen die Sozialistische Reichspartei sagt Naumann: »Während des Prozesses in Karlsruhe gegen die SRP spielte die Frage nach dem heutigen Standort der ehemaligen Nationalsozialisten eine bedeutende Rolle. Der SRP wurde zum Vorwurf gemacht, sie wäre eine Nachfolgeorganisation der NSDAP. Diese Tatsache allein, so meinten die Richter, rechtfertige schon ein Verbot dieser Partei. So hat ein allgemeines Diskutieren über die alten Parteigenossen begonnen. An sich ist diese Wertschätzung nicht ganz verständlich, da es doch nach der neuesten Geschichtsschreibung im Dritten Reich nur Widerstandskämpfer gegeben haben soll, mit Ausnahme Hitlers selbstverständlich und der Gauleiter, von denen, wie man gelegentlich hört, aber auch einige von Anfang an dagegen gewesen sein sollen. Nun hat aber selbst die aufopfernde Tätigkeit des Instituts zur Erforschung des Nationalsozialismus nicht übersehen können, dass es hier und dort in Deutschland doch einige wirkliche Nationalsozialisten gegeben hat, von denen, wenn wir bei der Festsetzung der Zahl ganz bescheiden sein wollen, bestimmt mehrere Millionen mit von der Partie waren. Seit Langem schon fragen nun die daran interessierten Kreise zunächst ganz vertraulich und jetzt, wie wir sehen, ganz offen: Was machen eigentlich die ehemaligen Nationalsozialisten? Denn nirgends treten sie in Erscheinung. Sind diese Feinde der Demokratie vielleicht im Untergrund organisiert, oder versuchen sie etwa, das Regierungssystem von innen her zu erobern, indem sie die demokratischen Positionen unterwandern, oder sind sie am Ende spurlos von der Bildfläche verschwunden, aufgelöst im Rauch ihrer Schlechtigkeit, nur einen Schwefelgeruch hinterlassend, so wie gewöhnlich der Teufel zu verschwinden pflegt? Irgendwo müssen sie ja geblieben sein, die Frage ist eben nur: Wo? Daher suchen jetzt die staatsschützlerischen Elemente überall nach ihrem Verbleib oder nach ihrer Asche.«

Von Thadden und die anderen Anwesenden müssen schmunzeln, klopfen Beifall bekundend auf die Tische.

Werner Naumann fährt fort: »Die Regierung in Bonn hat wenig Vertrauen in das staatspolitische Verantwortungsbewusstsein ihrer Bürger, und das ist ein großer Fehler. Das System, von dem wir heute regiert werden, ist gewiss kein ideales. In diesem Staate leben aber auch wir. Niemand von uns hat ein Interesse, ihn zu gefährden, weil seine Erschütterung auch unser Volk, unsere Familien und unsere Zukunft treffen würde. Vielleicht wissen wir besser als der Staatssekretär im Bundeskanzleramt, Herr Otto Lenz, und einige Gewerkschaftsführer, wie gefährlich das Spiel mit dem illegalen Feuer ist. Wir leben in der Nähe des bolschewistischen Pulvermagazins. Eine unüberlegte Handlung, ein Aufruf zur Gewalt und zur Nichtbeachtung der Gesetze würde zwangsläufig diejenigen auf die Straße rufen, welche Herr Adenauer genauso wenig zu sehen wünscht wie wir.«

Erneut Beifallsbekundungen.

»Niemand wird die Geister wieder los, die er in einer unbedachten Stunde gerufen hat, denn bei Aktionen dieser Art übernehmen immer jene die Führung, welche am lautesten und rücksichtslosesten zu agitieren verstehen. Dass die alten Nationalsozialisten nicht aus diesem schlechten Holze geschnitzt sind, haben die Erfahrungen der letzten sieben Jahre zur Genüge bewiesen. Obwohl die Parteigänger Hitlers verfolgt und gequält wurden, wie es in einem Rechtsstaat bisher nicht üblich war, obwohl man sie deklassierte und aus der Gesellschaft ausstieß, haben sie sich dennoch als ein vorbildliches Element der Ordnung, der Zuverlässigkeit und des Arbeitswillens erwiesen. In diesen Jahren gab es keine Untergrundbewegung, keine Attentate und keine Sabotageversuche.« Naumann hebt einen mahnenden Zeigefinger. »Die Untergrundbewegung in Deutschland unterblieb nicht, weil sie unmöglich war. Sie kam allein deshalb nicht zustande, weil beherrschte und verantwortungsbewusste Persönlichkeiten, die von ihren ehemaligen Parteigängern weiterhin respektiert wurden, eine solche Entwicklung nicht wollten und jeden Ansatz dazu bekämpften.«

Applaus und Zwischenrufe: »Sehr richtig!«

»Weiß man in Bonn von diesen staatserhaltenden Kräften nichts?«, fragt Naumann rhetorisch. »Weiß man nicht, dass es eine Partei im heutigen Sinne im nationalsozialistischen Staat gar nicht gegeben hat? Die NSDAP war ein Sammelbecken der verschiedenartigsten Kräfte, welche alle versuchten, auf die Gestaltung des Dritten Reiches Einfluss zu nehmen. Ihr Fassungsvermögen reichte von Schacht bis zu Ley. Idealisten und Konjunkturritter, völlig treue Beamte und überzeugte Sozialisten, unternehmungsfreudige Kapitäne der Wirtschaft und Künstler von ausgeprägter individualistischer Art, Vertreter des Liberalismus und Anhänger von kollektivistischen Anschauungen wurden in ihr durch eine starke Führung zusammengehalten. Vom ersten Tage ihres Bestehens an rangen in dieser Partei die verschiedensten Gruppen um die Durchführung ihrer Wünsche. Die Zeit ihrer Tätigkeit war zu kurz, als dass eine typenbildende Kraft sich hätte durchsetzen können. Beim Untergang der Führung im Jahr 1945 zerriss deshalb auch das alle zusammenhaltende Band. Eine der NS-Bewegung gemäße Organisation hat es seit diesem Tage nicht wieder gegeben und wird es auch nicht wieder geben.«

Dann spricht Werner Naumann sicherlich auch für sich selbst, wenn er erklärt: »Die alten Nationalsozialisten wollen nichts für sich, sie drängen sich nicht erneut in eine politische Führung und wären zufrieden, sie könnten weiter wie bisher ihren wirtschaftlichen Interessen nachgehen. Sie lehnen die Emigration jetzt und für die Zukunft ab, da sie sich auf Gedeih und Verderb mit ihrem Volke verbunden fühlen, dessen Zukunft sie mit heißem Herzen verfolgen. Sie scheuen sich nicht, offen über diese Gemeinsamkeit zu sprechen. Sie sind weder antidemokratisch, noch verherrlichen sie eine Gewaltpolitik, sie sind human und im besten Sinne des Wortes national und sozial. Auch das Staatsschutzamt kann diese Bekenntnisse nicht verbieten, da einige der Lizenzparteien inzwischen mit zum Teil gleichartigen Forderungen aufgetreten sind. Die Frage nach dem politischen

Standort der Anhänger Hitlers ist also nicht schwer zu beantworten. Wo sich die Ehemaligen aber einreihen werden, entscheiden einzig und allein die derzeitigen politischen Führer in Bonn. Von Gruppe I bis Gruppe V werden die alten Nationalsozialisten sich denen anschließen, die in Worten und in Taten die Verwirklichung ihrer politischen Wünsche garantieren. Nur dann, wenn die Parteien sich hierbei als unfähig oder unwillig erweisen, wird sich die heute noch namenlose Millionenarmee eines Tages unter selbst gewählten Führern wieder formieren. Da es der Sinn der wahren Demokratie ist, dass das Volk sich selbst regiert, wird eine solche Entwicklung von niemandem unter Berufung auf Demokratie-Schutzgesetze aufgehalten werden können.«

Lang anhaltender Applaus. Naumann hat gesprochen.

In der anschließenden Diskussion stimmt Adolf von Thadden dem Gesagten zu: »Von der Absicht, das Dritte Reich in seinen Herrschafts- und Gesellschaftsstrukturen wiederherzustellen, kann wirklich keine Rede sein. Wohl aber steht ein großer Teil der ›Ehemaligen‹ abseits, voller Groll über die Bonner Parteien, in denen sie die Vollstrecker der Besatzungspolitik erblicken und die noch weiter fortsetzten, was die Sieger als ›Entnazifizierung‹ angefangen haben. Diesen zahlenmäßig starken und als Wählerschaft bedeutsamen Personenkreis versuchen alle Parteien auf irgendeine Weise anzusprechen. Das ist sicher auch der Grund, weshalb von den verschiedensten Seiten von Dr. Naumann erwartet wird, seinen tatsächlichen oder auch angeblichen Einfluss auf die ›Ehemaligen‹ zur Geltung zu bringen.«

Man ist sich in dieser Runde einig, dass eine Rechtspartei neben dem Bonner Kartell, repräsentiert durch eine Gruppe untadeliger Männer, bei der Bundestagswahl von 1953 eine erhebliche Chance haben würde.

Adolf von Thadden liefert gute Argumente: »Die organisatorische Basis der DRP ist zwar nicht überwältigend, es gibt aber ein Netz kleiner und größerer Kreisverbände sowie Vertrauensleute über das ganze Bundesgebiet hinweg. Zwar könnte dieses Netz dadurch verbreitert werden, dass wir den Versuch unternehmen, die verschiedenen anderen nationalen Gruppen und Parteien zusammenzufassen, derartige Verhandlungen sind aber immer problematisch. Einmal würde es Führungsansprüche geben, die niemals unter einen Hut zu bringen wären. Und zum anderen vertreten einige Gruppen ganz spezielle politische Ziele, auf die in einer breit angelegten Formation gar nicht Rücksicht genommen werden kann und die am Ende nur ein höchst verwirrendes Bild entstehen ließen, sofern eine solche Sammlung überhaupt zustande kommen würde. Außerdem müssen wir berücksichtigen, dass nach dem Verbot der SRP einzelne ihrer örtlichen Verbände Anschluss suchen und das natürlich in erster Linie bei uns. Hieraus aber könnte sich eine gefährliche Entwicklung insofern ergeben, als nach dem Verbotsurteil des Bundesverfassungsgerichtes der Bundesinnenminister und die Innenminister der Länder ermächtigt sind, ›Nachfolgeorganisationen der SRP‹ durch einen einfachen Verwaltungsakt zu verbieten. Dies muss unter allen Umständen vermieden werden.«

Das leuchtet allen Anwesenden ein.

Naumann betont erneut, was er schon mehrfach erklärt hat, dass er unter keinen Umständen bereit sei, sich selbst in einen solchen Dschungel hineinzubegeben. Und es könne auch nicht von ihm erwartet werden, dass er Freunde und andere Personen, die auf sein Urteil vertrauten, in eine derartige Lage bringe. Schließlich hätten diese Personen, wie auch er selbst, es unter größten Anstrengungen geschafft, sich eine neue und solide bürgerliche Existenz zu schaffen. Es wäre töricht, diese durch politische Indianerspiele zu gefährden. Vielmehr müsse der Versuch unternommen werden, die große Zahl ehemaliger und immer noch diskriminierter Soldaten zu einer Mitarbeit in einer vernünftigen Partei zu veranlassen, die eine nationalkonservative Grundposition einnähme. Er hoffe hier auf die Mitwirkung von Oberst Hans-Ulrich Rudel, der mit seinem von keiner Seite bestreitbaren Ruhm als Soldat wie ein Magnet auf die alten Soldaten wirken werde. Er wisse, dass Rudel im Dezember von Argentinien nach Deutschland komme, dann müsse die Sache einmal gründlich besprochen werden.

***

Ein Treffen mit Hans-Ulrich Rudel findet am 17. Dezember in der Villa Lucht in Meerbusch statt. Anwesend sind, neben Naumann, Sliky Lucht, Adolf von Thadden sowie der Tübinger Professor Heinrich Grabert. Grabert hat 1950 den »Verband der nicht amtierenden (amtsverdrängten) Hochschullehrer« gegründet und kämpft seither für die Rehabilitierung der ehemaligen Kollegen.

Sie diskutieren nicht lange. Naumann bittet Rudel freiheraus, für die Deutsche Reichspartei zu kandidieren. Er legt ihm seine Gründe dar und erklärt, dass er sich ebenfalls für die Partei zur Wahl stellen werde. Der zu allen Schandtaten bereite Rudel willigt ein. Adolf von Thadden ist begeistert und teilt mit, er werde gleich morgen Hans Hertel, den führenden Kopf der DRP-Leitung, davon in Kenntnis setzen.

***

Zweimal ist Werner Naumann bislang von Geheimdienstoffizieren aufgesucht worden, einmal von einem amerikanischen, einmal von einem französischen, und dies bereits zu einem Zeitpunkt, da er nicht im Mindesten damit gerechnet hat. Es wäre daher illusorisch zu glauben, dass seine gegenwärtigen Aktivitäten in der Villa Lucht und bei Veranstaltungen nicht aufmerksam beobachtet werden würden. Doch Naumann lässt sich davon nicht anfechten. Er korrespondiert und telefoniert frei und offen mit den Menschen, die er für seine Sache gewinnen will, und verkündet in seinen Vorträgen unverhüllt seine politischen Überzeugungen.

Wie von ihm vermutet, ist er tatsächlich im Visier der CIA. Ende des Jahres 1952 fasst sie die politischen Gedankengänge Dr. Naumanns bis Dezember 1952 zusammen, wie sie aus Unterhaltungen zu erkennen waren:

> Die augenblicklichen deutschen Parteien sind laut N. nicht in der Lage, einen Ausweg aus dem derzeitigen Wirrwarr zu finden. Keine von ihnen wird sich aus reinen Selbsterhaltungsgründen bereit erklären, mit anderen den gemeinsamen Weg zu suchen, ohne das eigene starre Dogma aufgeben zu wollen. Zudem haben »unsere Feinde«, so N., das gegenwärtige deutsche Staatensystem geschaffen, um hierdurch eine dauernde Niederhaltung des Landes zu gewährleisten. Sie sind auch laut der uneinheitlichen innerdeutschen Meinung und trotz den augenblicklich völlig anders gearteten politischen Verhältnissen nicht willens, eine grundlegende Änderung ihrer Einstellung gegenüber Deutschland erkennen zu lassen. Durch die Haltung der durch sie ins Leben gerufenen »Lizenzparteien« werden sie bewusst oder auch unbewusst bei ihren Aktionen unterstützt.
>
> Hieraus ergebe sich die Notwendigkeit der Erfassung aller jener deutschen Kräfte, die gewillt sind, einen politischen Kurs zu verfolgen, der geeignet sei,

Deutschland wieder den ihm zukommenden Platz innerhalb der europäischen Nationen zu verschaffen. Sein politisches Ziel sehe N. deshalb hauptsächlich darin, an der Zusammenführung aller fähigen und gutwilligen deutschen Elemente mitzuwirken. Nach notwendiger Beendigung der Diffamierung eines Teils der Bevölkerung müsse die Sammlung dieser Menschen zunächst im Wesentlichen aus den Kreisen der früheren Soldaten und der bisherigen »Verlegenheitswähler« erfolgen. Sie stellen einen Faktor dar, über den keiner hinwegsehen könne, und repräsentieren gleichzeitig den Willen aller Volksschichten. Es sei daher selbstverständlich, dass man mit SRP-Mitgliedern oder »sonstigen nationalistischen Phantasten«, so N., nichts gemein haben könne. Die politische Konzeption der Gegenwart werde von der Art des Zusammengehens der kontinental-europäischen Nationen bestimmt. Nationalistische Bestrebungen haben nur noch ein Reservat in den Köpfen gewisser reaktionärer Politiker alten Stils oder in solchen mit restaurativen Ambitionen mit Blick auf das Dritte Reich. Die Vertreter beider Richtungen aber könnten nur von einer falschen Beurteilung der weltpolitischen Lage ausgehen.

Aus N.s Darlegungen den verdeckten Wunsch nach einer Art nationalistischer Renaissance konstruieren zu wollen, scheint nicht statthaft. Laut N. stehe jede geschichtliche Epoche unter ihrem eigenen Gesetz: Heute gelte es in erster Linie, Deutschland wieder zu einem kraftvollen Partner zu machen, der sich nur als solcher einer übergeordneten »Nation Europa« zugesellen könne. Lediglich durch die übernationale Zusammenfassung aller europäischen Kräfte werde es möglich sein, dem Bolschewismus in Europa die Stirn

> zu bieten. Da es sich aber immer mehr herauszustellen scheine, dass Deutschland gegenwärtig unter den Nationen Europas nicht das erforderliche Verständnis findet, so müsse es sich in Zukunft zu einer noch engeren Zusammenarbeit mit den USA bereit erklären, wenn diese sich weiterhin von der Morgenthau-Ideologie distanzierten. Es sei denkbar, dass Deutschland auf diesem Weg am ehesten zu der erstrebten Wiedererlangung seiner Souveränität komme.
>
> N. äußert, er wisse genau, dass er vielerorts nach seiner politischen Vergangenheit als ewiger Nationalsozialist angesehen werde. Deshalb hätten sich bald nach seiner Nachkriegs-Legalisierung auch namhafte ehemalige PGs an ihn gewandt, zum Teil in der Erwartung, dass er einen radikalen politischen Kurs zu steuern gewillt sei. Er habe ständig den Kontakt zu diesen Kreisen aufrechtgehalten, ohne sich aber nach irgendeiner Seite hin zu binden. Immerhin sei es ihm auf diese Weise möglich geworden, einen nicht geringen Einfluss auf gewisse Extremisten zu nehmen und ihren unvernünftigen Tatendrang zu dämpfen, was angesichts der Handlungsweise der Lizenzöffentlichkeit nicht immer leicht gewesen sei.

Dieser nicht veröffentlichte CIA-Bericht scheint durchaus im Widerspruch zu anderen Reden und vor allem Handlungsweisen des Dr. Werner Naumann in diesen Tagen zu stehen und lässt nicht ahnen, was im Januar 1953 mit Naumann und dem engen Kreis seiner Vertrauten passieren würde.

Die Verhaftung

Werner Naumann und Sliky Lucht haben nach Besuchen der Messen in Mailand und Hannover, bei denen sie den Verkaufsstand ihrer Firma betreut haben, gerade mit der Vorbereitung auf die Brüsseler Frühjahrsmesse begonnen, auf der sie Holzhäuser eines namhaften, früher schlesischen Unternehmens präsentieren werden. Ihr Plan sieht außerdem vor, im Sommer nach Kairo und Teheran zu fliegen, um auch dort wirtschaftliche Beziehungen zu knüpfen.

Es ist der 14. Januar 1953, Naumann und Sliky Lucht sitzen gerade beim Essen, als um 20.30 Uhr vor der Villa Lucht Getöse zu vernehmen ist. Im nächsten Moment wird die Haustür gewaltsam aufgebrochen. Ein Trupp offenbar britischer Militärpolizisten stürmt das Haus.

Einer der Uniformierten tritt zu ihnen an den Tisch. »Sind Sie Doktor Werner Naumann?«

»Ja.«

»Im Namen des Hohen Kommissars erkläre ich Sie hiermit für verhaftet. Niemand verlässt das Haus. Besitzen Sie Waffen? Wir haben Befehl alles zu durchsuchen.«

»Zeigen Sie mir den Haftbefehl, und nennen Sie mir Ihren Namen«, entgegnet der überraschte Naumann.

Er erhält keine Antwort, stattdessen wird er abgetastet und nach Waffen durchsucht. Etwa zwanzig bis fünfundzwanzig MPs haben das Haus betreten, verteilen sich auf alle Räume und beginnen, Regale, Schubladen, Schränke zu durchwühlen. Sie haben große schwarze Kisten dabei. Scheinbar wahllos füllen sie diese mit Zeitschriften, Büchern, persönlichen Unterlagen, aber auch mit Aktenmaterial der Firma Cominbel, mit Geschäftsbüchern, Scheckheften, Rechnungen, Stempeln, Geschäftsbriefpapier.

Quittiert wird nichts.

Naumann protestiert, weist darauf hin, dass die Firmenunterlagen nichts mit ihm als Privatperson zu tun hätten, doch vergeblich: »Wir wissen genau, was wir beschlagnahmen müssen!«

Werner Naumann und Sliky Lucht können es nicht fassen. Selbst Blumenvasen werden auf ihren Inhalt hin geprüft, Wände werden abgeklopft und Teppiche umgedreht. Als das Überfallkommando sich anschickt, die Urne mit der Asche von Herbert Lucht zu öffnen, warnt Sliky: »Passen Sie auf, darin ist Dynamit versteckt!«

Doch auch dieser bittere Scherz wird ignoriert. Raum für Raum wird systematisch durchsucht, immer mehr Kisten füllen sich.

Werner Naumann, der erkannt hat, dass sie es hier mit Abgesandten des britischen Hohen Kommissars Kirkpatrick zu tun haben, muss dem Treiben bis zwei Uhr nachts wehrlos zusehen. Die Kisten werden schließlich abtransportiert und Naumann aufgefordert mitzukommen. Auf die Frage »Wohin?« wird ihm geantwortet: »Werl«, worauf Werner Naumann zurückgibt: »Sehr schön, dann bin ich wenigstens in anständiger Gesellschaft.« In dem britischen Militärgefängnis Werl verbüßen viele der bisher verurteilten »Hauptschuldigen« ihre Haftstrafen. Auch einige Todesurteile sind dort vollstreckt worden.

Naumann darf ein paar Kleidungsstücke einpacken, dann verabschiedet er sich von Sliky Lucht, die mit den Tränen kämpft.

Auf dem Weg zur genannten Strafanstalt gibt es einen

Zwischenhalt in der englischen Dienststelle im Stahlhaus zu Düsseldorf, bevor es unter schwer bewaffnetem Geleitschutz auf die Autobahn und dort Richtung Osten geht.

In Werl ist Naumann nicht der einzige Neuzugang. In das britische Militärgefängnis werden in dieser Nacht außerdem Paul Zimmermann, Heinz Siepen, Karl Scharping, Heinrich Haselmayer und Gustav Adolf Scheel eingeliefert. Sie werden in Einzelzellen in einem Sonderflügel im Erdgeschoss von Block B untergebracht. Ein Militärarzt aus dem nahe gelegenen Krankenhaus Iserlohn untersucht sie und befindet sie für arresttauglich. Am nächsten Tag kommt noch Karl Kaufmann dazu, den man in Hamburg nicht verhaften konnte, weil er gerade mit dem Zug unterwegs gewesen war.

Am Morgen wird Naumann der Grund seiner Verhaftung mitgeteilt: Gefährdung der Sicherheit der Besatzungsmächte. Naumann gibt zu Protokoll, dass er gegen seine Verhaftung Beschwerde einlegen werde. Er fordert, einem Untersuchungsrichter vorgeführt zu werden. Er bestellt Dr. Ernst Achenbach aus Essen zu seinem Verteidiger und will diesen sofort sprechen. Doch es erscheinen nur mehrere Vernehmungsbeamte, die zu diesem Zweck eigens aus London gekommen sind – allesamt Beamte des britischen Geheimdienstes. Gegenüber Werner Naumann erklären sie, dass der Hohe Kommissar Sir Ivone Kirkpatrick im Einvernehmen mit den höchsten deutschen Stellen und den übrigen Besatzungsmächten die Verhaftung angeordnet habe. Die Verhaftungen seien gesetzesmäßig. Der Hohe Kommissar habe hierzu das Recht und die Hinzuziehung eines Richters und auch von Rechtsanwälten seien nicht geboten. Im Übrigen übe er seine Funktion im Einvernehmen mit der Bonner Regierung aus. Und dann beginnt ein zermürbender Marathon von Verhören.

Schon die erste Frage »Wer sind Ihre politischen Freunde?« beantwortet Naumann nicht, solange man ihm keine Auskunft darüber gibt, weswegen er angeklagt sei.

»Angeklagt, angeklagt – das sind Sie doch gar nicht. Wer sagt denn das? Doch höchstens nur Ihr schlechtes Gewissen. Sie befinden sich lediglich in Haft, und ob das so bleibt, hängt allein von Ihrem Willen ab, uns alles zu sagen, was Sie wissen.«

Naumann vermutet, dass die Engländer erst einmal das konfiszierte Material auswerten wollen, um gezielt Fragen stellen oder Vorwürfe und Anklagen formulieren zu können. Naumann erfährt, dass über eine Tonne Material konfisziert worden sei. Man hat seine Tagebücher mitgenommen, die Ordner mit seinen persönlichen Unterlagen, den Terminkalender und sogar das Schmierpapier, auf das er Gedanken und Einfälle für seine Reden notiert. Außerdem sämtliche Geschäftsunterlagen und das Gästebuch der Firma Cominbel.

Einer der Beamten kommt mit seinen Terminkalendern von 1951 und 1952 zum Verhör. Er fragt gezielt nach Personen und Treffen, worauf Naumann stets ausweichend antwortet und im Gegenzug wissen möchte, inwiefern sein Gespräch mit Soundso eine Bedrohung der Besatzungsmacht darstelle.

Der Verhörbeamte hat auch die von Bornemann erstellte Liste mit den wichtigsten Kontakten vor sich. »Wozu hatten Sie mit all diesen Personen Kontakt?«

Naumann erklärt: »Es ging mir in erster Linie um die Wiederherstellung von Vorkriegsbeziehungen, um einen tagespolitischen Meinungsaustausch, vor allem zu Fragen der sich ständig verändernden Politiklandschaft.«

Die Befragungen nehmen kein Ende. Längst ist Naumann klar, dass die Verhörbeamten versuchen, ein Bedrohungsszenario zu konstruieren. In den ersten Tagen langweilt es Werner Naumann. Nachdem die erste und dann die zweite Woche vergeht, ohne dass er einen Anwalt zu Gesicht bekommen hat, erbost es ihn. Was haben die Alliierten dem Nationalsozialismus vorgeworfen? Und wie verhalten sie sich jetzt ihm gegenüber? Und vermutlich nicht nur ihm gegenüber. Naumann geht davon aus, dass auch seine Mitstreiter verhaftet worden sind. Er fragt seine Peiniger, ob er mit seiner Vermutung richtigliegt, erhält aber keine Antwort.

***

Noch in der Nacht der Verhaftung hat Lea Lucht Kontakt zu Ernst Achenbach aufgenommen, um ihn mit der Verteidigung Naumanns zu beauftragen. Achenbach konsultiert daraufhin seinen Parteifreund Justizminister Thomas Dehler und ruft anschließend den britischen Hochkommissar an, verlangt Naumann zu sehen beziehungsweise dass dieser auf Kaution freigelassen werde.

Sir Ivone Kirkpatrick verweigert dies. Er informiert seinerseits Bundeskanzler Konrad Adenauer über den Anruf, was Adenauer mit der Bemerkung quittiert, er wünschte, Achenbach wäre gleich mit verhaftet worden.

Eine Londoner Anwaltskanzlei meldet sich bei Lea Lucht, die ihre Unterstützung bei einem möglichen Habeas-Corpus-Verfahren vor dem Hohen Gerichtshof in England anbot. Lea Lucht bleibt rührig und stellt auch den Kontakt zu einer französischen Sozietät her und zu Sir Oswald Mosley in London sowie zu Friedrich Grimm, der die Verteidigung für den ebenfalls verhafteten Paul Zimmermann übernimmt. Alle anderen Verhafteten werden von lokalen Juristen vertreten.

Die Briten argumentieren unterdes, dass, weil keine Anklage gegen die Verhafteten erhoben worden sei, es keinen Rechtsbeistand gebe und auch keine Kontakte zwischen den Juristen und den anderen Gefängnisinsassen.

Durch einen Zufall erfährt Naumann, wer außer ihm verhaftet wurde. Wenn es in der Strafanstalt ganz ruhig ist, kann er über den Luftschacht in seinem Zimmer Stimmen im Verhörraum vernehmen. Naumann hört im Laufe der Wochen die Stimme von Zimmermann, Scheel und Siepen, teilweise kann er sogar die Fragen und Antworten verstehen. Aber was nützt es? Naumann wird fast ausschließlich nach seinen Kontakten zur FDP, zum BHE und zur Deutschen Partei gefragt sowie zu seiner Beziehung zu Bekannten aus England, Frankreich, Belgien. Immer wieder verlangt er nach einem Anwalt. Immer wieder erhält er die Antwort: »Keine Klage, kein Verfahren, kein Anwalt.«

Nach fünf Wochen gibt es endlich eine Veränderung. Am 19. Februar, beim Wecken in der Frühe, bringt der Beamte Naumann dessen Zivilkleidung. Fragen werden auch jetzt nicht beantwortet. Von Militärfahrzeugen eskortiert, setzt sich eine Autokolonne in Richtung Autobahn in Bewegung. Naumann erkennt, dass in dem Wagen hinter ihm Paul Zimmermann sitzt. Die Kolonne hält vor dem Bielefelder Landgericht. Die Wagen fahren getrennt vor. Naumann muss etwa eine Stunde in einer Zelle warten.

Gegen zehn Uhr wird er abgeholt, einmal mehr akribisch durchsucht und eine Treppe hinaufgeführt. Eine Tür auf dem Korridor öffnet sich. Naumann wird hindurchgebracht und befindet sich plötzlich und völlig unvorbereitet in einem gut gefüllten Gerichtssaal vor einem Richtertisch. Naumann, der es gewohnt ist, vor Leute zu treten und zu reden, spürt die Wirkung der fünfwöchigen Einzelhaft.

Er hat Mühe, sich zu orientieren, zu konzentrieren. Im Saal unter den Zuschauern scheinen viele Bekannte zu sitzen. Am Anwaltstisch sieht er Friedrich Grimm, Ernst Achenbach, Hans Haack und andere, auch seinen englischen Verteidiger Scott Henderson.

Drei Tage dauern die Verhandlungen in Bielefeld. Naumann erbittet Bleistift und Papier in seiner Zelle, will sich Notizen machen, was ihm verwehrt wird. Die Anwälte verlangen die Möglichkeit der Rücksprache mit ihrem Mandanten. Auch dies wird von dem Vertreter des Hohen Kommissars verweigert.

Der englische Kronanwalt Scott Henderson hat sich mit folgenden Worten an das Hohe Gericht gewandt: »Ich habe mir sagen lassen, dass es noch strittig sei, wie viele Kisten beschlagnahmt wurden. Die Tatsache, dass mehr Kisten beschlagnahmt wurden, als die britischen Beamten verdauen können, ist aber kein Grund dafür, die Verhafteten so lange festzuhalten, wie diese Verdauungsstörungen anhalten.« Und: »Der britische Hochkommissar hat diese Verhaftungen und Inhaftierungen ohne Berücksichtigung des in Westdeutschland gültigen Rechts vorgenommen. Der britische Hochkommissar erhebt den Anspruch auf das Recht, gegen jede Person eine willkürliche Verhaftung anordnen zu können. Aufgrund dieser Auffassung kann er heute mich und genauso Bundeskanzler Dr. Adenauer verhaften lassen. Aber auch der Hochkommissar ist an Gesetze gebunden, die in Westdeutschland heute Gültigkeit haben, die von der Alliierten Hochkommission oder von der britischen Besatzungsbehörde erlassen wurden. Der Hochkommissar steht in der britischen Zone ebenso wenig über dem Gesetz wie die Krone in England.« Henderson erklärt, dass er entschieden der Vorstellung widerspreche, ein Sieger könne alles tun, ohne einer Einschränkung zu unterliegen.

Auch Ernst Achenbach meldet sich zu Wort: »Die Frage, in der wir die Entscheidung des Hohen Gerichtes erbitten, ist von grundsätzlicher Bedeutung für die Bürger der Bundesrepublik. Millionen blicken auf diesen Gerichtssaal, weil sie wissen möchten, unter welchen Umständen der Hohe Kommissar berechtigt sei, jeden Einzelnen zu verhaften und festzuhalten. Wenn das Ausmaß seiner Vollmachten so groß ist, dann ist er ein uneingeschränkter Diktator. Die Forderungen der Alliiertenmächte aber sind die Schaffung und Erhaltung eines demokratischen Rechts.«

Nach drei Tagen wird die Verhandlung auf den 27. Februar vertagt.

Der deutsche Justizminister Dr. Thomas Dehler hat die britische Auffassung in den bisherigen Bielefelder Verhandlungen bestritten, wonach der britische Hochkommissar Kirkpatrick im Falle Naumann uneingeschränkte Machtvollkommenheit besitze. Dehler hat hierzu erklärt: »Es kann nicht sein, dass jeder von uns unter der Drohung steht, verhaftet zu werden, ohne Anspruch auf ein rechtstaatliches Verfahren zu haben. Recht bindet, es bindet auch den, der es setzt.«

Die Verhandlungen werden mehrfach vertagt. Die Verhafteten pendeln immer wieder zwischen Werl und Bielefeld.

Erst am 18. März 1953 bekommen die Anwälte in Bielefeld die Erlaubnis, mit ihren Mandanten zu sprechen, allerdings nicht unter vier Augen, sondern in Anwesenheit von britischen Beamten. Naumann und die anderen Inhaftierten können erstmalig von ihren Anwälten über den Verhandlungsstand informiert werden. Es wird verabredet, sie danach in den Zeugenstand zu rufen, sodass auf diesem Wege eine formelle Vernehmung stattfinden kann.

Die Affäre ist für alle Beteiligten unerquicklich. Der englische Außenminister Anthony Eden, der eng mit Ivone

Kirkpatrick zusammenarbeitet, gerät in England unter Druck. In Deutschland gibt es Widersprüche innerhalb der Bundesregierung, in der die CDU mit der FDP und der Deutschen Partei regiert. Das Misstrauen von Kanzler Konrad Adenauer gegenüber verschiedenen Vertretern der FDP ist mehr als deutlich geworden. Beide Regierungen, die britische wie die bundesdeutsche, haben ein Interesse daran, negative Schlagzeilen zu vermeiden.

Es kommt zu folgendem Briefwechsel:

Bonn, den 13. März 1953

Sehr geehrter Sir Ivone,

im Anschluss an die Besprechungen, die wir am 12. März hatten, darf ich die Bitte aussprechen, die Untersuchung und die etwaige Strafverfolgung gegen Naumann und Genossen den deutschen Behörden zu überlassen, mir zu diesem Zwecke die Akten zu übergeben und die Verhafteten zur Verfügung der zuständigen deutschen Behörden zu halten.

Mit sehr verbindlichen Empfehlungen
Ihr ergebener Adenauer

17. März 1953

Mein lieber Kanzler,

ich gestatte mir, den Empfang Ihres Briefes vom 13. März zu bestätigen, der die Bitte enthält, die Untersuchung und die etwaige Strafverfolgung gegen Naumann und Genossen den deutschen Behörden zu über-

> lassen, Ihnen zu diesem Zweck die Akten zu übergeben und die Verhafteten zur Verfügung der zuständigen deutschen Behörden zu halten.
>
> Ich möchte Ihnen mitteilen, dass ich bereit bin, dieser Bitte zu entsprechen.
>
> Ihr ergebener Ivone Kirkpatrick

Die Verhafteten werden am 2. April 1953 aus dem Gefängnis von Werl nach Karlsruhe überführt. Ihre Anwälte gehen davon aus, dass es sich bei dieser Überführung um eine Formalität handelt. Im Gebäude des Bundesgerichts stellen sie fest, dass ihre Mandanten gerade durch den Untersuchungsrichter vernommen werden. Am Abend des Tages treffen sie sie im Gebäude des Bundesgerichts. Es kommt nicht zu einer feierlichen Freilassung, sondern es ergeht ein Haftbefehl wegen Verletzung des deutschen Strafrechts gegen Naumann, Zimmermann, Siepen, Scheel und Bornemann. Kaufmann, Scharping und Haselmayer werden entlassen.

Der Haftbefehl hat folgenden Wortlaut:

> Gegen den Kaufmann Dr. Werner Naumann, wohnhaft in Büderich bei Düsseldorf, geboren am 16. Juni 1909 in Guhrau/Schlesien, und andere, wird die Untersuchungshaft angeordnet. Sie werden beschuldigt, in den Jahren 1952 und 1953 im Bundesgebiet durch dieselbe Handlung
>
> a) eine Vereinigung gegründet zu haben, deren Zweck und deren Tätigkeit sich gegen die verfassungsmäßige Ordnung richteten und diese Vereinigung als Rädelsführer gefördert zu haben;
> b) an einer Verbindung teilgenommen zu haben, deren Zweck vor der Staatsregierung geheim gehalten wer-

den sollte, und zwar als deren Stifter, in der Absicht, die in Paragraf 88 StGB bezeichneten Verfassungsgrundsätze, insbesondere den Grundsatz der parlamentarischen Verantwortlichkeit der Regierung, außer Geltung zu setzen, indem sie durch die Bildung einer als »Stammtisch« bezeichneten Vereinigung sowie durch deren Führung und Förderung bei Geheimhaltung der Ziele die Wiedererrichtung der nationalsozialistischen Herrschaft erstrebten. Verbrechen und Vergehen gegen §§ 90 a, 128, 94, 73 StGB. Sie sind dieser Tat hinreichend verdächtig. Es ist auch Fluchtverdacht gegeben, der, da ein Verbrechen den Gegenstand der Untersuchung bildet, keiner weiteren Begründung bedarf. Ferner liegt Verdunkelungsgefahr vor, weil zahlreiche Zeugen bisher noch nicht vernommen sind, die ausschließlich ehemalige Nationalsozialisten waren, sodass zu befürchten ist, dass die Beschuldigten, die während der nationalsozialistischen Herrschaft führende Stellungen bekleideten, ihren Einfluss dazu benutzen, die Zeugen zu falschen Aussagen zu bestimmen.

Wieder eine doppelte Überraschung. Keine Haftentlassung, und der »Stammtisch« soll eine die Verfassung gefährdende Vereinigung sein. Die Teilnehmer des Hamburger »Herrenklubs« sind frei und werden nach Hause entlassen.

Obwohl der britische Geheimdienst bis Mitte Februar erst dreißig Prozent der beschlagnahmten Dokumente untersucht hat, ist ein Großteil des Materials Bundeskanzler Adenauer schon zur Kenntnis gebracht worden. Dieser hat wichtige Unterlagen auch an den Koalitionspartner FDP, an Vizekanzler Blücher und Justizminister Dehler weitergeleitet. Intern erkennt Adenauer sofort, wie belastend die Dokumente sind, insbesondere die Privataufzeichnungen und Tagebucheinträge von Werner Naumann. Gegenüber seinem Staatssekretär Otto Lenz erklärt Adenauer: »Über die Sache bin ich gar nicht so sehr böse, weil damit weitere nationalsozialistische Bestrebungen für alle Zeit diskreditiert sind. Auch die FDP und die DP werden sich jetzt mehr in Acht nehmen müssen.« Und im Bundesvorstand der Union stellt er ein paar Tage später fest: »Wenn ich ein deutscher Richter wäre, würde ich Naumann aufgrund der Dokumente, die die Engländer bei ihm gefunden haben, wegen Hochverrats verurteilen.«

Die Sichtung der beschlagnahmten Papiere führt auch in der FDP zu einem Beben. Bundesjustizminister Thomas Dehler schwenkt auf den Kurs Adenauers ein, nachdem er gesehen hat, welchen Einfluss Werner Naumann auf die FDP genommen hat.

Adenauer erklärt im Bundeskabinett, dass nach Sichtung des von den Engländern übergebenen Materials »Werner Naumann und Konsorten« von französischen und englischen Nationalisten Geld bekommen hätten und das Ziel anstreben würden, 1957 die Macht zu ergreifen.

Diese und andere Informationen gelangen auf die eine oder andere Weise an die Öffentlichkeit. Das Medienecho im In- und Ausland ist groß. Ernst Achenbach legt sein Mandat als Verteidiger Werner Naumanns nieder. Er begründet das mit einer systematisch geführten internationalen Pressekampagne gegen seine Person. Eine Rolle dabei spielt insbesondere eine Tagebuchnotiz von Werner Naumann, aus der gefolgert wurde, Achenbach habe ihn, Naumann, zur Unterwanderung der FDP animiert und ihm den Posten eines Generalsekretärs der FDP in Nordrhein-Westfalen in Aussicht gestellt. Die juristische Vertretung für Werner Naumann übernimmt in der Folge Friedrich Grimm allein.

Als der britische Hochkommissar Kirkpatrick, inzwischen selbst unter Druck, zustimmt, die Strafverfolgung den deutschen Behörden zu überlassen, wird dies als Erfolg gewertet. In den Medien gibt es aber durchaus kritische Stimmen. So schreibt die *Frankfurter Allgemeine*, »dass es besser gewesen wäre, wenn die englischen Behörden das Verfahren, das sie eingeleitet hatten, auch abgeschlossen hätten. Gerade weil Außenminister Eden selbst angedeutet habe, dass einige der Inhaftierten vielleicht nicht gerichtlich zu belangen sein würden. Nach Auffassung dieser Kreise bestehe nunmehr die Gefahr, dass eine Freilassung dieser Personen durch deutsche Gerichte wieder zu lebhafter Kritik an der deutschen Haltung führen werde, obwohl die englischen Gerichte ebenfalls eine Freilassung hätten verfügen müssen.«

Tatsächlich hat das Foreign Office in einem Telegramm vom 23. März 1953 verlauten lassen, dass lediglich Naumann, Scheel und Zimmermann zur Verhandlung an ein deutsches Gericht übergeben werden sollten. »Die übrigen vier Delinquenten sollten freigesprochen werden.«

Es gab aber auch gegensätzliche Stellungnahmen. So stellte der *Sozialdemokratische Pressedienst* fest, dass die Briten »froh sein dürften, sich damit nicht mehr befassen zu müssen, denn, was immer Wahrheit und Dichtung, fantastische Träumereien oder ernsthafte Verschwörungsabsichten sein mögen, es scheint nicht auszureichen, um daraus eine Verurteilung nach bestehenden Militärgesetzen abzuleiten. Ein von britischen Gerichten möglicherweise verurteilter Naumann wäre zum nationalen Märtyrer gestempelt worden.«

Am 16. Mai 1953 wird der von Friedrich Grimm vor dem Bundesgerichtshof gestellte Haftprüfungstermin verhandelt. Grimm argumentiert, dass der Vorwurf der »Unterwanderung« absurd sei: »Der angeschuldigte Naumann und seine

Freunde haben immer wieder betont: ›Das ist unser Staat.‹ Sie bekennen sich zu dem neuen Staat, sie wollen mitmachen. Dazu hat man sie ja auch eingeladen! Es wäre subjektiv und objektiv abwegig, aus diesem Vorgang der ›Absorption‹ oder ›Unterwanderung‹ zu schließen, dass das jeweilige Parteiprogramm der demokratischen Parteien, CDU, FDP, SPD und so weiter durch ein nationalsozialistisches Programm ersetzt werden sollte. Die neuen Mitglieder wollen lediglich im Rahmen der demokratischen Parteien ein gleichberechtigtes Stimm- und Mitwirkungsrecht haben.«

Auch einen Fluchtverdacht oder eine Verdunkelungsgefahr nennt Grimm abwegig. »Glauben Sie wirklich, dass Naumann fliehen könnte? Wohin sollte er fliehen? Nach Osten? Da würde er aufgehängt. Nach Westen, zu den Engländern oder Franzosen, nachdem diese ganze Aktion gegen ihn von den Engländern eingeleitet worden ist? Glauben Sie, dass ein Mann von der Ehrauffassung wie Naumann die Tatsache seiner Freilassung zur Flucht benutzen würde, nachdem er selbst den mit angeschuldigten Bornemann veranlasst hat, sich zu stellen? Naumann ist doch ein politischer Mensch. Er hat eine Aufgabe, jedenfalls glaubt er, sie zu haben. Er will diese Aufgabe erfüllen, und er würde sich seine ganze Zukunft unmöglich machen, wenn er jetzt fliehen würde.«

Dann äußert sich Werner Naumann selbst, und Grimm stellt fest, dass Naumann mit seinem Auftreten großen Eindruck beim Gericht macht.

»Die Anklage sagt«, so Naumann, »ich stünde auf dem Boden der NS-Weltanschauung und hätte die Absicht, das nationalsozialistische System neu zu begründen. Worauf sich diese Ansicht stützt, ist mir nicht erklärlich. Vielleicht beanstandet die Anklage, dass ich die jüngste deutsche Vergangenheit nicht wie Herr Kempner und andere in Bausch und Bogen verurteile. Das habe ich allerdings nicht getan, ein solches kann auch niemand von mir verlangen, denn ich weiß, dass im nationalsozialistischen Gedankengut sehr wertvolle Inhalte steckten. Diese Feststellung braucht niemanden zu erschrecken. Nicht der Nationalsozialismus ist der Erfinder dieser Gedanken. Sie waren vorher da und haben den Tod Hitlers überlebt. Viele benutzen auch heute diese Gedanken schon wieder, wenn sie ihnen auch oft andere Bezeichnungen geben, als sie einst üblich waren. Die Geschichte des Nationalsozialismus umfasst zwölf Jahre, die deutsche Geschichte aber mehr als ein Jahrtausend. Alte Ideale müssen deshalb nicht unbedingt verdächtig sein. Selbstverständlich bemühe ich mich, am nationalsozialistischen System nicht das zu übersehen, was an ihm schlecht und ungesund gewesen ist. Ich weigere mich nur, der simplen Ansicht zuzustimmen, als hätte nur der Nationalsozialismus Schattenseiten. Meine eindeutige Absage an Polizeistaatsmethoden, Willkür, Rechtlosigkeit und KZ-Prinzipien können in meinen Aufzeichnungen leicht nachgelesen werden, nur sind sie von der Anklage leider nicht so sorgfältig zusammengestellt worden wie meine angebliche Verherrlichung der Vergangenheit. Was nun den anderen Vorwurf betrifft, ich wolle eine Wiederherstellung des NS-Systems, so muss ich dieser Ansicht des Vertreters des Oberbundesanwalts ebenfalls nachhaltig widersprechen. Wörtlich steht in den hier zitierten Reden: ›Die Geschichte kennt keinen Stillstand und keine Wiederholung. Wir wollen keine Restauration.‹ Auch wende ich mich scharf gegen die politischen Bohèmiens, die unter Berufung auf die Vergangenheit neue Organisationen gründen wollen. Eine dem Nationalsozialismus gemäße Organisation wird es nie wieder geben. Und nirgends wird sich der Beweis dafür erbringen lassen, dass ich das NS-System neu begründen wollte.«

Am 16. Mai 1953 wird noch keine Entscheidung gefällt.

Inzwischen hat es eine intensive Berichterstattung und vielfältige Medienaktivitäten gegeben, da mittlerweile insbesondere aus der FDP jede Menge Interna und tendenziöse Darstellungen an Journalisten weitergegeben worden sind. Im Rundfunk wie auch in den Zeitungen wird über die Affäre in Fortsetzungen berichtet. Insofern wird der zweite Strafsenat des Bundesgerichtshofes am 28. Juli 1953 zu einer Entscheidung über die beantragte Aufhebung des Haftbefehls gegen Werner Naumann und Karl-Friedrich Bornemann geradezu genötigt. Zuvor ist bereits Heinz Siepen am 25. April und Gustav Adolf Scheel sowie Paul Zimmermann am 16. Juni aus der Haft entlassen worden.

Der endgültige Haftprüfungstermin findet am 28. Juli 1953 im Gebäude des Bundesgerichtshofs in Karlsruhe statt. Die Presse ist zahlreich vertreten. Friedrich Grimm und der Hamburger Rechtsanwalt Dr. Krüger verlesen lange Plädoyers für die Haftentlassung. Vorher hat der Vertreter des Oberbundesanwalts sich für die Aufrechterhaltung des Haftbefehls ausgesprochen. Auch hier kommt Werner Naumann zu Wort. Er hat inzwischen einen großen Teil der von den Engländern fotokopierten Unterlagen in seiner Zelle durchsehen dürfen.

Naumann erklärt erneut, dass er weder an einer Wiederherstellung des nationalsozialistischen Systems noch an einer Außerkraftsetzung der parlamentarischen Verantwortlichkeit und auch nicht an einer Unterwanderung des Bonner Staates gearbeitet habe und bisher politisch nicht aktiv gewesen sei. Er beklagt die Beschlagnahme seiner Akten und Unterlagen und die unwürdigen Vernehmungsmethoden.

Weiter stellt er fest: »Ich habe in den über sechs Monaten meiner Haft oft darüber nachgedacht, wie ich überhaupt in einen solchen Verdacht geraten konnte. Mein eigenes Wissen um die Grundlosigkeit aller Anschuldigungen gegen mich nutzt mir nicht viel, wenn ich sie dem Hohen Gericht nicht beweisen kann. Das Beweismittel gegen mich besteht aus folgenden Indizien: Da gibt es zunächst eine Notiz von mir, in der das Wort ›Unterwanderung‹ steht. Diese Aufzeichnung ist drei Jahre alt. Ich habe ferner einen großen Freundeskreis. Außerdem bin ich politisch sehr interessiert – und endlich war ich Nationalsozialist und kann deshalb, wie die Anklage meint, heute nichts anderes sein als ein Gegner der Verfassung. Hinzu kommt noch, dass ich vieles niedergeschrieben habe, zumeist über die jüngere Vergangenheit, aus dem der Herr Oberstaatsanwalt Sympathien für den Nationalsozialismus herauszulesen meint. Das alles zusammen ergibt in den Augen der Anklage das Bild eines Mannes, der eine akute Gefahr für den Bestand unseres Staates ist. Nun gibt es aber weder in der Theorie, mit der ich für eine solche These geworben hätte, noch in der Praxis einen anderen Beweis als diese handschriftliche Notiz aus dem Jahre 1950. Das Wort ›Unterwanderung‹ stammt nicht von mir. Es ist sehr alt und wird seit vielen Jahren bei politischen Gesprächen gebraucht. Hätte ich eine Unterwanderungsabsicht gehabt, dann müsste sich doch irgendwo eine Auswirkung dieses meines Vorhabens gezeigt haben. Trotz aller Anstrengungen ist es aber der Anklage bisher nicht gelungen, mir auch nur einen Erfolg nachzuweisen.«

Zum Schluss sagt Naumann: »Ich bitte, mir zu gestatten, für ihre Urteilsfindung, Hoher Senat, mit aller Eindeutigkeit zu erklären, dass ich trotz meiner politischen Vergangenheit zumindest genau so viel Ehrenhaftigkeit für mich beanspruche wie die führenden Männer dieses Staates. Ob ich mich in meiner politischen Überzeugung geirrt habe, darüber kann nicht ein Gericht, sondern nur die Geschichte entscheiden. Für die Frage der Aufrechterhaltung des Haftbefehls kann deshalb meine nationalsozialistische Vergangenheit von überhaupt keiner Bedeutung sein. Ich erkläre noch einmal mit aller Bestimmtheit: Ich habe mich im Sinne des Haftbefehls niemals betätigt und werde mich auch niemals im Sinne des Haftbefehls betätigen. Ich bin überzeugt, dass jeder, der die heutige Ordnung stört, direkt oder indirekt für den Bolschewismus arbeitet. Deshalb ist jeder, der das unternimmt, was mir im Haftbefehl vorgeworfen wird, zugleich auch mein politischer Gegner.«

Friedrich Grimm hat den Eindruck, dass die Plädoyers der Verteidigung und die Einlassung von Werner Naumann nicht ohne Eindruck auf das Gericht geblieben sind, und sie haben noch ein Ass in der Hand, das sie in der Verhandlung ausspielen wollen. Naumann hat sich Grimm gegenüber darüber beschwert, dass bei dem von den Engländern übergebenen konfiszierten Material wichtige Dokumente, die zu seinen Gunsten sprechen, zurückgehalten worden seien. Nun will es der Zufall, dass sich zwischen den von Grimm dem Angeklagten vor einigen Tagen überreichten Unterlagen drei handgeschriebene Zettel befanden, deren Bedeutung Naumann sofort erkannte. Als jetzt beim heftigen Frage-und-Antwort-Spiel der Oberbundesanwalt erklärt, es gebe keinen Beweis, dass Naumann sich außer allgemeinen Redensarten jemals kritisch gegen die Unterdrückung politisch Andersdenkender geäußert habe, zieht Naumann eines dieser Blätter hervor und liest dem aufmerksam zuhörenden Senat einige von ihm selbst vor vielen Jahren niedergeschriebene Sätze vor, die an seinem Willen zur Toleranz keinen Zweifel übrig lassen. Das Schriftstück trägt dic englische Beschlagnahme-Nummer 434, ist aber offensichtlich dem Gericht, der Staatsanwaltschaft und den Anwälten unbekannt geblieben. Der Senat vertieft sich sofort in das Studium dieses Dokumentes, das Naumann übergibt.

Dort steht: »Das Wichtigste, was wir aus der Vergangenheit, und zwar nicht nur aus der jüngeren, lernen sollten, ist die Erkenntnis, dass jede Überzeugung, sei sie politischer oder religiöser Art, ihren ethischen Wert verliert, wenn sie dem Andersgläubigen das Recht am Dasein leugnet. Die Vernichtung Andersdenkender, die Verbrennung von Huß, das Morden in der Bartholomäusnacht, die Grausamkeit der Spanischen Inquisition, insbesondere der Französischen Revolution und unsere Konzentrationslager usw., der unduldsame Terror östlicher Gewalthaber sind ein Verrat an der Würde des Menschen. Bekennen wir uns demgegenüber zur Toleranz, so haben wir unendlich viel gewonnen. Der Begriff der Menschlichkeit ist vieldeutig und, wie wir sehen werden, nicht unumstritten, eines darf aber als feststehend vorausgestellt werden: Menschlich handelt jeder, der tolerant ist, der in seiner eigenen Anschauung den Weg zur Vollendung, aber nicht die Vollendung selber sieht, und dem das Streben nach Wahrheit mehr gilt als ihr Besitz.«

Das Dokument in Naumanns Handschrift geht von Hand zu Hand. Seine Echtheit kann von niemandem bezweifelt werden. Es ist ein Beweis, wie er aus Sicht der Anwälte nicht besser zu wünschen war.

Ganz am Ende gibt Naumann noch eine Stellungnahme ab, die wohl als glaubwürdig bewertet wurde. Zumindest ist es klug gewesen, sie ganz ans Ende zu stellen: »Am 30. Januar 1933 war ich dreiundzwanzig Jahre alt. Es wird niemand glauben wollen, dass ein Dreiundzwanzigjähriger maßgeblich einen Staat stürzen und einen neuen aufbauen kann. Für die Errichtung des Dritten Reiches waren viele Faktoren maßgebend, die hier nicht aufgezählt zu werden brauchen. Aufgrund meines damaligen Alters hatte ich jedoch, was ich oft bedauert habe, bestimmt keinen entscheidenden Einfluss auf dieses Geschehen. Als der Krieg dann ausbrach, war ich einer von vielen Hundert Ministerialräten in der deutschen

Staatsverwaltung. Wer nun auch immer die Katastrophe, die 1939 über Europa hereinbrach, direkt oder indirekt veranlasst haben mag, niemand wird behaupten wollen, dass ein Mann in so unmaßgeblicher Stellung wie ich für diese weltweite Entwicklung verantwortlich gemacht werden kann. Nicht um anzuklagen, nur um der historischen Wahrheit willen muss ich feststellen, dass viele damals führende Männer in Wehrmacht, Wirtschaft und Staat, wie Generalstabschefs, Armeeführer, Generaldirektoren, Oberbürgermeister, Reichskommissare und andere, die sich damals oder später im sogenannten Widerstand zusammengefunden haben, sehr viel mehr Einfluss auf dieses Geschehen ausgeübt haben und ausüben konnten als ein Ministerialrat der Berliner Verwaltungsbürokratie. Man soll die Verantwortung also richtig sehen und nicht verschieben. Was dann seit 1939 geschah, war mehr oder weniger eine zwangsläufige Entwicklung. Diese mit meinen bescheidenen Mitteln im Interesse des deutschen Volkes zu lenken, habe ich mich stets bemüht. Es ist hier nicht der Ort, Einzelheiten zu benennen. Aufgrund meiner Erziehung, meiner Anschauung von den Pflichten eines deutschen Beamten und überzeugt, dass es keine sachlich begründete Alternative in unserer damaligen Situation gab, habe ich meine Pflicht, so wie ich sie sah, uneigennützig bis zur letzten schweren Minute in der Berliner Reichskanzlei erfüllt. Das bereue ich nicht, und für das hier Geleistete bin ich bereit, jede Verantwortung zu tragen.«

Alle sind von der Verhandlung erschöpft. Der Senat zieht sich zur Beratung zurück. Als er nach einer guten halben Stunde den Saal wieder betritt, lautet die Entscheidung, »dass der Haftbefehl des Untersuchungsrichters beim Bundesgerichtshof vom 2. April 1953 gegen den angeschuldigten Dr. Naumann aufgehoben wird. Der Angeschuldigte ist auf freien Fuß zu setzen. Gründe: Dem Angeschuldigten liegt nach dem Haftbefehl ein Verbrechen in verfassungsfeindlicher Absicht begangener Geheimbündelei (§§128, 94 StGB) in Tateinheit mit einem Vergehen der Gründung einer verfassungsfeindlichen Vereinigung (§90 a StGB) zur Last. Bei dem gegenwärtigen Stand der Voruntersuchung besteht nach Auffassung des Senats kein dringender Verdacht mehr dafür, dass eine solche strafbare Verbindung oder Vereinigung bestanden hat. Der Haftbefehl ist daher aufzuheben.«

Werner Naumann ist damit frei und muss sofort aus der Haft entlassen werden. Wenige Stunden später folgt ihm auch der letzte der sieben seinerzeit verhafteten Angeschuldigten, Dr. Karl-Friedrich Bornemann.

Die Untersuchung in der FDP

Als der Verdacht der Unterwanderung der FDP in Nordrhein-Westfalen bekannt wird, bildet der Parteivorstand eine interne Kommission, die den Fall untersuchen und dem Gesamtvorstand der Partei Bericht erstatten soll. Mit ihm beauftragt werden Fritz Neumayer, Jurist und Bundesminister für Wohnungsbau, sowie Alfred Onnen, ebenfalls Jurist und Bundestagsabgeordneter aus Niedersachsen. Sprecher der Kommission ist Thomas Dehler. Die Kommission führt viele parteiinterne Gespräche. Ihr stehen außerdem alle geheimdienstlichen Unterlagen zur Verfügung.

Bereits am 5. Juni 1953 wird in Bonn das Ergebnis vorgelegt. Der Bericht ist »vertraulich« überschrieben. Er führt innerhalb der FDP zu einem Beben.

Dort kann man lesen:

> Gegen den Vorstand des Landesverbandes Nordrhein-Westfalen ist der Vorwurf erhoben worden, er habe durch sachliche und personelle Missstände das Ansehen und darüber hinaus den Bestand der Gesamtpartei gefährdet; es sei versucht worden, die FDP durch fragwürdige Zielsetzung und unter Anwendung undemokratischer Methoden ideologisch und in ihrem Führungsstab umzustülpen, aus einer echt demokratischen Partei mit liberaler, fortschrittlicher Grundrichtung eine sogenannte nationale Sammelbewegung mit verkapptem autoritären Prinzip und unklarer politischer

Zielsetzung zu machen und sich dabei auf bedenkenlose Opportunisten und unbelehrte frühere Nationalsozialisten zu stützen; die Lenkung des Verbandes erfolge durch einen Apparat von Geschäftsführern, die in der Mehrzahl hohe Chargen des nationalsozialistischen Regimes bekleidet hätten.

Es wird weiterhin der Vorwurf erhoben, dass Vorstandsmitglieder und Geschäftsführer zu rechtsradikalen Kreisen, vor allem zu dem früheren Staatssekretär im Propagandaministerium Dr. Werner Naumann, in Kenntnis ihrer Absicht, einen autoritären und radikalen nationalsozialistischen Staat wieder zu errichten, Beziehungen unterhalten haben.

Besonders schwerwiegend ist der Vorwurf der Beziehungen zu Dr. Naumann und seinem Kreis. Ob Dr. Naumann und seine Freunde strafrechtlich zu ahnden sind, berührt uns nicht. Nach den Unterlagen steht fest, dass er nach wie vor der nationalsozialistischen Idee anhängt und sich als prädestinierter Nachfolger Hitlers fühlt. Zur Durchsetzung seiner Ziele strebt er auch die Unterwanderung von Parteien und Verbänden an.

Am 18. Dezember 1952 erklärte Herr Dr. Achenbach dem unterzeichneten Dehler auf dessen Fragen über die Naumann-Angelegenheit, die Pressekampagne gegen Dr. Naumann sei »blödsinnig«, Dr. Naumann sei ihm persönlich bekannt; er wisse, dass Dr. Naumann absolut bereit sei, sich verfassungsmäßig zu verhalten, er schlage vor, dass der Bundesjustizminister Dr. Naumann empfange, damit dieser ihn über seine wahren politischen Absichten unterrichte.

Herrn Dr. Achenbach gelang es, auf die politische Haltung des Landesverbandes Nordrhein-Westfalen starken Einfluss zu nehmen. In der Organisation übte er ihn über den verstorbenen Fraktionssekretär Herrn Wilke aus. Wilke gehörte zu dem Kreis der ehemaligen Reichsjugendführung, der sich seit 1946 bemühte, wieder in die deutsche Politik einzudringen. Dieser Versuch war bei der CDU gescheitert; bei der SPD hatte nur ein Kreis von mittleren HJ-Führern Anschluss an Carlo Schmidt gefunden. Herr Wilke kam 1947 zur FDP Nordrhein-Westfalen. Hier verschaffte er sich durch sein Geschick und durch seine Zielstrebigkeit großen Einfluss, vor allem bei der Auswahl der hauptamtlich tätigen Personen. Er beherrschte den »Apparat«. Auf Herrn Dr. Achenbach geht es zurück, dass Herr Dr. Middelhauve Herrn Wolfgang Diewerge zu seinem privaten Mitarbeiter machte. Er lebte im Untergrund und wurde von da über Prof. Dr. Grimm und Dr. Achenbach an die Seite des Herrn Dr. Middelhauve gesetzt. Er hatte Beziehungen zu den meisten führenden Nationalsozialisten, so Dr. Bornemann, Paul Zimmermann, d'Alquen und dauernde Fühlung mit Dr. Naumann. Er versorgte Dr. Naumann laufend mit Material, auch mit vertraulichen Informationen über innere Angelegenheiten der FDP. Naumann erklärte ihm: »Ich bedanke mich herzlich für die viele Post. Ihre Informationen sind für mich außerordentlich wertvoll.« Dr. Naumann erhielt von ihm acht Tage vor dem Parteitag in Bielefeld und damit vor den meisten Parteifreunden den Entwurf des »Deutschen Programms«.

Tatsache ist somit, dass ein maßgebender politischer Ratgeber des Herrn Dr. Middelhauve, Dr. Achenbach, und sein nächster Mitarbeiter, Diewerge, konspiratorische Beziehungen zu Dr. Naumann unterhalten haben.

Dafür, dass Herr Dr. Middelhauve die Zusammenhänge gekannt und gebilligt oder dass er gar unmittelbare Beziehungen zu Dr. Naumann gepflogen oder ihn in seiner Wohnung in Büderich besucht habe, haben die Erhebungen nichts ergeben. Herr Dr. Middelhauve hat lediglich einmal ohne sein Zutun gelegentlich im Rahmen einer Versammlung in Düsseldorf Dr. Naumann getroffen.

Dr. Naumann rühmte sich wiederholt, mit seinen Unterwanderungsversuchen Erfolg gehabt zu haben. Er erklärte, dass es in der FDP Gruppen gebe, welche als rein nationalsozialistisch angesprochen werden können; bei anderer Gelegenheit, dass der Landesverband Nordrhein-Westfalen der FDP sehr stark von Nationalsozialisten durchsetzt sei. Diese These bezog sich nach dem Zusammenhang besonders auf den Stab der hauptamtlich tätigen Personen. Von ihnen erklärte er:

»In dieser Partei (FDP) auch im BHE, sind, zum Teil angelockt durch sehr namhafte Monatsgehälter, viele ehemalige Weggenossen von uns tätig, welche in ihren Gesprächen immer betonen, sie seien auf dem besten Wege, diese Organisation von innen zu erobern.«

Gegen Herrn Dr. Middelhauve wird noch folgender Vorwurf erhoben: In der Wohnung des Gesandten Bülow-Schwandte in Düsseldorf fand Mitte Oktober 1952 ein Gespräch mit dem Fürsten Otto von Bismarck in Gegenwart der Herren Dr. von Rechenberg, Wilke und Döring statt. Hierbei soll Herr Dr. Middelhauve gesagt haben:

»Mit der FDP, wie sie bisher war, ist es zu Ende. Ein Landesverband nach dem anderen schließt sich mir an. Es ist selbstverständlich, dass Blücher in der Versenkung verschwindet, da er als Politiker nichts taugt.«

Während des Berliner Parteitages im Jahre 1952 soll hinwiederum Döring in einem Kreis bei dem Ortsverbandsvorsitzenden Dr. Schäfer in Berlin geäußert haben:

»Herr Dr. Middelhauve würde als Landesverbandsvorsitzender kaum länger als ein bis zwei Jahre durchhalten. Danach werde man sehr wahrscheinlich Dr. Mende für weitere zwei Jahre zum Vorsitzenden wählen und anschließend dann Dr. Naumann holen.«

Bei der Wahl des neuen Fraktionsgeschäftsführers der Landtagsfraktion in Düsseldorf setzte sich Herr Dr. Middelhauve für den Bewerber Zinn ein, der seit 1931 Mitglied der NSDAP und mit dreißig Jahren im Jahre 1936 bereits Oberbürgermeister von Gera war. Als im Hinblick darauf die Eignung von Zinn infrage gezogen wurde, verwahrten sich die Herren Middelhauve und Achenbach gegen solche Bedenken. Herr Dr. Middelhauve erklärte, wenn solche, den Grundsätzen der FDP widersprechenden Äußerungen gemacht werden würden, könne er nicht länger Vorsitzender einer solchen Fraktion sein. Bei der Vorstellung von Zinn am 30. März 1953 ergab sich, dass Zinn auch Kreisleiter in Gera und SS-Sturmbannführer in der allgemeinen SS war. Trotzdem wurde er von Herrn Dr. Middelhauve nach der Vorstellung sehr warm empfohlen.

Es ist schwer zu verstehen, warum ausgerechnet alle Schlüsselpositionen nicht politisch erprobten Persönlichkeiten, sondern früheren prominenten Nationalsozialisten anvertraut worden sind. Bei der Prüfung der hauptamtlichen Mitarbeiter sind weitgehend Persönlichkeiten verwendet worden, die hohe Ränge in der Nazizeit eingenommen hatten. Die Haltung der von Herrn Zoglmann herausgegebenen Wochenzeitschrift

> *Die Deutsche Zukunft* ist unklar und uneinheitlich. Es ist zum Teil, besonders am Anfang, eine restaurative Tendenz vertreten worden. Es erscheint notwendig, zu prüfen, ob sich der erhebliche Aufwand für diese Zeitung lohnt.

Dem ungeachtet heißt es in der Schlussfolgerung:

> Der Landesverband Nordrhein-Westfalen der FDP ist nicht »unterwandert«. Kein führendes Mitglied der FDP hat eine belastende Verbindung zum Naumann-Kreis unterhalten. Im Übrigen wird festgestellt:
>
> 1. Herr Dr. Achenbach hat der Gesamtpartei durch sein Verhalten schwer geschadet. Er hat nach seiner Grundhaltung niemals zu uns gehört. Sein Ausscheiden aus der FDP ist unabweislich.
> 2. Herr Dr. Middelhauve hat durch sein Verhalten eine Gefahr für den Bestand und das Ansehen unserer Partei gesetzt. Der gute Glaube kann ihm nicht abgesprochen werden.
> 3. Es besteht der Verdacht, dass der Hauptgeschäftsführer Döring es an der erforderlichen Loyalität gegenüber dem Landesverband und an Aufrichtigkeit in seinen Angaben hat fehlen lassen. Es ist Sache des Landesvorstandes Nordrhein-Westfalen, sein Verhalten zu würdigen.
> 4. Diewerge, Drewitz und Brandt haben schwer gegen die Grundsätze der FDP verstoßen. Sie sind aus der Partei auszuschließen. Ihre hauptamtliche Tätigkeit in der Partei ist, soweit noch nicht geschehen, zu beendigen.

***

Der »Naumann-Skandal« beschäftigt die Medien im In- und Ausland. Das britische Außenministerium muss sich unangenehme Fragen gefallen lassen. Es verweist darauf, dass die Untersuchung und die Bewertung der Ereignisse ausschließlich Sache der deutschen Behörden sei.

Die Berichterstattungen in den meisten britischen Blättern sind tendenziös, mit Überschriften wie »Ex-Nazi-Chef von den Deutschen befreit«, »Deutscher ›Führer‹ freigelassen« oder »Draußen – aber warum?«. Man hat kein Verständnis für die Entscheidung des Karlsruher Gerichts. In den USA veröffentlich die *New York Times* am 29. Juli einen Bericht unter der Überschrift »Deutsche entlassen Top-Nazi-Verdächtigen«, und die französische *Le Monde* titelt: »Naumann, der letzte Nazi-Verschwörer wird durch das Gericht in Karlsruhe befreit«.

Die Baseler *Nationalzeitung* hingegen freut sich und spricht von einem »politischen Husarenstück der deutschen Justiz«.

Schon vor dem Prozess hat es in der *Frankfurter Rundschau* eine fünfteilige Serie unter dem Titel »Die Totengräber sind unter uns« gegeben, und auch der Nordwestdeutsche Rundfunk verbreitet am 9. Juni 1953 eine Sondersendung. Hier wie dort wird Material verwendet, das bis dahin nur dem britischen Geheimdienst zur Verfügung stehen sollte. Die *FAZ* meldet auch, dass Fotokopien der Naumann-Dokumente gegen Bares angeboten worden seien. Darunter insbesondere Abhörprotokolle von Telefongesprächen Werner Naumanns, deren Verwendung die deutschen Gerichte von vornherein ausgeschlossen haben.

Bundeskanzler Adenauer ist empört über Naumanns Freilassung: »Ich bin nach wie vor von der Schuld Naumanns fest überzeugt.« Im Gegensatz dazu erklärt Innenminister Lehr in der *Süddeutschen Zeitung*, er sei von Anfang an der

Ansicht gewesen, nach deutschem Recht habe kein Anlass für eine Verhaftung bestanden.

Die Tatsache, dass zum Düsseldorfer »Stammtisch« die ehemaligen Gauleiter Grohé und Florian gehört haben, die für die Absetzungen der Oberbürgermeister Adenauer und Lehr 1933 verantwortlich gewesen sind, hat offensichtlich nicht zu großen Ressentiments bei Lehr geführt.

Ein Paukenschlag

Der Urheber all dieser Aufregung, Dr. Werner Naumann, kann zufrieden sein. Und er ist es vielleicht zu sehr. Er erinnert sich daran, dass er mit Adolf von Thadden vor der Verhaftung einig war, bei der anstehenden Bundestagswahl für die Deutsche Reichspartei zu kandidieren, und Werner Naumann ist ein Mann, der zu seinem Wort steht. In diesem Sinne hat er bereits im Mai, noch in Haft, ein Schreiben an von Thadden verfasst mit folgendem Wortlaut:

> Bezug nehmend auf unser Gespräch vom 17.12.52, bei dem ich meine Mitarbeit in der DRP angeboten habe, schlage ich Folgendes zur Überlegung vor: Nach Lage der Dinge, wie sie insbesondere durch die aktuellen Ereignisse deutlich geworden ist, halte ich jeden Versuch einer Mitarbeit in den Parteien FDP und DP für völlig unsinnig. Auch eine Unterstützung des BHE kann nur wenig Erfolg haben, da alle Bestrebungen dieser Partei für eine innere Befriedung auf noch größeren Widerstand stoßen werden als die der Regierungsparteien.
>
> Somit bleibt nach Lage der Dinge für die kommenden Wahlen einzig die DRP, der wir unsere Unterstützung leihen müssen, wobei wir voraussetzen, dass:
>
> a) alles getan wird, um den Verdacht einer Nachfolgeorganisation der SRP auszuschließen,
> b) die Partei sich eindeutig und vollinhaltlich zur Verfassung und Demokratie bekennt,

c) Persönlichkeiten als Kandidaten aufgestellt werden, die aufgrund ihrer schon erwiesenen Leistungen und ihres Charakters eine vorbildliche Arbeit für Deutschland erwarten lassen,
d) die Parteiführung von sich aus alle Sorgsamkeit walten lässt und somit verhindert, dass Menschen, die unverträglich sind und zu einer späteren Spaltung der Partei führen können, sich als Kandidaten etablieren,
e) für die genaueste Einhaltung aller Vorschriften bezüglich Wahlzulassung, Kandidatenaufstellung gesorgt und
f) der Wahlkampf sachlich, ruhig und mit vertretbaren Parolen geführt wird.

Sind diese Voraussetzungen erfüllt, sage ich der DRP einen großen Wahlerfolg voraus. Die Fünf-Prozent-Grenze wird mit Sicherheit erreicht werden, obwohl ein Wahlkampf, wie Sie ihn führen müssen, ohne Presse, Geld und eine gute Organisation bisher noch nie ausgefochten und gewonnen worden ist.

Naumann formuliert außerdem einen Vorschlag für das Wahlprogramm. Die Zeit drängt. Der Spitzenkandidat der Deutschen Reichspartei ist sich zu diesem Zeitpunkt nicht einmal sicher, ob er vor dem Wahltermin am 6. September 1953 überhaupt entlassen wird.

Friedrich Grimm zeigt sich gar nicht begeistert, als die Bekanntgabe der Spitzenkandidatur von Werner Naumann zur Bundestagswahl für die DRP zwei Tage nach dessen Freilassung veröffentlicht wird. Grimm ist klar, wie das auf die Öffentlichkeit wirken muss. Naumann hat bisher stets erklärt, dass er sich für keine Partei entschieden habe, und diese Erklärung ist durch die juristische Untersuchung bestätigt worden. Dass er sich in der Vergangenheit für einzelne Parteien mehr oder weniger interessiert habe, war nicht bestreitbar. Er hat Friedrich Grimm im Vorwege gefragt, ob er das Angebot einer Kandidatur annehmen solle. Grimms Antwort vom Standpunkt der Verteidigung aus hatte gelautet, er sähe es lieber, wenn Naumann nicht kandidiere. Mit einer Kandidatur würde er die Vermutung bestätigen, dass er politischen Ehrgeiz habe und politische Ziele verfolge. Letztlich müsse er dies aber ganz für sich allein entscheiden. Das hat er dann auch getan.

Am 5. August hält Naumann im Rahmen einer Presseveranstaltung des Plesse-Verlags in Göttingen vor dreißig Personen seine erste Rede nach der Haft. Dabei greift er den Bundeskanzler, den Vizekanzler, den Justizminister und den Britischen Hohen Kommissar mit harten Worten an. Er beklagt die Haftbedingungen und wendet sich auch gegen seinen ehemaligen Parteigenossen und jetzigen FDP-Funktionär Stegner, der die DRP als starken Gegner fürchtet. Eigentlicher Anlass der Presseveranstaltung ist die Veröffentlichung des Buches *Nau Nau gefährdet das Empire?*, in dem Freunde von Naumann das gerade durchlebte Verfahren aus ihrer Sicht schildern. Der Verlag ist den Briten wegen seiner extrem nationalistischen und antialliierten Tendenzen bekannt. Man entscheidet sich aber gegen ein Verbot des Buches, um Naumann keine neue Angriffsfläche zu bieten.

In der Folgezeit ist Naumann auf vielen Veranstaltungen und Konferenzen präsent. Bei Wahlkampfveranstaltungen tritt er gemeinsam mit Hans-Ulrich Rudel und dem NS-Dichter Hans Grimm auf, der ebenfalls für die DRP kandidiert.

Es kommt auch zu politischen Behinderungen von Veranstaltungen. So verhängt der hessische Minister Heinrich Zinnkann ein Redeverbot gegen Werner Naumann. Der

Stadtrat von Hannover entscheidet, der DRP keine Halle für eine Wahlkampfveranstaltung am 16. August zu stellen. Auch der Hamburger Senat verfügt ein Redeverbot gegen den Wahlkämpfer Naumann. Auf eine Protestnote von Adolf von Thadden im Namen des Parteivorstandes der DRP antwortet ihm Innenminister Lehr mit dem Hinweis, die Polizeiarbeit sei nach dem Grundgesetz Aufgabe der Länder.

Auf den Paukenschlag Naumanns, zum Bundestag zu kandidieren, erfolgt schon bald ein Gegenschlag: Juristen in der nordrhein-westfälischen Landesregierung haben einen Weg ersonnen, um dem ehemaligen NS-Staatssekretär eine Kandidatur zu verderben. Die nordrhein-westfälische Regierung stellt über den Bundeskanzler bei dem britischen Hochkommissar Sir Ivone Kirkpatrick den Antrag, die der britischen Besatzungsmacht vorbehaltene Kompetenzverordnung der Entnazifizierungskategorien I und II aufzuheben. Unter dem 19. August erscheint im Amtsblatt der Alliierten Hohen Kommission eine entsprechende Verordnung.

Plötzlich geht alles sehr schnell: Am 24. August tagt vormittags die Landesregierung in Düsseldorf und verkündet eine Rechtsverordnung zur Entnazifizierung für die Kategorien I und II, wobei der Innenminister die Einstufung selbst vornimmt. Diese Einstufung habe sofortige Rechtskraft. Der Betroffene könnte binnen vierzehn Tagen Beschwerde bei einem fünfköpfigen Überprüfungsausschuss einlegen. Schon zwei Stunden später erlässt Innenminister Franz Meyers den Bescheid auf Einstufung Werner Naumanns in Kategorie II. Um fünfzehn Uhr wird diese Mitteilung bei der Polizei in Meerbusch-Büderich hinterlegt, weil der Staatssekretär a. D. zu Wahlveranstaltungen nach Bayern unterwegs ist. Am Nachmittag desselben Tages ist die am Vormittag erlassene Rechtsverordnung schon gedruckt, und einen

Tag später, am 25. August, liegt sie bei den Landeswahlausschüssen in den verschiedenen Ländern, durch Eilboten zugestellt, vor. Mit der Einstufung in die Kategorie II ist Werner Naumann das aktive und passive Wahlrecht genommen. Das bedeutet, dass seine Kandidatur für den Bundestag nicht möglich ist.

Auch die Kandidatur von Hans-Ulrich Rudel für die DRP wird verhindert. Rudel, der sich überwiegend in Südamerika, zumeist in Argentinien, aufhält, hat es versäumt, sich in der Bundesrepublik polizeilich anzumelden und deswegen keine Wählbarkeitsbescheinigung erhalten, die er somit auch nicht vorlegen kann.

Der demokratische Staat hat zurückgeschlagen.

Bei der Wahl zum zweiten Bundestag am 6. September 1953 fährt die DRP ein desaströses Ergebnis ein. Sie erreicht im Bundesgebiet mit 295 739 Stimmen einen Anteil von 1,1 Prozent der Stimmen. In dem als Hochburg geltenden Wahlkreis Diepholz, wo Werner Naumann nicht länger Direktkandidat ist, erringt die DRP gerade einmal 5400 Stimmen.

Die großen Wahlsieger sind Konrad Adenauer und die CDU mit 45,2 Prozent der Stimmen, das entspricht einem Zuwachs von 14,2 Prozent. Die SPD erhält 28,8 Prozent, die FDP 9,5 Prozent, bei einem Verlust von 2,4 Prozent, der BHE 5,9 Prozent und die DP 3,3 Prozent.

Die Affäre Werner Naumann hat nicht nur der DRP schwer geschadet, sondern auch der Firma Cominbel. Lea Lucht, eine Geldgeberin der DRP, weigert sich nach dem Wahldebakel, die Partei weiterhin finanziell zu unterstützen. In einem Gespräch mit Adolf von Thadden weist Werner Naumann darauf hin, dass er keinen Einfluss mehr auf sie habe. Sliky sei einfach durchgedreht. »Man kann kein vernünftiges Wort mehr mit ihr reden«, so Naumann. Er und

Lucht trennen sich. Später zieht Naumann zu seiner Frau und den Kindern nach Stuttgart.

Von da an wird es ruhig um Dr. Werner Naumann. Nach dem Verlust seiner Stelle bei Cominbel wendet er sich an Harald Quandt, und dieser bietet Werner Naumann nacheinander verschiedene leitende Stellungen in dem von ihm geführten Industrieimperium an. Nach der Geschäftsführung in einer Düsseldorfer Maschinenfabrik und der Geschäftsführung der Wildfang Metallwerke Gelsenkirchen fungiert Werner Naumann als Vorstandssprecher der Firma Busch-Jäger in Lüdenscheid. Auf die Frage seines Freundes, des Bild-Zeitungs-Journalisten Peter Boenisch, was Harald Quandt bewogen habe, »einen solchen Mann als Direktor bei Busch-Jaeger einzustellen?«, hatte Harald Quandt geantwortet: »Weil Naumann ein kluger Kopf und kein Nazi gewesen ist.« Als Vorstandsvorsitzender der Busch-Jäger Metallwerke zieht Naumann Anfang der Sechzigerjahre nach Lüdenscheid und kauft dort den »Erlenhof«, wo er Pferde und Schafe hält und wo man ihn auf dem Traktor sehen kann, wenn er die Felder bestellt.

Werner Naumann bleibt sein Leben lang freundschaftlich verbunden mit Heinrich Haselmayer (†1978), Gustav Adolf Scheel (†1979), Adolf von Thadden (†1996) und vielen anderen. Einen weiteren Versuch, in die Politik zurückzukehren, unternimmt er nicht. Naumann stirbt am 25. Oktober 1982 dreiundsiebzigjährig an akutem Herzversagen.

Das Nachspiel

Sir Ivone Kirkpatrick war nach seiner Kriegsteilnahme als Soldat im Ersten Weltkrieg in den diplomatischen Dienst eingetreten und unter anderem in den Botschaften in Rom, im Vatikan und in Berlin eingesetzt gewesen. Daher war ihm das führende Personal der Nationalsozialisten bekannt. Er sprach Deutsch und war 1941 mit einem delikaten Fall betraut worden. Während der schwersten Luftangriffe des Krieges auf London wurde im Mai 1941 vermeldet, dass bei Glasgow eine Messerschmidt abgestürzt und der vorher mit einem Fallschirm abgesprungene Pilot festgenommen worden sei, der sich als Hauptmann Horn ausgegeben habe. Im Weiteren behauptete dieser dann, der deutsche Reichsminister Rudolf Heß zu sein, der sich auf eigene Initiative zu einer Friedensmission nach England aufgemacht habe. Der erste Eindruck der Engländer war gewesen, es mit einem verrückten Abenteurer zu tun zu haben. Darum wurde Ivone Kirkpatrick beauftragt, den angekommenen Deutschen zu identifizieren und zu verhören. In der Tat stellte Kirkpatrick dann fest, einen ziemlich verwirrten Rudolf Heß vorzufinden, der erklärte, ohne Absprache und eigenmächtig ein Friedensabkommen mit Großbritannien initiieren zu wollen.

Später, vom 24. Juni 1950 bis zum 29. September 1953, war Ivone Kirkpatrick britischer Hoher Kommissar in Deutschland als einer der jeweils höchsten Vertreter der westlichen alliierten Siegermächte des Zweiten Weltkrieges.

In seinen *Erinnerungen eines Diplomaten* beschäftigte sich der ehemalige britische Hohe Kommissar Sir Ivone Kirkpatrick sowohl mit dem Fall Rudolf Heß als auch mit den Ereignissen des Jahres 1953.

Er räumte ein, dass die Verhaftung Dr. Naumanns, des ehemaligen Staatssekretärs bei Goebbels, zu vielen Ärgernissen geführt habe. Nach seinen zuverlässigen Informationen hätte Naumann Interesse an der Politik gezeigt und versucht, sich in die FDP einzuschleichen. Sein Plan wäre es zunächst gewesen, nicht selbst eine politische Rolle zu spielen, sondern seine Leute in Schlüsselpositionen zu bringen. Daraufhin habe Kirkpatrick mit der FDP-Führung gesprochen und ihr erklärt, dass er handeln müsste, wenn diese Entwicklung anhielte. Seine Warnung wäre erfolglos gewesen. Darum habe er nach Konsultierung der britischen Regierung beschlossen, Naumann und seine engsten Hauptmitarbeiter festzunehmen. Das Ziel sei gewesen, Naumanns Dokumente zu beschlagnahmen, um mit ihrer Hilfe und in den Verhören der Gefangenen Art und Absichten der Bewegung nachzuweisen. Kirkpatrick habe auch überlegt, die deutsche Regierung zu bitten, die Naumann-Gruppe festzunehmen, aber da sich Naumanns Leute überall befanden, herrschte aus seiner Sicht die Gefahr, dass Naumann rechtzeitig gewarnt würde und dann seine Dokumente hätte vernichten können.

Wäre Werner Naumanns Absicht, in die Politik einzudringen, ein isolierter Versuch gewesen, hätte Kirkpatrick anders gehandelt. Es gab aber bereits beunruhigende Zeichen für ein Wiederaufleben des Nazismus, besonders in Niedersachsen, wo der ehemalige Generalmajor Remer und seine Neonazi-Partei agierten. Noch lag die Macht bei der Hohen Kommission, und wenn er nicht gehandelt hätte, wäre man damals niemals in der Lage gewesen, eine unabhängige deutsche Regierung wegen ihrer Toleranz gegenüber einem wieder entstehenden Nazismus anzuklagen. Überdies wäre im Laufe der Zeit Naumanns politische Aktivität allgemein bekannt geworden, und ein nachlässiges Dulden auf britischer Seite hätte die demokratischen Kräfte in Deutschland auf gefährliche Weise entmutigen müssen.

Ein Ziel der Verhaftung Naumanns im Sommer sei es gewesen, zu verhindern, dass er und seine Freunde sich wirksam an den Allgemeinen Wahlen im Herbst 1953 beteiligten. Das hatte der britische Hohe Kommissar auch erreichen können. Die Neonazis erlitten deshalb eine katastrophale Niederlage, von der sie sich nicht wieder erholten.

Und nach Adenauers überwältigendem Sieg sei Naumann wieder in dem Dunkel verschwunden, aus dem er besser gar nicht erst aufgetaucht wäre. Nach Naumanns Verschwinden aus den Schlagzeilen wurde die ganze Geschichte auch rasch wieder vergessen.

Kirkpatricks Mahnung:

Aber sie enthält eine Lehre für die Zukunft.
Es wäre töricht, anzunehmen, dass der Nazismus unter keinen Umständen, und auch nicht in anderer Form, im modernen Deutschland wiedererstehen könnte.

Nachwort

Ich beschäftige mich seit Ende der Sechzigerjahre intensiv mit der Geschichte des Nationalsozialismus in Deutschland. Insbesondere habe ich die Auswirkung auf den Bildungsbereich untersucht und wie die Verantwortlichen dabei konkret agierten. Darüber habe ich im Laufe der Jahre einige Bücher geschrieben, *Schule unterm Hakenkreuz* und drei Bände *Täterprofile. Die Verantwortlichen im Hamburger Bildungswesen unterm Hakenkreuz*, darin 180 Biografien (Landeszentrale für politische Bildung Hamburg, 2016–2019).

Eine dieser Biografien handelt von Heinrich Haselmayer, einem unverbesserlichen Nationalsozialisten, studentischer NS-Aktivist an verschiedenen Hochschulen neben seinem vernachlässigten Medizinstudium. 1933 schrieb er eine 15-seitige Dissertation zur »Sterilisationsfrage Schwachsinniger« und wurde mit 26 Jahren Leiter der Volkshochschule in Hamburg, nachdem er vorher gegen »die Verbastardisierung und Vernegerung unseres Daseins« gekämpft hatte.

Haselmayer war eine herausfordernde Person, deren politische Karriere in der NS-Zeit scheiterte, nachdem er als sogenannter Heimatredner bei einer Veranstaltung der NSDAP-Auslandsorganisation Holland im angetrunkenen Zustand einen Vortrag hielt, der abgebrochen werden musste. Bei meinen Recherchen war bedeutsam für mich, dass Haselmayer, der am 14.6.1945 verhaftet und zwei Jahre interniert worden war, danach als Hausarzt in Bergedorf arbeitete und sich in den Fünfzigerjahren einer Gruppe ehemaliger Nationalsozialisten anschloss, die »Naumann-Gruppe« oder »Gauleiter-Kreis« genannt wurde. Dazu gehörten neben Goebbels' Stellvertreter Werner Naumann die ehemaligen NS-Gauleiter Gustav Adolf Scheel und Karl Kaufmann. Alle waren im Januar 1953 verhaftet worden. Auch darüber habe ich in der Haselmayer-Biografie berichtet, die zuerst in einer Serie in der Hamburger Lehrerzeitung (HLZ) im Jahre 2013 erschien.

Daraufhin erhielt ich eine E-Mail von Heidi Birgfeld, die schrieb:

»Mit großem Interesse las ich Ihren Artikel in der Hamburger Lehrerzeitung online über die Vergangenheit meines Vaters Heinrich Haselmayer (Teil 1). Seit meiner Jugend bemühe ich mich – gegen eine Wand des Schweigens und der Lügen – herauszufinden, welche Funktionen etc. mein Vater im Dritten Reich innehatte. Es dauerte beinahe fünfzig Jahre, bis ich einen genaueren Einblick in sein Wirken erlangte; bis heute erfahre ich Neues wie aus Ihrem Artikel.«

Wie in allen anderen Fällen, in denen sich Familienangehörige der von mir biografisch dargestellten Personen an mich wandten, bot ich an, alle mir zur Verfügung stehenden Dokumente in Kopie weiterzuleiten. In diesem Fall vereinbarte ich auch ein Treffen mit Heidi Birgfeld zu einem ausführlichen Gespräch in Hamburg. Daraus entwickelten sich eine mehrjährige Korrespondenz und weitere persönliche Begegnungen.

Heidi Birgfeld erzählte mir dabei von der Freundschaft zwischen ihrem Vater Heinrich Haselmayer und Werner Naumann. Die Ehefrauen hätten sich kaum gekannt, dafür aber die ältesten Töchter, die beide Heidi hießen. Deren Freundschaft wurde durch die Väter gefördert. Sie verbrachten sogar mehrere Sommerferien zusammen. 1955 besuchte Heidi Haselmayer ihre Freundin bei der Mutter

Ursula Naumann in Stuttgart, als auch der nicht dort wohnende Werner Naumann zum Kurzbesuch kam und die fünfzehnjährige Heidi Haselmayer die gedrückte Atmosphäre im Hause zu spüren bekam. In dieser Zeit gab es ebenfalls einen Besuch der ehemaligen Reichsfrauenführerin Gertrud Scholtz-Klink und ihres Lebenspartners August Heißmeyer, der gerade Generalvertreter für Coca-Cola geworden war. Scholtz-Klink im Dirndlkleid mit Gretchenkranz – nicht sehr sympathisch für die Jugendliche Heidi Haselmayer.

Die Hinweise waren der Impuls für mich, noch mehr über Werner Naumann und die von ihm inspirierte Verschwörung zu forschen. Aus den Gesprächen mit Heidi Birgfeld entstand 2018 die Idee, darüber einen Tatsachenroman zu schreiben – einen Plan, den Heidi Birgfeld sehr reizvoll fand und zu dem sie einige sehr persönliche Erfahrungen und Fotos beitragen konnte. Leider starb Heidi Birgfeld mit 81 Jahren am 22.11.2019.

Vor drei Jahren fragte mich meine älteste Enkelin Emilia in meinem Arbeitszimmer: »Warum hast du eigentlich vor dem großen Bücherregal an der Wand noch ein kleineres Regal aufgebaut?«

»Ich schreibe an einem Roman und habe alle Bücher, die ich dafür brauche und in denen ich immer wieder etwas nachschlagen muss, dort deponiert.«

Daraufhin stellte sie sich vor das kleinere Regal und zählte. Sie kam zum damaligen Zeitpunkt auf 159 Bücher. Danach sah sie mich ungläubig an: »159 Bücher lesen, um ein Buch zu schreiben?« Dass sie hier ein eklatantes Missverhältnis entdeckt zu haben glaubte, war nur zu deutlich. Dabei war diese Zahl nur eine Zwischenbilanz.

Einen Tatsachenroman nenne ich das Buch, weil die wesentlichen historischen Grunddaten wissenschaftlich belegt sind. Die wesentlichen Figuren sind Personen der Zeitgeschichte, die es tatsächlich gegeben hat.

Die Ereignisse der letzten zehn Tage im Führerbunker sind historisch belegt. Ebenso die Geschichte von Joseph und Magda Goebbels sowie die biografischen Daten von Werner Naumann. Bekannt ist, in welchen Regionen sich Werner Naumann bei seiner Flucht aus dem Führerbunker und in den Zeiten der Illegalität aufgehalten hat. Hannes Bergmann und Heinz Gutzeit sowie der Maurerbetrieb von Hermann Hansen sind fiktiv, von daher natürlich auch die Dialoge mit Werner Naumann. Sie könnten etwa so gewesen sein, und eine Maurerlehre mit Gesellenabschluss hat Werner Naumann tatsächlich absolviert. Real sind auch die Funktionen, die Ernst Achenbach, Kurt Georg Kiesinger und Gerhard Todenhöfer innehatten.

Die historischen Grundlagen sind in der Dissertation von Beate Baldow, *Episode oder Gefahr? Die Naumann-Affäre*, an der Freien Universität Berlin im November 2012 akribisch beschrieben worden.

Mit Beate Baldow habe ich über ihre Forschungsarbeit und darüber hinaus korrespondiert und ein längeres persönliches Gespräch geführt.

Hilfreich war auch die wissenschaftliche Arbeit von Günter Trittel: *»Man kann ein Ideal nicht verraten …«. Werner Naumann – NS-Ideologie und politische Praxis in der frühen Bundesrepublik*, Göttingen 2013.

Eine lange Korrespondenz hatte ich zur Begleitung meines Romanvorhabens mit Beate Klarsfeld, die international bekannt geworden war, nachdem sie am 7. November 1968 während des Parteitages der CDU in Berlin Bundeskanzler Kiesinger ohrfeigte und rief: »Nazi, Nazi, Nazi«, mit Hinweis auf Kiesingers NS-Vergangenheit und als Impuls, die Geschichte aufzuarbeiten und Konsequenzen daraus zu ziehen.

Sie hat mir einige Dokumente zur Verfügung gestellt, die sie und ihr Mann Serge Klarsfeld bei ihren Recherchen zur Person Kurt Georg Kiesinger und Ernst Achenbach ermittelt hatten und worüber sie in ihren Erinnerungen ausführlich berichtet haben. (Beate und Serge Klarsfeld, *Erinnerungen*, München 2015)

Danksagung

Mein Dank gilt den professionellen Lektoren Joachim Szodrzynski und Heiko Arntz sowie im Verlag Milena Schilasky. Für seine Recherchen im Bundesarchiv danke ich außerdem David Hamann. Insbesondere danke ich Gabriele Swiderski und Ulrich Maske für ihr Vertrauen in das Projekt.

Für die Konzeption und die Gestaltung des Covers danke ich Johanna Kilian.

Unter »Downloads« finden Sie Zusatzmaterial mit Hintergrundinformationen zu Naumanns Geschichte und zu den Beteiligten:

https://www.jumboverlag.de/gsdnv

Bernard Larsson

Revolte. Die 68er-Bewegung in Bildern und Texten von Zeitzeug*innen

Fotografie war und ist für ihn immer noch »ein aufklärerisches Mittel«, um »etwas zu bewegen«. Der Student und Pazifist Benno Ohnesorg, aus nächster Nähe von einem Polizisten in Zivil in den Hinterkopf geschossen und tödlich verletzt auf dem Westberliner Asphalt liegend, ist Bernard Larssons wohl berühmtestes und auch erschütterndstes Bild. Sein Interesse bei diesen Fotos galt den Student*innen und deren Aufbegehren gegen die autoritären Strukturen.

»Ein Zeitdokument der besonderen Art, das jene politischen Proteste dokumentiert, die einer großen gesellschaftlichen Bewegung den Weg bahnten. Dabei werden die Fotos durch unterschiedliche Textbeiträge begleitet.« Radio Mühlheim, Norbert Striemann

Hier geht es zu unseren Leseproben

Hardcover ISBN 978-3-8337-4692-5

Hardcover ISBN 978-3-8337-4527-0
E-Book ISBN 978-3-8337-4538-6

Hilde Domin
Antillengeschichten

Erstveröffentlichung des Erzählbands mit atmosphärischen und ausdrucksstarken Illustrationen von Ulrike Möltgen und einem Nachwort von Margarete von Schwarzkopf.

»Es sind einfache Geschichten aus dem Alltag ..., die Domin in diesem jetzt erstmals vorliegenden Frühwerk erzählt. Sie beeindrucken mit ihrer Menschlichkeit, dem klaren Blick Domins.«
Frankfurter Neue Presse

Hier geht es zu
unseren Leseproben

Hardcover ISBN 978-3-8337-4580-5
Hörbuch ISBN 978-3-8337-4012-1

Wolfgang Borchert
Und wer fängt uns auf? Erzählungen, Gedichte und ein Manifest

Wolfgang Borchert erzählt in Kurzgeschichten wie *Die Küchenuhr* von der Absurdität des Krieges und von Verlust, aber auch von der Kraft der Liebe. *Schischyphusch oder Der Kellner meines Onkels* zeigt seinen ausgeprägten Sinn für Humor. Und mit *Dann gibt es nur eins!* hat Borchert ein allzeitlich aktuelles Manifest für den Frieden verfasst.

Lucia Jay von Seldeneck
Weltfrieden

»Mit Liebe zum Detail und einem Händchen für glaubwürdige Charaktere schildert Lucia Jay von Seldeneck die Geschichte eines Dorfes, das sich noch einmal gegen die Ausbeutung wehrt … Eine Geschichte über Gerechtigkeit und Selbstachtung!«
Westfälische Nachrichten

Hardcover ISBN 978-3-8337-4556-0
E-Book ISBN 978-3-8337-4624-6
Hörbuch ISBN 978-3-8337-4559-1

Hier geht es zu
unseren Leseproben

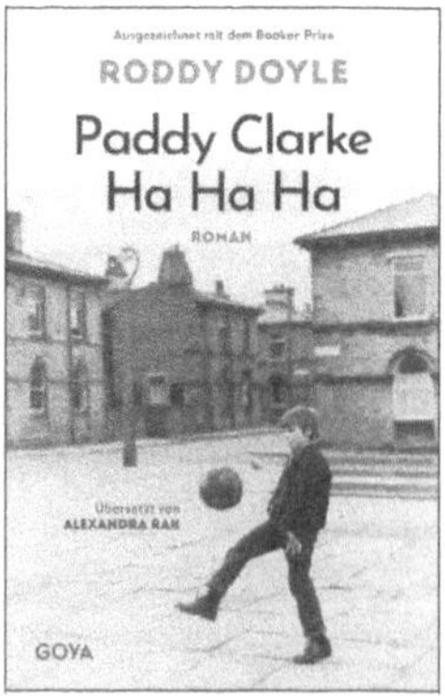

Roddy Doyle
Paddy Clarke Ha Ha Ha

Aus dem Englischen von Alexandra Rak

Ausgezeichnet mit dem Booker Prize
»Ohne den humorvollen Ton zu verlieren, erzählt Roddy Doyle von den schmerzlichen und verwirrenden Veränderungen, die mit dem Aufwachsen einhergehen. … die lebendigen Dialoge und die glaubwürdige kindliche Perspektive machen den Roman … eindrucksvoll und lesenswert.«
Buchkultur Magazin, Alexandra Höfle

Hardcover ISBN 978-3-8337-4843-1
E-Book ISBN 978-3-8337-4844-8
Hörbuch ISBN 978-3-8337-4860-8